高职高专经管类专业特色教改项目成果

U0587635

乡村旅游开发
与经营管理

主　编　黄顺红

副主编　梁　陶　王文彦

重庆大学出版社

内容提要

本书系统介绍了乡村旅游开发与经营管理的基本原理和基本方法,以及乡村旅游的最新研究成果和开发案例,全书共 11 部分,包括认识乡村旅游、乡村旅游资源调查与评价、乡村旅游市场调查与分析、乡村旅游开发主题定位、乡村旅游产品开发与设计、乡村旅游目的地规划与建设、乡村旅游投资与管理、乡村旅游促销策略及创新、乡村旅游人力资源管理与培训、乡村旅游开发案例解读及乡村旅游相关规范、标准。

本书既注重乡村旅游资源开发与利用的整体性与理论体系,也强调实际案例的指导作用,以期读者能较好地掌握乡村旅游开发与经营管理的基本理论和方法,并用于实际工作。

本书既适合作为大专院校旅游管理专业师生的教材,也适合广大乡村旅游经营者参考使用。

图书在版编目(CIP)数据

乡村旅游开发与经营管理/黄顺红主编.—重庆:
重庆大学出版社,2015.8(2022.8 重印)
高职高专经管类专业特色教改项目成果
ISBN 978-7-5624-9136-1

Ⅰ.①乡… Ⅱ.①黄… Ⅲ.①乡村—旅游资源开发—中国—高等职业教育—教材②乡村—旅游企业—企业经营管理—中国—高等职业教育—教材 Ⅳ.①F592.3

中国版本图书馆 CIP 数据核字(2015)第 119984 号

乡村旅游开发与经营管理

主 编 黄顺红
副主编 梁 陶 王文彦
责任编辑:顾丽萍 版式设计:顾丽萍
责任校对:张红梅 责任印制:张 策

*

重庆大学出版社出版发行
出版人:饶帮华
社址:重庆市沙坪坝区大学城西路 21 号
邮编:401331
电话:(023)88617190 88617185(中小学)
传真:(023)88617186 88617166
网址:http://www.cqup.com.cn
邮箱:fxk@cqup.com.cn(营销中心)
全国新华书店经销
POD:重庆新生代彩印技术有限公司

*

开本:720mm×960mm 1/16 印张:21.75 字数:379 千
2015 年 8 月第 1 版 2022 年 8 月第 3 次印刷
印数:3 001—3 500
ISBN 978-7-5624-9136-1 定价:49.80 元

前　言

　　乡村旅游是在乡村地区开展的,以特有的乡村人居环境、山水文化、田园风光、农业生产及其自然环境为基础的旅游活动。我国乡村旅游的兴起与发展是时代发展的需求和社会经济发展的产物,发展乡村旅游可以促进农村经济的发展、城乡文化的交流和人民素质的全面提高,是实施反贫困战略的新实践。

　　我国乡村旅游起步于20世纪80年代后期,发展于90年代中后期。由于改革开放的深入,经济进一步发展,人们的收入逐渐增加,尤其是北京、上海等大城市人们的生活观念和消费结构发生了很大的变化,开始要求生活质量的提高,推动了休闲生活方式的变革。为了迎合这种变革,在大城市附近的农村开始打出农家乐的旗号,四川成都郫县农科村开办了全国最早的农家乐,北京地区则发展起了民俗旅游,拉开了乡村旅游的序幕。我国是农业大国,乡村永远是祖国大地上最美的景观之一,发展乡村旅游不仅满足人们休闲生活的需求,也是新农村建设的必然要求,前景十分广阔。

　　本书作为高职高专旅游管理专业职业能力拓展模块课程教材,系统地讲授了乡村旅游开发与经营管理的基本原理和基本方法,同时介绍乡村旅游的最新研究成果和开发案例,使学生对乡村旅游开发与经营管理的概念体系、基础理论、基本模式、主题定位、项目创意、可行性分析等内容有一个较为全面的认识和深入的了解。本书融知识传授、能力培养、素质教育于一体,重点培养学生的创新能力。通过本书的学习,使学生掌握乡村旅游开发与经营管理的基本原理、技术方法、最新理念,能够综合运用所学的旅游专业知识从事初步的乡村旅游管理与开发的实践工作、撰写乡村旅游资源调查报告、乡村旅游开发建议等,从而拓展高职高专旅游管理专业学生的职业能力。

　　为配合课程教学改革,特面向高职旅游管理专业学生,编写《乡村旅游开发与经营管理》。本书在全面回顾和展望乡村旅游发展的基础上,从乡村旅游的科学研究着手,系统地提出了乡村旅游资源体系调查、旅游市场调查与分析、旅游形象定位与策划、乡村旅游产品要素设计、乡村旅游规划编制、乡村旅游目的地建设、旅游投资与管理、人力资源开发、乡村旅游标准化建设等基本问题。全书既注重乡村旅游资源开发与利用的整体性与理论体系,也强调实际案例的指导作用,使学生能较好地掌握乡村旅游开发与经营管理的基本理论和方法,并用于实际工作。

本书由泸州职业技术学院黄顺红负责内容安排、框架构建和统稿、定稿。全书共10个项目,各项目分工如下:项目1、项目7和项目9由泸州职业技术学院王文彦编写,项目2、项目5、项目6和项目10由黄顺红编写,项目3、项目4和项目8由泸州职业技术学院梁陶编写。

本书在编写过程中借鉴了许多专家的研究成果,参阅了大量的文献资料与规划编制单位提供的宝贵资料,谨致真挚感谢!

由于编者水平有限,书中难免有疏漏之处,请广大读者批评指正。

编　者
2015 年 2 月

Contents 目录

项目 1

认识乡村旅游

 【知识目标】

了解乡村旅游的产生与发展,乡村旅游开发的目的与意义;学习乡村旅游开发的典型模式;分析乡村旅游开发的现状和发展趋势。

 【能力目标】

通过本项目的学习,让学生认识到乡村旅游开发的意义,学会分析乡村旅游开发案例中存在的问题,并掌握乡村旅游开发应遵循的基本原则。

【案例导读】

郫县农科村——从农家乐旅游发源地走向川西民俗文化村

2010 年的最后一天,"民俗中国年"活动在郫县农科村农家乐广场上盛大启动,以火热的中国红为背景的舞台上,太和牛灯、老年秧歌队等精彩表演,让众多游客提前享受到川西民俗带来的欢乐。打出"民俗中国年"这张全新的招牌,中国农家乐旅游发源地——农科村深度迈向了体验经济时代,也因此在成都众多景区景点之中具有了鲜明的特点和核心竞争力。

★"民俗中国年",提前带来"年味儿"

"民俗中国年"深入挖掘川西民风民俗资源,用文化的魅力撬动资本、开发新的旅游休闲项目,吸引更多的市民到农科村以及郫县的乡村来体验民风民俗,畅享现代健康生活。在"民俗中国年"期间,还推出年元素创意征集、绿道帐篷电影节、体验农场、海棠节等活动,并逐步将各个节气和节庆的生活与生产体验、各种民俗和农业体验活动及赛事,变成旅游产品,使农科村成为体验川西坝子风情的民俗文化村。"民俗中国年"活动的开展,不仅是适应旅游市场的需要、满足城市旅游者休闲度假的新需求,同时也是传承和保护民俗文化、建设世界现代田园城市的新途

径,对拓宽农民增收渠道,增加农民就业机会,优化农业生产结构,提高农民文明素质,以旅助农,城乡互动,促进农村的经济发展,都将起到重要作用。

★年年上台阶,成就一个梦想的生态家园

为了让游客充分体验乡村低碳生活新时代,农科村以核心景区为基础,充分利用滨河的亲水资源,打造了一条长达13千米的自行车骑游道,如一条金线将景区田园风光、民俗风情、滨河休闲和农家乐文化串为一个整体。"水道绿廊"沿线展示了川西独特的田园风光,沿线时而林荫蔽日,时而沟渠相伴,时而满眼葱绿,充分展示了"中国盆景之乡"的良好生态环境。沿线可观赏到原汁原味的川西田园风光,能看到众多典型的川派盆景以及种类繁多的花卉苗木,川西农耕文化、原生态的自然风光以及各"农家乐"和谐一体,将现代乡村休闲旅游与健身完美结合,展示了乡村休闲旅游的独特魅力,又把服务市民、致富村民的目标有机地融为一体。

★建"民俗文化村",深度迈向体验经济时代

作为中国农家乐旅游发源地,郫县农科村创造出来的乡村旅游模式曾经红遍长城内外、大江南北。"自然形成的农科村,有自己生长的力量,但是传统模式过程过于简单,容易被复制。"郫县相关人士指出,此次强势启动"民俗中国年"活动,就是为了以此为契机,为农科村塑造一张新名片——"民俗文化村",深度迈向体验经济时代,培育农科村核心竞争力。作为闻名全国的农家乐旅游发源地、盆景之乡和扬雄故里,郫县农科村传统的民风民俗正在成为现代田园城市中新的风景,而"民俗中国年"活动的启动必将带给我们既具传统韵味,又有现代气息的人文新景观。农科村,正在向着集观赏性、娱乐性、参与性、体验性于一体的新型乡村休闲旅游景区迈进。

（资料来源:2011 年 1 月 5 日《成都日报》）

任务 1　　了解乡村旅游开发历程

1.1.1　乡村旅游的产生与发展

乡村旅游发源于19 世纪中叶的欧洲。1863 年,托马斯·库克组织了到瑞士农村的第一个包价旅游团;1865 年,意大利"农业与旅游全国协会"的成立标志着乡

村旅游的诞生;而真正意义上的大众化乡村旅游则起源于 20 世纪 60 年代的西班牙。20 世纪 70 年代后,乡村旅游在美国和加拿大等发达国家的农村地区进入快速成长期,显示出极强的生命力和发展潜力。2002 年,意大利约有 1.15 万家专门从事"绿色农业旅游"的经营企业,当年夏季就招徕了 120 万人次的本国旅游者和 20 万人次的外国旅游者。在法国,1953 年成立的法国农会于 1998 年专门设立了"农业及旅游接待服务处",大力推销农业旅游。2004 年,法国农村地区接待了占全国总量 28.2% 的旅游者,本国公民在本国农村旅游的消费额约为 200 亿欧元。同样,在美国夏威夷,2000 年全州有 5 000 多座农场从事乡村旅游。西班牙的乡村旅游在 1992 年得到快速发展,目前已经成为西班牙旅游业的重要组成部分。目前乡村旅游在德国、奥地利、英国、法国、西班牙、美国、日本等发达国家已具有相当的规模,走上了规范化发展的轨道。

与欧美等发达国家相比,我国乡村旅游发展总体起步较晚。乡村旅游发展率先起步的地区,主要是从一些大城市的周边乡村开始的,关于乡村旅游的起源在我国存在不同的说法:一种说法认为从 1987 年四川郫县友爱镇农科村发展中国最早的"农家乐"旅游开始;一种说法认为萌芽于 20 世纪 50 年代,出于外事接待的需要,在河北石家庄率先展开乡村旅游;一种说法认为在 20 世纪 80 年代后期,为招商引资,深圳首先举办了国内第一届荔枝节,随后又开办采摘园,各地纷纷效仿;北京联合大学旅游学院刘德谦教授则以 1984 年开业的珠海白藤湖旅游农民度假村为乡村旅游发展的主要标志。目前国内学者较统一的认识是我国乡村旅游开始于 20 世纪 80 年代。

1998 年国家旅游局推出"吃农家饭、住农家院、做农家活、看农家景",与大自然亲近为主题的"华夏城乡游",乡村旅游在全国范围内广泛发展起来。

2001 年国家旅游局把推进工业旅游、农业旅游列为本年的工作重点,在全国推行农业旅游示范点。

2005 年 1 月国家旅游局公布了首批全国工农业旅游 306 个示范点名单,其中农业示范点就有 203 个,2006 年年底达 359 个。

2006 年国家旅游局确定该年度宣传主题为"2006 中国乡村游",提出了"新农村、新旅游、新体验、新风尚"的发展口号。

2007 年国家旅游局又确定了"2007 中国和谐城乡游"的主题,进一步丰富、深化和延展了"2006 中国乡村游"的内涵,3 月,国家旅游局联合农业部下发"国家旅游局农业部关于大力推进全国乡村旅游发展的通知",协调全国乡村旅游工作的开展。2007 年是乡村旅游步入大发展、快速发展轨道的一年。

目前,全国已建成的2万多个旅游景区(点)有一半以上分布在广大的农村地区,由国家旅游局倡导创建的全国农业旅游示范点目前已有1 000多家,遍布内地31个省区市,覆盖农、林、牧、副、渔等各种农业产业。在三大黄金周期间,全国有70%的城市居民选择到乡村去旅游,每个黄金周形成约6 000万人次规模的乡村旅游市场。近年来,全国乡村旅游景区(点)年接待游客量超过3亿人次,旅游年收入超过400亿元人民币。可以说,乡村旅游在神州大地的发展方兴未艾,欣欣向荣。

【政策信息】

国家旅游局《关于促进农村旅游发展的指导意见》

近年来,各地农村旅游发展生动活泼、形式多样、特色鲜明,有力地促进了社会主义新农村建设。但我国农村旅游发展总体上还处于起步阶段,存在着认识不足、引导不够、配套建设滞后等问题。我国农村分布着丰富的旅游资源,市场空间和需求潜力巨大,发展前景良好。为深入贯彻党的十六届五中全会、中央农村工作会议精神,促进农村旅游更快更好地发展,为社会主义新农村建设做出更大的贡献,现提出如下意见:

一、发展农村旅游的重要意义

(一)发展农村旅游是贯彻落实党和国家战略决策的重要任务。党的十六届五中全会指出,建设社会主义新农村是我国现代化进程中的重大历史任务,事关全面建设小康社会、构建社会主义和谐社会和社会主义现代化建设的大局。胡锦涛同志强调,要把解决好"三农"问题作为全党工作的重中之重。旅游业是关联带动性强、拉动内需明显的新兴产业,吴仪副总理要求全国旅游行业"以旅促农,积极参与社会主义新农村建设"。因此,充分依托和利用"三农"资源发展农村旅游,是旅游行业积极贯彻落实党和国家重大工作部署的必然要求。

(二)发展农村旅游是参与社会主义新农村建设的积极实践。农村旅游使广大农民向非农领域转移,加快了农民脱贫致富的步伐;旅游业成为农村经济的新增长点,使传统农业增添了附加值,农村生产力得到进一步发展;农村旅游推动了现代农业经济体系建设,科技农业、观光农业、生态农业等加速发展,农村产业结构得到优化和调整;农村旅游带动了农村基础设施建设加速,使农村环境卫生和村容村貌得到明显改善,农民思想观念和文明程度明显提高。

(三)发展农村旅游是以城带乡的重要途径。目前,我国总体上已进入以工促农、以城带乡的发展阶段。发展农村旅游适应了居民消费结构升级的需要,实现了"大农业"和"大旅游"的有效结合,加快了城乡经济融合和三次产业的联动发展,不仅扩大了城镇居民在农村地区的消费,还加快了城市信息、资金和技术等资源向农村的流动。

(四)发展农村旅游是推动旅游业成为国民经济重要产业的主要力量。农村旅游现实和潜在的消费需求都非常旺盛,不仅符合城镇居民回归自然的消费心理,而且有利于开拓农民眼界,增强广大农民的出游实力,成为中国旅游最大的客源市场。农村地区是旅游资源富集区,农村旅游业的发展极大丰富了旅游产业的供给体系,将成为中国旅游产业的主要支撑。

二、发展农村旅游的指导思想和基本原则

加快农村旅游发展的指导思想是:以邓小平理论和"三个代表"重要思想为指导,牢固树立和落实科学发展观,按照"生产发展、生活宽裕、乡风文明、村容整洁、管理民主"的总体要求,发挥旅游产业的关联带动作用,因地制宜,分类指导,促进农村旅游健康发展,为社会主义新农村建设做贡献。应坚持的基本原则是:

——与社会主义新农村建设的总体部署相统一。要紧密围绕中央和各地新农村建设的总体部署,把发展农村旅游作为建设社会主义新农村的有效途径之一,通盘考虑,整体规划。农村旅游发展的目标、政策、措施都要与社会主义新农村建设的实践相结合,在充分发挥旅游业综合带动功能的同时,探索旅游业发展的新机制、新路子。

——按农村实际和旅游经济规律办事。要从农村实际和旅游市场需求出发,以帮助培育农村旅游产业为主要任务,指导各地农村旅游朝市场化、产业化方向发展。要坚持不脱离农民、不脱离乡土、不脱离当地资源条件、不脱离旅游消费水平、不脱离发展阶段,自始至终把农民利益放在第一位,充分尊重农民意愿和发展实践。要注意引导,不搞不符合旅游市场需求的大而洋,不搞盲目的档次提升与过度管理,避免劳民伤财。

——坚持可持续发展。在充分利用和开发农村旅游资源的同时,要积极探索对生态环境、文物古迹、非物质文化遗产、民族民俗文化科学保护的新途径。要认真探索组织农村农民的方式,综合协调农村旅游资源与其他方式的开发利用关系,坚决避免因盲目发展、统筹不够和低层次竞争造成简单粗暴地使用资源,造成环境污染和资源破坏。

——把加强服务放在工作首位。树立以服务促发展的理念,提升服务意识、创新服务手段。加强旅游部门的协调、规划、信息、促销和培训等服务,拓宽农村旅游的公共服务领域,逐步建立面向农村和农民的旅游服务体系,提高农村旅游的公共服务水平。

三、发展农村旅游的工作目标

通过发展农村旅游,力争到2010年实现:

(一)每年新增农村旅游就业35万人,间接就业150万人;每年旅游从业农民人均纯收入增长5%;在全国建成100个农村旅游特色县、1 000个农村旅游特色乡(镇)、10 000个农村旅游特色村,为社会主义新农村建设做出应有的贡献。

(二)已有农村旅游项目得到明显提升和完善,基本形成种类丰富、档次适中的农村旅游产品体系;初步形成领域宽广、规模较大、特色突出、发展规范的农村旅游格局;形成连通城乡的大旅游市场,成为国内旅游市场的主要支撑体,满足国内旅游市场需求。

四、发展农村旅游的工作重点

(一)加大对农村旅游发展的扶持力度。要依靠各级党委和政府加强领导,把发展农村旅游纳入各地社会主义新农村建设的整体布局中,积极利用规划、扶贫、环保、培训、基建等专项支持政策。要推动重点地区农村旅游项目的集中招商,吸引社会资金和民间资本,引导大型旅游企业参与开发和经营。当前的重点是推动有条件的乡镇,把农村旅游的清洁、环保、道路等制约发展的瓶颈问题纳入"乡村清洁工程"和农村道路"通畅工程"等支农工程中加以解决;要推动农村旅游开发项目和各种支农资金挂钩,争取把支持农村发展的小额贷款用于农村旅游户,多渠道多方式筹集资金用于农村旅游。

(二)促进农村旅游服务体系建设。要推进各级政府主动协调各相关部门,促成政府有关公共职能向农村旅游延伸。要进一步加大区县旅游部门面向一线的服务力度,扩展范围和职责。要积极探索建立农村旅游的统计体系,提高农村旅游的科学统计水平。当前的重点是要提供专业的规划和项目开发指导,服务到村,帮助农民利用和保护好旅游资源,克服开发雷同化,增强市场经营意识;要制订基本的乡村旅游设施标准和接待服务标准,推广到户,帮助农民改善卫生条件和接待条件,提高经营管理水平;要提供相应的监管服务,切实加强对农村旅游的安全监督和管理;继续加大对各类农业旅游示范点的指导力度。

(三)做好农村旅游市场开拓工作。各级旅游部门要结合农村旅游产品开发,帮助设计和提升农村旅游产品的市场开发形象,推动分散的农村旅游产品走向市场。要积极开发一批完善成熟、文明健康的农村旅游新产品,并逐步培育乡村旅游精品,满足国内外不同层次的休闲度假需求。要鼓励旅行社等企业和有条件的各类旅游集散中心,开展专业的市场销售和网络促销,拓宽农村旅游销售渠道。要加大对农村旅游的公益性宣传,争取在各类主流媒体开辟农村旅游宣传专栏。要把建立包括农村家庭旅馆在内的网上预订系统作为服务工程的重点来抓,提升本地农村旅游整体的市场化程度。

(四)促进各方加强对农村旅游人才的培养。各级旅游部门要配合项目开发帮助制订出具体的人才培训规划,并争取与教育、农业、劳动、民政等部门的人才培养规划对口合作,共同推进和实施。要依托现有的旅游人才培训中心和其他培训中心,争取必要的财力支持,分级分类开展培训。重心在村镇,关键在带头人,要特别重视对乡镇一级党委领导发展农村旅游的培训,在有条件的乡镇建立工作联系点,提供专业学习、考察交流的机会。当前迫切需要加强农村旅游项目策划和开发、景区和家庭旅馆的经营管理、传统技艺和乡土文化讲解等各类实用人才培训。争取到 2010 年,全国 100% 的农村旅游发展带头人、90% 的经营户和 80% 的服务者得到全面有效的培训。

(五)加强对农村旅游发展的分类指导

——提升各种类型的"农家乐"。以农户家居和农、林、牧、渔及园艺等农村资源为载体的"农家乐",是现阶段农村旅游的基本形式,也是现阶段最有中国特色的乡村游。要突出引导农家乐的"一村一品"和"一家一艺",避免简单的模仿照搬;要引导有条件的"农家乐"品牌化发展,避免低层次的价格竞争;要以城镇居民休闲需要为目标,突出农村生活特点,形成乡土文化氛围,避免盲目求大求洋;要制订实施厕所、排污和垃圾处理等基本生活设施标准,逐步提升和规范接待服务水平;要加强政府引导,在"农家乐"发展到一定规模的地区,及时推动"农家乐"的卫生、排污、采购、促销等方面的专业化合作;要着意培育市场机制,在"农家乐"形成一定经济带动能力的乡村,适时推动接待分工、农副产品加工分工和旅游商品生产分工,形成"农家乐"的产业化提升。

——拓展和深化观光型的农村旅游。以各类风景资源为主要依托的观光型的农村旅游,是现阶段农村旅游的重要组成。要明确发展定位,引入景区管理模式,提升经营和服务水平;要保持农村生态环境,增强亲和性、知识性、参与性等体验内容,加强休闲度假功能;要拉长农村旅游的产业链,促进农业生产与旅游、商贸、流通等的紧密结合;要允许探索多样的组织开发方式,妥善处理开发商与社区关系。

——保护性挖掘民俗民族文化型农村旅游。按文化型产品开发的对国内外客源市场具有较大吸引力的民俗民族特色村寨,是农村旅游产品体系中的精品。对于具备开发潜力的民族民俗文化村寨,要引导和激发本地居民对本民族文化传统和生活方式的认同性与自豪感,形成自发保护的内在动力和永久机制;要帮助制订高水平的规划和项目策划,重点挖掘原生态古村落、民族村寨和民俗风情的文化内涵、民族风俗以及生产生活特色,选择符合当地实际的发展方式;要参照国家对文物遗迹和历史文化街区保护的方式,加强对文物遗迹和民居、街道等古老建筑的保护,反对破坏风貌的拆建;要引进民族、民俗、历史、人类文化学等多学科的专家共同研究、开发和监测,引导高水平的开发和高水平的旅游欣赏。

——逐步推进旅游型小城镇建设。有旅游开发价值的小城镇多数具有突出的地方特色和悠久的历史文化,一般易于集散、体量适中,是农村旅游中有很大发展潜力的形式。要按照国家旅游局和建设部共同形成的旅游小城镇开发理念,按照城乡规划和旅游发展的要求,结合城镇改造做出特色,避免照抄大城市、照搬大主题公园的做法;要加强多部门之间的合作与协调,着力完善旅游配套和功能建设,提升旅游型小城镇价值;有条件的地区,要以旅游型小城镇的建设来促进当地经济、文化和社会的协调发展,加快城镇化进程,促进城乡一体化发展;要注意将小城镇发展和延续历史传统、改善生态环境结合起来,做到文化型开发,永续利用。

——摸索各种类型的农村旅游模式。要鼓励和肯定围绕当地特色资源和市场需求,探索各类农村旅游发展模式的做法。要加强资源普查和开发统筹工作,提高农业资源的综合利用率,协调旅游资源的合理配置。各地已经总结的特色产业带动型、都市村庄型、景区依托型、农场庄园型、特色技艺展示型等多种类型的农村旅游发展模式,都有不同的发展规律和特点,要引导各种模式个性化发展,推动各种模式间的优势互补。要充分发挥社会主义新农村建设中涌现出的小康新村型等模式的展示和推广作用。在农村旅游发展中要自始至终尊重农民的首创精神,保持农村旅游发展多样性,反对简单化指导。

(六)认真组织对农村旅游的政策研究。农村旅游发展面临一系列需要研究解答的情况和问题,如农户一定程度上的联合合作必然出现;外来资金投入必然出现;资源开发的多样性必然出现。这将集中在利益主体的权益保障机制、农村土地政策和商业开发利用的衔接、其他自然资源和文化资源的利用和补偿、农村经济组织的形成方式等层面的问题上。这些问题实质上是城市和农村两种不同的经济形态和制度对接中的矛盾在旅游发展中的体现,必须予以高度重视。

各级旅游管理部门要与相关的政策研究和制定部门紧密合作,建立农村旅游政策研究的观察点,紧密跟进,不断研究。在各种具体的矛盾和纠纷处理中,要尊重农民意愿,维护农民合法权益,保障农民以各种方式投入旅游开发经营的所有权和实际收益;在农民合作经营的旅游开发中,要引导探索发挥合作组织自律、协调和服务的作用;在农村合作组织进一步公司化的地方,探索建立日常经营、董事会和监事会等权力分设的运作机制。

（资料来源：国家旅游局 http://www.cnta.gov.cn/，2006-08-16.）

1.1.2 乡村旅游开发的目的和意义

乡村旅游的发展不仅有利于增加农民收益，解决农村剩余劳动力的就业，而且对调整农村产业结构，加快城乡一体化建设步伐，改善农村生态环境，提高农村整体文明水平，建设社会主义新农村都有很大的促进作用。具体而言，发展乡村旅游的积极意义主要有：

1）解决农民的就业问题

乡村旅游的发展，能为农民提供新的就业机会。目前我国农村剩余劳动力的就业压力很大，大量的流动人口严重影响着城市和农村的社会稳定。旅游业是一种劳动密集型的产业，乡村旅游的发展有利于吸收农村剩余劳动力。通过发展乡村旅游，可以形成以农家乐为中心的产业链，推动农村产业分工，具体可以拓展到农家乐经营，种植、养殖业，农副产品加工，运输业以及相应设施的装修建筑等。从事乡村旅游的人员基本没有年龄限制，实际操作中以50岁左右的妇女为主。她们原本处于"种地难增收，出门无技术"的境地，乡村旅游不仅为她们提供了就业平台，而且不出家门就可获得丰厚回报，在解决农村剩余劳动力就业方面堪称是一条方便快捷的途径。

2）增加农民收益，让农民脱贫致富

利用农业的生产经营活动、农业自然环境和人文资源，经过规划设计，形成一个具有田园之乐的观光休闲旅游度假园区，既可高效发挥农业生产功能，又可发挥农业的生活功能和生态功能，扩大农业生产范围，调整和优化农业生产结构，提高农产品附加值，加快农业劳动力转移，增加农业效益和农民收入，促进农村经济繁荣。在一些成熟的旅游景区（点）附近，乡村农家乐是对传统旅游景点建设的一种补充。可提供住宿餐饮的农户就相当于一个经营灵活的小旅行社。一般来讲，一户投入2万~3万元，就可以营业创收，成本少，见效快，回报高。而且他们的投入也是为了改善自身生活所需的设施，有游客时满足游客需求，没有游客时自己使用，避免了过度浪费和闲置的问题。乡村旅游的发展，不仅带动乡村群众致富，而且还可以使广大乡村地区成为区域关注的焦点，有利于为广大农民过渡为社区居民创造更多的社会福祉。社会保障、医疗保险等制度进入乡村旅游社区，使农民实现向"市民化"转变，从而进一步缩小城乡差别。

3）有利于农村产业结构的调整

目前，我国经济正面临产业结构大调整，传统的农业结构和经营方式已经不能适应市场经济发展的需要。农村经济开始由分散、封闭的粗放型经济向集约型、效益型转变。发展乡村旅游，有利于调整大农业内部各产业之间的比例关系，有利于把地方的资源优势转化成为产品优势。我国广大农村长期处于单一经济的模式中，通过乡村旅游，促进农村商业、通信、餐饮、旅游纪念品加工、工艺品制造等行业的发展，使农村走上农业产业化、农村市场化的道路。随着乡村旅游的发展，乡村知名度提高，乡村地区在招商引资、人才流动等方面将得到更好的条件，从这个意义上说，乡村旅游能够成为推动农村走出闭塞、走向富裕的一张"名片"。

4) 进一步改善村容村貌，促进乡村整体文明的提高

干净整洁的生活环境和健康文明的人文环境是乡村旅游吸引游客的基本条件。随着乡村旅游的发展，城镇居民相对文明的语言、举止以及对卫生、环境的讲究，可以言传身教给农民。许多农民正是在接待服务中学习掌握到更多的卫生、医疗、金融、法律等原本离他们还有些遥远的知识，他们要直接面对游客，要争取到客源和市场，就必须告别传统陋习，摒弃一些落后愚昧的东西，不断提高自身素质，逐步适应现代生活方式。每家每户做好了，可以促进整个村落甚至乡里生活环境的改变，从而进一步提高乡村整体的物质文明和精神文明水平。

5) 符合社会主义新农村建设和科学发展观的要求

2006 年，国家旅游局确定了"中国乡村游"主题年活动，并进行了全面的安排和部署，这是国家旅游局和整个旅游行业贯彻落实党中央、国务院关于推进社会主义新农村建设要求的重要举措，既是发挥以旅游促"三农"，为建设社会主义新农村做贡献的切实体现，也为全国发展乡村旅游带来了前所未有的契机。2007 年，国家旅游局确定的"中国和谐城乡游"，进一步丰富、深化和延展了乡村旅游的内涵，必将推进全国乡村旅游进一步规范、健康、快速发展，更加有利于"统筹城乡协调发展"，形成"以旅促农，城乡互动"的新格局，更加符合科学发展观的要求。快速发展的城市化和我国建设社会主义新农村的政策导向为乡村旅游发展提供了难得的历史机遇，作为 21 世纪中国乡村传统产业的重要替代产业和乡村发展的战略产业，乡村旅游发展也将有力地促进社会主义新农村建设。

当然，我们除了要看到乡村旅游在我国社会主义新农村建设中具有促进农村经济发展和文明进步、增加农民收入等积极作用，也要看到其有可能带来的不利影响，如容易产生旅游地农民阶层分化、经济发展飞地化（被外来控制与当地分离）、特色民俗文化被同化等，这都需要在乡村旅游的具体实施发展过程中小心应对，着意避免。因此正确理解乡村旅游和新农村建设的关系，发挥政府职能，消除阶层分化，加强社区参与，保护农民利益等措施是发挥乡村旅游的积极作用，抑制其不利影响的必然要求。

【政策信息】

国家旅游局《关于实施乡村旅游富民工程推进旅游扶贫工作的通知》

发改社会〔2014〕2344 号

有关省、自治区、直辖市发展改革委、环保厅（局）、住房城乡建设厅（建委）、农业厅（局）、林业厅（局）、旅游局（委）、扶贫办：

为贯彻落实《中国农村扶贫开发纲要（2011—2020 年）》和《关于创新机制扎实推进农村扶贫开发工作的意见》（中办发〔2013〕25 号），国家发展改革委、国家旅游局、环境保护部、住房城乡建设部、农业部、国家林业局、国务院扶贫办决定实施乡村旅游富民工程，扎实推进旅游扶贫工作。现就有关事项通知如下：

一、总体要求

（一）指导思想

按照全面建成小康社会的总体要求，深入贯彻落实习近平总书记等中央领导同志关于扶贫开发工作的一系列重要指示，以增强贫困地区发展的内生动力为根本，以环境改善为基础，以景点景区为依托，以发展乡村旅游为重点，以增加农民就业、提高收入为目标，创新工作体制机制，集中力量解决贫困村乡村旅游发展面临的突出困难，支持重点景区和乡村旅游发展，带动贫困地区群众加快脱贫致富的步伐。

（二）基本原则

中央统筹、地方负责。按照中央统筹、省（自治区、直辖市）负总责、县（市、区、旗）抓落实的管理体制，中央各相关部门负责制订乡村旅游扶贫总体方案，明确工作部署。各省（自治区、直辖市）统筹负责本区域内重点乡村旅游扶贫工作，整合省内资源予以支持。各县（市、区、旗）政府要组织实施好扶贫项目，确保政策措施落到实处，扶贫资金用到刀刃上。

部门协作、合力推进。各相关部门要根据总体方案要求，结合各自职能，在制定政策、编制规划、分配资金、安排项目时向重点贫困村倾斜，形成乡村旅游扶贫开发合力。

因地制宜、突出重点。从全国扶贫开发重点县和集中连片特困地区贫困县中选择具备一定条件的行政村，作为美丽乡村旅游扶贫重点村，精准施力，因地制宜，确保扶贫取得实效。

（三）主要目标

到2015年，扶持约2 000个贫困村开展乡村旅游，到2020年，扶持约6 000个贫困村开展乡村旅游，带动农村劳动力就业。力争每个重点村乡村旅游年经营收入达到100万元。每年通过乡村旅游，直接拉动10万贫困人口脱贫致富，间接拉动50万贫困人口脱贫致富。

二、重点任务

（一）加强基础设施建设，改善重点村旅游接待条件。各地要加大对重点村乡村旅游基础设施建设的投入，切实改善重点村道路、步行道、停车场、厕所、供水供电、应急救援、游客信息等服务设施。各有关部门在安排交通基础设施建设、农村危房改造、农村环境综合整治、生态搬迁、游牧民定居、特色景观旅游村镇和传统村落及民居保护等项目建设时，要向重点村倾斜，加大政策、资金扶持力度，增强乡村旅游发展能力。

（二）大力发展乡村旅游，提高规范管理水平。各地要紧紧依托当地区位和资源优势，挖掘文化内涵，发挥生态优势，开发形式多样、特色鲜明的乡村旅游产品。鼓励有条件的重点村建成有历史记忆、地域特色、民族特点的特色景观旅游名镇名村，大力发展休闲度假、养生养老和研学旅行。要特别重视生态环境和古建筑、古民居等特色资源保护，加强规划引导，规范乡村旅游开发建设，保持传统乡村风貌，传承优秀民俗文化，着力提升乡村旅游组织化、产业化、规范化发展水平。加强乡村旅游服务体系建设，着力加强重点村商贸物流体系，着力优化刷卡消费环境，着力提升重点村网络通信水平，鼓励开发和销售特色农产品和特色手工艺品。鼓励各地成立乡村旅游经营者协会或联盟，强化行业自律和自我管理。各地旅游部门要制定相关卫生、安全标准和服务规范，开展专项检查，提高贫困村乡村旅游的管理水平和服务质量。

（三）发挥精品景区辐射作用，带动重点村脱贫致富。各地要全面系统梳理贫困县特别是集中连片特困地区的旅游资源，综合考虑资源品质、区域交通情况、邻近地区贫困人口规模，规划建设一批知名度高的精品景区。要加大基础设施投入，加强资源和产品整合，逐步形成旅游线（区）整体开发态势。要强化当地居民参与，通过多种方式吸引居民参与旅游业发展，更好发挥辐射作用，带动重点村农民就业致富，实现经济效益、社会效益和生态效益相统一。

（四）加强重点村旅游宣传推广，提高旅游市场竞争力。各地要制订实施重点村旅游市场宣传推广方案，加大财政投入，通过微信、微博、微电影、旅游节庆和媒体专栏专题等多种方式，提高重点村乡村旅游的市场影响力。鼓励有条件的地区积极发展智慧乡村游,提高乡村旅游在线营销能力。各地旅游部门在邀请国内旅游媒体和旅行商赴当地开展采风时,要将重点村的推介纳入其中。

(五)加强人才培训,为重点村旅游发展提供智力支持。各地要加大对贫困地区的市县分管领导和旅游部门主要领导的培训力度,积极支持有关部门和协会加强对乡村旅游企业和乡村旅游经营户开展有针对性的培训,提升经营管理人员和服务人员的综合素质。开展旅游规划扶贫公益行动,鼓励旅游规划单位提供公益性旅游开发咨询服务,倡导旅游规划单位与重点村结对帮扶。鼓励专业志愿者、艺术和科技工作者驻村帮扶,参与乡村风貌设计、乡村规划和建筑设计等工作。

三、组织实施

(一)明确任务分工。发展改革部门牵头落实本省(区、市)乡村旅游扶贫工作,指导协调重点村交通体系发展,支持重点村和周边重点景区基础设施建设。旅游部门负责重点村的旅游规划引导、公共服务设施建设、宣传推广、人才培训、市场监管以及跟踪统计工作。环保部门指导重点村农村环境综合整治工作。住房城乡建设部门负责重点村的规划设计工作,协调利用农村危房改造、特色景观旅游村镇和传统村落及民居保护等项目资金支持重点村建设。农业部门负责协调重点村的特色农产品开发和指导休闲农业发展及观光体验、教育展示、文化传承等设施建设。林业部门要结合职能,发挥资源管理优势,指导周边景区生态保护与开发,打造精品景区。扶贫办负责协调利用专项扶贫资金和扶贫小额信贷,支持重点村建档立卡贫困户参与乡村旅游项目。

(二)整合聚焦重点。各相关部门要结合职能,将重点村的有关项目建设作为工作重点纳入各自工作体系,予以重点支持,其中建档立卡贫困村优先支持。除国家支持外,各地也要出台具体的政策措施,整合资金,集中力量,支持重点村乡村旅游发展。同时,要广泛吸引社会力量参与重点村的建设,鼓励企业、院校、协会和社会组织在重点村建设中发挥积极作用。

(三)加强组织协调。各地应成立由发展改革部门牵头,有关部门共同参加的乡村旅游扶贫工作协调机制,整合力量,共同推进有关工作落实。要布置有关县编制本地区重点村乡村旅游扶贫实施方案,明确发展方向和需要解决的突出问题以及具体措施。当前要集中精力抓好第一批重点村的建设工作。要把乡村旅游扶贫工作纳入各级党委政府的议事日程,纳入工作考核体系,做到有目标、有计划、有措施、有检查、有奖惩。要跟踪分析重点村发展,及时总结经验成绩,发现问题,并于每年10月前将有关进展情况报送国家发展改革委、国家旅游局、环境保护部、住房城乡建设部、农业部、国家林业局和国务院扶贫办。根据扶贫工作整体进展和实际

情况,如需对重点村名单进行调整,各地也可提出申请报上述部门审定。

特此通知。

国家发展和改革委员会

国家旅游局

环境保护部

住房和城乡建设部

农业部

国家林业局

国务院扶贫办

2014 年 11 月 3 日

(资料来源:国家旅游局 http://www.cnta.gov.cn/,2014-11-03.)

1.1.3 乡村旅游开发现状和问题

近年来,随着我国经济的持续发展,乡村旅游作为旅游业的一个新领域,已经显示出"生命"初始的无限生机,旅游经济的附加改变了农村单一的经济结构,起到了兴一处旅游富一方百姓的目的。我国乡村旅游是在市场需求的促动下,在农业发展急需调整产业结构、寻找新的经济增长点的情况下应运而生的。虽然起步较晚,目前仍处于初级阶段,但发展十分迅速。乡村旅游作为促进农业产业结构调整、充分利用农村剩余劳动力资源、维护农村社会经济可持续发展的重要途径,其发展将会越来越受到重视。

目前,乡村旅游不仅在国际旅游中成为热门,国内也渐成时尚。全国不少地区乡村旅游不断升温,但自发增长期的乡村旅游尚存在遍地开花、良莠不齐、特色不显、内容不丰、规范不力、服务不周、规模不大、品牌不响等诸多问题。归结起来,我国乡村旅游亟待解决的问题有以下几点:

1)开发水平较低,产品形式单一,产品雷同现象严重

由于大部分乡村旅游项目在开发前缺乏科学的规划和技术指导,导致功能单一,建设水平低,产品开发多停留在观赏、采摘品尝、农事体验等层面,而像购物、疗养、度假等带动性强的旅游活动项目较少,缺乏能同时满足游客"食、住、游、购、娱"一体化消费需求的综合性乡村旅游产品,产品开发存在形式单一、参与性不强、内容雷同等现象。

2)旅游设施不完善,景区(点)建设有待加强

一些通往乡村旅游景点的道路状况较差,乡村道路标准低,景区(点)可进入性差,旅游基础设施和配套设施简陋,服务功能不健全,卫生状况不尽如人意,景区(点)建设还处在低水平开发状态,有待进一步提高。

3)从业人员素质不高,经营管理和服务水平较低

乡村旅游是第一产业向第三产业的延伸,对管理和服务水平的要求远高于单纯的农业生产,而目前乡村旅游的经营者和服务人员,绝大部分由农民直接担任,文化素质不高且缺乏相关旅游知识的专业训练。此外,乡村居民在长期的生产活动中形成了散漫、自由、不受约束的习惯,与旅游接待服务的要求存在较大的反差,服务意识薄弱,经营管理和服务水平较低。

4)缺乏相关配套政策,制约了乡村旅游的进一步发展

乡村旅游虽然具有第三产业的一些特征,但仍属于农业范畴,因此在资金、税收、土地使用、道路建设、水电供应、门票收费等方面,应对乡村旅游的发展实行较为优惠的扶持政策。但目前缺乏相关的配套政策,特别是在土地政策方面,对少部分改变土地使用性质,仍以农业生产活动为主体的乡村旅游项目,建议可按农业内部结构调整用地执行,以利于乡村旅游的进一步发展。

5)品牌意识欠缺,促销力度有待进一步加大

乡村旅游景点的建设多处于自然发展状态,还未形成加强建设—大力宣传—树立品牌的良性发展道路,缺乏与周边品牌旅游景点的互动,促销手段和方法比较单一,促销内容和尺度有待进一步完善和加大。

【案例链接】

福建乡村旅游发展热潮下的冷思考

近日,首次来闽考察乡村旅游的台湾专家团,在对福建省 6 个设区市、18 个乡村旅游景点进行了 8 天实地考察后,于 1 日为福建省旅游业者作了一场关于福建乡村旅游如何转型升级的创意指导。交流中,两地旅游业者一致认为,"上山下乡"应当成为现代生活的新主张。台湾人爱"上山下乡",很大程度上取决于台湾乡村旅游的小巧精美、富有特色。发展迅猛却同质化严重的福建乡村旅游,要如何转型升级,才能充满生机、永葆活力?

★用钱打造还是用情打造?

乡村旅游被视为近年来福建省旅游业最具潜力的新增长点和促进农民增收的富民工程。省旅游局、省财政厅连续三年对全省 180 多个乡村旅游项目开展扶持,总金额达 3 800 多万元。前不久刚被授牌的首批乡村旅游星级单位,更是被金融机构列为重点扶持对象。

这样的大手笔让台湾专家印象深刻。但他们提醒要谨防旅游业者由此产生惰性，变得只会"等靠要"。他们认为，"用情打造"才是当下福建乡村旅游转型升级的关键。

台湾乡村旅游协会理事长、国立暨南大学观光学系系主任郑健雄告诉记者，早在2000年，台湾就着手修订和制定乡村旅游的相关法律法规，多年来始终致力于拓展乡村旅游的"新鲜玩法"。政府虽然没投入大笔资金直接扶持乡村旅游业主，却频繁带业主去参加海内外各种推介会和比赛，想方设法帮助业主们做宣传、打名气。

这样的"用情"自然会带动业主发展乡村旅游的积极性。"这次考察中，我们看见一个乡村旅游景点在当地政府的帮助下引进了开发商，建设了一大片景区设施。可是，当地的农民对此却没有共同发展的热情。他们觉得事不关己，只打算等待景区建成后进去打工，这非常可惜。"台湾优质民宿联盟执行长吕人凤说，台湾的大多数乡村旅游业主愿意花一辈子的心血共同参与乡村旅游点的建设，并且大有与之共存亡之势，这样的"用情"值得福建学习。

★ 做大做全还是做小做精？

福建的山水资源优势明显，尤其经过几年打造，产品体系已经初步形成。台湾专家对此高度赞赏，同时也指出，福建乡村旅游正站在转型升级的拐点上，要尽快明确未来发展的思路。"台湾没有很丰富的资源，乡村旅游一直走小而美的路线。正因如此，台湾乡村旅游的精致给人印象深刻。"郑健雄说，"福建已经具备了做大的条件，我建议既要做大，更要做精。比如长泰县马洋溪景区，如果在打造生态大景区的同时，将散落在景区周边的小农户也全部带动起来，做成家庭旅馆或者主题乡村美食餐厅，这样的马洋溪之旅，就会从吃农家饭升级为品尝好吃好喝的乡村美食，从享农家乐升级为看赏心悦目的乡村景致。"

有台湾专家透露，此次考察中，他们发现一些乡村游景点的业主一心想着要投入多少钱再扩建几期工程，却不够花心思去包装和推广现有的资源。"其实扩建的脚步可以放慢，反而是对现有美丽挖掘推广的步伐要加快。比如，把宣传产品做得精美一些，请专门的团队策划一些互动推广活动。"吕人凤说。

这些建议已被福建省的一些乡村旅游业主铭记在心。前不久才从台湾考察回来的一位农家乐负责人感触良多："一片草莓园，可以做成集采摘、冰激凌DIY、主题旅馆和博物馆为一体的乐园，可谓做到极致。"他打算立即着手聘请专家，以此为例为农家乐进行升级规划。

★ 做高价格还是做出价值？

鼓励示范提升一直是福建推进乡村旅游发展的主要措施。省旅游局政策法规处处长肖长培告诉记者,组织星级评定、开发新型产品,目的是打造高端精品,让乡村旅游脱离简单的"土味",变得有内涵、很时尚。

台湾专家对此非常认可。他们认为,乡村旅游走高端路线,并不是指抬高消费价格,而是要增加乡村旅游的趣味、提升乡村旅游的服务,将"上山下乡"对于现代生活的价值充分体现出来。台湾乡村旅游协会理事赖永松说,把诸如大米、番薯这样简单的农产品设计包装成精致的伴手礼,其乡村特色的价值得到提升,价格也会随之增加,这对于业主和游客都是双赢。

"提高乡村旅游服务质量,才是更深层次的价值提升。"省旅游局巡视员李毅强认为,台湾乡村旅游尤为值得学习的地方在于其服务水准普遍居高,而福建乡村旅游目前的服务水平参差不齐,亟须系统培训以快速提升。

令人备受鼓舞的是,台湾专家认为,正在朝着创意化前进的福建乡村旅游,极具潜力成为全国乡村旅游的范本。郑健雄说:"你们还需要一个智囊团。这些团员要包括政府官员、高校教授、知名旅游项目负责人、旅游市场营销策划高手等。由他们辅导和培训乡村旅游业主。"

"我们的乡村旅游专家库即将组建完成。"肖长培透露,"下一步,我省将成立乡村旅游创意辅导中心,并对乡村旅游业主进行中长期的创业和经营培训。相信智力扶持下的福建乡村旅游,发展的步伐会更快。"

(资料来源:国家旅游局 http://www.cnta.gov.cn/,2012-07-04.)

1.1.4 乡村旅游开发的总体趋势

乡村旅游在我国刚刚起步,市场发展空间很大。人们的旅游需求也在不断发生变化,旅游者倾向于选择能够转换心情、亲近自然的生态旅游、文化旅游、民俗旅游等游览方式。因此,乡村旅游应具有田园风光观光、休闲度假、自然生态和民俗文化专项旅游的综合功能,"观光—休闲—专项"旅游的复合体产品将应运而生,特色化、规范化、规模化、品牌化是乡村旅游未来发展的基本趋势。

首先,乡村旅游有着广阔的市场前景和发展空间。这一方面是由国家对农村问题日益重视的宏观政策环境决定的;另一方面也是由不断扩大的市场空间决定的,即工业化带来了更多的有逃离工业环境需求的城市人口。从工业文明中逃离出来的人们要体验的是地道的农业文明,而不是工业文明的复制品,因此,真正富有乡土特色的产品才是有生命力的乡村旅游产品。

其次,乡村旅游将沿着与生态旅游、文化旅游紧密结合的方向发展。相对于欧

洲国家对发展乡村旅游的绿色内涵的重视,日本对发展乡村旅游的社会传统文化的重视,我国发展乡村旅游在现阶段则侧重于其带来的经济效益,这是由我国的国情决定的。但随着经济的发展和供需主体素质的提高,乡村旅游的生态内涵和文化内涵必然得到进一步发掘,这也是与中国传统的"天人合一"的哲学思想和当前构建和谐社会的发展思路相符的。

再次,生态农业旅游是未来乡村旅游的主要发展方向。乡村旅游具有人与环境协调的优势,乡村旅游是建立在农业生产和自然、人文环境融合、协调基础之上的,失去了这种融合,乡村旅游就没有了依托;失去了这种协调,乡村旅游就成了无水之源。乡村旅游的吸引力来自于这种融合、协调营造出的优美自然风光、独特农业景观、浓郁乡村风情,环境优美、资源独特、人情浓郁是乡村旅游的基础。乡村旅游的吸引来自于都市居民对农村风情、绿色农产品和无污染环境的渴望,期望走向自然、回归自然。

最后,本土化是实现乡村旅游可持续发展的关键因素。乡村旅游对乡土民俗文化、乡土地域特征强烈的依附关系,决定了乡村旅游的发展最终离不开当地居民的积极参与,这就需要通过淳朴的民风来创造一个对旅游者具有亲和力和吸引力的氛围,通过合理的利益分配机制来保障乡村旅游持续发展的生命力。政府在给予一定的税收、土地使用和宣传推广等优惠政策措施的同时,也应加强对市场环境的规范制约,包括协助成立行业协会、鼓励农民或经营者成立民间团体等。

任务 2　分析乡村旅游开发的典型模式

1.2.1　乡村度假休闲型

乡村度假休闲型是指地处城镇周边的乡村,利用离城市近、交通便利的条件,以乡村生态景观、乡村文化和农民的生产生活为基础,以家庭为具体接待单位,开展旅游活动的发展模式。这种发展模式的特点是:投资少、风险小、经营活、见效快。发展这种模式必须注意:一是要做好规划,防止产品简单重复;二是挖掘文化内涵,提升产品的品位;三是推行行业质量标准,规范服务;四是加强对农民的培训,提升从业人员的素质。

这种发展模式的典型有：四川省成都市锦江区三圣花乡、重庆市南岸区石牛片区、浙江省安吉县报福镇、云南省昆明市西山区团结镇、青海省循化县积石镇、甘肃省天水市麦积区麦积镇后川村、河南省栾川县重渡沟村、辽宁省大连市金州区石河镇东沟村、湖南省湘潭县响水乡青竹村、天津市蓟县穿芳峪乡毛家峪村、新疆维吾尔自治区米泉市铁厂沟天山村、陕西省汉阴县城关镇大兴村等。

【案例链接】

成都"五朵金花"

成都市锦江区的农家乐"五朵金花"，以优美的田园风光、和谐的生态环境，每年吸引数百万人前来休闲度假，还引发了一场"全国人民考察运动"。

第一朵金花"幸福梅林"位于景区北部，过去因土地富含酸性，不宜种粮，农民们只能靠种植蔬菜和梅花为生。名字叫幸福村，可人均年收入只有两三千元，比起其他郊区，过得并不幸福。

2004 年，在锦江区统筹规划中，幸福村利用传统梅花种植优势，将梅花种植与"梅文化"有机结合起来，打造了以"梅文化"为主题定位的幸福梅林。期间，对各家各户梅花进行调整，适当集中，又引进珍稀品种，建起"岁寒三友""梅花三弄"等精品梅园，兴建了别具特色的"梅花博物馆"。当年 12 月，市里在此举办了"中国成都首届梅花文化节"。

第二朵金花：江家菜地瓜果青。江家菜地全部种菜，但不是农民自己种，而是把土地租给城里人，让他们来种，以认种的方式，把传统种植业变为体验式休闲产业，实现城乡互动。

第三朵金花：东篱菊园秋无边。菊园地处"五朵金花"中心地带，景区内地形以浅丘台地为主，农户主要从事花卉种植。在政府的引导下，这个村的大田全部种上菊花，以菊造景，形成了"环境·人文·菊韵·花海"的交融。同时，突出菊花的多种类和菊园的休闲规模化。现全村拥有菊花种植面积 1 000 余亩(1 亩=666.67平方米)，形成了四季菊园景观，改变了菊花只展在公园的局限。

第四朵金花：荷塘月色画意浓。"荷塘月色"地处万福村，当地村民以种植莲藕和花卉为主，通过政府引导和规划，集中打造并已形成近 1 500 亩的荷花种植面积。景造好后，政府修了画家村，吸引全国各地的知名画家前来落户。画家村建有30 多栋别墅，每套 30 余万元，画家可以买到 20 年的使用权。更为重要的是，这些画家每年要教会 12 个农民画画。目前，画家村已进驻 23 名画家，村里的很多农民会画画，吸引了很多人甚至外国人的眼球，慕名而来的外国人甚至将价钱出到 20

美元一幅画。就这样,农家乐一步步变成了充满诗情画意的乡村旅游。

第五朵金花:花乡农居春满园。"花乡农居"即红砂村,是"三圣花乡"景区最先打造乡村旅游项目的地方,目前已成为西南地区著名的花卉生产集散地,同时还是成都近郊最著名的休闲度假胜地之一,先后被评为国家 AAAA 级风景旅游区、全国首批农业旅游示范点。

(资料来源:全国乡村旅游案例类型汇编 http://www.shsee.com/,2014-09-03.)

1.2.2　依托景区发展型

依托景区发展型是指把附近旅游景区的部分服务功能分离出来,吸引周边农民参与旅游接待和服务,农民还可以为游客提供旅游商品和农副产品,从而促进农民增收致富和周边农村发展的模式。这种发展模式必须具备的条件:一是必须临近重点景区;二是游客量较大;三是周围农民具备旅游意识和服务意识。发展这种模式应注意:要加强配套基础设施建设,形成一定的服务功能;培养农民的旅游意识和服务意识,加强对从业农民的组织和引导。

这种发展模式的典型有:湖北省秭归县周坪乡、北京市房山区十渡镇、广东省信宜市旺将村、山东省五莲县靴石村、宁夏回族自治区中卫市迎水桥镇、福建省泰宁县水际村、江西省宜春市明月山风景区温汤镇、海南省琼海市博鳌镇南强村、山西省壶关县桥上乡、浙江省余姚市大岚镇、西藏自治区定日县扎西宗乡、安徽省石台县大演乡、湖南省中方县中方镇荆坪村、吉林省长春市二道区四家乡等。

【案例链接】

太湖三山岛

三山岛,位于苏州太湖当中,因岛上三山相连而得名,面积仅 5 平方千米,三个村庄坐落其间,共有居民八九百人。小岛在 20 世纪 80 年代发现古人类化石,改写了长江流域人类起源学说,曾名噪一时。目前,岛上依旧保持着古朴纯净的状态,鸡犬相闻,民风淳朴。在这里游客可以品尝新鲜海味,爬山、采摘橘子、游览太湖景点。

浙江长兴茗泉农家乐

茗泉农家乐位于浙江著名的古生态之乡长兴顾渚山风景区,这里群山环抱、山清水秀、竹林苍翠、鸟语花香。春暖花开的时候,满山遍野的映山花,好像置身于万花丛中,众多上海朋友对此地情有独钟,来此休闲度假,顾渚被称为上海的"后花园"。

顾渚山以唐代贡品——"金沙泉""紫笋茶"而闻名海内外,是中国茶文化的发祥地,曾建有中国历史上第一座贡茶院。茶圣陆羽曾在此品茶著书,写下天下第一部茶经,游人至此,品茶饮水,得茶圣之趣。中华人民共和国成立后紫笋茶被评为中国十大名茶,荣获二次博览金奖。

住宿条件:可容纳50人同时住宿,房间有双人套房、三人套房、四人套房。每个房间都配有独立卫生间和电视、空调。电脑无线上网正在建设中。

娱乐项目:自动麻将、卡拉OK(配有KTV点歌系统,两万首歌库,让您免费high个够)、免费上网、跳舞、钓鱼、羽毛球等。

顺德长鹿休闲度假农庄

长鹿农庄建于2002年,现为全国农业旅游示范点及国家AAAA级旅游景区,是一个集岭南历史文化、顺德水乡风情、农家生活情趣,以吃、住、玩、赏、娱、购于一体的综合性景区,是休闲娱乐、旅游度假、商务会议的最佳场所。主要由"长鹿休闲度假村""机动游乐主题公园""水世界主题公园""农家乐主题公园"和"动物主题公园"五大园区组成,各具特色,精彩纷呈。

长鹿休闲度假村包括临水而建、果蔬满园的超五星级湖居;栈道相连、古朴别致的水上浮排餐厅;帆船造型,可以一边享用美食,一边欣赏野生鱼儿在身边伴随着音乐起舞的水底餐厅;顺德农家风味的中餐厅,独具特色的美食舫;让你重温农家生活情趣、尽展高超厨艺的农家灶房;功能齐全、能容纳几百人的会议厅;把西部风情演绎得淋漓尽致的乡村酒吧KTV。还有水疗、水上桑拿、山洞蒸汽浴、中药温泉、按摩房、篮球、台球、棋牌、网球、足球、乒乓球、健身房等多种参与性项目,是休闲娱乐、运动健身、团队培训拓展的首选地方。

另外设施完善的长鹿艺术大舞台,可同时容纳数千名观众现场互动参与。数百万的现代化音响设备,流光溢彩的灯光效果,色彩缤纷的自动冷焰火喷放,配合自动升降、伸缩舞台,尽现艺术大舞台的魅力。超重量级嘉宾、大型歌舞、民间杂技、特技、绝技等全天候表演,精彩不断,亮点纷呈。

机动游乐主题公园:有广东唯一一家挑战极限的"弹射飞人",2秒内载你冲向32米的高空;穿梭长鹿高空的"极速飞机";带你转出飞碟般感受的"宇宙飞车"、带你转出七彩人生的"旋转飞碟"、带你领略洗衣机感受的"遨游太空";广东仅此一家比大摆锤更加刺激的"流星锤";以三维电影技术及顶尖的光效、音效、特技效果,全程式演绎哥德堡号船员与海盗及暴风雨抗击的场景,以及因缺水断粮含冤枉死几十人,阴魂不散鬼魅,最后导致哥德堡号沉没野史等上百种大型机动游戏让你

尽情挑战刺激的巅峰。四期部分项目正在建设中,现正陆续开放。

水世界主题公园:集拥有喷泉捉鱼区、云雾捉鱼区、沼泽捉鱼区、水帘洞捉鱼区、冲浪捉鱼区五大系列的梦幻捉鱼水城,游泳、冲浪、滑梯、水上拓展等数十种水上游乐项目于一体的欢乐水世界让你乐而忘返。

农家乐主题公园:包括奇趣无穷、花样百出、令人捧腹大笑的农家六绝表演(小猪跳水、赛猪、赛鸭、斗鸡、斗羊、大笨猪花式高台跳水);可以亲身体验农耕乐趣的农家菜园、禾田;奇花异草、争奇斗艳的上百亩梯田式百花园、百果园、百草园;酒香四溢的农家酿酒坊;有2 000多年历史的北方民间艺术西洋景、皮影戏;另外还有蘑菇房、陶艺坊、豆腐坊、攀爬、户外拓展等让您尽享农家乐趣。

动物主题公园:包括汇集多个美丽童话故事构造的童话动物世界和海陆空动物表演馆两部分。童话动物世界集"雄、奇、幽、野、秀"为一体,是"缩小的仙境",里面的每一种动物都有自己的小庄园,它们在自己的小庄园里过着无忧无虑的生活。终于有一天,原本奇妙的森林生态平衡遭到破坏,各种动物为了争夺地盘和食物,经常互相争斗,你争我夺,森林里到处可见刀光剑影。具有好生之德的上帝不忍动物相互打杀而丢失生命,于是召集森林里的飞鸟禽兽进行商讨和平共处大计,选出大象旺旺作为百兽之首,并传授每种动物一项谋生本领,让它在海陆空动物表演馆为游客表演。

(资料来源:全国乡村旅游案例类型汇编 http://www.shsee.com/,2014-09-03.)

1.2.3　旅游城镇建设型

旅游城镇建设型是指在旅游资源丰富的乡镇,把旅游开发与城镇建设有机地结合起来,建设旅游小城镇,带动乡村旅游发展的模式。发展这种模式应具备的条件:一是居住条件、基础设施具有一定基础;二是具有独特的旅游资源,旅游吸引力大。这种发展模式应注意:要对小城镇进行科学规划,确保规划实施不走样;立足于可持续发展,正确处理资源保护与旅游开发的关系;要多渠道增加投入,完善小城镇基础设施;要从当地实际出发,充分发挥农民参与小城镇建设的积极性,让农民得到实实在在的好处。

这种发展模式的典型有:云南省腾冲县和顺镇、江西省婺源县江湾镇、云南省大理州喜州镇等。

【案例链接】

江西黎川在小城镇建设中打特色旅游牌

清一色的琉璃瓦、飞檐翘角,雪白的风火墙等建筑装饰,既有古香古色的美感,又有现代建筑流行的时尚元素。走进抚州黎川县厚村乡主街道,一条长 2 000 余米的徽派特色建筑映入眼帘,成为吸引人们眼球的新景观,徽派特色建筑也成为厚村乡小城镇建设中的一个新亮点。

近年来,黎川县做大旅游绿色产业,把厚村乡作为旅游经济圈中的形象窗口来打造,充分整合各方面的资金,完善该乡主街道的基础设施,对街面进行整治,改造下水道,开展绿化、美化、硬化建设。2014 年,该县又出资帮助厚村乡街面农户房屋进行改造,统一建成徽派建筑,把沿街两旁的民房改建成清一色的琉璃瓦、飞檐翘角的徽派建筑,外墙统一进行白色粉刷,着力打造美观的徽派建筑小城镇。村民徐祥孙说:"我家以前一直都是灰墙土瓦,现在屋顶换上琉璃瓦,砌上风火墙,墙面统一粉刷成白色,让我家看起来就像新房子一样。"据了解,厚村街道总长 2 000 多米,目前整修已完成 1 000 米,预计 2015 年全面完成整修工作。

（资料来源:中国旅游新闻网 http://www.cntour2.com/,2014-11-28.）

荔波小七孔镇扎实推进旅游小城镇建设

近年来,随着荔波旅游知名度的不断提高,麻驾高速公路开通,小七孔镇凭借独特的地理位置和交通优势,在县委、县政府的领导下,以旅游服务业为支柱产业的社会各项事业得到迅猛发展,拓宽了农民增收致富的渠道。在发展的同时,矛盾也伴随而来。部分群众思想认识不到位,只看到了眼前的利益和自身的利益,没有从全镇的建设长远角度考虑问题,私自在公路两边违法用地,建设违章建筑,在规划区内乱搭乱建,抢搭抢建,严重扰乱了城镇开发秩序,增加了开发成本,"两违"整治工作压力巨大。小七孔镇不断探索着新的工作方式方法,通过"晒工作、晒规划、晒建设、晒政策",在争取外来投资商的同时,让群众积极参与到城镇建设和旅游服务中来,增强群众发展意识,协调旅游小城镇的发展。

"四晒",即晒工作:晒小城镇建设取得的工作成绩;晒规划:晒小七孔镇近年来小城镇建设的规划和拟开发项目的规划;晒建设:晒近年来小七孔在基础设施建设、集镇路网建设取得的成果;晒政策:晒当前在小城镇建设过程中涉及群众用地、建房等利益方面的政策规定和法律法规。

通过"四晒","两代表一委员"、村组干部、群众代表反映强烈,纷纷表示愿意深入群众中做好宣传动员工作,带领群众坚定发展信心,切实维护好整体的城镇建

设开发秩序,一起做好小城镇建设和旅游服务大文章,为城镇建设及旅游服务项目的落地建设营造了良好的社会氛围,扎实推进小城镇建设各项工作。

(资料来源:荔波县政府网 http://www.libo.gov.cn/,2014-05-18.)

1.2.4　原生态文化村寨型

原生态文化村寨型是指利用当地原生态的村寨文化资源,包括当地居住环境、建筑、歌舞等的独特性,以保护为主,因势利导开发旅游,促进乡村发展的模式。这种发展类型必须是当地村寨原汁原味的,具有独特的文化内涵。这种发展模式要注意:一是做好整个村寨旅游发展规划;二是引入市场开发机制,促进旅游开发;三是要处理好保护与开发的关系,着重强调对当地原生态环境的保护。

这种发展模式的典型有:贵州省凯里市三棵树镇南花村、广东省封开县杨池村、贵州省江口县云舍村、贵州省平坝县天龙镇天龙村。

【案例链接】

福建闽南土楼

塔下村地处永定土楼、南靖土楼的中心点,是山中水乡、温馨家园,人称闽南周庄,又是国家级历史文化名村。塔下村是土楼旅游住宿首选之地。

此外,由华安县二宜楼、南阳楼、东阳楼组成的大地土楼群,是列入《世界文化遗产名录》的福建土楼重要组成部分。通过土楼旅游开发,华安县引导旅游景区周边群众纷纷开设农家餐馆、农家商店和农家旅馆,大力开发"农家乐",向游客出售各种农家产品,如土楼模型、旅游茶具、风景圆盘等具有地方特色的旅游纪念品,华安铁观音茶叶、华安玉、坪山柚、竹凉席等特色旅游商品。而且随着道路基础设施的不断完善,海内外许多游客纷至沓来,迅速推动旅游相关产业的全面发展。

山西平遥六合村

六合村坐落于距平遥县城15余千米的麓台山南麓,生态资源丰富,拥有大片的果树林,古庙、古院、古树保存得也不错。依托本土资源,六合村积极响应国家政策,对古寺庙、古民居进行维修保护,改善村内道路设施,正积极准备申报省级历史文化名村。下一步再按规划投资开发,目标是用三五年时间把这里建成一个集观光、采摘于一体的乡村旅游休闲度假村。

六合村只是平遥县乡村旅游开发热现象的缩影。和六合村一样,利用当地自然、生态和人文资源,积极准备发展乡村旅游的村子,平遥县目前有20多个。对于悄然涌动的乡村旅游开发热,平遥县政府一名官员表示,县里将结合社会主义新农村建设,搞好全县乡村旅游发展规划,发展集观光、体验、休闲、度假为一体的复合型乡村旅游。

北京雁栖"不夜谷""夜渤海"

雁栖"不夜谷"是由"虹鳟鱼一条沟"改造而成,内有官地、神堂峪、莲花池等 10 个民俗村,年接待游客百万人次;"夜渤海"绿色生态餐饮走廊依托慕田峪长城沿线而建,南起关渡河,北至慕田峪环岛,全长 7.5 千米,涉及三个村 30 余家垂钓烧烤点。旅游产品主要有:

根据一些节日的需要,该地区也会推出一些特色的活动,如雁栖"不夜谷"会增加水上舞台和露天舞台,还新建"中国乡村艺术品大集市",在劳模山庄建成五连体景观木屋,用于乡村艺术家制作、表演、展卖。期间,周树飞的皮影、杜军的米脂民间剪纸、杨宝忠的玉雕等 13 名乡村艺术家,入住"不夜谷",制作并教授游人学做手工艺品。

(资料来源:全国乡村旅游案例类型汇编 http://www.shsee.com/,2014-09-03.)

1.2.5 民族风情依托型

民族风情依托型是指少数民族农村地区,以独特的民族风情为基础,大力改善基础设施和旅游接待设施,引导少数民族农民参与旅游开发,促进乡村旅游发展的模式。这种发展模式必须是少数民族具备一定规模,民族风情具有独特性和吸引力。

这种发展模式应注意:一是要切实挖掘当地少数民族的风情,提升文化品位和旅游吸引力;二是要引导当地少数民族农民参与旅游接待活动;三是要改善当地村容村貌和基础设施条件。

这种发展模式的典型有:黑龙江省齐齐哈尔市梅里斯达斡尔族区哈拉新村、青海省互助县土族民俗旅游村、黑龙江省同江市街津口赫哲族乡渔业村、吉林省延边州安图县红旗村、内蒙古自治区莫力达瓦达斡尔族自治旗西博荣村、广西壮族自治区桂林市恭城瑶族自治县红岩村等。

【案例链接】

云南丽江木家桥

由丽江蛇山乡村旅游开发有限公司计划投资 250 万元的"丽江木家桥乡村旅游项目"已于近日启动。主要目标是通过对古城区金山乡漾西村委会木家桥村的历史文化资源进行保护和发掘,以修建博物馆和接待设施、成立乡村旅游合作社等

方式,与当地村民合作开发漾弓江峡谷和西关遗址,带动村民发展旅游业,增加经济收入。

这个项目的主要内容有:在"丽江人遗址"旁修建"丽江人博物馆",展示有关"丽江人"的科学知识,展示丽江盆地的变迁历史;修建"木氏祠堂"和"李京纪念亭",增加文化设施;在漾弓江峡谷开发以"智人谷"命名的旅游设施,包括漂流、索桥、溜索、水磨房、溶洞,增加可游性;在邱塘山上恢复"觉显复第塔",保护明代古关西关,开发茶马古道体验游;在西关西侧的拉罗村设置"丽江鹰猎协会"狩猎基地,发展生态养殖业、特色康体娱乐和餐饮业;开发观光农业项目,开展农耕体验活动等。

(资料来源:全国乡村旅游案例类型汇编 http://www.shsee.com/,2014-09-03.)

1.2.6 特色产业带动型

特色产业带动型是指在村镇的范围内,依托所在地区独特的优势,围绕一个特色产品或产业链,实行专业化生产经营,以一村一业的发展壮大来带动乡村旅游发展的模式。这种模式需要三个基本条件:具有生产某种特色产品的历史传统和自然条件;有相应的产业带动,市场需求旺;需要一定的"组织形式"通过产业集群形成规模。这种发展模式必须注意:要定位准确,大而全就是没特色;政府不能越位、缺位和错位,要树立服务意识,避免过分干预市场;重视示范带头作用,分步实施;大力加强农业和旅游产业一体化组织程度;重视市场推广和自主创新,以特色促品牌。

这种发展模式的典型有:山西省阳城县皇城村、北京市大兴区庞各庄镇、四川省成都市郫县友爱镇农科村、广东省梅县雁南飞茶田度假村、福建省宁德市三都镇等。

【案例链接】

上海孙桥现代农业观光园

上海孙桥现代农业开发区本着"国外先进农业与中国农业接轨,传统农业向现代农业转变"的前瞻性发展理念,重点发展六大主导产业:以蔬菜、花卉为主体的种子种苗产业;以绿色蔬菜、食用菌、花卉为主体的设施农业产业;农产品精深加工产业;利用细胞工程、微生物工程和基因工程的生物技术产业;温室工程安装制造产业;与农业相关的物流交易、休闲居住、观光旅游、会展培训等第三产业。

内容:全国农业旅游示范点。内有:自控玻璃温室、2公顷工厂化育苗温室、水栽培种植区、番茄"树"种植区、奇异瓜果区、蜜蜂科普区、农展馆、巴西昆虫馆、科普长廊、蝴蝶兰花卉馆、自采橘园、自采农业园、嘉爱宠物乐园等。

特色:集旅游、科普教育、实际生产和品尝新鲜蔬菜为一体,不仅能让旅游者参观到别具特色的景观,还能让旅游者真正体验到寓教于乐和采收果实的喜悦心情。

北京小汤山现代农业科技园

随着人们生活水平的提高,"追求自然、向往绿色"已经成为一种生活时尚。

小汤山农业园自建园以来,历经七载,已建设成为一个集旅游观光、农业考察、科普教育、温泉疗养、特色餐饮、种植采摘、安全蔬菜生产于一体的现代农业观光园。

园区整体规划面积 111.6 平方千米,核心区面积 30 平方千米。依据高新农业项目特点将其规划为 5 个区,即:籽种农业示范区、水产养殖示范区、设施农业示范区、加工农业区、休闲度假区。目前,园区已有国家级北方林木种苗基地、国家淡水渔业工程技术研究中心、精准农业项目、台湾三益兰花基地、中日三菱示范农场等 50 家最大现代农业高新技术企业入驻,总投资达 30 亿元,其中大型设施达到 60 万平方米,形成了小汤山特菜、林木种苗、花卉、鸵鸟、高档淡水鱼、肉用乳羔羊等一批优势产业。

小汤山农业园依据独特的地热资源,已建成一条温泉文化、生态农业旅游观光线,成为融自然风光与现代农业为一体的观光胜地。这里冬季春常在、四季花常开,其美景犹如北国江南。在这如诗如画的美景中不但可以了解到许多世界领先的农业科技知识,还可以尽情地品尝到园区特有的蔬菜、水果、鸵鸟肉、温水鱼等一系列绿色安全食品。小汤山农业园以其独特的人文景观、丰富的科技文化内涵吸引了众多海内外游客,其旅游业有着广阔的发展前景。

(资料来源:全国乡村旅游案例类型汇编 http://www.shsee.com/,2014-09-03.)

1.2.7 现代农村展示型

现代农村展示型是指在部分经济发达的农村地区,因势利导,接待游客参观、展示新农村形象的发展模式。这种模式必须是在经济发达、交通便利、知名度较大的农村。发展这种模式必须注意:一是要处理好发展旅游与发展其他产业的关系;二是要积极引导农民参与旅游接待活动。

这种发展模式的典型有:江苏省江阴市华西村、黑龙江省甘南县兴十四村等。

【案例链接】

北京韩村河

随着韩村河知名度的提高,慕名而来的人逐年增加,韩村河人抓住商机,兴建山庄会议中心,组建旅游公司,建成高科技园区,发展现代观光旅游业。

特色之一:乡村旅游

乡村旅游业是韩村河的一大特色。韩村河地处云居寺、石花洞等 18 个旅游景点的枢纽,在社会主义新农村建设中又形成了风格独特的人文乡村景观。村里把发展旅游业作为第三产业的重点项目,成立了旅游公司。投资 8 000 万元,建起了 3 万多平方米的星级涉外宾馆。其中,既有古色古香的四合院,又有具备现代化设施的贵宾楼。保龄球馆、台球厅、网球场、健身房等生活娱乐设施一应俱全。此外,还推出了以"吃农家饭,住别墅楼"为主题的"韩村河两日游"活动,还开辟了近百条国内、外旅游线路,旅游业已成为韩村河新的经济增长点。

特色之二:观光农业

建筑业和工业的发展,为建设现代化的高效农业提供了重要的物质基础。近几年来,全村农业投资上千万元,购置农用机械、建造高科技蔬菜园区。科技园采用高新技术科学管理,先后引进了以色列樱桃西红柿、韩国黄香蕉西葫芦、荷兰无刺黄瓜、美国牛角菜椒等菜蔬品种,实行工厂化栽培,高温灭菌,物理杀虫,普施有机肥。常年生产 50 多种无化肥、无污染、无农药的特色无公害蔬菜,1999 年,被国家科委命名为"工厂化高效农业房山示范区",并向游人开放,供广大游人观光。

北京浩波渔村

北京浩波渔村坐落在昌平东部被誉为温泉之乡的小汤山镇,成立于 2003 年春,历时五载,发展成为了集垂钓、餐饮、住宿、采摘及商务接待于一体的综合性度假村。渔村紧邻京密引水渠,占地面积 60 余亩,建有 6 个精养专业垂钓池和可同时容纳近 300 人就餐的餐厅,还有蔬菜、瓜果、玉米等种植园以及散养鸡舍等。北京浩波渔村不断完善垂钓鱼品种,现已发展为全市鱼种最丰富的垂钓园。游客还可以采摘鲜果品其美味;也可亲手和果农一起劳作,享受劳动的快乐,在这里可以采摘到各种蔬菜、瓜果(全部是绿色食品,无化肥农药)、自选柴鸡、柴鸡蛋等。

(资料来源:全国乡村旅游案例类型汇编 http://www.shsee.com/,2014-09-03.)

1.2.8 农业观光开发型

农业观光开发型是指利用农业生产过程的知识性、趣味性、可参与性,开发规划出观光、休闲、度假等旅游产品,满足游客需求,促进乡村旅游发展的模式。这种发展模式必须具备的条件:一是临近城镇、客源市场潜力大;二是交通便利,可进入性较好;三是农业生产知识性、娱乐性、参与性强。发展这种模式必须注意:要有良好的项目创意和规划;要认真对客源市场进行调研,分析客源市场的需求;要制订可行性研究报告;要加大对项目的宣传促销力度。

这种发展模式的典型有:河北省秦皇岛市北戴河集发观光园、上海市奉贤区申隆生态园、辽宁省葫芦岛市宏业现代农业园区、上海市金山区漕泾镇水库村、新疆生产建设兵团 222 团新天冰湖旅游园区。

【案例链接】

广新农业生态园

广新农业生态园始建于 1999 年 4 月,占地面积 5 000 多亩,是广东省最大的农林果自然生态景区,是集土地整理示范、农业生态示范、环境教育、农业观光、休闲度假、商务会议于一体的理想之园。

生态园积极打造土地开发整理、环境教育、农业观光、科普教育等基地品牌。在建设过程中,生态园坚持重点突出环保、自然、生态,将昔日一片水土流失严重的荒芜地,通过土地整理和合理开发,运用生态学原理,实施立体种养模式和坚持资源再利用,形成良性生态循环,营造了人与自然协调和谐的生态环境。

在打造现代农业示范区的同时,生态园完善了一系列的娱乐休闲、素质教育、商务会议等基础配套设施,形成别具特色的集农业生态观光、休闲度假、素质教育、商务会议等于一体的综合服务场所,自开业以来,先后承办了多项大型赛事及活动,推动了当地交通、信息传递、商品流通等的进一步发展。

北京蟹岛生态园

北京蟹岛生态园,即北京蟹岛绿色生态度假村,总占地 3 300 亩,集种植、养殖、旅游、度假、休闲、生态农业观光为一体。度假村以产销"绿色食品"为最大特色,以餐饮、娱乐、健身为载体,让客人享受清新自然、远离污染的高品质生活为经营宗旨。度假村是北京市朝阳区推动农业产业化结构调整的重点示范单位,也是中国环境科学学会指定的北京绿色生态园基地。

蟹岛的成功就是赢在"休闲度假民俗文化创意",其主要文化创意有:

1. 蟹岛拥有"回归大自然"式的生态旅游环境和独特的"村容""村貌"。蟹岛"前店后园"的村庄特色,把现代、舒适的度假酒店置于绿树成荫、稻麦飘香、六畜成群、蟹肥鱼跃的田园风光之中,使农业生产与酒店经营、都市文明与乡土感受、开发受益与生态保护都在自然的生物链结构中循环运转和持续发展。来此休闲度假的客人不仅能体验吃农家饭、住农家院、过农家生活的情趣,还能在蟹岛的田园"超市"中亲自动手选购健康安全的各种有机农副食品,并获得了农业实践机会,与大自然、动物亲近的机会,接受环保、科普教育的机会。

2.北方农村民居文化博览园。蟹岛农庄占地 40 000 平方米,建筑面积 9 969平方米,由著名古建专家设计,精雕细琢而成。蟹岛农庄整体布局以展现中国北方自然村落为宗旨,集院落、古钟亭、村公所、大戏台、拴马桩、井台、溪水小桥、石板路于一体。住进蟹岛农庄,宾客还可换上院内的民族服饰,亲临实感,也可拍照留念。经过专业培训的服务人员,着满族服饰,行宫廷礼仪,说着暖人肺腑的老北京话儿,让宾客全面体验老北京人周全的礼仪、到位的服务以及传统的民族文化。

3.北方植物大观园。在蟹岛,无论是农业生产的农作物还是园林绿化的花卉苗木,均尽力展现华北地区所有植物,着力从文化层面体现出我国华北地区植物多样性的特点,也使广大市民朋友走进蟹岛即可全面认识北京所有植物,了解到这些植物的特性,从感官到理性大大提高市民朋友们对植物文化知识的认知程度。

此外,蟹岛每年还举办"荷花节""菊花节"等花卉节庆活动,让市民朋友们免费在蟹岛赏花、品花。蟹岛采取老北京菊花栽培技术培育的"悬崖菊"还连续两年在北京菊花展上收获大奖。

4.现代有机生态农业科普观光园。依托有机农业,农业生态旅游逐步发展成为蟹岛休闲度假的支柱产业。农业生产的农产品及时供应度假区餐厅和各种娱乐场所,突出产品有机、安全、无污染的特点,保证食物的新鲜,以满足游客的消费需求,并营造一个田园风光式的绿色生态环境,吸引游客前来休闲度假。同时蟹岛把农业生产的每一个环节、农业生产工具、农产品的收获加工、农业工人的生产技能等均通过文化创意渠道转化为休闲度假产业向消费者展现,使无形的文化创意附加到有形的农业和旅游的产品上,提高产品的附加值和文化内涵,改变消费者简单的物质产品的需求为消费文化的需求。此外,生态农业与旅游产业在文化创意的紧密结合下,旅游区产生的污水、粪尿、垃圾等形成了农业生产所需的灌溉用水和肥料的部分来源,形成一个以园养店,以店促园,农游结合的"前店后园"模式。

(资料来源:全国乡村旅游案例类型汇编 http://www.shsee.com/,2014-09-03.)

1.2.9　生态环境示范型

生态环境示范型是指具备良好生态环境的农村,以生态环境作为旅游吸引力,开发观光、休闲、度假旅游产品,促进乡村旅游的发展模式。这种发展模式,要具备便利的交通和良好的基础设施条件。这种发展模式应加强对生态环境的保护,防止旅游开发引起环境的破坏和退化;要培育旅游开发经营者和游客的环境保护意识。

这种发展模式的典型有:江苏省常熟市蒋巷村、北京市密云县石塘路村、重庆市垫江县沙坪镇、海南省海口市美兰区演丰镇、浙江省奉化市萧王庙镇滕头村、湖南省长沙县黄兴镇、广西壮族自治区北流市民乐镇罗政村等。

【案例链接】

天目山农家乐——森林小溪旁的体验

区位:坐落在"江南奇山""天然植物园""森林公园"和"大树王国"之称的国家 AAAA 级天目山自然保护区半山内。由于有美丽的山水及茂密的森林覆盖,这里的夏天,"白天不用扇子,晚上不离被子"。茫茫林海,空气中的负离子含量极高,有"天然氧吧"之称。

活动:农家主人免费带游客登山采草药;

民俗体验:蔬菜和板栗、葡萄、蜜橘种植采摘活动;

农业活动体验:喂养本鸡;

特色餐饮:品尝野味、河鲜、农家土菜;

景观游览活动:山林摘果子;

户外体验活动:湖边垂钓、河滩拣石。

红太阳美食生态园

红太阳美食生态园是一家以生态环保养生为主题的餐饮企业,位于北京市生态农业示范园区——朝来农艺园南门,地处望京和亚运村两个区域之间。占地面积 40 000 余平方米,营业面积为 15 000 平方米,餐厅内划分为风格各异的就餐区域,可同时容纳 3 000 多人就餐,并最新推出了新近完工的泰式、日式、中式等精装豪华包间。二期工程:温泉健身中心、商务酒店、量贩式卡拉 OK 即将启动。

红太阳美食生态园主体结构由引进荷兰的高科技智能温室玻璃材料构成,不仅具有良好的透光效果,而且能使餐厅内部保持四季恒温。为达到餐厅内部最佳的生态效果,红太阳美食生态园还在餐厅内配备了从日本进口的智能喷雾制冷设备,造就四季常青的美好的就餐环境。

(资料来源:全国乡村旅游案例类型汇编 http://www.shsee.com/,2014-09-03.)

1.2.10　红色旅游结合型

红色旅游结合型是指在具备"红色旅游"资源的乡村,结合"红色旅游"的发

展,组织接待旅游者开展参观游览活动,带动乡村旅游发展的模式。这种发展模式必须是在知名度较大的、革命遗迹和遗存较为丰富、旅游接待具备一定规模的乡村开展的。

这种发展模式要注意:突出"红色"主线,体现"红色"特征;发挥"红色旅游"的革命传统教育功能;要因地制宜、量力而行、循序渐进。

这种发展模式的典型有:河北省邢台县前南峪村、四川省广安市广安区牌坊村、河北省平山县西柏坡镇、山西省昔阳县大寨村等。

【案例链接】

四川广安牌坊村

改革开放 30 多年来,中国改革开放总设计师邓小平故里四川广安牌坊村发生了巨大变化。牌坊村作为邓小平的诞生地,是广安区统筹城乡发展、推进社会主义新农村建设的一个成功典范,也是广安区改革开放的一个精彩缩影,在中国西部村庄中有较强的影响力,是"全国文明村""全国农业旅游示范点""全国爱国主义教育基地"和"省级生态文明村"。现在的牌坊村建于 2004 年,占地 343 亩,住户共 468 户,总人口 1 803 人。这些年来,牌坊村村民抓住机遇,依托小平故居的旅游资源,大力发展旅游业,着力打造旅游新村,实现旅游富民。目前牌坊村正在成为集教育、观光、会议、休闲为一体的红色旅游与现代农业旅游基地。

(资料来源:全国乡村旅游案例类型汇编 http://www. shsee. com/,2014-09-03.)

综观我国目前乡村旅游的发展类型,可以看出,乡村旅游发展势头强劲,且种类和数量在不断增多。乡村旅游作为市民短时旅游消费的一种重要形式,已经受到越来越多旅游者的青睐。而随着乡村旅游休闲化升级步伐的加快,乡村旅游产品也经历着从"观光"到"休闲",从"农家乐"的简单模式到"休闲度假"的体验模式,从传统乡村旅游到现代乡村旅游的转变。这就需要在产品供给的角度和设计的角度,与时俱进,加以提升,需要我们从资源、发展模式的角度总结全国乡村旅游发展的类型和典范,以指导有关的规划和开发工作。

乡村旅游发展模式的主要特点如表1.1所示。

表 1.1　乡村旅游发展模式的主要特点

乡村旅游模式	主要特点	开发条件	典型案例
乡村度假休闲型	以乡村生态景观、乡村文化和农民的生产生活为基础，以家庭为具体接待单位，开展旅游活动的发展模式，投资少、风险小、经营活、见效快	地处城镇周边的乡村，利用离城市近、交通便利的条件	四川"农家乐"、北京民俗村
景区依托型	把附近旅游景区的部分服务功能分离出来，吸引周边农民参与旅游接待和服务，农民还可以为游客提供旅游商品和农副产品，从而促进农民增收致富和周边农村发展的模式	一是必须临近重点景区，二是游客量较大，三是周围农民具备旅游意识和服务意识	九寨沟周边乡村
旅游小镇建设型	旅游资源丰富的乡镇，把旅游开发与城镇建设有机地结合起来，建设旅游小城镇，带动乡村旅游发展的模式	一是居住条件、基础设施具有一定基础；二是具有独特的旅游资源，旅游吸引力大	丽江、阳朔
原生态文化村寨型	指利用当地原生态的村寨文化资源，包括当地居住环境、建筑、歌舞等独特性，以保护为主，因势利导开发旅游，促进乡村发展的模式	当地村寨必须是原汁原味的，具有独特的文化内涵	福建土楼、安徽西递村
特色产业带动型	指在村镇的范围内，依托所在地区独特的优势，围绕一个特色产品或产业链，实行专业化生产经营，以一村一业的发展壮大来带动乡村旅游发展的模式	具有生产某种特色产品的历史传统和自然条件；有相应的产业带动，市场需求旺盛；需要一定的"组织形式"通过产业集群形成规模	法国葡萄庄园
现代农村展示型	指在部分经济发达的农村地区，因势利导，接待游客参观、展示新农村形象的发展模式	必须是在经济发达、交通便利、知名度较高的农村	华西村
农场庄园型	指利用农业生产过程的知识性、趣味性、可参与性，开发规划出观光、休闲、度假等旅游产品，满足游客需求，促进乡村旅游发展的模式	一是临近城镇、客源市场潜力大；二是交通便利，可进入性较好；三是农业生产知识性、娱乐性、参与性强	西班牙牧场

任务3 解读乡村旅游开发的基本原则

加快乡村旅游发展的指导思想是:以科学发展观为指导,按照"生产发展、生活宽裕、乡风文明、村容整洁、管理民主"的要求,以建设小康、文明、生态、和谐的社会主义新农村为目标,从农村实际和旅游市场需求出发,发挥旅游产业的关联带动作用,坚持"政府主导、部门协作、多方参与、市场运作",结合扶贫开发、文明生态村建设和旅游经济强县、旅游小镇建设,因地制宜、突出特色,不断完善乡村基础设施建设,丰富乡村旅游产品,优化乡村旅游环境,促进各地乡村旅游向市场化、产业化方向发展,实现以旅助农、以农兴旅、农旅结合、城乡互动,为社会主义新农村建设做出应有贡献。在发展中应坚持以下基本原则:

1.3.1 坚持"以农为本、自主自愿"的原则

发展乡村旅游业必须"农"字当头,坚持以农为本,以农民作为受益主体,以促进农民的全面发展为目标,坚持资源产品的农本化和从业主体的农本性。企业可以参与开发或成为开发主体,但要把农民利益放在首要位置,把农民受益与否作为衡量发展乡村旅游业经济效益和社会效益的重要指标。要注意尊重农民意愿,要自始至终尊重农民的首创精神,保持农村旅游发展多样性,政府在引导中要重点加强服务,逐步建立面向农村和农民的旅游服务体系,不断提高公共服务水平。

1.3.2 坚持"政府引导、社会参与"的原则

我国乡村旅游业还处于起步阶段,基础设施薄弱,没有形成健全成熟的乡村旅游产业体系,必须充分调动发挥各级党委、政府抓乡村旅游业的积极性和主动性,在扶持政策、公共设施、引导资金、规范管理、宣传推广等方面加大支持和引导力度。

1.3.3 坚持"保护耕地、持续发展"的原则

按照国家严格保护耕地的要求,在发展乡村旅游中要保护和集约利用土地,严禁出现乱占和浪费耕地的现象,防止在没有建立保障机制的情况下使农民失去土

地。要强调生态环保和文化遗产保护,促进乡村生态环境保护,促进乡村文物古迹、非物质文化遗产保护、民族民俗文化的挖掘和有效传承。坚决避免因急功近利、盲目发展造成的资源浪费和环境污染。

1.3.4 坚持"因地制宜、突出特色"的原则

各地立足本地条件,因地、因时制宜,探索各具特色的乡村旅游发展模式。各地要根据自然环境、地域文化、依托的资源、针对的市场等不同,打造具有浓郁地域特色的乡村旅游产品。各地已经总结的特色产业带动型、都市村庄型、景区依托型、农场庄园型、特色技艺展示型等多种类型的农村旅游发展模式,都有不同发展规律和特点,各级政府加强分类指导,要引导各种模式个性化发展,推动各种模式间的优势互补。

1.3.5 坚持"市场导向、产业化发展"的原则

以市场导向配置资源,"近郊依城,远郊靠景,沿路沿江,城乡互动",引导乡村旅游向优势地区集中,提高竞争力。要以市场需求为导向,引导各类乡村旅游经营主体,特别是农民按照运行市场化、要素规范化、经营规模化和网络化的方向,提高乡村旅游产业化水平,培育乡村旅游发展的微观基础。

1.3.6 坚持"统筹城乡、以点带面"的原则

发展乡村旅游,要统筹乡村旅游产品与城市居民休闲需求的对接,统筹城乡基础设施和公共服务,实现城乡互动,带动城乡间人员和财富转移的速度和规模,加快城乡一体化发展进程。鼓励乡村农民到城市旅游观光,引导城市市民到乡村休闲度假,形成城乡之间互为客源、互为市场、互动发展的良性局面。要注重培育龙头,以点带面促进乡村旅游全面发展。

【案例链接】

海南:处理好乡村旅游发展的五个问题

海南乡村旅游有需求、有市场、有动力、有推力,正在步入快速成长阶段。在乡村旅游发展的热潮中,须正确处理客源市场、规划管理、乡村改造、生态资源与群众利益问题。

乡村旅游是休闲度假旅游的重大补充。目前,海南乡村旅游面临发展机遇期,一是"三农"问题是政府关注点,乡村旅游作为城市反哺农村,推动社会主义新农

村建设,帮助农民致富的重要途径,有政策和财政等多方扶持。促进乡村旅游发展,是建设"度假天堂、幸福家园"目标的内在要求。二是近年来乡村旅游在省内多地如海口、文昌、琼海和保亭等市县异军突起,蓬勃发展,成为经济社会发展的一支生力军。同时,随着生活水平的提高,闲暇时间的增多,消费行为发生变化,也由于环境污染、生态破坏问题,导致逆城市化现象产生,人们不再满足传统的观光旅游,休闲需求形成了一定规模的市场,乡村旅游发展能够满足大众休闲需求。三是预期的利好,让企业和农民看到了前景,激发了积极性。有需求、有市场、有动力、有推力,乡村旅游正在步入快速成长阶段。而在乡村旅游发展的热潮中,须正确处理五个关键问题。

1. 正确处理客源市场问题

没有客源市场,我们的建设是空谈。没有客源市场分析,我们是盲目的。乡村旅游发展是要靠游客——消费这样一个流动的链条来发展的。海南的乡村旅游首先要考虑的是:我们的客源在哪里？与京津、江浙赣以及成渝等地区依托大量的城市人口的乡村旅游发展模式不同,海南的乡村旅游发展要走一条自己的客源市场发展道路——海南休闲度假旅游的补充。依托国内广大的冬季旅游客源市场,开拓为期近8个月的冬季休闲养生度假产品;以高速发展的汽车工业和海南高速发展的道路交通为依托,自驾游房车旅游为主体的客源市场;以文化为先导的乡村旅游开发,带动文化地域差异的吸引力,简言之,就是海南的乡村文化在哪里？我们的宣传促销点除了良好的生态环境和滨海旅游,还在于海南的乡村与外省游客的生活环境大不相同,而休闲、养生、便捷生活、医疗保障等,是我们开发客源市场需要解决的问题。我们的乡村旅游决策者要考虑的是,怎么把那些广大的国内休闲人群引入海南乡村,而海南的乡村凭什么吸引人来旅游、度假、休闲？如何使当地居民参与其中,并享有应得的红利。因此,我们提出,针对客源市场分析,海南的乡村旅游发展大打生态环境、岛屿文化(民风民俗)、养生、和热带海岛动植物亲近等特色品牌。同时,由于海南的岛屿特点,随着交通越发便利,任何一个角落距离海滨的行程缩短,加之海南现今对打造全省型景区的概念共识,将为来海南度假休闲的客人提供更多的特色产品。

2. 正确处理规划管理问题

规划先行是海南乡村旅游发展的准则,而规划管理是政府推动和引导发展的关键一环。就目前的发展形势来看,海南的乡村旅游仅在农家乐的阶段,还处于比较初步的阶段。因此,要做好全省乡村旅游发展的顶层规划,从一盘棋的视角来布局,才能做到各有特色、各有品位、互补共赢,实现在旅游市场上的差异化竞争力。

我们提到的"规划陷阱"主要指的就是由于规划编制单位的行业壁垒和规划编制者个人知识面的限制,致使所承担的规划出现的局限。这就要求规划管理部门在规划资质的先决条件之外,强调参与规划编制者的知识构成,避免规划的"空"和不接地气,实现规划的科学、前瞻和可操作。我们强调海南乡村旅游规划编制者的知识构成,是要求规划编制单位的"语境"是在海南国际旅游岛建设的环境下,充分理解国际化、海南本土化以及大旅游化的概念,走出一条海南独有的乡村旅游发展道路。

3. 正确处理乡村改造问题

海南的乡村在历史的演进过程中形成了独特的文化魅力,原有的汉族地区与少数民族地区不同,县与县又不同,甚至是相邻的村子也由于家族的发展留有自身独具特色的历史印痕。而共同点在于优良的生态环境。经过多年的新农村建设,海南的乡村环境有了较大的改善,但是,要切忌模式化的改造,不顾村子的历史文化脉络,一味地要求统一,破坏了村子发展的纹理,改造出一座座部队兵营式的村子。因此,海南乡村旅游发展要提倡"一村一品",深度挖掘一个村子的发展历史,找出人与自然和谐成长的关键点,让人从生态良好的环境进入,进而触及村子的发展史,家族的发展历程,也就是要"看得见山,看得见水,留得住乡愁"。而一些古村落的开发就要更为慎重,用小心翼翼这个词一点都不为过。

4. 正确处理生态资源问题

海南乡村旅游发展要避免把公共生态和人文资源片面"景区化"现象,不应以开发项目、发展旅游、拉动经济为名,把具有旅游休闲价值的生态资源、人文资源等圈起来,收取高额门票,牟取暴利。我们强调乡村旅游发展,更看重的是它的拉动性和富民作用,要警惕和遏制圈地收费的行为,用国家"五位一体——经济建设、政治建设、文化建设、社会建设、生态文明建设"的高度来衡量我们的乡村旅游发展,重视旅游的综合功能,倡导发挥旅游的文化和民生功能,真正地把休闲资源还于民,努力把海南的乡村建设成生产美、生活美、环境美和人文美展示的旅游景区,给游客一个真正能够休闲、愉情、养身、修心的新型乡村旅游区。

5. 正确处理群众利益问题

乡村旅游发展有政府的支持、引导和扶持,有农民的积极性,还要有资金的投入。资金筹措是海南乡村旅游发展中的"瓶颈"问题。快速启动,快速发展,快速回报,每一个环节都需要资金支撑,尤其是启动时期,足够的资金投入能够起到"四两拨千斤"的作用。往往这种时候,一些企业看上了乡村旅游发展的前景,投向了乡村旅游开发,推动了发展,加快了海南乡村旅游发展的步伐。但是要明确乡村旅

游发展的目标是以旅游业带动农业发展,农村美化,农民致富。因此,企业进入是引领作用,并在这个作用下,带动农业发展,和农民共享致富的成果。不能再企业圈地,企业发财,而农村还是那个农村,农民还是那样的贫困,最终引致矛盾争端。企业要立足于共同利益的赢取的观念,在乡村旅游开发上,重在资金投入,新技术带引,培训新型农民上,让农民参与其中,在自家的土地和家园里辛勤劳作,分享成果。海南亚龙湾玫瑰谷的发展就是一个很好的例子:企业租农民的地—投入资金和技术,培训农民,使农民成为产业工人领取报酬—年终分红,这样一种循环,让企业和农民的利益捆绑在一起,激发了农民的积极性,获得了共赢。

(资料来源:国家旅游局 http://www.cnta.gov.cn/,2014-06-19.)

【实　　训】

组织学生实地考察周边区域乡村旅游点。

【实训要求】

1.各小组收集周边区域乡村旅游点的基本情况。

2.各小组进行实地参观、考察。

3.课堂讨论所考察的乡村旅游目的地在乡村旅游发展过程中存在哪些问题?

项目 ❷
乡村旅游资源调查与评价

【知识目标】

　　了解乡村旅游资源调查与评价的目的、意义和原则;认识乡村旅游资源分类体系,掌握乡村旅游资源调查与评价的内容、工作程序。

【能力目标】

　　通过本项目学习,培养学生对乡村旅游资源的认识能力,分类能力与鉴赏能力;掌握乡村旅游资源分类标准与评价方法。

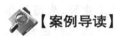
【案例导读】

整合特色资源　发展乡村旅游

　　江苏省常熟市支塘镇蒋巷村位于常熟、昆山、太仓三市交界的阳澄淀泖地区,是一个不靠国道、不在要道、不在城郊的偏僻、闭塞的小村落。20 世纪 60 年代之前这里仍然小雨水汪汪大雨白茫茫,生产环境恶劣,生活条件极差。在党的方针路线指引下,蒋巷村围绕"农"字为基本特色的旅游资源,立足三农优势资源,依托良好的生态环境,终于发展成为独具中国特色、苏州风貌、水乡特点的社会主义美丽乡村,先后被评为全国文明村、全国民主法治示范村、国家 AAAA 级旅游景区、国家级生态村、全国特色景观旅游名村、中国最有魅力休闲乡村、全国新农村建设科技示范点、全国农业旅游示范点。

　　蒋巷村发展乡村旅游,时间不长。但是旅游资源的积累包括客源、物质资源、环境资源等的发掘和开发建设却准备了较长一段时间,初步把蒋巷村的科学、自然、人文交集的环境特点和产业、休闲、居住相宜的生活空间相结合,建设成为现代化新农村,成为周边城市的后花园和度假胜地,借助特色民俗文化,吸引游客观光休闲,促进农业功能拓展,实现农民就业增收的朝阳产业,为乡村旅游的产业奠定

了基础。

★ **优越的生态环境是发展乡村旅游的重要内容：**

远离喧嚣的城市噪声和浑浊的空气，到乡村去呼吸新鲜的空气，听着鸟啼虫鸣，这是新时期城市人的愿望。20世纪末期，随着种植结构调整力度加大，蒋巷村坚持实事求是，因地而宜，本着土地不变形的原则，集中部分地势偏低的土地，改革种植粮食作物为种植果品为主的经济作物，分别建成葡萄园、桃园、梨园、竹园、枇杷园、橘园、枣园、百果园等，并适当调整种植林木花草，逐步建设发展成了生态化种植、养殖的经济园林。还有各色桂花林、香樟林、彩叶树林以及架桥筑堤、修亭建榭等，成为了发展乡村旅游新的景点。设计推出了四时节庆，如田园风筝节、踏青赏花节、观荷垂钓节、果品采摘节、金秋丰收节，增加乡村旅游独有的特色，更加丰富乡村旅游的独特内容。

★ **新农村建设的成果是发展乡村旅游的重要条件**

从1995年开始规划建设新农村，随着集体经济发展、村级经济壮大，在全村配套建成了商贸街区，配套建设起文化、娱乐、体育、休闲活动场所，有计划地建设了居民集中居住区，完善了服务于老年人生活的老年公寓和方便居民的村民蔬菜园。流转土地建立起无公害优质粮油生产基地，并从镇工业开发区批租土地建设了更大规模的村级工业园，从而形成了村民新家园、蔬菜种植园、常盛工业园、生态游乐园、无公害粮油生产基地等四园一基地的基本格局。在推进城乡一体化的进程中，实现了工业向园区集中、居住向社区集中、农田向能手集中的目标。一个全新的社会主义新农村又为各地参观游览的人群提供了新农村建设和参观、考察、调研的示范榜样。

★ **主题场馆建筑，为发展乡村旅游注入丰富内涵**

体现几千年农耕文化的建筑有江南农家民俗馆，以其农家日常生产生活用具，通过蜡像、声、光、电等科技手段组成一个个栩栩如生的生产生活场景；尽显水乡风情特色的民俗一条街，以水乡小镇为基调，布置了360行店铺的展示，让人体验小镇风情和民间生活小景。展示农耕艺术的常盛农艺展馆，朽木竹根通过艺术加工都可成为艺术精品，树桩花根都可培育成艺术盆景；村史展览馆里，几百幅照片集中展现了蒋巷村发展建设过程中的艰辛和勤奋，几百块荣誉奖牌是蒋巷人民在常德盛书记带领下辛勤奋斗的结晶；青少年科普馆是认识自然、展望未来、摒弃迷信、崇尚科学的地方；农耕试验区也可以亲自参与劳作，享受丰硕成果。反映蒋巷以至江南水乡民宅建设进步的建筑群，提供了近百年来农村居住条件改善的模拟房型。正在规划建设的知青文化园将展示峥嵘岁月的那一段难以忘却的记忆。

★ 丰富的农副土特产品,为发展乡村旅游增添活力

到乡村去参与、去体验、去采购。这是发展乡村游一项很重要的内容,让游客在观光中了解农业和农业生产,体验农业生产和农村生活,品尝农村的风味食品,领略农村田园风光之美。在蒋巷优越的生态环境条件下,利用生态化种植的手段,为游客提供丰富多彩的农副土特产品,有四时鲜果,有无公害绿色禽类食品,有无公害优质大米、豆类、杂粮;有风味独特的熟食品和优质水源生产的鲜活水产品等,还有智能温室常年提供的既可享用又有观赏价值的各色瓜果蔬菜。

（资料来源:新华网 http://news.xinhuanet.com/,2013-08-08.）

任务 1　认识乡村旅游资源

2.1.1　乡村旅游资源的组成要素

乡村旅游开发的核心是旅游产品的开发和组织,而旅游资源则是旅游产品的原料和形成基础。乡村旅游业的发展很大程度上依赖于旅游资源的开发利用。在了解乡村旅游资源之前,首先要了解旅游资源的概念。关于旅游资源的定义,学术界众说纷纭。"能够激发人们的旅游动机"和"吸引旅游者"是旅游资源的本质属性。旅游资源是一开放系统,如果说有标准或有定义核心,那么这个核心就是旅游产品,只要是具有开发为旅游产品的潜力事物,无论是有形的还是无形的,都可以被视为旅游资源。

同样,乡村旅游资源的内涵也没有一个统一广泛认可的界定。我们认为乡村旅游资源是指乡村地域范围内能够被利用的景观及景观资源,对旅游者能够产生吸引力,并满足旅游需求的乡村事物、事件、过程、活动、人物、乡村文化、乡村民俗、口头传说、民间艺术、乡土教育等资源。可以说,乡村旅游资源是以自然环境为基础、人文因素为主导的人类文化与自然环境紧密结合的文化景观。下面是学界对狭义乡村旅游资源要素比较全面的总结。

1)乡土工艺要素

如剪纸、石雕、木雕、竹雕、皮雕、藤编、芒麻编、月桃叶编、织布、刺绣、蜡染、贴饰、陶艺、泥塑、豆画、绣花鞋垫等。

2）水利要素

如古井、机井、滴灌、水车、辘轴、沟渠、排水系统等都可以形成乡村特色景观。

3）植物要素

如农作物、防护林、行道树、绿篱、盆景、绿化苗木、路边野花（草）、湿地水生植物、野生植物资源等。

4）动物要素

如家禽、家畜、水产、昆虫、鸟类、宠物、野生动物、微生物等。

5）地貌要素

如山地景观、河谷景观、湖泊景观、岩溶景观等，以及相关联的地形、地貌、岗丘、梯田、坡度、海拔高度等。

6）气候要素

如气温、降雨、雪景、雾凇、蓝天、白云、月光、星空等。

7）农田要素

如水田、梯田、旱田、稻田、麦浪、高粱地、甘蔗园、红薯地、花生地、瓜园、芝麻花、烟草花、棉花等。

8）道路要素

如主干公路、乡间道路、羊肠小道、田间便道、桥梁、石墩、独木桥、马车、人力车、机动车、手推车等。

9）农具要素

如犁、耙、耖、辘轳、骡马大车、风车、木锨、簸箕、石磨、锄头、镐头、铲、织布机、纺线车、弹棉花机等。

10）服务设施要素

如电话亭、邮电所、停车场、游览码头、咨询中心、派出所、垃圾收集点、公共厕所、垃圾箱、风雨亭、标志牌、旅馆、餐厅、小吃店、野餐烧烤点、冷热饮料店、商场、商店、商亭、银行、商务会展中心、各种游乐场和高尔夫练习场等。

11）农家小院要素

如纺线车、织布机、风箱、锅台、酸菜缸、木箱、老式床、土床、土炕、箩筐、拐子、小木凳、草墩、草垫、锅盖、簸箕、桑叉、斗、升、馍筐、马灯、煤油灯、犁、锄头、镐头、泥缸、酒缸、红薯干、芝麻叶等。

2.1.2　乡村旅游资源的分类体系

乡村旅游开发必须以乡村旅游资源的分类与综合评价为前提，乡村旅游资源的分类综合评价是组织乡村旅游活动的依据和基础。国家旅游局于 2003 年 5 月 1 日颁布的《旅游资源分类、调查与评价》(GB/T 18972—2003)的分类体系对乡村旅游资源分类具有指导意义,但乡村旅游资源又有自身独特的个性,如果仅仅套用国标对乡村旅游资源进行分类和评价,很难对乡村旅游资源的类型作出具有指导意义的判断。

乡村旅游资源之丰富,是其他类型的旅游活动不可比拟的。我国地域的多样性造就了丰富多彩的乡村旅游资源,这是乡村发展旅游产业的坚实基础。根据乡村旅游分类的同质原则,发生、演化一致性原则和同时性原则,可将乡村旅游资源分为两大体系,即乡村自然旅游资源和乡村人文旅游资源。

乡村自然旅游资源基本上是天然赋存的,主要指天象景、山石景、水景和生物景观等自然景象和事物。地貌、气候、水文、土壤、生物等是组成乡村自然环境的要素,不同要素的组合构成了乡村景观的基底和背景,人类在自然环境的基础上,创造了与当地自然环境相协调并具有地方特色的乡村景观。乡村旅游资源在外部特征和内部结构上,都会铭刻上自然环境的烙印。组成自然环境的各要素具有地带性分异规律,在此影响下形成的乡村景观,如农业类型、农作物分布、民居形式等也有明显的地带性分布规律。自然环境的各要素在农村景观的形成中起着不同的作用。地貌条件对乡村景观的宏观外貌起着决定性的作用。其中,海拔的高低、地形的起伏决定了农村景观的类型,如江南平原地区的水乡景观、山区的梯田景观等。气候条件影响着动植物分布、土地类型、耕作制度及民居类型。水文条件也影响着农业类型、水陆交通、聚落布局等。土壤条件直接影响了农业生产的布局。生物尤其是植物是组成乡村景观的重要因素,形成了各具特色的森林景观、农田景观、草原景观等;不同的动物种群又形成了牧场、渔场、饲养场等不同的景观。

乡村人文旅游资源是指能够吸引人们前往的古今中外人类活动的文明成就和民族风貌。乡村人文旅游资源可划分为乡村有形人文旅游资源和乡村无形人文旅游资源。有形人文旅游资源是乡村旅游资源中游客亲身观察到的具体的事物和现象,如农作物、牲畜、林木、聚落、交通工具、人物、服饰等有形的物质。这些要素的不同组合,形成了不同乡村景观的外部特征,如竹楼、大椿树、水稻田、水牛、身着对襟短袖衫和宽肥长裤的男子、身穿浅色窄袖大襟短衫和筒裙的女子、小乘佛教寺庙构成了傣族乡村特有的景观,又如吊脚楼、风雨桥、筒裙、水田等构成了侗乡独有的民族风情。乡村旅游资源还有一些不能被人们直接通过感官感知的无形的非物质的成分,称为乡村无形人文旅游资源,如人们的思想意识、道德情操、价值观念、心理特征、民族性格、历史沿革、风俗习惯、宗教信仰等。这些东西虽然是无形的,但

游客可以亲身体会其魅力。它们构成了乡村旅游资源的核心,是乡村旅游资源的灵魂和精髓所在。

乡村旅游资源两大体系可进一步划分为 6 个主类,即乡村自然生态景观、乡村田园景观、乡村遗产与建筑景观、乡村旅游商品、乡村人文活动与民俗文化和乡村景观意境六大主类,形成立体、生动的有机复合整体,如图 2.1 所示。

图 2.1 乡村旅游资源构成体系图

乡村自然生态景观包括山地生态、水域风光、生物生态 3 个亚类,山丘型旅游地、独峰、奇特与象形山石、峡谷段落、岩石洞与岩穴、岛区、河段、天然湖泊与池沼、瀑布、树木、林间花卉地、动物栖息地等 12 种基本类型。乡村自然生态风光反映乡村自然山、水、生物等风光与特征,体现了传统农业社会的"天人合一"的精神实质,是乡村旅游发展的基底和背景。

乡村田园风光包括农业生产景观、田园风光景观、林区风光景观、渔区风光景观、牧场景观、城郊景观 6 个亚类,农业生产场景、农业生产用具、水乡景观、旱地景观、梯田景观、森林景观、种植园景观、海洋渔场景观、淡水渔场景观、草原景观、草山草坡景观等 11 种基本类型。田园风光是乡村景观中最主要的构成部分,是乡村生活的真实写照,也是乡村旅游发展的基础。

乡村遗产与建筑景观包括乡村历史遗迹和遗址、聚落文化、居住地与社区、景观建筑与附属型建筑、游憩场所、归葬地、交通建筑、水工建筑 8 个亚类,军事遗址与古战场、宗教与祭祀活动场所、文化活动场所、特色聚落、乡土建筑、名人故居与历史纪念建筑、展示演示场馆、塔形建筑物、楼阁亭台、书院、度假区、墓(群)、桥、水库及观光游憩段落等 14 种基本类型。乡村遗产与建筑景观是人们居住、生活、休息和进行社会活动的场所,以聚落和建筑等为物质载体,记载和反映了人文活动,代表了一定地方的文化特色。

乡村旅游商品包括乡村旅游商品、乡村传统工艺与手工艺品 2 个亚类,风味食品、乡村特产、传统工艺与手工艺品 4 种基本类型。乡村旅游商品是乡村居民在生活、生产过程中不断挖掘地方特色而形成的食品、特产和传统工艺等,是乡村文化的一种重要表现形式。

乡村人文活动和民俗文化包括人物记录、艺术与文化、民间习俗、现代节庆 4 个亚类,人物、协会、地方文化、民间演艺、民间节庆、宗教活动、旅游节、文化节 8 种基本类型。乡村民俗文化景观是一定地域乡村居民的风土人情和生活习惯,是乡村旅游体验的重要内容。

乡村景观意境包括乡村景观通道、乡村景观意境 2 个亚类,乡村景观生态廊道、乡村山水环境意境、乡村聚落文化意境、乡村农耕田园生活意境 4 种基本类型。乡村景观意境是以乡村区域自然景观、区域文化景观共同构成的整体人文生态系统,是对整体景观的感受,是超越物质景观实体的旅游资源。

2.1.3 乡村旅游资源的基本特征

1) 文化性

乡村旅游资源中,一些不能被人们直接通过感官感知的无形成分,这些成分是乡村旅游资源的精髓和内核。如乡村思想意识、道德情操、价值观念、心理特征、思维方式、民族性格、风俗习惯、宗教信仰、政治观点等。这些东西虽然是无形的,但游客可以亲身体会到它的魅力。它们构成了乡村旅游资源的核心,是乡村旅游资源的灵魂所在,没有了乡村文化,乡村旅游资源也就成了无源之水,无本之木,其魅力会消失殆尽,人们只有在欣赏乡村旅游资源外貌特征的同时,品味其深层次的文化内涵,才能真正欣赏到有滋有味、自然和文化交融的乡村景观。同时,一个乡村社区的文化气质、精神面貌、生活习惯又形成一种特有的气氛,即人文景观的氛围,如使人们感受到奋发向上或没落衰败、活泼愉快或死气沉沉等气氛。

2）民族性

乡村人文旅游资源具有明显的民族性,是乡村旅游资源的重要内容,各民族都有本民族特有的文化。信息交流频繁的城市,原来的民族文化较多地融合了其他民族的文化,形成多民族文化的交融,使原有的民族文化发生变异。而广大乡村,由于地理区位、交通和信息条件的限制,民族文化的传承性较强,使传统的原汁原味的民族文化能较完整地保留下来。故乡村旅游资源具有明显的民族性特点,越是民族性强的旅游资源,越具有吸引力。

3）和谐性

乡村旅游资源是人类长期以来与自然环境相互作用、相互影响形成的,其形成过程无一不是人与地理环境不断磨合的过程,在人与自然环境长期作用下形成的乡村旅游资源,是自然环境和人文环境各要素组成的复杂而联系的统一整体。任何要素的变化都会引起乡村景观之间的差异,乡村旅游资源既受自然规律的支配,也受社会规律的影响,形成了一个复杂的系统。当人们掌握自然规律,遵循生态学的原理,人地关系协调时,大自然就给人们以恩惠,促进了乡村社会经济的发展,否则将受到大自然的惩罚。人们经过与自然环境的反复较量,逐渐认识并掌握了自然规律,人不能主宰自然界,只能和自然界平等相处,乡村的自然和人文资源应是和谐搭配的,包容了自然和人文资源的乡村社区也应是和谐的,这是实现可持续发展乡村旅游的必经之路,包括以下几个内涵:①旅游资源开发、管理规范,组织工作到位,卫生、治安状况良好;②各主体间利益关系和谐:分配制度合理,政府和居民、居民和居民之间人际关系总体上友好、融洽、和睦;③和乡村旅游资源相关的各主体和旅游业的关系和谐:社区参与动力足,各主体自觉支持乡村旅游的发展;④人与自然和谐:旅游资源区环境优美,动植物生态良好;⑤产业和谐:乡村旅游产业结构合理、经济稳步、协调发展,居民收入逐年递增;⑥居民和游客之间的关系和谐:乡村居民对游客持欢迎态度,游客的旅游印象良好;⑦与周边资源区和谐:乡村旅游资源具有一定的知名度和良好的口碑,本地乡村旅游的可持续发展不会影响相关地区的利益。

4）时空性

时空性是指随时间和空间的变化而明显变化,乡村旅游资源与自然环境、社会环境的关系十分密切。在不同的环境影响下,形成了不同的景观,即使同一种景观类型,在不同的自然条件下又有不同的特征,如不同气候带形成相应的农业带,而由政治、宗教、民族、文化、人文、经济、历史等要素组成的社会环境的差异性又往往形成不同的乡村民俗文化,如民族服饰、信仰、礼仪、节日庆典等。而乡村人文旅游资源是一定历史时期的产物,深深地反映了时代的特点,随着社会的进步、科学技术的发展、文化的交流,乡村景观也会发生相应的变化,所以说乡村旅游资源具有时代性的特点,从乡村景观的变化中可以清晰地看到时代发展的轨迹。乡村旅游资源时空性的另一表现是乡村自然旅游资源有明显的季节性,既表现在人们一年内有规律的生产、生活的运行规律,也表现在随四季的变化而变化的自然环境、农业生产和社会生活。而季节变化具有明显的周期性特点,所以乡村旅游资源具有季节性的变化规律。总之,由于地球上自然环境和社会环境的地域差异,形成了乡村旅游资源具有明显的时空性特点。乡村旅游的开发与建设以乡村旅游资源为基础,由于乡村旅游资源具有明显的时空性,对其开发与利用也表现为区域性的特点,因此,如何规范人们的区域旅游开发行为,对旅游资源进行科学的评价十分必要。

5) 脆弱性

受气候变化的影响,乡村旅游资源的风貌随季节变化,景观特色有明显的差别,如春天山花烂漫、夏天苍翠欲滴、秋天满园瓜果、冬天白雪皑皑。此外,乡村旅游资源风貌的四时变化易受到多种自然要素突变的影响,乡村旅游资源具有高度的脆弱性。有时还受到人为活动的影响,如围湖造田、开荒种地等,在很大程度上破坏了乡村旅游资源的自然性及其多层次组合本来所具有的某些特色,有的甚至成为人造景观。

2.1.4 乡村旅游资源的开发价值

1) 满足人们求知的需要

乡村能满足人们获取乡村知识、开阔视野的需要。乡间村落的选址、发展演变、文化意蕴、乡村社会结构关系都具有一定的地域特色和科学文化内涵,形成了与其他地区尤其是城市有显著区别的乡村景观风貌。

2) 满足人们旅游审美的需要

中国传统乡村受儒家文化、道家思想,以及“风水说”思想的影响,景观构成方面有山有水,有树有花,鸡鸣犬吠,营造出一个世外桃源般的生态村落意象。这与现代都市景观中的高楼林立、人嚷车喧的景象形成鲜明的反差,都市居民回归乡里,可放松身心、寄情山水。

3) 满足人们休闲娱乐的需要

乡村的节庆、农耕等活动均具有很强的可参与性,乡村休闲的群聚性,乡村音乐、舞蹈、绘画、工艺制作的淳朴及原始性等都可让游客体验、参与。

4）满足人们社会归属感的需要

寻根究底，现代都市居民大多与乡村居民有着这样那样的亲密关系，或是亲戚，或是朋友，对乡土、乡音、乡情存在"剪不断、理还乱"的情愫。到乡村寻亲、访友，抑或纯粹地休闲、度假，能满足人们对社会归属的心理需要。

任务 2　开展乡村旅游资源的调查与评价

乡村旅游资源的开发就是运用一定的资金和技术，对乡村的自然旅游资源和社会文化旅游资源进行开发利用，使其产生经济价值及其他多种价值，提高其综合价值。对乡村旅游资源进行开发，不能盲目进行，首先要对其进行评价，对旅游市场进行调查，然后遵循一定的原则，再在总体规划的基础上对其有的放矢地进行开发。近年来，学术界对于旅游资源评价内容、技术和方法上取得突破性进展。然而，对乡村旅游资源评价研究较少，推广使用和应用性不强，尚没有实用性的乡村旅游资源综合评价模型与指标体系。因此，根据乡村旅游资源类型和乡村旅游地属性状况，构建乡村旅游资源的分类标准和综合评价体系，以期为中国乡村旅游的规划与开发提供参考。

乡村旅游资源调查与评价是乡村旅游业发展的必备条件，是组织各项旅游活动的凭借和基础。欲使潜在的资源优势转化成现实的社会经济优势，需要经过包括旅游资源综合评价在内的一个综合开发建设过程。只有通过对旅游资源进行全面的调查分析与论证，并作出科学的评估，才能使乡村旅游资源的开发利用、乡村旅游地的规划建设具有明确的方向和坚实的基础。

2.2.1　调查方式与内容

1）资料收集

最大限度地搜集项目所在地区及项目具体地段的自然条件、社会经济条件、交通条件、农业产业发展概况，观光旅游资源现状，及已有的相关规划设计结果等。具体包括农业资源的典型性、多样性和罕见性，农产品的营养价值和养生保健价值，各种植物特征及其季相变化，地表水流量及质量和大气质量，历史遗迹，民俗风情，文学艺术，宗教文化，项目所处的区位条件，项目与邻近其他观光资源的组合性、互补性等方面的情况,并对项目的开发潜力和效益进行全面综合的、科学客观的评价。

2) 实地考察

实地考察是乡村旅游资源调查必不可少的流程,是客观进行乡村旅游资源评价的重要环节,要做的工作主要有以下五项:

①考察基本条件。主要是核对之前电话沟通的情况,包括交通条件、用地条件、水源条件、生态环境等,如果基本条件不具备,应建议另行择址或暂缓投资。

②去除负面因素。主要是规避项目区的不利因素,初步判断是否在能力范围内可以解决诸如污染源治理、地质灾害防治、影响项目区管理及景观的建筑物的拆迁或改造、少量墓葬的遮挡或迁移等问题,不至于使项目的发展将来受到制约或存在重大风险。

③挖掘创意亮点。在实地考察过程中,认真负责是一种职业素养,同时也是激发规划创意灵感的黄金时段,因此要多走、多看、多问、多听、多拍照、多思考、多收集资料,往往一处不显眼却有特殊寓意的景观,一个并不古老却很温馨的故事,或者当地人屡见不鲜的物种与习以为常的民俗,说不定都大有文章可做。

④深入走访体验。实地考察过程中,必要的走访与体验可以使我们获得事半功倍的调查效果。比如和老农聊天,我们可以了解到当地小区域范围内的作物栽培情况、气象水文情况、乡土民俗文化等。再如用餐时体验一下当地的特色土菜与酒水饮料,对将来项目区产品开发创意不无益处。特别是当地的乡土文化名人、非物质文化遗产传承人、特色种养能人等,最好抽时间拜访一下。另外,项目区周边的景区景点、休闲农庄、种养基地等关联企业也应纳入考察行程。

⑤全面了解客户。资源是需要人以及由人组成的企业来开发的,因此我们认为开发者自身其实就是第一资源,乡村资源开发的成败,开发者自身往往具有决定性的作用。有些开发者信息在考察交流中就可获得,比如负责人的办事风格、审美情趣与理想追求,项目团队的专业素养和执行能力等;有些信息也可以视情况坦诚地了解,比如项目投资的股东结构与融资渠道,投资方涉及的关联产业及其他背景。

3) 访谈交流

实地考察结束后,可以与村镇管理人员、开发投资业主、当地村民代表等相关人员,调查以下一些关键性问题:

①开发项目选址范围、土地流转工作情况(初步调查项目所在地的经济发展水平及文化底蕴等背景,了解项目前期筹备工作)。

②区位环境与交通发展规划情况。（主要调查区位条件以及交通可进入性。）

③项目区占地面积、地形地貌及山地、旱土、水田、水面所占比例情况，现有植被及种养业情况。（主要考虑项目规模、景观基础、生态环境、用地情况和产业结构等方面的基础现状。）

④项目区水源情况，是否属于饮用水源保护区？（如果无法解决生产、生活、景观用水，项目的选址就有问题，如果属于饮用水源保护区，养殖业及水上游乐等将受到限制。）

⑤项目区周边景区景点、农业园区、种养基地或休闲农庄分布情况。（主要考虑与周边有利因素的结合，差异发展与优势互补，以及不利因素的规避。）

⑥项目开发的主体、初步定位和对规划设计的大体要求，以及项目总投资和初期计划投入的资金情况。

⑦其他情况。项目所在地的社会经济条件、主要特色产业、自然生态环境、乡土民俗风情与历史人文资源等基本情况。

2.2.2 开发条件评价

乡村旅游资源评价是指按照一定的标准确定某一旅游资源在所有旅游资源或同类旅游资源中的地位，即从纵向和横向两方面对旅游资源进行比较对照，以确定被评价旅游资源的重要程度和开发利用价值。完整的乡村旅游资源评价是以乡村资源为主体，包括整个开发利用条件在内的全方位的评价，通过评价，有助于了解旅游资源自身的价值；了解、认识其旅游吸引力的强弱，明确开发方向；确定其市场定位及发展方向。因此，正确客观科学地评价乡村旅游资源是乡村旅游开发的基础和前提，评价的准确性将直接关系到旅游资源的开发前景。

1）评价内容

乡村旅游资源的开发固然受旅游资源本身条件所决定，但外部客观条件对乡村旅游资源开发的限制也是必须考虑的。因此，应对以下两个方面进行评价：

（1）乡村旅游资源本体价值评价与挖掘

这是一种基于资源基础的简单评价，是不赋予创意想像的判断。包括乡村旅游资源密度、资源容量、资源特色、资源价值和功能、地域组合、资源性质、资源定位、独特性及其吸引力的评价；对资源在全球、全国、区域中具有独特性或唯一性的评价；对其独特吸引力与整体吸引力的评价；这需要横向进行比较，并对资源方方面面的吸引力进行综合评估，是一种系统的评价过程；这是开发资源的前提，所谓挖掘，则是对资源特性的审美发现，寻找提升本体价值的可能性。评价的内容应当包括6方面：

①景观观赏价值：视觉观赏的审美评价；

②科学价值：知识性与科学思想及发展中的价值；

③文化价值：多元性与丰富性的文化存在价值；

④游乐价值：资源本身的趣味性，游客进入过程中的情趣；

⑤康疗价值：对人体的健康作用；

⑥体验价值：进入过程的参与性及其情趣。

（2）开发条件评价

开发条件包括区位、环境、客源、地区经济发展水平、建设施工条件、开发序位。

可进入性与进入条件评价：旅游项目的可进入性评价是投资的前提之一，可进入条件影响项目对游客的吸引力、投资成本、游客游憩成本；可进入条件包括进入目的地的距离、时间消耗、交通工具及其舒适性、交通成本4个因素，首先是大交通关系，即目的地与客源地之间的距离、交通方式、时间消耗、成本，其次是接待中心与景点之间的距离、交通方式、时间消耗、成本，最后还包括景区内部的距离、交通方式、时间消耗、成本；投资商在这3个层面都必须进行评价，并对交通由谁投资作出初步判断。

基础设施条件及投入评价：基础条件评价，实际上属于现状评价，是对项目的水、能源、环保、通信及接待配套基础的评价，涉及投资的规模。

展示条件与观赏条件评价：有好的景观吸引物，要进一步研究大尺度、中尺度、近尺度及进入性观赏的条件，景观与文化的展示条件；这些条件，决定了游憩产品本身的投资；产品现状评价：产品现状，是投资前必须进行系统评价的内容，其中，游憩模式、市场现状、管理现状、基础设施现状等的基础与问题，应该分析透彻。

游乐、康疗与体验条件评价：资源的挖掘，需要分析在游乐、康体、养生、治疗、深度体验方面的支持与条件；比如氧吧、生态养生、温泉疗养、中药材等，民俗体验的基础等，越有延展性，资源价值越高。

2）评价标准

在旅游规划、开发理论与实践需要的情景下，旅游资源评价的研究者和研究成果渐多，但目前对乡村旅游资源评价研究较少。高贤伟等对旅游农业资源的评价进行了分析，其在前人对旅游资源分析与评价研究的基础上，提出农业旅游资源评价的意义、依据、原则和方法，以及旅游农业资源评价指标体系，并从旅游资源条件、农业生产条件、客源条件和社会经济条件4个方面对旅游农业资源进行综合评价。陶卓民对农业旅游资源的评价和开发作了较为详尽的论述，提出了农业旅游资源评价的方法、农业旅游资源评价指标模型和农业旅游资源评价指标体系及指标权重表,在此基础上对南京市农业旅游规划中的 9 个农业旅游区作了定量评价,为南京市农业旅游规划提供了较为翔实的基础和依据,但推广使用尚需完善。王云才提出乡村景观评价原则和模型,认为乡村景观评价应遵循景观生态原则、景观美学原则、景观资源化原则、景观价值原则和自然与文化遗产原则 5 个方面,并于此构建乡村景观质量评价指标体系内容,即乡村景观质量指标、乡村吸引力指标、景观认知程度指标、人造景观协调度指标和景观视觉污染指标等方面,对每一指标加以细分,并对乡村旅游景观进行了客观、综合的评定。总体而言,乡村旅游资源评价研究者少,且较为零散。

我们认为,对乡村旅游资源进行评价时要把握以下 5 个标准:

①美学标准:对拟开发的乡村旅游资源的美学质量的高低或特色进行评价。旅游的基本形式是观光,观光是旅游者鉴赏美的活动。乡村旅游也同样如此,优美的自然环境和事物是其开发的首要条件。任何一个旅游者进行旅游的首要目的就是对目的地进行观赏,观赏其自然的美和事物的美。都市人来到乡村旅游首先是体验田园风光的美和事物的纯洁美。

②社会标准:对拟开发的乡村旅游资源能否体现当地现今的社会发展和文化特色进行评价。

③历史标准:对拟开发的乡村旅游资源能否反映当地过去的历史文化风貌进行评价。

④市场标准:对拟开发的乡村旅游资源所吸引的客源对象、吸引程度和客源规模进行评价。

⑤综合标准:从市场观念出发,同时也涉及美学、社会及历史等评价标准的评价方法。

3)评价方法

自 20 世纪 50 年代起,国外旅游资源评价即为地理、环境、经济和社会等学科领域研究的重点问题,半个世纪以来,国外旅游资源评价研究具有良好的外部环境,评价的内容、技术、方法等方面取得突破性进展。研究内容上,随着旅游资源供给和需求的全球化进程加速,我国旅游理论、评价技术和方法以及研究领域等方面仍存在一定的差距。理论研究上,停留在"任务带学科"方式,往往迫于任务的需要,直接应用国外的理论和方法指导实践,受市场经济的冲击和资金约束,削弱了理论和方法的研究力量,难以形成旅游资源评价理论和方法;评价技术上,由于受研究人员、研究资金以及我国公众习惯和心理特征等因素的影响,国外应用很普遍的旅游资源评价方法在国内很少或难以应用;研究领域上,对旅游资源的美学评价、资源分类和适宜性技术评价研究较多,对旅游资源的人类文化遗产价值和货币价值的评价研究较少,跨学科的研究更少,客观上降低了研究成果解决实际问题的能力以及研究成果的社会影响力度。

旅游资源评价方法演进大致经历了单因子定性评价(经验)和多因子定量评价(数学模型)两个阶段,前者如针对登山运动对山地旅游资源要素中地形的适宜性评价、针对休养旅游地对康体气候进行单独评价等;后者则不只简单地追求旅游资源的单方面价值,而视其综合价值为最终评价目的。我国旅游资源评价方法主要有经验评价法(郑光磊,1982)、美感质量评价法(保继刚 等,1991)、美学评分法(俞孔坚,1988)、"三三六"评分法(卢云亭,1988)、单因子评价法(王家骏,1988;刘继韩,1988;陈诗才,1993)、综合价值评价法(李功阳 等,1986)、模糊数学评价法(杨汉奎,1987;刘桂华 等,1998)、层次分析法(保继刚 等,1988)、综合评分法(魏小安,1984)、观赏型旅游地综合评价法(楚义芳,1992)、价值工程法(罗成德 等,1992)、指数表示法(刘桂华 等,1998)等。2000 年,由中国科学院地理科学与资源研究所、国家旅游局规划发展与财务司牵头,尹泽生、魏小安等负责,在充分考虑了前人旅游资源研究成果,特别是 1992 年出版的《中国旅游资源普查规范(试行稿)》的学术研究和广泛实践的基础上,对旅游资源的调查、评价的实用技术和方法,进行了较深层次的探讨,对旅游资源评价提出一套赋值标准,并依据旅游资源单体评价总分,将旅游资源分为五级,即五级旅游资源,得分值域≥90 分;四级旅游资源,得分值域 75 ~ 89 分;三级旅游资源,得分值域 60 ~ 74 分;二级旅游资源,得分值域 45 ~ 59 分;一级旅游资源,得分值域 30 ~ 44 分;此外尚有未获得等级旅游资源,得分≤29 分,并在此基础上指出,五级旅游资源称为"特品级旅游资源";五级、四级、三级旅游资源被通称为"优良级旅游资源"。

在目前的研究情况下,乡村旅游资源评价适宜采用多因子综合评价法,就是对乡村旅游资源的要素进行分析、比较和研究,目的是察明现有的乡村旅游资源具不具备开发价值,具备多大的开发价值。可以从以下因子进行评价:

(1)资源特性与吸引力

该要素包括自然吸引力,即观赏价值,自然景观的美、奇、特、新、稀缺、特殊的象形含义、美景度、奇特性、稀缺性、特殊价值等;文化吸引力,即历史文化价值,历史渊源、文化传统、文化品位、风俗民情、民间节庆、优美的历史传说、名人遗迹、传奇经历、社会时尚等;宗教吸引力,即宗教价值,是否对宗教旅游者有巨大的吸引力,比如:宗教文化的特殊事件、宗教圣地、宗教活动体验等;科学吸引力,即科学价

值,对科考旅游是否具有吸引力。

（2）知名度

知名度是人们对该旅游资源了解和熟悉的程度及认识的广泛程度,许多旅游资源其美学价值并非很大,但知名度较大,其开发潜力也就大,因为旅游者,特别是大尺度空间旅游的旅游者倾向于选择知名度大的旅游地进行旅游,乡村旅游更是如此,"口碑效应"对于乡村旅游者而言,能够起到巨大的引导作用,知名度是人们形成旅游动机的重要因素,所谓"慕名而来"在很大程度上影响着乡村旅游者的旅游决策。

（3）旅游价值与功能

旅游功能是指乡村旅游资源能够满足某种旅游活动需要的作用,如观赏、探险、体验等。一项乡村旅游资源若兼有两种或两种以上的旅游功能,能够吸引多个游客群体,宜于进行多种乡村旅游活动,那么其价值就更大。

（4）资源规模与组合

旅游资源的吸引力具有集聚效应。如一个乡村旅游地只有一项旅游资源,一般来说对旅游者的吸引力会较小;反之,该旅游地有众多的旅游资源,并且在分布上又较密集,吸引力就会越大。乡村旅游资源的功能取决于同一社区乡村旅游资源的集聚程度。乡村旅游资源的规模表现在数量、质量及占地面积的大小等方面。一定规模的旅游资源才具有较高的旅游价值。旅游资源组合是指各类资源在地域上的组合状况,一是指自然资源与人文资源的结合与补充情况;二是指各要素的组合与协调性;三是指景观的集聚程度。旅游资源的组合程度越高,其旅游功能开发价值也越大。

（5）环境容量

环境容量是旅游资源所在地在一定时期对旅游者的容纳量。容纳量以多少为合适,不能一概而论,乡村旅游资源的性质、环境不一样,容纳量的合理度也有很大差别。乡村旅游目的地不是接待的旅游者越多越好,超过了合理的旅游环境容量,最终只会得不偿失。如一座博物馆和一个森林公园的容纳量的合理度就很不一样。假定在博物馆中每5平方米一位参观者密度不算大,而对森林公园来说,密度已经很大了。对于环境容量的计算,对不同性质的乡村旅游地也有不同的计算方法。旅游环境容量是指在不致严重影响旅游资源特性、质量及旅游者体验的前提下,旅游资源的特质和空间规模所能连续维持的最高旅游利用水平。当然,在充分满足上述条件下,旅游环境容量大者,旅游资源价值就高。

（6）环境质量

吸引旅游者不仅在于资源,更重要的是在于环境。远离都市嚣尘的旅游者来到大自然的怀抱是要体验乡村的悠闲和自在,而贫瘠的土地、污染的河流、肮脏的环境是不会对旅游者产生兴趣的。环境质量包括的要素较多,如气候条件、空气、水、噪声污染情况、游人的安全程度、卫生条件、接待设施条件、绿化植被情况等,如有的乡村旅游地气候条件恶劣,一般游人难以忍受,有的乡村旅游地附近有污染源,有损游人健康;有的乡村旅游地易发生泥石流、滑坡,游客的安全性较差,这些情况下,都不适合开发乡村旅游。

（7）可进入性

当从居住地到旅游地的单调旅行所耗费的时间与在旅游地游玩所耗费的时间的比值小于某个临界值时,人们才会作出到该旅游点旅游的决策,人们在作出旅游决策时,总是追求最小的旅游时间比,这样,乡村旅游资源的可进入性显得颇为重要。可进入性是指旅游者进入该旅游资源所在地的难易程度。可进入性主要是指交通条件和交通方式,道路不佳、交通工具落后等因素,会造成旅游者进入困难。此外,即使交通条件好,但乡村旅游资源地距离都市很远,旅途时间过长或旅途费用过高,也会造成旅游者进入的困难。

【实　　训】

学生分小组到周边区域乡村开展旅游资源调查。

【实训要求】

1. 各小组选择调查目的地,制订调查方案。

2. 按照资源调查的程序开展实训,进行实地考察和调研。

3. 进行资料整理,完成《××村旅游资源调查报告》,制作发言 PPT,对资源调查情况作介绍。

4. 全班同学对各乡村旅游资源进行总体分析和评价讨论。

XIANGMU

项目 3

乡村旅游市场调查与分析

 【知识目标】

了解乡村旅游市场调查、分析的相关概念及定义;认识乡村旅游市场调查、分析的类型;掌握乡村旅游市场调查、分析的程序和方法。

 【能力目标】

通过本项目学习,培养学生对乡村旅游市场调查、分析的认识能力、分类能力;并能独立完成简单的乡村旅游市场调查、市场分析。

 【案例导读】

统一嘉园为何衰落?

2005 年"十一"黄金周,开业不到 4 年的无锡统一嘉园景区,因资不抵债、经营难以为继而破产倒闭了。该景区坐落于太湖之滨,跟央视无锡影视基地隔水相望,相距不过数百米之遥。景区依山傍水,气势恢宏。山顶上,高 16.8 米、耗费青铜 80 多吨的中华统一坛,庄严雄伟;山脚下,由六桥六亭二坊一樹组成的千米"缘廊",绵延直至湖心,如金龙戏水。这样一个占据了极佳山水资源的主题景区,在城市旅游环境日趋改善的今天,为什么会经营失败呢?

就统一嘉园景区的资源特点和区位优势来看,它地处太湖风光带内,占据了太湖边的观景制高点,可远观太湖之烟波浩渺,也可体验江南水乡之苇荡野趣。其山水园林的市场定位,显而易见。当时国内旅游市场的发展态势,对景区其实非常有利。随着"人造景观热"的消退,自然景观和山水园林受到广大游客和旅行社的青睐。此时,如果决策者利用民营企业的灵活机制,及时进行战略转型,面向国内大众旅游消费市场,迅速推出"太湖山水园林"的品牌新概念,完全可能一举赢得市场主动。但是,决策者却匪夷所思地将景区定位成一个海峡两岸共同期盼统一的政治化主题景区,并且,在山顶的最佳观景之处,投入巨资修建了台湾妈祖庙和中华统一坛。

在这个景区营销的失败案例中,决策者把居住上海的35万台湾人这一"特定消费群体",错误地认定为景区的目标市场。其判断失误主要缘于两个原因:一是严重忽视了目标市场的"可盈利性"。对于统一嘉园这样投资上亿的观光型景区来说,要确保"可盈利性",所选择的目标市场必须有足够大的规模,后续客源要非常充沛。而总人数35万的目标市场,规模实在太小,根本不足以支撑景区的长期发展。二是没有仔细辨析目标消费人群的"同质性"。居住上海的台湾人,的确是一个"特定消费群体",但是,它跟景区的"目标消费群"不能混为一谈。这些台湾人来到上海,主要目的是在上海工作和生活,旅游消费并非他们的主要生活内容。只有他们当中那些具有较强的旅游消费欲望,并且对统一嘉园景区的旅游资源可能感兴趣的人,才是真正意义上的目标消费群体。

由于在市场细分和目标市场选择时缺乏理性的思辨,决策者误认为"居住上海的35万台湾人"就是统一嘉园的最大客源市场,这就无形之中人为地夸大了目标市场的规模,从而造成一种市场幻觉,导致景区定位发生偏差。从景区营销的角度看,统一嘉园的山水资源,本来具有极大的市场宽容度,由于景区在市场定位时犯了方向性的重大错误,结果,景区产品被人为地局限在一个非常窄小的目标市场之中,这就大大压缩了它在大众旅游消费市场的发展空间。

(资料来源:中国旅游新闻网 http://www.cntour2.com/,2005-12-13.)

任务 1　开展乡村旅游市场调查

旅游市场调查是运用科学方法,系统收集、记录、整理和分析与旅游市场有关的资料,从而了解旅游市场现状和发展变化的趋势,为旅游市场预测和经营决策提供科学依据的过程。乡村旅游市场更是一个特殊的服务性专业市场,它不仅具有一般市场的共同属性,而且具有服务市场的某些特殊特征和旅游行业市场的特殊属性,因而有着与众不同的供求规律和竞争策略,只有不断通过有针对性的旅游市场调查,更新系统信息,维护系统资源,才能了解旅游市场需求及竞争者的最新动态,制定出正确的旅游市场营销战略决策。

而现实工作中,市场调查是中、小型乡村旅游企业经常忽视的一项工作,不少乡村旅游营销决策者往往是依靠经验,通过直觉和判断来分析市场,有时这些判断不仅快速还很准确。这是否意味着市场调查对乡村旅游完全没必要呢？答案是否定的。有效的营销决策源于科学的市场调查,不经过事先的市场调查分析而开展的营销是盲目的。准确及时的市场调查信息有多方面的作用:如帮助制订更切实有效的市场营销计划;评估计划实施效果并及时调整;通过调查不断发现新的市场机会。

3.1.1 乡村旅游市场调查的类型

1) 探索性调查

探索性调查用于探询旅游目的地所要研究问题的一般性质。探索性调查的主要目的是发现问题和提出问题,以便确定调查的重点。

探索性调查的目的是明确的,但研究的问题缺少重点且调查范围比较大。在调查方式上比较灵活,事先不需要进行周密的策划,在研究过程中可根据情况随时进行调整。探索性调查一般都通过收集第二手资料,或请教一些内行、专家,让他们发表自己的意见,谈自己的看法,或参照过去类似的实例来进行,多以定性研究为主。

2) 描述性调查

描述性调查是通过详细的调查和分析,对旅游市场营销活动的某个方面进行客观的描述。它对已经找出的问题作如实反映和具体回答。在调查中,收集与市场有关的各种资料,并对这些资料进行分析研究,揭示市场发展变化的趋势,为旅游目的地的市场营销决策提供科学的依据。

描述性调查需要事先拟订周密的调查方案,并制订详细的调查计划和提纲,包括各项准备工作,以确保调查工作的顺利进行。与探索性调查相比,描述性调查的目的更加明确,研究的问题更加具体。在研究之初,通常根据决策的内容,把研究的问题进一步分解。

3) 因果性调查

在旅游目的地营销活动中,许多因素存在着因果关系,对这些关系的调查叫因果性调查。因果性调查的目的是找出各因素之间的因果关系,弄清营销问题的发生原因,揭示和鉴别某种营销因素的变化究竟受哪些条件影响,以及这些条件产生影响的程度。因果性调查同样要有详细的计划和做好各项调查的准备。在调查过程中,实验法是一种主要的研究方法。描述性调查可以客观说明某些因素的存在状况,但要说明这种状况是否影响或决定着其他因素的变化,就要通过因果性调查才能明确。

4)预测性调查

预测性调查是为针对旅游市场未来发展状况作出预测而进行的调查,它对旅游目的地制订有效的营销计划有着特殊的意义。旅游目的地制订市场营销方案和市场营销决策之前,必须对未来市场的需求进行评估,以避免较大的风险和损失。预测性调查涉及的范围比较大,可采用的方法很多,也很灵活。

3.1.2 乡村旅游市场调查的内容

1)对购买行为的调查

旅游服务是无形的,需要旅游目的地的市场形象做代表。了解游客理想化的旅游服务形象,将是旅游目的地在制定促销宣传和有形展示策略时的重要参考。公众对旅游目的地形象的评价,对游客,尤其是对潜在游客的购买决策具有很强的说服作用。

2)对销售过程的调查

在销售过程中,游客会得到两个重要的服务感受:服务质量和满意程度。对销售服务过程开展细致全面的调研是非常重要的,因为它直接影响营销效果。这两个感受将进一步转化为正面或负面的口碑,在更大的范围内影响潜在游客对服务品牌是放弃还是购买。所以,对服务过程的调查应围绕这两个中心展开。

3)对中间商的调查

旅游中间商直接面对市场,更了解游客的需求和营销策略的效果,对旅游产品的特色、优势与不足有更深刻的认识;中间商在对多家旅游目的地旅游产品的代理、销售以及对单项旅游产品的组合搭配中,更能全面认识整个旅游产品市场的竞争与合作态势。因此,从对旅游中间商的调查中也能获得一定的有价值的信息。

4)对竞争对手和相关行业的调查

将市场调查的触角伸向与本行业以及与本旅游目的地服务相关的其他行业和领域,了解对手在以什么形式、何种价格提供何种产品,对手采取了什么促销策略和分销渠道,在产品开发和营销活动中有何创新等,将是旅游目的地在竞争中立于不败之地的有效保证。虽然所处的行业和领域不同,但经济上的联系总会使不同行业、不同旅游目的地之间存在可以互相借鉴和学习的地方。

3.1.3　乡村旅游市场调查的对象

乡村旅游市场调查可以根据具体情况采用观察法、询问法、网络调查法等,调查的内容可以根据调研目的进行设计和安排,通常包括游客动机、游客人口学特征、游客消费水平、地域结构等方方面面。调查对象包括以下几类:

1)当地居民的调查

乡村旅游发生在乡村,其资源依托地在乡村,旅游吸引物也以其乡村性为主,往往乡村居民淳朴的自然生活形态本身就是一道旅游风景线。一方面,开发乡村旅游会对当地人的生产生活产生巨大影响,从某种程度上来说,开发乡村旅游的根本目的就是增加当地人的经济收入,促进乡村经济发展。另一方面,开发乡村旅游离不开乡村当地人的支持,脱离了乡村居民的旅游发展道路是行不通的。所以,开发乡村旅游,进行乡村旅游市场调查,首先应该对当地乡村居民进行调查。

对当地乡村居民进行旅游市场调查以面谈、电话等问询方式为主。问询法简单方便、灵活自由,可随机提出一些相应问题,对不清楚的可补充阐述,被调查者还可充分发表意见,相互启发,把调查问题引向深入,有利于获取较深入的有用信息。例如,可以请熟悉当地风俗、文化的居民面谈,请他们对乡村旅游人文景观的开发现状和市场情况提出一些意见或建议。用问询法调查,信息量大,回收率高,可信度大,是乡村旅游市场调查的常用方法。

2)客源市场的调查

对乡村旅游资源处于"养在深闺人未识"的乡村旅游区来说,其乡村旅游客源市场调查宜以当地乡村居民的调查为主,而对已开发、游客市场已粗具规模或相当规模的旅游区来说,乡村旅游市场调查则可以针对乡村旅游客源市场进行,客源市场对旅游区景观、环境、基础设施、产品价格等印象的反馈对指导乡村旅游区的下一步开发建设有重要的指导意义。

针对乡村旅游区客源市场进行的市场调查,一般采用问卷调查法,调查人员将事先设计好的调查问卷发放到调查者手中,问卷的设计一般以选择题和是非题为主,便于游客作答。在问卷最后可以适当设计开放性问题。

3)相关部门调查

到当地相关部门进行调查也是乡村旅游市场调查的有效途径之一,如当地旅游局、农林局、水利局等政府相关部门;行业协会,如观光农业协会、旅游协会、景区(点)协会、饭店业协会等。一方面,政府和相关部门能提供翔实的官方数据和资料;另一方面,政府和有关部门对乡村旅游市场的判断较敏锐、准确,对乡村旅游市场开发的意见或建议具有前瞻性、权威性和战略指导意义。开发乡村生态旅游,需要林业局、水利局、环保局等提供的相关数据和资料;旅游区市场规模预测,旅游区旅游环境容量确定等也需要到相关部门收集资料;地方部门往往熟知可以推出的旅游产品、能吸引游客的地域范围、游客群体,以及客源市场规模。调查人员对这些资料的收集对旅游区开发建设意义重大。

对地方相关部门的旅游市场调查一般以面谈访问为主,着重对旅游市场需求、旅游市场供给情况的调查,可以是个别谈话,也可以是开会集中征求意见,可信度高。

4) 同业竞争者调查

有市场就有竞争,在乡村旅游蓬勃发展的过程中不可避免的是目的地之间的竞争,这种竞争一开始表现为资源的竞争,后来表现为产品的竞争,最后归结为营销的竞争。因此,对于某个乡村旅游目的地来说,市场上的竞争者是不得不关注的。同业竞争者的调查包括有哪些竞争对手,哪些是现实的竞争对手,哪些是潜在的竞争对手,竞争对手的资源特点及定位、资金实力、乡村旅游产品项目设计、服务质量、价格水平、促销策略等状况。

3.1.4 乡村旅游市场调查的方法

调查方法的选择和运用直接关系到乡村旅游市场调查的进展程度和调查结果的可信度,因此调查过程中必须选用科学的方法。在乡村旅游市场调查中常用的方法主要有:

1) 询问法

询问调查法是调查人员与被调查者直接接触的实地调查方法,旅游市场调查人员通过将事先拟订好的调查问题以各种方式向被调查者提出询问,通过其回答获取所需资料。为了方便调查人员收集资料的规范与整理资料的方便,事先拟订的问题一般以调查问卷的形式出现,所以,调查问卷的设计直接影响调查的效果。

询问调查法一般分为以下 4 种:

①访谈法。由调查人员访问被调查者,根据调查提纲当面提问或电话提问,其方式有个人访谈、小组访谈、会议访谈。采用这种方法,调查人员可以依据被调查者的具体情况,灵活决定谈话方式、谈话内容和时间,并有助于消除被调查者的疑虑,建立融洽的访谈气氛,因而效果好、质量高。但是,这种方法费时间,费用也比较高,又容易受调查人员素质的影响,管理操作比较困难。

②邮寄法。调查人员将设计好的调查问卷通过各种媒介(如利用邮政邮寄、电

子邮件、报纸杂志刊登等)传递给被调查者,请其填写后寄回。这种方法可以调查比较多的内容,被调查者也可以有时间认真考虑、从容回答,但是,这种调查的回收率低、信息反馈时间长,从表格中也很难判断被调查者回答的真实性。因此,使用邮寄调查法可以使用一定的物质刺激来提高调查表的回收率。

③留置法。这种方式介于访问法与邮寄法之间,是调查人员在访问过程中留下调查问卷,让被调查者自由填写,过后再予以收回。这种方法可以避免访谈法时间比较短、仓促、问题简单的缺点,也避免了邮寄法回收率低的不足;但是费时间,成本高。

④电话法。由调查人员通过电话向被调查者直接征询意见。这种方法的优点是信息反馈快,费用比较低,但是,问题不可能太多,也无法深入交谈。

2)文案调查法

旅游市场营销调查需要收集两类数据,即统计数据与原始数据。其中,统计数据也称二手数据,是经别人收集、加工整理和已经发表的数据。文案调查法就是通过收集各种历史和现实的动态统计资料(二手资料),从中摘取与市场调查有关的情报,在办公室内进行统计分析的调查活动。所以也称间接调查法、资料分析法或室内研究法。就一般情况而言,统计数据的收集相对快捷,成本较低。

统计数据的资料来源主要有:

①旅游企业内部积累的各种资料,如旅游报刊以及一些内部文件。

②国家机关公布的国民经济发展计划,统计资料、政策、法规等及一些内部资料。

③旅游行业协会和其他旅游组织提供的资料,或旅游研究机构、旅游专业情报机构和咨询机构提供的市场情报和研究结果。

④旅游企业之间交流的有关资料。

⑤国内外公开出版物如报纸、杂志、书籍及图书刊登的新闻、报道、消息、评论以及调查报告。

获取以上统计数据的方法主要有以下3种:

①文献资料筛选法。这种方法通常根据旅游市场营销调查目的和要求,有针对性地查找有关文献资料,从中分析和筛选出与旅游企业市场营销有关的信息情报。例如,某旅游企业要收集有关我国旅游者旅游消费支出状况的统计数据,就可以通过《中国旅游统计年鉴》查出不同年龄阶段、不同职业状况的旅游者在不同城市旅游消费支出状况,并且可以进而查处旅游者在餐饮、住宿、市内交通、购物、娱乐方面的状况。由于文献筛选法具有传播广泛、查找记录方便的优点,因而文献资

料筛选法是旅游企业获取技术和经济情报的最主要来源。

②报刊剪辑分析法。这种方法是指调查人员平时从各种报刊中分析和收集旅游营销信息。信息社会突出的特点是信息量大和信息流快,市场情况的瞬息万变在日常新闻报道中都会有所体现。

旅游调查人员如果仔细去观察、收集、分析各种公开发行的报纸与杂志中与旅游企业市场营销有关的信息,往往会收到意想不到的营销效果。因此,旅游企业应积极订阅与旅游相关的报纸杂志,同时还应该充分利用广播、电视、互联网络等现代通信宣传渠道,收集情报信息,以及时发现市场机会,争取和占领市场。

③情报联络网络。这种方法是指旅游企业在全国范围内或国外某些地区设立情报联络网,扩大商业情报资料收集工作的范围。一般由旅游企业派遣专门人员在重点营销地区设立固定情报资料收集点或同旅游相关部门以及有关情报中心定期互通情报,以获得有关旅游市场供求趋势、旅游者购买行为、价格情况等方面的信息,从而建立起旅游情报网。

世界上大型连锁酒店一般都设有情报联络网,连锁集团内部酒店可以共享相关的旅游营销信息。由于情报联络网涉及的范围广,因而获取的情报信息量大、综合性高。但是这种方法也受到旅游企业自身规模、资金和人力的制约,它一般适用于一些大型的旅游集团企业。

3)观察法

观察法是指由旅游调查人员到各种现场进行观察和记录的一种市场调查方法。在观察时,既可以耳闻目睹现场情况,也可以利用照相机、录音机、摄像机等仪器对现场进行记录,以获得真实的信息。

观察法的优点是被调查者往往是在不知不觉中被观察调查的,处于自然状态,因此所收集到的资料较为客观、可靠、生动、详细。但这种方法花费较大,并且只能观察到事实的发生,观察不到行为的内在因素如感情、态度等,因此一般与面访调查等其他方法结合使用。

4)实验法

实验法是指旅游调查人员将调查对象置于特定的控制环境之中,采取变量和实验检验差异来发现变量之间的因果关系的一种调查方法。由于实验法是在较小的环境下进行实验,因此在管理上容易控制,所获取的资料也较为客观,一般适用于获取因果性调查数据。

5)网络调查法

网络调查是指旅游调查人员利用互联网了解和掌握市场信息的方法。具体方式是旅游企业通过 Web 方式附加调查问卷、给被调查者发送电子邮件等方式来获取被调查者的资料。这种新型的调查方法与传统方法相比,具有组织简单、费用低廉、调查结果客观性高、传播快速与直观、不受时空与地域限制、调查周期短等优点,但是,该方法调查对象仅局限于上网的人群,缺乏广泛性。

3.1.5　乡村旅游市场调查的程序

1)调查准备阶段

调查准备阶段的重点是解决调查的目的、要求、范围和规模及调查力量的组织等问题,并在此基础上,制订一个切实可行的调查方案和调查工作计划。这个阶段的工作步骤如下:

①提出需要调查研究的课题。在开展调查之前,旅游目的地要根据决策、计划的要求,或者根据营销活动中发现的新情况和新问题,提出需要调查研究的课题。

②分析有关问题的情况。对调查本身进行可行性研究,对调查部门提出需要调查的课题,要收集有关资料作进一步分析研究,必要时还可以组织非正式的探索性调查,以判明问题的症结所在,弄清究竟应当调查什么,才能为营销活动提供客观依据。

③制订调查方案和工作计划。调查方案是对一项调查本身的设计,它包括调查的目的要求、调查的具体对象、调查的内容提纲和调查表格、调查的地区范围、调查资料的收集方法等主要内容。调查工作计划是指对一项调查的组织领导、人员配备和考核、工作进度、完成时间和费用预算等的预先安排。

2)调查实施阶段

这个阶段的主要任务是组织调查人员深入实际,按照调查方案或调查提纲的要求,系统地收集各种可靠资料和数据,听取被调查者的意见。这一阶段大体包括以下具体步骤:

①建立市场调查组织,集中调查人员,组织学习或培训,成立调查小组并对人员进行培训。

②组织调查人员,收集二手资料。旅游市场调查所需资料分为原始资料和二手资料。原始资料是指一个旅游目的地为制定决策而专门委托有关机构进行市场营销调研所得到的资料。它要求收集的资料是任何其他(二手的)资料中找不到的。

③确定调查单位,收集原始资料。在旅游市场调查中,光靠收集第二手资料是不够的,还必须通过实地调查收集原始资料。

3) 分析和总结阶段

调查资料的分析和总结阶段,是得出调查结果的阶段。这一阶段的工作如果抓得不紧或者草率从事,会导致整个调查工作功亏一篑。它是调查全过程的最后一环,也是旅游市场调查能否充分发挥作用的关键一环。这一阶段包括以下步骤:

①整理分析资料。旅游市场调查所获得的大量信息资料往往是分散的、零星的,必须系统地加以整理分析,才能客观地反映被调查事物的内在联系,揭示问题的本质和各种市场现象间的因果关系。对于调查所得的数据,可以运用多种统计方法加以分析,并制成统计表。

②编写调查报告。编写一份有分析、有说明的调查报告,是旅游市场调查最后阶段最主要的工作。旅游市场调查报告是对某件事情或某个问题调查研究之后编写的书面报告。它是调查的最后成果,它用客观材料对所调查的问题作出系统的分析说明并提出结论性的意见。

③总结经验教训。旅游市场调查全过程结束以后,要认真回顾和检查各个阶段的工作,总结经验教训,以便改进今后的调查工作。

【案例链接】

2008 年郑州市旅游消费行为与习惯的市场调查

2008 年年底市场调研公司曾通过与专家面对面深度访谈和随机抽样面对面入户问卷访问,配合二手资料,采取定性与定量的方法对 2008 年郑州市旅游消费行为与习惯进行了调查研究与分析。研究结果表明,由于春节打算出游的人群中高达 85.5% 的旅游者是"先确定线路,再选择旅行社",旅行社与相关服务供应商应更加注重旅游市场的研究,即顾客是因"产品"而选择旅行社,而非先到某个旅行社看看有什么合适线路,因而,能够准确地预测消费需求、及时地推出适销的线路是旅行社获得客源的关键。因此,对大型旅行社而言,由于拥有足够的供应资源,可以提供丰富多样的旅游产品,而中小型旅行社则应集中资源,专做特色线路,避免旅游产品的"大而全"。同时,口碑依然是影响旅游消费的重要因素之一,因此,旅游业经营者必须做好服务的每个环节,让顾客满意,才能留住他们,并争取他们的亲朋好友,以保住自己的市场地位。在春节打算出游的人群中,"个人出游"占 32.5%,是一个相当高的比例,旅行社应关注这个市场,研究这个顾客群的需求,了解是否可以向其提供相关服务,从而逐步获得这个市场,例如,组织"中高级别的旅游发烧友"活动,扩大旅行社口碑、影响等。旅行社逐步成为消费者获得旅游信息的重要来源之一。因此,能否提高电话查询效率,丰富营业点的信息,方便

网上查询等将大大影响旅行社旅游产品信息传播的效率。

附:市场调查结果

(1)信息收集过程。消费者对出游的信息主要从报纸上获得,其次是曾经出游的亲友或同事,然后是旅行社;随着旅游市场的发展,在旅行社的引导之下,消费者对旅行社的信息资源越来越重视;消费者在收集线路景点信息的时候,更注重曾经出游的亲友、同事的反馈,即更注重口碑。

(2)出游目的。郑州市消费者的出游目的是"能够放松和休闲",这一需求远远高于其他方面的出游目的,"购物"和"寻求刺激"这两个出游目的的得分值最低。

(3)出游地点期望。消费者对拥有著名景点和名胜的地方、拥有自然美景的地方、安全和可靠的地方、可以尽情享受的地方的评分较高;郑州市民对于旅游的地方尤其强调"安全和可靠",对"安全和可靠的地方"评分最高,为7.26分(10分制);郑州市消费者外出旅游时普遍关心的主要是安全、景点、交通、食宿,与前所述的基本一样。

(4)出游方式。相持不下的竞争主要是全包旅行和消费者传统心理选择的完全个人组织旅行,如何抢占这部分市场份额是一个急迫的问题;消费者对于通过旅行社预订机票/酒店的意识较为淡薄,另一方面是旅行社对这方面的宣传不足;消费者对于参团旅游最感不痛快的一点就是方便性差。旅游的方便性,从消费者角度看,主要包括以下三点:不受时间约束,不受景点、地点、路线约束,可以和同学一起玩和聊天。

(5)线路与旅行社的选择。消费者先确定线路的比例远远高于先确定旅行社的比例,在消费者心目中,各个旅行社的线路安排和旅游团费用基本相同,流行的线路基本都有。

(6)出游时亲友同事的参与程度。一般来讲,消费者多数与朋友、同事出游,其次是与自己的丈夫或妻子、女朋友或男朋友出游。可以看出,消费者基本上都是选择与自己同龄的人出游。

(7)出游费用。春节打算出游的郑州市的消费者在过去一年里平均花费1 984元出外旅游,超过半数的消费者认为自己未来一年的旅游花费将不会改变,尤为可观的是,有28.7%的消费者认为自己未来一年的旅游花费将增加。

(8)网上旅游信息传播趋势。网站的发展,使人们意识到网站所提供的信息量非常之大,人们将越来越倾向于从网上得到大量信息;消费者对旅游信息的感兴趣程度排第三位,不仅表明旅游网上咨询的发展前景,也表明消费者的旅游信息收集渠道将向旅游网站转移,从侧面反映出旅游消费者的网络意识不断增强;消费者对网上旅游咨询的浏览主要在以下几方面:景点、旅游线路和行程安排,对旅行社/公司的网上咨询也占了较高比例,这对还未上网的旅行社公司来说是一个大的损失。

在上述案例中,调查者调查了郑州市出游的相关信息,包括消费者的出游目的、出游期望、出游方式等,这对旅游企业来说具有重要的指导意义,调查的结果可以为管理决策人员提供切实有效的具体参考。旅游企业在制定市场营销战略时,为了寻找市场机会和预见营销中出现的问题,就必须进行旅游市场调查,以获得全面可靠的信息供营销管理人员进行决策。

(资料来源:林绍贵.旅游市场营销实务[M].西安:西北工业大学出版社,2010.)

任务 2　分析乡村旅游市场

3.2.1　旅游市场总体状况分析

1)旅游市场总体结构

旅游市场可划分为入境旅游、国内旅游和出境旅游三部分。国内旅游和入境旅游的比例,在一定程度上反映了一个国家或地区旅游发展的总体水平及市场成熟程度。根据旅游发达国家的通常水平,国内旅游经济总量是国际旅游的 7 ~ 8 倍,而我国国内旅游的经济总量是国际旅游的 2.3 倍。这反映了国内旅游市场是以中低档消费为主、高端消费为辅的市场结构特征,也从侧面显示了国内旅游市场发展潜力巨大,前景十分乐观。

2)旅游市场的趋势及特征分析

(1)散客旅游迅速崛起,团队比重大幅度下降

当前和将来的旅游活动,在追求个性化的浪潮下,旅游者将不依赖旅行社固定报价的旅游方式。随着世界各地旅游基础设施的完善,服务水平的提高,预订服务网络的普及,使散客的旅游越来越方便,旅游者更为自由随意。散客增长符合国际旅游市场发展趋势,是旅游市场日趋成熟的表现。

（2）主题旅游将迅速崛起

随着旅游者收入水平和需要层次的提高，旅游者追求的将是更加有特色的旅游产品，更加注重旅游的文化性。因此，在国际旅游市场上，消费群体进一步细分，由此形成专门化旅游的趋势。

主题旅游是世界旅游潮流中一种新的旅游形式。它区别于传统的观光旅游，它不是简单地玩山游水，而是有一个主题、有目的地到一个地方去，根据个人的兴趣爱好，考察当地的自然景观或人文景观，不久的将来，主题旅游将是一个新兴的旅游方式，它对旅游业的影响深远。

（3）"观光旅游—休闲度假旅游—体验旅游"的发展趋势

体验旅游将是旅游业未来的发展方向。旅游目的和旅游方式已逐渐由浅入深，由浅层次的观光游览向深度体验转变。人们越来越期望通过旅游活动来减轻由于现代生活和工作带来的与外部世界的隔绝感和孤独感，达到与外部世界的一种对话与交流。

（4）旅游者追求更多的参与性活动

以往的以观光为主的旅游活动中，游客更多的是在"看"或者"听"，亲身参与的活动很少。现在，游客追求更多的参与性活动，这些活动可以是旅游目的地的参与性表演活动、节庆节事活动、农事采摘活动、现场的工艺品加工制作活动等。游客参与这些活动，大大提高了他们的旅游兴趣，对旅游目的地的文化也会有更深的了解和体验。

3.2.2　国际乡村旅游市场分析

1）"乡村旅游"已发展为当前主要的旅游方式之一

以法国为例，1998年，2/3的法国人选择了国内度假，其中33%的游人选择了乡村度假，仅次于海滨度假的比例（44%）。据法国小旅店联合会统计，近7年来在度假中一直采用乡村度假方式的度假者占44%，主要采用这种度假方式的度假者占72%，更有15%的度假者每年都住在同一地方。

2）高文化程度、高经济收入的中产阶级是最稳定的主体客源市场

近几年，法国乡村每年接待的200万（其中1/4是外国游客）国内外游客中，50%是中高级雇员或自由职业者，这些游客非常稳定。

3）乡村旅游是一种较高层次的旅游行为

游客不能忍受现代工业所带来的人与自然的距离，而走向乡村，悠闲欣赏湖光山色，感受树叶上滴落的宁静，静观自然景物的无穷变化，是他们最大的乐趣。他

们选择乡村旅游,不是贪图收费低廉(费用可能比其他旅游更高),而是在寻找早已失落的心灵净土和悠久的民族文化氛围,他们参加农业劳动,追求的不是物质享受,而是精神享受。

4)新趋势:乡村旅游与生态旅游、文化旅游相结合

在波兰,乡村旅游与生态旅游紧密结合,他们在开展的活动内容上与其他国家一样,然而参与接待的农户是生态农业专业户,一切活动均在特定的生态农业旅游区内进行。匈牙利是将乡村旅游与文化旅游紧密结合的一个典范,游人在领略风景如画的田园风光的同时,感受丰富多彩的民俗风情,欣赏充满情趣的文化艺术,在乡村野店、山歌牧笛、乡间野味中体会几千年历史积淀下来的传统民族文化。这样高质量的旅游开发对国际旅游市场的影响极大,使客流方向自 20 世纪 90 年代初开始,由西欧向东欧转移。波兰和匈牙利的乡村旅游模式为世界各国树立了榜样,预示着乡村旅游发展的方向。

3.2.3 国内乡村旅游市场分析

1)国内乡村旅游现状

游客以城市居民为主。

参加乡村旅游的国内游客,绝大多数是为调剂都市生活而出游。

多为近地旅游,以城市近郊区为活动范围。

出游的时间较短,多为 1~3 天。

能承受的价格多为人均 50~100 元/天,主要是冲着价廉物美而来。

游客对乡村旅游的各种活动项目有所侧重。

游客参加频率和重游率最高的项目是:以"住农家屋,吃农家饭,干农家活,享农家乐"为内容的民俗旅游,如"当一天农民""插队落户"等旅游项目;以收获各种农产品为主要内容的采摘旅游,如"自摘果园""五月采茶游"等;以春节、端午等民间传统的节庆活动为内容的乡俗节庆旅游,如万盛苗族的"踩山会"。

总之,乡村旅游消费初级化,绝大多数乡村旅游者在较低价位的消费水准下,享受到的是较低档次的旅游服务和较低层次的精神感受,乡村旅游行为停留在赏心悦目的基本层次,而体察乡俗、修身养性的成分较少,休养疗养、商务会议、艺术创作、文化体验所占的比例更小。

2)乡村旅游市场的构成和特点

从我国目前的情况来看,乡村旅游市场主要分为以下几类:

（1）青少年乡村修学旅游市场

这一客源市场主要特点是认识学习型,以学校或家长等安排的有目的的旅游与考察、写生、实习等为主要内容,以学生远足、夏令营等为主要形式,旨在通过对不同于城市生活场景的乡村旅游,扩大视野、增长眼界以及培养吃苦耐劳精神等。针对这一市场,可以开发参与农事的采摘务农活动、高科技农业技术参观活动等,增进青少年对农村、农事和大自然的了解。

（2）青年乡村旅游市场

现代年轻人大多追求生态环保潮流,渴望体验多彩人生。乡村旅游对于这类人群来说更多的是一种体验式旅游。对于青年乡村旅游市场,适合开发田园自然观光的生态乡村旅游,种菜摘果等参与性和娱乐性比重较高的"农家乐"乡村旅游产品。另外,以特色风光、农事活动或村落名胜等观光旅游为主的旅游产品也能激发年轻人的兴趣。

（3）中老年乡村旅游市场

中老年旅游市场的本质特征为寻根怀旧、回归自然。他们偏好如菜花飘香、牧场风情等具有独特乡村氛围和景色的乡村旅游产品。那些有过上山下乡插队经历的中老年人,有着十分强烈的"知青情结"和"寻根情绪",他们久居城市后回到乡村,再次感受乡村劳动体验,回味无穷。对于受教育程度较高、对建筑及历史文化有兴趣的中老年旅游者,也可以开发以民居建筑游为主的乡村旅游产品。

（4）都市居民乡村旅游市场

都市居民往往向往乡村宁静、安谧、健康的生活环境,喜好绿色健康食品,偏好休闲休养的旅游方式。乡村特色餐饮美食,或以采摘垂钓等为特色的乡村旅游产品较为适合城市人群。以自然生态观光旅游、农户家庭接待的"农家乐"以及新鲜瓜果采摘等乡村旅游产品,能吸引邻近城市的居民市场。

（5）城市文化者乡村旅游市场

对于城市中文化水平和受教育程度较高的都市知识阶层,他们的主要旅游动机是体验城乡文化差异。他们更愿意选择对村寨历史地理的未知探索、乡村独特风土人情、土特产品的旅游产品,体验自己不熟悉的乡村生活以达到心理享受。其中包括现代农村观光、科技农业考察、古村落民居体验等具有文化内涵和人文精神的乡村旅游产品。

（6）乡村度假旅游市场

乡村度假旅游产品的目标客源市场主要是城市中收入较高者及其家庭,如企业高级雇员、机关干部、事业单位高级职员以及部分企业老板等;山野及水体运动、乡村自然环境疗养健身等为主的乡村度假活动较能符合这一市场的需求,如温泉疗养、中草药沐浴、名贵药材采摘等。其中以"乡村运动俱乐部""温泉别墅"等为代表。

3) 乡村旅游市场需求的影响因素

影响乡村旅游市场需求的因素来自各个方面,除了价格、可支配收入和闲暇时间外,以下一些因素也会带来一定的影响:

(1) 个人因素

乡村旅游者的性别、年龄、职业和生活方式等往往不同,使乡村旅游市场的需求呈现多样性。例如,男性比女性在体力上更充沛,活动速度更快,因此男性更倾向于体力娱乐类或探险类的乡村旅游活动,而女性较偏爱采摘、购物等乡村旅游产品。工作繁杂程度高、人际交往频繁的白领热衷于放松型的度假活动,而一般都市居民喜欢参与程度高的农事或"农家乐"等乡村体验旅游。

(2) 经济因素

个人的收入水平由宏观经济状况和职业两方面共同决定。利息率和通货膨胀率决定着个人的储蓄水平,从而也影响着可自由支配收入和乡村旅游消费,宏观经济变化直接导致乡村旅游消费者的微观经济状况。经济发展水平及产业结构的调整和变化,会在很大程度上影响人们未来的收入和职业,并在更深层次上影响整个社会结构的变化及文化的变迁,从而影响人们对乡村旅游产品的购买行为。

(3) 社会文化因素

任何一种消费行为都是在特定的社会环境中进行的,社会文化铸造了人们不同的价值观念、偏好及认识事物的方法。这些因素也决定了个人购买乡村旅游产品的种类和消费方式。中老年人受传统东方文化影响,强调节俭、目的性、实用性,一般很少购买休闲消遣娱乐类乡村旅游产品,而年轻人受西方文化的影响,加之工作和生活压力,较多地选择放松休闲的度假乡村旅游产品。

(4) 乡村旅游市场供给因素

供给因素包括乡村旅游资源、旅游设施、旅游项目、旅游服务等,其中乡村旅游资源是诱导乡村旅游需求的重要因素。完善的乡村旅游设施和高质量的乡村旅游服务是顺利进行乡村旅游活动的保障,它们都会影响乡村旅游市场的需求。此外,如乡村旅游地的政府政策因素、物价水平、气候等因素,也会影响乡村旅游市场的需求。

4) 乡村旅游消费者的行为特征

乡村旅游消费者离开都市来到乡村,常常会因摆脱日常生活的紧张和繁忙而

有一种放松感,在心理和行为上具有不同寻常的表现和特征。

(1)乡村旅游消费者的一般心理特征

①猎奇心理。几乎所有的旅游消费者都是怀着一种探索外部世界的好奇心而出游的。乡村秀丽的田园风光,与城市截然不同的悠闲、自在的生活方式和安静祥和的生活氛围,是旅游者参加乡村旅游的主要动机。

②求全心理。从本质上说,乡村旅游是一种综合性的审美活动。当乡村旅游消费者决定以一定的时间和金钱去换取旅游感受时都有一种美好的想象和期盼。他们期盼行得方便、住得舒适、吃得实惠、玩得痛快,整个旅途一切顺利。

③安全心理。乡村旅游消费者都希望在整个乡村旅游过程中能保证人身、财产的安全。当旅游安全受到威胁时乡村旅游消费者可能会突然改变行程,甚至放弃尚未完成的旅游活动,严重者会导致以后不再参加乡村旅游活动。

④放任心理。乡村旅游消费者来到乡村,寻求的是身心的放松和愉悦,他们的消费行为有较大的随意性和懒散性,有的很少顾及因自己行为的闪失而影响声誉和前途,也不会严格遵守常规生活的角色规范。

(2)不同乡村旅游消费者的行为特征

从性别上看,男性和女性消费者在感官功能如视觉、听觉及触觉等方面有差异,因此对乡村旅游的营销刺激反应也有差别。女性乡村旅游消费者往往容易受促销推广等的诱惑,消费时感性思维占主导,自制力比较弱,而男性消费者考虑问题比较实际,不大会在细小的事情上斤斤计较。由于体力的差异,男女在选择乡村旅游项目上也往往有所不同。

从年龄上看,青年旅游消费者情感不稳定,遇事不够冷静,喜欢时尚的、刺激性和冒险性较强的体力消耗较大的乡村旅游活动;而中老年消费者行事表态较为谨慎,比较务实,对行程的考虑更多地在于住宿、用餐等,容易思古怀旧,对故地重游、文物古迹均有浓厚的兴趣,倾向于选择节奏慢、舒适并且体力消耗较少的乡村旅游产品,而且重视养生保健。一部分中老年消费者由于有较丰裕的积蓄,同积蓄及收入较少的年轻人相比,他们会倾向于选择较豪华的乡村旅游产品。

不同社会阶层的乡村旅游消费者行为特征也有不同。一般来说,受教育程度较高、社会阶层较高的人更加开放和自信,愿意接受外界新鲜事物,对乡村旅游这种休闲旅游方式抱有积极的态度,乐于参与奢侈豪华的乡村旅游项目。社会层次较低的人一般相对封闭,不愿冒险,往往认为外部世界比较凶险而较少参加乡村旅游活动,即使参加乡村旅游活动也讲究经济实惠,追求物有所值,对价格较为敏感。另外,中层以上阶层的人更愿意将乡村旅游活动作为子女受教育和长知识的机会,夫妻双方一般共同进行购买决策。

从旅游目的来看,休息娱乐型的乡村旅游消费者重视娱乐活动的参与,讲求心理体验和心理需求的满足;乡村观光型消费者喜欢游览独具特色的村落,购买乡村土特产品,每个景点都会拍照留念;探索考察型消费者对乡村自然人文环境感兴趣,喜欢独自考察,一般不会购买旅游纪念品,对乡村旅游设施和服务要求不高;休闲养生型消费者对价格相对不敏感,但对居住环境、餐饮设施以及综合服务有较高的要求。

乡村旅游消费者由于民族、社会阶层、职业、年龄各异,又有不同的旅游目的,他们的行为特征复杂多变,乡村旅游经营者必须区别对待,开发适应各类旅游消费者的旅游产品。

5) 乡村旅游消费者的消费决策

旅游消费决策是旅游消费者作出的关于购买某种旅游产品进行消费的决定。人们的旅游消费决策五花八门,决定进行乡村旅游消费也是其中的一种决策。在选择乡村旅游消费决策时,一般都会面临许多需要选择的问题。首先,决策者面对一个问题或亟待解决的冲突情景,如买或不买某种乡村旅游产品,享受或不享受某种服务等;其次,决策者都想获得乡村旅游消费后的满足感;第三,决策者均有若干可供选择的实施方案;第四,决策者面临某种不确定性,具体表现为缺乏有关乡村旅游的实施方案和备选产品的信息。

乡村旅游消费者在作出决策时面临的问题,可以归纳为以下几方面:一是Why,即为什么消费。乡村旅游者的消费动机不同,产生消费行为的原因也多种多样。二是What,即消费什么。决定消费什么是乡村旅游消费决策的核心,具体内容包括乡村旅游产品的类型、品牌、新颖度、等级、规格和价格等。三是How Many,即消费多少。乡村旅游消费者消费数量的多少通常取决于其实际需求、支付能力及市场供求状况。四是Where,即到哪里去消费。一般乡村旅游消费者都会选择相对较近的目的地消费,但对一些服务良好、信誉可靠的乡村旅游地,乡村旅游消费者也会"舍近求远"。五是When,即什么时候消费。一般取决于乡村旅游消费者需求的紧迫性及乡村旅游市场行情的变化状况。六是How,即怎样消费。如是否选择预订,是选择书面预订、口头预订、电话预订还是网上预订。

通常情况下,乡村旅游消费者购买决策的全过程,分为问题认识、信息调查和信息评价等几个阶段。

(1)问题认识

乡村旅游消费者消费决策的第一步是对问题的认识,这种认识是由于乡村旅

游消费者的期望状况和现有状况之间存在着一定的差距所产生的。只要发生期望的状况大于或小于现有状况,就会产生对问题的认识,而在期望的状况与现有状况基本吻合时,不会产生问题的认识,因而也就无须作出乡村旅游消费决策。

(2)信息调查

如果旅游者认为有必要进行乡村旅游消费,就会有意无意地寻找有关乡村旅游产品的信息。乡村旅游消费者获得信息的来源大致可分为内部和外部两种。内部信息是指乡村旅游消费者的过去经验与知识留在头脑中的记忆。当他们认为自己过去有关的乡村旅游经验和知识对当前问题的认识有帮助时,就会回忆出那些与这一问题有关的信息。当乡村旅游消费者感到自己存储的信息不能或根本无法解决问题时,就会产生从外界寻找更多信息的愿望。外界信息包括家庭成员、亲戚、朋友、邻居的意见和态度;政府部门提供的信息;新闻媒体和专家学者提供的信息;企业公关活动如广告、展销、陈列及销售员的推销指导所提供的信息。其中家庭成员、亲戚、朋友和邻居的口传信息和政府、新闻媒体、专家学者提供的中立信息,特别是前一种口传信息,往往对乡村旅游消费者的消费决策起着决定性的作用。

(3)信息评价

收集信息后,乡村旅游消费者就开始对信息进行评价和选择。由于评价和选择本身需要外部信息的支持,这个过程往往和外部信息调查同步进行。作为支持的信息可分为三类:解决问题所需的各种评估标准、各种可行的解决方案以及实现的难易程度。

乡村旅游消费者在信息采集和决策制定时,首先会从产品的类型和品牌等方面确定一个范围,如果范围内的信息和产品能提供满足,他们就会进行消费选择,如果得不到满足,就会再次扩大选择的范围,直至选定满意的旅游产品。在选择过程中,乡村旅游消费者也会列出那些认为不喜欢或因为价格等原因而不能接受的产品,这类旅游产品会被排除出选择范围。

6)国内乡村旅游发展趋势

①回归自然,追求天人合一的温馨与浪漫。

②以观光为主导,辅以其他旅游目的。旅游需求呈现多元化、多样化、特色化的发展趋势,对观光＋休闲、观光＋生态、观光＋民俗文化、观光＋科技、观光＋参与等多功能复合型乡村旅游产品的需求日渐旺盛。

③亲近自然、倾向绿色消费,对原始古朴、生态的旅游消费产品有浓厚的兴趣。

④游客明显倾向于有民族特色、原始古朴、生态环保、体验农村生活的乡村旅

游产品。

⑤游客对旅游产品的可参与性、可体验性和新奇性要求越来越强,对旅游服务、配套设施等软硬件要求越来越高。

【案例链接】

贵阳市乡村旅游市场分析

贵阳市是一个西部城市,城市周边除了有城郊型科技农业外,还有大量的粗放型耕作业和民族村寨,因而其乡村旅游发展既有环城市休憩农业的特点,又有民族文化观光体验的内容,是一种复合型的乡村旅游地。为摸清其市场特征,调查者在贵阳市的主要乡村旅游点进行了 300 份样本的抽样调查,并运用 SPSS 社会科学统计软件包和 EXCEI 对游客样本进行数据处理和数据分析。

(一)游客的人口学统计分析

1. 乡村游客男性略多于女性

调查显示,男性占 55%,女性占 45%,与其他旅游形式的性别结构比例保持一致。

2. 游客的年龄分布不均衡,以中青年为主,高、低年龄段游客偏少

贵阳市的国内乡村游客的年龄构成是以中青年为主,占 58%,高低年龄游客偏少。但与全贵州省相比,低年龄游客所占比重较大,反映出了城郊型旅游地的特点。

3. 学生是旅游消费的主力军,其次是企事业管理人员和其他人员

贵阳市乡村旅游者的职业构成以学生为主(35.5%),其次为企事业管理人员(19%)、其他(13.4%)。贵阳市乡村旅游游客职业构成与全省相比,学生所占比重比全省(21%)大,而公务员、文教科技人员、服务销售人员所占比重都小,企事业管理人员相当。因此,双休日游览是当前最直接的需求特征。

4. 客源地域结构呈点状分布

目前,贵阳市乡村旅游客源以省内游客为主,占 89.8%,其次为其他地区和周边地区,所占比重很小,分别为 4.7%,3.1%。贵阳市乡村旅游游客所占比重与全省相比,都是以省内游客为主,但贵阳市比贵州省(64.5%)还大;其他客源地游客所占比重贵州省均高于贵阳市。贵阳未来乡村旅游市场培育应侧重于周边地区和中国三大客源地。

5. 游客以低档收入和高档收入为主

贵阳市乡村旅游游客人均收入构成比例总体呈凹形分布。从游客人均收入构

成来看,游客收入主要集中于低档和高档。人均月收入多集中在 1 000 元/月以下,占被调查游客总量的 60%;收入在 10 000 元/月以上的游客数量占 40%;收入在 2 000~3 000 元/月的占被调查游客总量的 8.5%。可见,贵阳市乡村旅游推动中、高档游客参与还有很大的开发潜力。

(二)游客旅游需求分析

1. 贵阳市乡村旅游以观光(农业、山水)和民族风情游为主

贵阳市乡村旅游游客的旅游动机以观光为主(53.3%),其次为民族风情(48.5%),再次为历史古迹(24.7%)。总体来说,贵阳市乡村旅游主要是观光游和民族风情游。与全省相比,贵阳市乡村旅游游客动机中观光所占比重比全省(41.7%)大,民族风情所占比重比全省(58%)低。

2. 游客消费偏好民族特色

贵阳市乡村旅游游客消费偏好对乡村旅游产品的交通、乡村景观、建筑、饮食和文化娱乐活动等的形式相对集中。在对游客乡村公路偏好调查中,游客赞成鹅卵石铺路的比例最高,达 34.7%,其次是水泥路,为 26.8%,再次是高速公路和高等级公路;在旅游交通工具的选择上,汽车成为当前出游的主要交通工具(52.9%),而景区内的交通形式则以马车和步行为主;乡村旅游社区设计中,游客主要追求园林化(50.2%)、乡村化(42.3%);饮食方面,民间特色饮食所占比重最高,为 47.3%,其次为山野风味和家常饭菜,分别为 42.5%,41.4%;旅游活动项目中,漂流所占比重最大,为 46.6%,其次为民族歌舞,为 44.8%。可见,贵阳市乡村旅游游客的旅游消费偏好于民族特色方面。同全省相比,只是在旅游活动项目方面,贵阳市游客喜好漂流所占比重最大,而全省乡村游客,喜好民族婚嫁(42.4%)所占比重最大。

游客对贵阳市乡村旅游的总体印象是以乡村山水观光型(41.8%)为主,其次为田园风光型(39.5%)、民族风情型(35.2%)、农家乐型(24%)。总体上,游客对贵阳市乡村旅游形成了以乡村山水田园观光为主题的复合型产品印象。与全省相比,贵阳市乡村山水观光型产品所占比重最大,而全省民族风情型产品所占比重最大(34.7%)。

3. 游客对不同旅游区的认知差异较大,总体倾向于文化特征典型的乡村旅游区和观光旅游区

从游客对贵阳市乡村旅游景区的认知来看,景区的知名度和与客源地之间的距离是影响游客对该区认知的一个重要因素。调查发现,花溪布依族镇山村(国家生态博物馆,贵阳近郊)等旅游区的相关信息被游客所感知的比率较高,花溪青岩

古镇和乌当农业观光区的感知比率相对较低。显然,这些景区的宣传促销工作未得到应有的重视。

游客在出游过程中,对乡村旅游景区的选择具有明显的指向性,出游率较高的景区依次是:花溪布依族镇山村(19.3%)、青岩古镇(8.8%)、乌当农业观光区(5.4%)。贵阳市科技农业观光区的开发尚未形成规模,开发形式单一,旅游产品设计缺乏科技含量,当前游客对该种旅游产品的认识还不及文化特征明显的旅游区。其他旅游区受到多方面的因素制约,使得出游率相对偏低。但总体来说,贵阳市乡村旅游的游客对乡村旅游景区的偏好还是指向民俗文化和观光旅游景区。

(三)游客的旅游行为特征分析

1. 出游淡旺季节分明,出游时间相对集中

贵阳市乡村旅游的客源主要是贵阳市学生和在职职工,故出游淡旺季节分明,出游时间相对集中。其中五一、十一和春节这几个旅游黄金周出游量最高,是贵阳市乡村旅游的最旺季;其次暑假和双休日出游量较高,为次旺季;平时出游量较小,为淡季。可见,随着节假日的延长,人们出门旅游的愿望在不断增强,出游的范围将不断扩大。

2. 出游距离以短程为主

国内乡村游客平均出游天数,一日游占56%,多日游为44%。在多日游游客中,近程(在外停留2~3夜)合计占30%;中远程游客(停留3夜以上)占14%,其中远程游客的比例较小。说明目前贵阳市乡村旅游市场是以省内游客为主,周边地区和远程游客是今后主要的目标市场。

3. 重复游是其主要特点

游客多以3次以上出游为主(51%),这与休闲度假的出游目的相一致。而第1次和第2~3次到此地的游客分别为23%,25%,反映出城郊休闲游憩的特点。

4. 游客的出游方式倾向于自发的、个性化的旅游风格

由于贵阳市众多乡村旅游点是以贵阳市民为主要客源,市民出游中,亲朋好友组织、个人自助游在乡村旅游中处于重要位置。其中,亲朋好友组织占53%,个人自助游占49%,只有少部分外地游客是以参团的方式出游。

5. 外部交通要求便利、快捷,内部交通要求自然、舒畅

贵阳市乡村旅游游客主要是贵阳市市民,游客选择的外部交通方式以公共汽车为主,占50%,火车占30%,自驾汽车旅游占22%;而从贵阳市到景区游客主要选择汽车,占53%;景区的内部交通方式中,有26%的游客愿意采用步行游览,也有人喜欢马车、乘电瓶车游览,所占比例分别为24%,6%。

（四）游客消费特征分析

1. 餐饮消费趋向民间特色饮食、绿色食品

在贵阳市乡村旅游游客饮食偏好调查中，游客喜爱民间特色饮食所占比重最大，为48%，喜爱家常饭菜、山野风味分别占42%，40%，与全省乡村旅游游客饮食偏好非常相近，因此全市乡村旅游开发的当务之急是大力发展具有民间特色、价位适中的绿色食品。

2. 餐饮、住宿和购物以低档消费为主

统计数据表明，到贵阳市乡村旅游地的游客总消费中，选择餐饮价位在50元/（人·餐）以下的游客占17%，选择50~60元/（人·餐）的游客占34%；住宿消费为50元以下所占比例最高达32%；乡村旅游购物中，100元以下所占比重最大为49%。说明贵阳市乡村旅游开发高档消费游客有着巨大的潜力。

3. 游客对原始、古朴、生态的旅游环境有浓厚的兴趣

贵阳市乡村旅游游客喜欢乡村公路中用鹅卵石铺路所占比重最高达36%，其次为乡村小泥路，占27%；游客喜欢的乡村社区设计中，园林化所占比重最高为51%，其次是乡村化为43%；游客喜欢的旅游目的地建筑中，符合本地特色的建筑所占比重最大为（37.4%），其次为木楼、竹楼，分别占28.8%，25.5%。贵阳市乡村旅游开发要特别注重旅游环境的营造，有意识设计延长游客停留的项目，引导游客进行消费。

（资料来源：杨炯蠡，殷红梅. 乡村旅游开发及规划实践［M］. 贵阳：贵州科技出版社，2007.）

【实　　训】

学生分小组完成乡村旅游市场调查任务，学会设计调查问卷并开展调查工作，形成分析报告。

【实训要求】

1. 教师分配各小组的调查任务，由各小组制订调查方案，设计调查问卷。

2. 按照旅游市场调查的程序开展实训，进行实地考察和调研。

3. 进行资料整理，完成旅游市场调查分析报告，制作发言PPT，对调查情况作介绍。

4. 全班同学对乡村旅游市场调查结果进行总体分析和讨论。

项目 4

乡村旅游开发主题定位

 【知识目标】

了解旅游主题定位、旅游形象的定义;认识我国乡村旅游主题定位、旅游地形象存在的问题;掌握乡村旅游主题定位的评价标准、乡村旅游地形象定位的基本思想。

 【能力目标】

通过本项目学习,让学生认识到旅游主题定位、旅游形象定位的重要性;能用科学的方法对乡村旅游地进行旅游主题、旅游形象定位。

 【案例导读】

山东构建"齐鲁乡村逍遥游"乡村旅游品牌

乡村是中国文化之根,是中华文化起源和长期传承发展的载体和主体空间,山东作为我国古代农业的重要起源地和长期的农业大省,山海河湖优美,田园风光秀丽,乡村文化多样,地域特色分明,农业物产丰饶,乡村景观各异,乡村旅游的发展必须坚持传统农业文化传承和现代产业发展并行不悖的路径,形成具有独特竞争优势的品牌体系。

乡村旅游品牌要既能体现齐鲁文化的博大内涵,又能展示各市地域文化的独特魅力,还能反映现代市场对乡村旅游产品多样化的需求。就山东省大的产品空间来分析,"山水圣人文化游、黄金海岸休闲游"两大产品体系已经十分成熟,进一步确定"齐鲁乡村逍遥游"作为山东乡村旅游总品牌亦可谓水到渠成,"齐鲁乡村"确定了山东地域文化的指向,村是中国古代文化产生的源头和古人生活的聚落形态,乡村风貌、乡村风情、乡村生产、乡村生活是乡村旅游的主要构成元素,而"逍遥游"反映了乡村旅游的精神实质和文化取向,体现了遵循自然规律、顺应自然、与自然和谐,"天地与我并生,而万物与我为一"的境界。"齐鲁乡村逍遥游"将以"记忆乡村、回归田野、陶冶身心、放飞梦想"为宗旨,构成山东乡村旅游产品的品牌系统。在此基础上,进一步分析山东各地优势,走差异化的路子,从地域文化的构成上,形成鲜明的地域环境指向,从品牌系列的个性上,处处体现好客之乡的人文关怀。"家"是中国传统文化中人的心灵空间,乡村旅游的实质就是下乡和回家,所以在品牌设想上可以形成"齐鲁乡村逍遥游"总体品牌统领下的"十家"子品牌系列,打造完整的乡村旅游产品体系和覆盖全省的乡村旅游产品空间。

(资料来源:国家旅游局 http://www.cnta.gov.cn/,2013-11-27.)

任务 1　认知乡村旅游主题定位

　　乡村旅游主题是在乡村旅游区建设与旅游者旅游活动过程中被不断地展示和体现出来的一种理念和价值观念。一般而言,乡村旅游主题的内涵包括 3 个方面:发展目标定位、发展功能定位和形象定位。发展目标是根本性的决定因素,是实质性主体;功能定位则是由发展目标决定的内在功能;形象定位是发展目标的外在表现。

4.1.1　乡村旅游主题定位的层次

1)发展目标定位

　　一般意义上的乡村旅游发展目标的外延主要包括如下内容:经济发展目标、村民生活水平目标、社会安定目标、环境与文化遗产保护目标、基础设施发展目标等。而从时效上看,发展目标可以分为总体战略目标和阶段性目标两大类型。制订发展目标的作用是监控旅游开发的实际产出与总目标之间的差距以衡量旅游区规划和开发的成功与否,并找出原因加以反馈修正。如果就乡村旅游业而言,乡村旅游规划和开发的主要目标则是追求商业利润与经济增长,促进环境保护;而地方政府方面的目标则偏向于增加就业、税收、外汇收入,关注人民生活水平提高及基础设施改善等。目前为旅游规划界所公认的乡村旅游区发展目标框架如下:满足个人需求、提供新奇经历、创造具有吸引力的"乡村旅游形象"。

2)功能定位

　　一个乡村旅游区的功能是多方面的,其具体功能的确定,同样要综合多方面的因素。概括而言,乡村旅游区规划和开发的功能可从4个方面来进行交叉定位,在具体的功能细分上,区域旅游的功能可划分为以下3个向量:经济功能、社会功能、环境功能。

3)形象定位

形象定位即在乡村旅游规划与开发中,通过旅游区的空间外观、环境氛围、服务展示、公关活动在旅游者心目中确定一个明确的综合感知形象,借助此形象定位,一个庞大而属性综合的乡村旅游区在旅游者的人际传播和区域市场中便有了一个明确的立足点和独特的销售优势。在乡村旅游形象定位时要从以下几个方面加以体现,即乡村旅游区的物质景观形象、社会文化景观形象、旅游企业形象以及核心地区(地段)形象。所谓的乡村旅游区物质景观形象是指乡村旅游区所具有的体现旅游形象功能的那些景观,如乡村旅游区的背景景观、乡村旅游区的核心景观和乡村旅游区的城镇建设景观等。社会文化景观形象主要是指当地村民的居住、生产、生活等活动构成目的地的社会文化景观。企业形象和核心地区(地段)形象是从当地的旅游企业和旅游核心区的形象来体现区域旅游形象定位的。

【案例链接】

瑞金红色旅游发展定位

瑞金市位于武夷山脉南段西麓、赣江东源贡水上游。瑞金市东、西、北三面环山,地势高峻,群山重叠。瑞金市是中华苏维埃共和国的首都,是中国的红都。瑞金有丰富的人文和自然资源,旅游发展将近30年,但是仍旧很难突破,所以瑞金旅游要突破性发展现在亟须重新定位。

★瑞金旅游资源分析与评价

瑞金市地处美丽富饶的赣南山区,旅游资源总量和类型较为丰富,红色旧址、武夷山脉、赣江源等多项顶级资源在区域内分布,但相对于瑞金2 000多平方千米的面积而言,丰度不算太高;现有旅游资源的知名度虽高,却缺乏国家级体系的认定,以及系统的旅游产品来完善和包装。以绿色生态为主要开发方向的休闲类旅游资源和以红色故都为代表的文化类旅游资源在瑞金市旅游资源体系中居于主导地位;同时,山水相依的自然生态资源也为瑞金市开发具有高端度假功能的旅游产品提供了条件;主要资源类型包括生物、气象气候、水域、文物古迹、民俗风情、文化传说、民间艺术、名优特产等。

★区位与市场条件分析

区位对于旅游发展的意义,在于辐射的市场腹地的状况。区位分析是瑞金旅游发展目标客源市场定位的基础。瑞金市位于江西省南部,赣州地区东部,地处赣闽二省交汇处,东与福建省长汀县交界(距离47千米),南连会昌(距离48千米),西邻于都(距离85千米)、赣州(160千米),北接宁都(距离85千米)、石城(距离76千米)。根据市场规律,出游市场随距离增加而衰减,80%的出游市场集中在距城市500千米以内的范围内,结合瑞金周边区域的经济状况,可以断定,瑞金旅游的主体市场一定是在赣闽粤湘浙区域。由于济广高速、厦蓉高速、赣龙铁路、鹰汕铁路等一系列区域性交通干线的先后开通,大大缩短了瑞金与海西城市群、珠三角城市群之间的时间距离。因此,瑞金的市场腹地又以赣、闽、粤3省为主。

★瑞金市红色旅游主题定位

总体定位:以红色资源为依托、多种资源相结合的国际旅游目的地。

形象定位:其他红色旅游地形象定位:延安——革命圣地　梦里延安,井冈山——红色圣地　绿色宝库　天然氧吧(成功之山),遵义——红色经典　锦绣遵义,西柏坡——新中国从这里走来。这些红色旅游地的形象定位都主要围绕"圣地"展开,而瑞金拥有红色旅游地中最好的生态山水、田园风光。因此,瑞金的形象定位应当在红色调的基础上,融入自身的山水生态田园优势。依据以上的相关分析,瑞金的旅游形象定位为:①山水红都,赣江源头;②赣江源山水,新中国摇篮;③新中国摇篮,赣江源仙乡。

目标定位:国家5A级旅游区;中国首选红色旅游目的地;中国红色旅游国际化领头羊。

功能定位:红色教育功能、生态观光功能、休闲娱乐功能、度假疗养功能。

4.1.2　乡村旅游主题定位的影响因素

1) 乡村旅游资源

乡村旅游资源是旅游规划的物质基础,是吸引旅游者的主要因素。乡村旅游主题定位必须立足于乡村旅游资源的特征,关键在于摸清区域内部旅游资源本底,准确把握其内涵。在定位时要着重考虑旅游资源的重要程度,突出程度、数量、体量等。

2) 区位条件

区位条件是制约旅游发展的重要因素之一,在一定程度上决定着旅游市场的大小和旅游地的可进入性与通达性。在乡村旅游主题定位时必须考虑区位条件的优劣,应根据现实条件"量体裁衣",不可过大或过小。

3) 乡村旅游需求市场

乡村旅游主题定位的目的就是将乡村旅游资源进行整体包装推向市场,提高市场占有率。旅游者的旅游行为、旅游目的、旅游动机复杂多样且充满个性差异。对乡村旅游需求市场进行研究,分析旅游者旅游动机和旅游目的,对乡村旅游主题定位十分重要。

4.1.3 乡村旅游主题定位的评价标准

乡村旅游主题定位要按照清晰独特、引人入胜原则进行整合打造。其主题口号好坏的关键要看它是否发挥了应有的作用。直观地看,乡村旅游主题定位口号只是用一个短语来反映乡村旅游地的定位思想,实际上,其宗旨是为了满足目标市场的需要,最终确定的核心定位对旅游者来说一定是具有独特意义的。主题定位口号的根本作用是要告诉旅游者乡村旅游地的特质及可向其提供哪些方面的独特利益,而不能反映旅游者利益的口号是毫无意义的。

旅游者利益是通过乡村旅游主题定位口号的价值内容和表达方式两个方面来体现的。因此,通常把这两点作为衡量旅游主题定位口号优劣的标准。

首先,价值内容是评价乡村旅游主题定位口号的首要标准,即必须有其价值命题。价值命题应限于一个或少数一两个,价值命题应该能够反映目标市场的利益,并且利益必须具有独特性。换言之,最佳的主题口号中应包含的价值命题不能过多且必须具有独特卖点。

其次,表达方式是评价乡村旅游主题定位口号不可或缺的标准。好的表述能促进价值内容与旅游者主观感情的互动,增强传递效果。表达方式的具体要求包括以下 3 点:①语言优美、风趣、生动、感人,富于艺术性;②巧妙运用各种修辞和句式,使口号便于朗读、记忆和宣传;③设计新颖、时尚、别具一格,便于吸引旅游者的眼球。

【案例链接】

韩国:以良好形象促旅游发展

韩国旅游业走过了 50 余年的历程,取得了令人瞩目的发展。韩国旅游业快速发展的一条最重要经验是始终维护良好形象,努力营造吸引游客的旅游环境。韩国地处朝鲜半岛南部,旅游资源不甚丰富,过去旅游知名度不高,旅游的软硬件设施也较落后。为树立良好的旅游形象,韩国政府首先将旅游业确定为战略产业,着力在树立和维护形象上做文章:

——利用传统媒体广告和宣传材料广泛向世界介绍韩国；

——花大力气举办各种国际旅游促销会；

——参加国际旅游展览和加强与国际旅游机构的合作；

——将各大型国际体育文化活动与提高旅游业形象融为一体。通过举办1986年的亚运会、1988年的奥运会、1993年的世博会和2002年的世界杯足球赛等大型国际活动，韩国大幅度地提高了自己的旅游形象。

韩国旅游界人士指出，举国一致树形象，上下齐心搞促销，是韩国发展旅游业的真实写照。旅游业的发展需要国民的大力支持和广泛参与，提高国民素质是旅游业发展的基础工程。为了树立崭新而良好的韩国旅游业形象，韩国注意培养国民参与旅游的意识，通过媒体宣传、街头展览、旅游说明会等形式教育国民礼貌待客，热情为游客服务。电视广告片"让我们亲切接待外国游客"曾家喻户晓，人人皆知。在旅游大发展的年代，韩国也遇到了公共场所脏乱、公共厕所臭味刺鼻的难题。为此，政府专门开展了各种提高国民卫生意识和卫生水平的运动，对那些乱扔废弃物的行为进行处罚，并在新闻媒体上公布最佳和最差公厕名单。这些措施很好地解决了公共场所和厕所不洁问题，为韩国发展旅游业创造了良好环境。

充分利用有限条件，力推特色服务，是韩国发展旅游业的一大特色。这些富有浓郁韩国地方特色的旅游项目吸引了来自世界各地的众多游客，有力地推动了韩国旅游业的发展。

（资料来源：国家旅游局 http://www.cnta.gov.cn/，2003-10-29.）

任务2　掌握乡村旅游形象定位的方法

4.2.1　乡村旅游形象的系统构成

1)旅游形象的内涵

旅游形象在国外又称为旅游地形象，是旅游地区域内外公众对其总体的、抽象的、概括的认识和评价，它是旅游地的历史、现实与未来的一种理性再现。旅游地形象需要通过一系列技术方法设计完成，这种设计也称为旅游地形象战略（Destination Image Strategy，简称DIS），是企业CI理论在旅游规划中的引申应用。它是在旅游市场和旅游资源分析的基础上,结合对规划地方性的研究和受众特征的调查分析,提出明确的区域旅游形象的核心理念和外在界面。通过系统化的设计、公众参与、各种活动与传播媒介的力量,以强化旅游地的精神理念,累积其形象价值并增强目的地的凝聚力和吸引力,改善目的地发展的内外环境。

2)旅游形象的特征

(1)综合性

①内容的多层次性。区域旅游形象可分为物质表征和社会表征。外观设计、环境氛围、服务质量、园林绿化、地理位置等构成物质表征的主要内容;社会表征包括人才储备、技术力量、工作效率、福利待遇、公共关系、管理水平和方针政策等。在社会表征中,旅游区与公众的关系是一个重要因素,协调二者关系是塑造良好形象的有效途径。

②心理感受的多面性。受每个游客的文化背景、旅游信息的获取方式与充分程度、旅游经历与旅游偏好等众多因素影响,会对同一旅游目的地产生不同的感知认识,形成自己的心中形象。但是,对旅游规划和旅游地来说,大量的个体形象形成的类型化的公共或公众形象才是有意义的,因此怎样抓住人们对旅游区认识的共性,使人们对旅游区有一个趋同的看法是值得重视的。

(2)稳定性

旅游区形象一旦形成,便会在旅游者心目中产生印象,一般来说这种印象所积累成的形象具有相对的稳定性。其实质是旅游地的独特性文化内涵受到某类市场上共同稳定的认可,使"旅游目的地成为该类市场的身份区"。

(3)可塑性

甘恩认为,除了亲身的旅游经历外,还可通过长期的人的社会化过程形成关于某地的"原生形象",通过旅游地的促销、广告、公关活动等有助于旅游者形成该地的"诱导形象"。事实上旅游的预先销售性质决定了通过旅游地信息的筛选传递能对旅游者实施诱导,对新兴旅游目的地更是如此。旅游地形象的可塑性表明,必须高度重视和科学塑造旅游地形象,重视正面和积极形象的树立,同时对于旧有的过时的形象以及负面的坏形象必须重新塑造。

【案例链接】

宁波——"东方商埠,时尚水都"

宁波地处长三角,挨着上海与杭州。这样的地理位置让人感觉宁波旅游好像被"湮没"了。宁波有山,它比不上相邻的黄山;宁波有水,它没有杭州西湖那样有

名;宁波有佛教文化,但普陀山的名气实在是太大了。宁波的旅游资源丰富,但相对来说,其单体资源的分量远远不够。

怎么办?宁波人意识到,首先要提高宁波城市的知名度。在经过一系列的策划和包装、形象广告语的征集后,最终宁波将自己的形象定位成"东方商埠、时尚水都"。宁波人希望能够整体推销宁波这座城市,以此来推销宁波的旅游。

2004年9月14日至17日,宁波市旅游局与香港旅游业议会联合推出2004甬港经济合作论坛"东方商埠,时尚水都"宁波旅游推广活动。此次旅游推广活动中包括两大主要内容,第一大项是宁波旅游亲善使者亲近宁波活动,第二大项是甬港两地旅游交流活动。论坛结合象山开渔节和雪窦寺参拜仪式、千尊弥勒佛开光等活动,邀请了姜昆、曹众和香港媒体亲近宁波的山水、人文、美食、佛教等特色旅游,向香港市民展示了"东方商埠,时尚水都"宁波的魅力,并借此推广了宁波特色旅游产品。

(资料来源:中国宁波网 http://www.cnnb.com.cn,2003-06-03.)

苏州——营造"生态乐园""东方水城""休闲天堂"

拥有2 500年历史的古城苏州,旅游资源十分丰厚,称得上是一个老牌旅游城市。其旅游资源有一个鲜明的特征,即单一观光型发展模式,旅游者数量呈自然型增长,很难形成一种跨越式的增长,发展有一定的瓶颈制约。针对这一点,苏州旅游开始转变观念,打造体验式休闲旅游模式,从质量和效益的角度构筑全新的旅游模式——休闲天堂。

有关资料显示,目前国际旅游产品中非观光类的占了77%,而苏州的旅游产品仍然以传统观光类为主,占了70%。古典园林、苏州刺绣、水乡古镇、枕河人家等产品已经难有新的卖点。打造休闲天堂,是从粗放数量型向质量效益型过渡,以休闲度假旅游为重点、特色旅游为补充的一次观念转型。

苏州市借环古城河综合改造之力,把开发水上旅游新产品作为其主要目标。古胥门至觅度桥的水上观光带作为东方水城的一大特色景观,吸引了众多海内外游客。到目前为止,环城河水上游已有7家公司在经营,共接待游客15余万人次。太湖以其得天独厚的自然风光正在成为旅游新天地。

与此同时,修学旅游、工农业旅游、红色旅游等新产品也已逐渐成熟,成为苏州旅游新的增长点。苏州,这个被誉为"人间天堂"的旅游胜地,以温婉典雅的特色成为江南的一颗明珠。如今,它努力营造"生态乐园""东方水城"和"休闲天堂",精心织造古典风韵与现代时尚交融的经典"双面绣",休憩身心,怡情养性,享受生活,追求浪漫,这将是人间天堂新的魅力所在。

（资料来源：e游通 http://www.wqetrip.com/,2012-09-26.）

3）旅游形象系统的构成

旅游形象系统是一个多要素多层次的复合系统,它的核心构成要素主要为旅游地资源与产品、设施与服务以及形象口号与标识。

（1）旅游地资源与产品

旅游资源要素是旅游地各种自然资源和人文资源的集合体,它是吸引旅游者到来的原动力,也是旅游地的核心吸引力。因此,旅游地资源与产品构成旅游地对外传播的首要因素,传播中往往以目的地的景观资源为基础,将目的地最具优势的特征提炼出一组具有强烈可意象性的符号系统并通过媒体进行传播,以动态的或静态的实景图像来展示目的地的特色旅游资源,通过直接的视觉刺激来引起受众的注意力。

（2）旅游地设施与服务

旅游地设施要素包括旅游地的基础设施和服务设施,完善的旅游设施是旅游者完成旅游的重要物质保障。旅游系统是一个复杂的系统,由"食、住、行、游、购、娱"六大要素构成,在每一个要素中都需要目的地提供完备的旅游设施,才能够满足旅游者的基本需求。同时,一些特色鲜明的旅游设施也可以成为重要的旅游吸引物,如特色饭店、特色商店、特色娱乐场所等。旅游地服务要素是旅游地以其资源和设施为基础,使旅游者能在本地完成旅游活动的服务行为的总和。高质量的服务是提高旅游者对目的地旅游满意度的一个重要因子。在需求层次中,旅游消费属于较高层次的精神层面的需求,旅游者在消费过程中一般都要求享受良好的服务。因此,旅游地设施与服务也构成了目的地对外传播的重要因素。

（3）旅游形象宣传口号与标识

旅游形象宣传口号与标识也是旅游地形象系统的重要元素之一。旅游形象宣传口号在旅游形象传播中担任着重要的角色,在各种不同的营销手段中,它都可以以相同的形式和内容贯穿整个营销活动而不轻易改变。形象口号作为旅游地在较长一段时间内、在多种媒体上使用的一个特定理念,用来表达旅游地在一定时间内相对稳定的开发理念,使受众能够保持长久的记忆和美好的印象,从而对其产生出游刺激。旅游形象宣传口号作为一种语言符号,它具有解释性功能,起到了传达旅游地信息的沟通作用,弥补了仅靠画面传播的劣势。旅游形象宣传口号可以是对目的地旅游资源与产品的概括,如四川的"天下四川,熊猫故乡";也可以是对目的地旅游精神内涵的表述,如上海"精彩每一天"、云南的"七彩云南,快乐天堂"等;

或者是对某种旅游开发理念的表述,如江西的"生态江西,休闲花园"等;或者是资源与理念的综合描述,如安徽的"魅力安徽,精彩山水"、江苏的"梦江苏,情与水的中国文化之乡"等。

旅游形象标识属于视觉语言,通过图案、造型等向旅游者传播关于旅游目的地的诸多信息。形象标识可以是旅游地标志性旅游资源的抽象化,如四川的形象标识,以其代表性旅游资源——熊猫为基本构图要素;形象标识也可以是具有地方特色的一些形象经过抽象而成,如上海的旅游形象标识,以上海市市花白玉兰为主要构图要素。旅游形象标识是旅游者识别旅游地的一个指示器,风格独特又饱含地方特色的形象标识能够促进旅游者对目的地的认知,能够加深旅游者对目的地的印象。

以上三类核心要素,在旅游目的地的形象营销中都占据着重要地位,任何一方面的不足都会影响整体的营销效果,所以在对旅游目的地进行形象营销时必须从三者出发,争取做到三者的统一。

4)乡村旅游形象的系统构成

就乡村旅游而言,其旅游形象主要包括:

①乡村的各种景观的外貌特征及视觉形象。包括自然景观、人文景观、乡村布局、乡村标志等。

②乡村旅游产品及服务质量形象。主要是指对吃、住、行、游、购、娱6个旅游要素的衔接状况及质量水平的评价,它是乡村旅游形象的核心内容。

③乡村旅游的社会形象。主要是指乡村旅游地的形象宣传口号与标识,游客在旅游过程中所体验和感受到的当地社会生活的各个层面的状况,包括村民的精神面貌、社会风气、风俗习惯以及村民对旅游者的态度等,反映出乡村整体的生态、文化与文明。随着游客对乡村旅游参与性要求的提高,这种无形的社会形象资源越发显得重要。

上述3个组成部分是相互融合有机地整合在游客的整个旅行过程中,任一形象都会对其他形象乃至整体形象产生影响。譬如,乡村旅游景观毫无吸引力,旅游区布局混乱,那么即使服务再好、民风再纯也会让游客失望,从而降低对目的地形象的评价;反之,旅游景观设计非常到位,而商业化气氛浓重,村民脱离原来的生活一心从事商业活动,则游客也很难得到所预期的乡村体验,乡村旅游形象也会大打折扣。

4.2.2 我国乡村旅游地形象定位存在的问题

目前虽然我国的乡村旅游开发力度加大,发展迅速,但是仍然处于粗放经营阶段,普遍缺乏对乡村旅游目的地形象定位。可以说我国的乡村旅游形象定位仍然处于起步阶段,存在着较多的问题。

1) 缺乏乡村旅游的形象定位

我国的乡村旅游大部分都是在城郊地带,以较低的投入发展起来的,甚至一些地方在发展乡村旅游,却没有将乡村旅游资源的开发纳入区域开发的大系统进行统筹安排、全面规划,而是由经营者盲目地投资与开发,个别地方乡村旅游开发甚至出现了遍地开花和重复建设的现象。

除了一些已形成规模的乡村旅游地有自己的旅游形象,其余地方的乡村旅游形象定位仍处于空白。大部分仍然表现出对原始的自然风景资源、农业生产的收获活动和乡俗节庆活动的极大依托性,有什么资源开发什么资源,缺乏或是根本没有形象定位。

2) 缺乏对当地文化特色的深度挖掘

目前我国的乡村旅游所推出的旅游产品大部分都只是"吃农家饭、干农家活、住农家房"。产品粗糙,许多都只是在原有生产基础上稍加改动和表层开发,没有从本土实际风情和地域特色出发,缺乏创新设计和深度加工,造成产品雷同、品位不高、特色不明显、重复较多,难以让游客感受和体验乡村旅游地的形象,也不能满足游客多层次、多样化和高文化品位的旅游需求。

3) 宣传不利,缺乏强有力的形象传播渠道

游客到旅游目的地参观游览前,已经在报纸、杂志、书籍、电影、网络、教材课本、口传信息以及旅游宣传册等旅游广告中获悉一些关于观看地方的知识,其中绝大部分的信息主要是通过各种广告媒介进行传递的。但是目前我国乡村旅游大多数都以口碑或是以散发传单的形式进行宣传,这样做,一方面宣传面有限,另一方面能传递的信息量也是非常有限的,难以形成有力的旅游地形象,在竞争中也难以形成强大的吸引力。

4) 缺乏协调,无法贯彻执行乡村旅游的整体形象

我国乡村旅游的开发经营方式大多数以分散式为主,再加上管理不力,没有形成强有力的中间管理组织,导致个别地区即使有了好的形象定位也无法将乡村旅游目的地的整体形象有效地展示在游客面前,究其原因是由于缺乏协调。乡村旅游的各个开发经营者因为竞争,或是只顾自身眼前的利益,不想或不愿意改变自己

目前的状态,造成乡村旅游目的地整体上仍然以散、小、乱、差的格局出现,无法形成统一的旅游地形象。

4.2.3 乡村旅游地形象定位的基本思想

1)树立鲜明的田园风味,保持独特的乡土气息

从乡村旅游形成的共识可以看出,田园风味是乡村旅游的中心和独特的卖点。鲜明的田园风味是乡村旅游得以发展的巨大财富,是一项对城市旅游者具有巨大吸引力的无形旅游资源。它强调的是一种整体氛围,而这种整体氛围的体现必须靠对内营造和对外宣传两方面结合才能够完成。因此在乡村旅游开发中一方面必须有意识地在乡村营造一种"可感性"的整体氛围,另一方面又必须通过宣传把它推向市场,形成鲜明的田园风味。如淮北平原的"绿洲仙境"——小张庄、江苏"江南农村"——周庄等都是靠这种方式,树立起鲜明的乡村旅游形象,进而推动乡村旅游的发展。

乡村秀丽的田园风光与城市截然不同的悠闲、自在的生活方式和宁静祥和的生活氛围是都市旅游者选择乡村旅游的主要动机。保持乡村旅游产品乡土气息的浓郁性和真实性是乡村旅游魅力持续不减的基础。因此在开发乡村旅游产品过程中必须认真分析旅游乡村的历史发展过程,从中探寻乡村发展的文脉、生活习惯的演变、民俗风情的沿革,挖掘其特色魅力及其表现形式,在保护的前提下开发出具有浓郁乡土气息的乡村旅游产品,使农村天然、朴实、绿色、清新的环境氛围和闲趣、野趣融合一体,让乡村旅游产品更具有魅力。

2)挖掘乡村资源的文化内涵,突出地域特色

我国地大物博,乡村资源的文化内涵丰富:有反映人与自然的依存和延续、形态独特的乡村聚落;有反映我国数千年的传统文化、宗教理念、社会组织形式和家庭关系、古朴典雅的乡村建筑;有浓厚文化底蕴的乡村节庆、农作方式、生活习惯、趣闻传说等。对于乡村旅游开发的目的地,只有在对其乡村文化底蕴进行充分分析和透彻理解的基础上,深度挖掘本土乡村旅游资源的地域特色,在综合性、地域性的乡村自然基础、乡村历史文化传统、乡村社会心理积淀、旅游者的意识四者综合的角度,来设计独特的乡村旅游理念形象,才能让乡村旅游目的地的形象定位更富于观念和感情的沟通与体验,让游客更钟情于表象下文化底蕴的体验,更好地体验民间文化的独特魅力。

3)加强对乡村旅游地的形象管理

在继续保持乡村旅游地分散经营格局的情况下,建立统一的管理组织,加强对

乡村旅游目的地的管理。通过管理组织,制定能体现当地特色的统一的旅游形象,并营造良好的整体氛围。

4)加强对外宣传,强化视觉形象

设计和选择有代表性的视觉识别系统,如标志性的旅游地景点,标准字、标准色的赋予和旅游地范围内员工的标准化服务态度、服务语言、管理效率等,并通过一定的传播手段,如报纸、杂志、书籍、电影、网络、教材课本、口传信息以及旅游宣传册等,把旅游产品推向社会产生轰动效应和持续效应。

5)做好各方面的协调工作,确保乡村旅游目的地形象的贯彻实施

做好乡村旅游开发者、经营者、游客、设施等各方面的协调工作,确保对外宣传与对内开发营运上贯彻执行旅游目的地的形象,确保乡村旅游目的地形象从内到外、从上到下的贯彻落实。

4.2.4 乡村旅游形象定位的方法

定位乡村旅游区(点)的形象,一般可以从体现旅游产品的个性特征、形象塑造、功能定位、市场定位和发展的远景目标等方面来思考。比如台湾嘉义农场推出的"生态度假王国"旅游主题形象,就集中了旅游产品的个性特征、产品规模、形象塑造、功能定位、市场定位和发展目标等,还能让人过目不忘。再比如江西婺源的"中国最美的乡村",也具有同样的效果,直白明了,能使人产生遐思,引来无穷的回味。

乡村旅游区(点)的旅游形象的定位,要靠多方位的策划与包装,它既是一个旅游区(点)地脉、史脉和文脉的集中体现,也是旅游产品从策划、开发到形成市场亮点、卖点过程中提炼出来的精髓,还是产品形象的着力点和魅力所在,能起到画龙点睛的作用。

定位旅游形象时需要注意从3个方面考虑。首先,应当了解自己的产品、产品的市场定位、产品的本质特征和产品的形象目标等,只有这样,才能为产品策划出一个贴切、生动的旅游形象。其次,尽量采用自然、精练、明快、易记的文字和语言,概括出产品的鲜明个性和特色。最后,注意通而不俗,切忌平淡无味,啰唆难记和夸大其词。

乡村旅游区(点)可根据自身的特点采用以下定位方法:

1)领先定位

领先定位适用于独一无二或无法替代的旅游资源,多以"之都""第一""世界""天下""最""唯一""中心"等词汇概括。人们对第一的东西印象最深,该定位方

式最能引起人们的注意,但此种定位方式不能随意使用,要基本符合事实。如"天下第一瀑","五岳归来不看山,黄山归来不看岳""桂林山水甲天下"等属于领先定位。

2)比附定位

比附定位并不去占据原有形象阶梯的最高阶。实践证明,与原有处于领导地位的第一品牌进行正面竞争往往非常困难,而且失败为多,因此,比附定位避开第一位,但抢占第二位。但此种方法不适合后来再跟进的旅游地,比附要恰当,不能随意比附。例如,牙买加定位为"加勒比海中的夏威夷",澳门形象定位为"东方拉斯维加斯",周庄定位为"东方威尼斯"。

3)逆向定位

逆向定位强调并宣传定位对象是消费者心中第一位形象的对立面和相反面,同时开辟了一个新的易于接受的心理形象阶梯。如深圳野生动物园形象定位为"人在笼中动物在笼外"。

4)空隙定位

比附定位和逆向定位都要与游客心中原有的旅游形象阶梯相关联,而空隙定位全然开辟一个新的形象阶梯,寻找还没有出现的市场的空白点(空隙)进行旅游形象定位。空隙定位的核心是树立一个与众不同、从未有过的主题形象。如洛带古镇的形象定位为"中国西部客家第一镇"。

5)重新定位

重新定位也叫再定位,它不是一种严格意义上的定位方法,仅是对原有旅游区域的形象重新塑造,使新形象替换旧形象,从而占取一个有利的心理位置。以下几种情况需进行重新定位:进入衰退期阶段的旅游地,原有旅游形象的吸引力急剧下降,需要新的旅游形象代替;不成功的旅游形象需要重新定位;旅游地环境发生大的改变,旅游形象定位也要随之更改。

4.2.5 乡村旅游形象的传播方式

乡村旅游形象传播,是指旅游经营者通过可以控制的各种宣传媒介和形式,对旅游地商品、服务及观念等信息进行群体化、社会化的传播,从而有效影响公众对乡村旅游地的形象认知,最终达到促成旅游地营销计划的活动。乡村旅游地形象传播在旅游形象营销的全过程中具有重要意义,只有经过有效的传播,才能发挥正面的积极影响。追求新奇、独特是旅游者普遍存在的心态,因而乡村旅游形象的传播手段是否鲜明、独特、富有感召力,也就成为乡村旅游地对旅游者吸引力大小的关键所在。

1)乡村旅游形象传播渠道

传播可以通过报刊、广播、电视等大众媒体以及新兴媒体,如手机、网络等进行,也可以以直接交往的人际传播形式进行,甚至可以通过户外广告、形象标志以及实物作为传播符号进行。大众传播的范围广,影响大;人际传播的方式生动,可信度高;户外广告、形象标志及实物传播能直接产生视觉冲击,长期影响会给受众产生深刻的印象。旅游形象传播有以下几种主要方式:

(1)广告传播

形象广告的媒体可分为大众传媒(报纸、杂志、电视广告等)和特定媒体(户外媒体、电波媒体、印刷媒体等)。形象广告以乡村旅游地独特的景点风光和奇异的乡村旅游文化为诉求点来吸引潜在游客,促使他们产生出游动机。一般来说,乡村旅游形象的传播应以大众媒体广告为主,特定媒体广告为辅。电视媒体以其直观性、实时性、普及性而成为当前效果最好的形象广告载体。但电视媒体广告费高,可考虑选择主要目标游客群所处的地方,在适当时期进行电视广告宣传。另外,还可以利用广播、报纸、杂志以及多媒体展示系统、电子滚动屏幕和路牌形象广告、礼品广告、纪念品及旅游商品广告、交通及旅游点票据广告、直邮广告等相对廉价的媒体进行乡村旅游形象广告宣传。

(2)公共关系策略

公共关系是社会组织运用传播手段使自己与公众之间形成双向交流,双方达到互相了解和互相适应的管理活动。公共关系是一种传播活动,其影响面广而大,有利于迅速塑造并传播良好的乡村旅游形象。积极参加、组织各种与旅游有关的展览会、交流会、研讨会、演出会、招商引资会、新闻发布会等形式的公关活动,邀请专家学者、旅游企业的管理人员、著名作家、有广泛影响的新闻记者来乡村旅游地旅游参观,对扩大乡村旅游地的知名度有重要意义。

因为公关宣传无须向媒体支付高额广告费,且其新闻可靠性高于广告,因此,公关营销活动受到越来越多旅游企业的重视。乡村旅游目的地或旅游企业经常开展以下三种公关营销活动来打造和树立品牌形象。

①参加公益活动。现代旅游市场营销已进入社会营销的阶段,即旅游企业不以获取经济利润为唯一目标,而是追求经济、社会和生态效益的有机统一,参加公益活动则是旅游企业追求社会效益的重要表现。积极参加社会公益活动,将使旅游企业赢得广大公众的好感,从而有效提高企业的知名度和美誉度,塑造良好的旅游企业品牌。

②召开旅游说明会。旅游说明会或推介会不仅能有效推广目的地旅游形象，而且有助于潜在旅游者了解目的地的乡村旅游产品、项目和节事活动，从而使乡村旅游地的接待人数迅速增加。召开旅游说明会应做好以下三点：一是明确信息传递的对象；二是要尽力取得新闻媒体的支持；三是具有一定规模，能对既定目标受众产生较大的影响。

③处理与新闻媒体的关系。与旅游传播广告相比，新闻的威信度更高，而且能为营销主体节约一大笔费用，为此，乡村目的地或旅游企业不仅要关心创造新闻，还要处理好与新闻媒体之间的关系。首先，及时发掘新闻事件，促使编辑采用本地区或企业的新闻稿；其次，适时邀请旅游专栏作家、编辑、记者或电视节目制作人来乡村目的地作熟悉旅行，以激发他们宣传推广本乡村旅游地的主动性。

（3）节事（庆）活动

乡村节事（庆）活动是一种融参与性、观赏性为一体的特殊的旅游形象传播手段。举办具有地方特色、民族特色的乡村旅游节事活动对建立和传播乡村旅游地形象有非常重要的意义。要选择一些特色鲜明、具有标志性特征的节庆，使这项活动真正成为旅游地形象的指代物。

乡村旅游节庆活动是将目的地的"人—地"感知要素和"人—人"感知要素有效整合的一种重要方式，因为一次主题鲜明的乡村旅游节事活动往往能在人们心目中构造一个积极的直观形象，而且会促进乡村旅游目的地的基础设施建设，从而迅速提高乡村旅游地的知名度和综合接待能力。

乡村节庆活动不仅能有效整合旅游地形象的构成要素，还可以促进旅游业六大要素的协调与发展，因而一个地区通常会组织多个乡村节庆活动来塑造自身的形象，打造知名的品牌。但各类节庆活动之间应相互补充，且主次分明，这样主题旅游形象才能更加鲜明突出。为此，乡村旅游地在策划节庆活动时要注意以下四点：第一，以当地的地脉、文脉及社会条件为依托，定期举办某一特别节庆活动，使其成为本地区永久性、垄断性、制度化的旅游品牌；第二，在不同的旅游季节推出形式各异的乡村节庆活动，以提升旺季时旅游地区的容纳能力，增强淡季时旅游地的吸引力；第三，积极与新闻媒体合作，在尽可能大的空间范围内介绍乡村旅游节庆活动的丰富内容，把乡村旅游区宣传成为一个令人向往的目的地；第四，多次举办同一主题的乡村节庆活动，以塑造在某个方面最理想的乡村目的地旅游品牌。

（4）促销活动

促销的实质是一种沟通活动，旅游地通过开展一些活动，发出作为刺激物的信息，把信息传递给一个或更多的旅游者（或潜在旅游者）以影响其态度和行为。乡村旅游地可采用销售刺激等手段,如向游客赠送旅游吉祥物,发放优惠券,对旅游代理商和批发商进行销售激励。

【案例链接】

中国·山东首届乡村旅游节新闻发布会在济南召开

2014年8月24日上午,以"好客山东,乡约临朐"为主题的"中国·山东首届乡村旅游节"在山东济南维景大酒店召开新闻发布会。对外发布了包括举办时间、地点、标识、口号、官方微博、微信、网站,15大主题活动在内的多个信息,50余家主流媒体出席参加。山东省旅游行业协会专职副会长丁再献等出席发布会并讲话。

丁会长表示,国务院出台了《关于促进旅游业改革发展的若干意见》,对旅游业发展提出了新的要求,为旅游业的发展提供了新的发展机遇。山东省乡村旅游资源丰富,乡村风貌、生态田园、农事活动、民俗节庆、农家乐等形式多样、特色鲜明,发展潜力巨大。山东省委、省政府高度重视旅游业发展,出台了一系列促进乡村旅游发展的政策、措施,在规划编制、改厕改厨和人员培训等方面大力支持乡村旅游发展,全省旅游业的面貌正发生着日新月异的变化,"好客山东"旅游品牌已经叫响。

丁会长介绍,临朐县地处沂蒙山腹地,乡村旅游资源丰富,自然风光秀美,民俗风情独特,历史悠久,名胜古迹众多,是远近闻名的"书画之乡""小戏之乡""中国观赏石之乡",是中国最佳生态旅游县、山东旅游强县。深厚的文化积淀与现代文明的有机结合,使这块土地充满了灵气,充满了魅力,形成了多元、厚重、包容、开放的区域文化特色。临朐县委、县政府高度重视乡村旅游发展,大力实施"旅游强县"战略,乡村旅游得到了迅猛发展。将山东省首届乡村旅游节举办地设在临朐,是省旅游局精挑细选后决定的。"中国·山东首届乡村旅游节"的举办,必将为山东省旅游业的发展注入新的活力,成为全国乡村旅游发展的新亮点。

据悉,在8月30日至10月30日节会举办期间,组委会确定了评选活动与主题活动同时进行的节会举办模式,评选活动包括"山东省十大乡村旅游目的地评选""山东省十大乡村旅游精品线路评选""第二届中国·山东乡村旅游节形象大使选拔活动启动仪式"等,系列活动包括"美食节""采摘节""旅游商品展销会""自行车骑游赛""马拉松比赛""房车露营节""乡村旅游摄影大赛"等,保证了山东首届乡村旅游节期间"周周有活动,天天有精彩",为游客营造一个全民参与、全省喜庆的旅游盛宴。

目前,山东首届乡村旅游节各项筹备工作正在有序进行。好客山东·乡约临

胸,热情好客的临朐人民将张开怀抱,喜迎四海宾朋的到来,激情演绎乡村旅游节会盛典,让广大游客尽情体验山东的山水风情和乡村旅游的无限乐趣。

（资料来源:国家旅游局 http://www.cnta.gov.cn/,2014-08-24.）

2）乡村旅游形象传播模式

（1）政府主导型模式

政府主导型模式,是指在政府的统一领导之下,旅游企业、旅游相关行业、专家学者以及社会公众共同参与旅游地形象传播工作。此种模式有以下几个特征:

第一,政府的主导地位。政府是形象传播的发起者,也是旅游地形象传播的最终决策者,由政府负责组织、协调、监督、控制其他社会群体共同参与旅游目的地形象传播活动。

第二,相当数量的政府财政支持。与政府主导地位相对应的是,政府财政预算对旅游目的地形象传播工作的投入额度。通常在这种模式下,政府会拿出相当一部分资金用于旅游目的地形象建设,或者对参与旅游目的地形象传播的旅游企业、相关行业进行补贴,对从事旅游形象传播研究的专家学者给予一定的经济支持。

第三,政府公信力。政府凭借社会赋予的公信力而不是行政权力来主导旅游目的地形象传播工作。

政府主导旅游目的地形象传播的优势表现在:能充分发挥政府宏观调控、综合管理的优势,集中各种社会资源形成合力;能得到政府财政的有力支持,使得营销工作在资金方面的压力有所减小,对于发展滞后、资源有限的地区,政府主导是进行旅游目的地形象建设的现实途径。但政府主导旅游目的地形象传播也有明显的缺点,它主要表现为:政府作为公共管理部门扮演了过多的企业角色,使得政企不分,容易滋生腐败;缺乏明确的利益分享和义务承担约定,使得旅游企业以及相关支持行业被动地参与旅游目的地形象传播工作,积极性不足;企业、学者、公众对旅游目的地形象传播往往有不同的见解,政府在决策工作中陷入左右为难的境地。

（2）政府参与型模式

政府参与型模式,是指政府、旅游企业、相关支持行业、专家学者、社会公众在相对平等的位置上,以某种类似合约的方式,发挥各自特长、各负其责,共同参与旅游目的地形象传播工作。

第一,平等性。政府参与旅游目的地形象传播模式与政府主导旅游目的地形象传播模式的一个显著区别是参与者地位平等。在本模式下,政府不再高高在上,旅游目的地形象传播工作由各方面发挥自身特点分工完成。政府的职能由最终决策人转变为模式协调人,其作用是负责召集、协调、疏通各方面关系,促进旅游目的地形象传播工作的完成。

第二,激励性。参与者共同出资、共享利益,尤其是旅游企业按照出资额将获得更多的发言机会,从而极大地调动了企业参与的积极性。由于地位平等,各方面也获得了更多参与最终决策的权利。

第三,潜在合约。政府参与旅游目的地形象传播模式十分酷似按某种合约建立的专门从事旅游目的地形象传播工作的公司。然而这种合约是模糊的、松散的,不具有约束力的。

第四,相互制衡。这种模式增强了具体操作工作的透明度,各方力量便于相互制衡。

相比政府主导旅游目的地形象传播模式,政府参与型旅游目的地形象传播模式强调了政府的平等参与,增强了企业的积极性;投入与回报分配更加合理,防止了腐败滋生;消除了官僚作风影响,使传播工作更具活力。

政府参与旅游目的地形象传播的不足表现在:有效决策产生困难,各方面意见难以统一;政府面临角色转换危机,从管理者变为地位平等的参与者需要心理调试;平等地位是否能在传播的运作中得到体现,政府诚信面临考验;旅游目的地形象传播的资金投入,给企业参与造成一定压力,因此该模式对当地的经济发展状况有一定要求。

(3)政府辅助型模式

政府辅助型模式,是指在政府营造良好旅游目的地形象传播环境的条件下,旅游企业、相关支持行业、专家学者和社会公众通过各自努力自发参与旅游目的形象传播。

第一,政府行为的服务性。在政府辅助型旅游目的地形象传播模式中,政府第一次以服务者的姿态出现,帮助其他社会群体完成旅游目的地形象传播的工作。政府免除了一切与形象传播相关的具体工作,唯一的任务是为传播工作创造宽松良好的环境。当旅游企业遇到形象传播的困难时,给予必要的帮助。

第二,形象保持。适用政府辅助型传播模式的地区通常已经树立了稳定的旅游市场形象,并且该形象是旅游企业、相关支持行业在长期的经营实践中逐渐塑造的,得到了市场、专家学者、社会公众的广泛认同。因此形象传播的重点是旅游目的地形象地保持,并通过传播手段强化消费者对形象的记忆。

第三,形象微调。在这一模式下,旅游目的地形象相对稳定,形象传播的工作重点是对形象的保持或对局部形象进行调整。因此,政府应竭力创造适合旅游业发展的良好环境,从而间接帮助旅游目的地形象传播进一步完善。

政府辅助型旅游目的地形象传播模式的优点在于政企分开,形成了相互配合的良好的旅游业发展模式。政府的服务为企业积极从事旅游目的地形象传播带来了更多的便利,节省了营销成本。政府作为营销活动的润滑剂,恰到好处地起到了间接调控的作用。政府辅助型旅游目的地形象传播模式的缺点在于政府职能转变难度较大。此外,对相关社会制度、旅游业发展程度要求较高,我国大多数旅游目的地不具备遵循这一模式的条件。

3) 乡村旅游形象传播效果评估

从理论上来讲,乡村旅游形象传播的效果评估比较困难。首先,乡村旅游形象传播是旅游市场营销的一部分,一般情况下其效果不易也没有必要从总的营销效果中分离出来。其次,乡村旅游形象的塑造往往需要较长的时间,乡村旅游形象的传播也是一个长期的过程。但乡村旅游形象效果仍然是可以评估的,其常用方法为通过乡村旅游市场调查,测算目的地或旅游企业的知名度和美誉度,并将其与开展形象推广活动前的知名度及美誉度对比,从而得出评估结果。

【实　　训】

收集国内外乡村旅游开发主题定位的经典案例,并进行课堂展示与分享。

【实训要求】

1.收集案例的背景资料、制作相关的 PPT 展示。

2.分析案例中乡村旅游开发主题定位的方法,总结可借鉴的经验。

项目 **5**

乡村旅游产品开发与设计

【知识目标】

认识乡村旅游产品体系,了解乡村旅游产品的基本特征,掌握乡村旅游产品开发原则和具体内容。

【能力目标】

通过学习本项目,让学生学会从大量的乡村旅游产品开发设计案例中去学习、总结经验,培养学生的创新思维,掌握乡村旅游产品设计的基本方法。

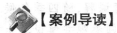**【案例导读】**

台湾农园的教育旅游产品

★ 台一生态教育农园

概况:台一生态教育农园位于台湾省南投县埔里镇,园主为张国珍先生,面积23公顷。本农园原为台一种苗场。由于政府大力倡导休闲农业,并鉴于自然生态教育之重要性,本场逐渐增加造园用花草培育、绿美化工程的设计与施工承包服务,更利用现有设备与自然环境多样性的田园景观成立"台一生态教育农园"。

教育体验活动:园区的体验场所,包括 DIY 插花教室、文化艺廊、水上花园餐厅、浪漫花桥、花神庙、花卉厕所、亲子戏水区、水生植物生态区、仙人掌生态教学区、根的世界、花卉栽培区、蔬菜苗圃区、机械播种解说区、缤纷花廊、休闲木屋区、梦幻花屋品茗区、蝴蝶生态馆、有机栽培区、百香果区……各设施的造型及颜色,均考虑到整体环境的调和效果,也能表现出农村风味。景观设计上,以配合生态资源做最适当的建构,使用的材质均以木材、竹材或农村所习惯使用的自然材料为主。在园区绿色植栽选择上,多以种植本土植物为主。为让民众能体验到农村的生活文化,园区内的设施设计包括农业生产的工具及设备,如水车、风鼓等,利用这些景观元素作为设施材料,可增添民众对农村文化的认同与情感。为提升园区内知性休闲品质,特别礼聘知名艺术、文史人士担任咨询顾问。将古今中外与花卉相关的题材,用绘画、诗词、碑刻墨拓、书法、雕刻、摄影、陶瓷、金玉等各项艺术文物品目,将花草之美融入园内景观。多元性的营造理念皆以"教育"为宗旨,并推行亲子生态教育。

展望:"用花香装扮多彩人生,从一粒种子观察生命奥妙,用专业贡献社会,提供知性观光资源",这是本园设立生态教育农园的宗旨。本农园提供生意盎然的空间与设施,让大家在花香蝶舞中体会生命的珍贵、成长的喜悦,培养积极、乐观的随机应变能力,超然燕处逆境,品味美好人生。

★ 大安生态教育农园

农园特色:大安生态教育农园位于台南县善化镇,园主为黄一峰先生,面积8公顷。本农园是以植物生态教学为主,园区内的景观除保留原有的荔枝树林及草莓园外,其他一律以植物生态属性作为生态植栽景观方式规划。

教育体验分区与活动:本农园分别设置四季草花展售区、多肉植物、水生植物区、草莓生态区、蔓藤植物区、青青草原、花卉馆、香花植物馆、森林公园、园艺教室、陶艺教室、野坎区、浪漫植物区、亲水区、养生植物区、蝴蝶花廊等。

农园体验资源:本农园为中、小学学生安排数十种生态教育课程,随四季气候时令不同而变更。所有学生只要一入园,即由园内专业讲师带领参观并解说其生态课程。学生入园所有活动,均须亲自动手操作,如植物栽种、抓泥鳅、采草莓、剥莲子、采草药……

展望:本农园由早期草莓观光果园、传统农业行销,发展到教育农园现今规模,一路艰辛地走来。本农园未来的目标是成为地区性的生态教学中心,并带动地区观光休闲产业的发展。

★ 新化教育农园

概况:新化教育农园位于台南县新化镇,园主为邱木城先生,面积3公顷。本园在农政单位提倡都市农业,创造农村新风貌的背景下,将弃养之羊舍与农园结合,并融入农村精神、景观、文化,提供市民在农耕中体验农业生产,享受农村生活的乐趣,并体会生产、生活、生态三生一体之农业经营。

教育体验分区与活动:本园规划七大主题园区:农耕体验园区、休息联谊区、DIY体验区、农业教室区、采果园区、烘窑烤肉区、农特产品展售中心等。

推广有机农法:农耕体验承租户承租的主要动机为生产安全卫生的蔬菜,其次为体验农耕乐趣、休闲娱乐及接触大自然。因此本园积极推广有机栽培的理念,聘请有机栽培专家来为承租户开课传授有机蔬果正确的栽培方法。

展望:本农园强调社会大众向往体验农耕乐趣、农村休闲及接触大自然知性之旅,本农园今后将尽可能举办加强农耕体验多元化活动,并改善园区环境,将园区公园化。参与者除了农耕体验外,更能感受农村休闲之目的,以满足承租户或游客多样化的需求。

★ 竹耕教育农园

概况:竹耕教育农园位于嘉义县竹崎乡,园主为黄荣发先生,面积 10 公顷。目前栽种波罗蜜、桑甚、仙桃、酪梨、红龙果等果树和时令蔬菜。

农园特色:本农园是一个以波罗蜜为主要作物的园区,波罗蜜林已有将近 20 年的树龄。全园长期处于有机无药的环境下,园区昆虫生态丰富,有萤火虫、独角仙、锹型虫、步行虫、金花虫、蝴蝶等数十种。同时吸引了很多野生鸟类,目前园区可见绿绣眼、白头翁、五色鸟、山红头、绣眼画眉、树鹊等近 30 种野生鸟类。园区内也有一群经驯化的野生鸟类,可与人们亲近互动。本园设计了很多自然生态解说课程,包括有毒植物、药用植物、香草植物、野生可食植物的导览、野鸟习性、草原生态的介绍、插花制作、石头彩绘等。

体验活动项目:①园区为栽培有机蔬果园,以波罗蜜为主要作物,开放认养,目前已有 30 多位承租户。②参与教育农园策略联盟,成为中小学生户外乡土教学场所。③本园教育体验活动项目如下:

生态教学:昆虫认识、植物识别、鸟类认识、中小学户外生态教学。

自然创作:石头彩绘、押花卡片、竹类创作、香草系列。

知性体验:采果、农产加工制作、养生茶制作、野外求生技巧。

风味餐:乡土料理、烤肉、土窑。

展望:本园将借由与自然互动的课程中,培养喜爱自然、爱护自然及与自然共荣共存的境界。

(资料来源:台湾生态教育农园协会 http://www.eco-farm.org.tw/)

任务 1　认识乡村旅游产品

5.1.1　乡村旅游产品的概念

乡村旅游产品,有广义和狭义之分。广义的乡村旅游产品,是空间和区域的概念,是针对城市旅游产品而言,指在乡村(郊区)开发建设的各类旅游产品(服务),包括景区、酒店(度假村)。广义的旅游产品是由景观(吸引物)、设施和服务三类要素所构成,其中景观(吸引物)是指自然实体和历史文化实体(包括文化氛围和传统习俗)所组成的中心吸引物,正是由于景观的吸引作用才使潜在旅游者产生出游动机;设施是指旅游者得以进入和满足基本生理需求、高层生理需求的交通等基础设施及食宿等旅游设施,它们通常是一些现代建筑物;服务则是旅游者在体验景观和身处设施场所中接受到的物质或精神上的奢侈享受,它们通常是非物质形态的,是人为创造出来的。

狭义的乡村旅游产品,专指依托农业生产方式和成果(空间),农村生活方式和设施(场地),开发的具有休闲度假性质的旅游方式,属于一种“复合式”旅游产品。因此,乡村旅游的产品不在“多”和“大”,乡村旅游产品开发要尽量保持自然环境的原始性以及人文氛围的原味性,要先找到乡村的灵魂和特点才能谈乡村旅游产品的开发。

5.1.2　乡村旅游产品的类型

乡村旅游资源是乡村旅游产品开发的依托,应当充分利用高品位的旅游资源开发乡村旅游,突出自然的、社会的、环境的、文化的等旅游资源特征,突显乡村特色,提升现有的农家乐形式。在旅游产品开发过程中忌讳盲目模仿,应强调创新,因地制宜、因时制宜、因人制宜,突出地方特色和民族特色以及时代特色。一个乡村的文化,包括物质、社会关系、精神、艺术、语言符号、风俗习惯等因素,并非所有的文化要素都能为旅游业所利用,只有那些能激发游客旅游动机,具有民族性、地方性、特色性的内容才具有开发利用的可能性与价值。

1)观光游览型

观光游览型旅游产品主要是以乡村自然景观和人文景观为旅游对象,包括以传统农业生产为主的乡村环境、乡村景点以及当地的传统民族习俗和古建筑,游客的体验程度以观光消遣为主,是乡村旅游最基础的旅游形式。

（1）乡村风景观光

这是较为初级的产品层次,一般是针对初到目的地或者是初次进行乡村旅游的一日游游客。这类产品主要包括:自然的山村环境,如"山重水复疑无路,柳暗花明又一村""绿树村边合,青山郭外斜""采菊东篱下,悠然见南山""小桥流水人家"等;单体乡村景点,如茶园、果园、菜园、荷塘、鱼池、山涧、瀑布、奇花异草、奇峰怪石等;民俗文化,如民居建筑、服饰、工艺品等。相应的旅游形式包括乡村田园风光游、乡村民俗旅游、传统民居观光、古村镇观光游等。旅游者通过感觉和知觉捕捉美好景物的声、色、形获得愉悦,继而通过理性思维和丰富想象体会乡村景物的精粹,由外及内体验美好的感觉。繁花、绿地、溪水、瀑布、林木、鸟鸣、蓝天等以及淳朴真诚、友好和善的居民,使游客从各个角度获得巨大的美感体验。

（2）农业收获物观光

布置农业收获物观光一条街,农业收获物种类繁多,地域不同,季节不同,收获物不同。农业收获物不仅为农民提供食物,也为乡村增添了各种景观。但收获物的季节性较强。在收获的季节过后,乡村的景观就显得"凋零",而且收获物的季节也比较短暂。

（3）蔬菜园观光

开发无公害蔬菜,着重开发绿色食品或有机食品,配备定点导游员讲解农产品知识。开发奇异蔬菜,这些蔬菜或是色彩斑斓或外形独特,具有很强的观赏性和知识性,如多彩蔬菜、减肥蔬菜、强化营养蔬菜。提供"蔬菜宴",让游人能现场品尝经清洗和消毒的新鲜蔬菜,以"透明厨房"的形式向游客展示烹调的全过程。开发野菜,让游客观赏和品尝常见的和不常见的山野菜。

（4）花卉园观光

观光花园是以大型花卉生产基地为依托,充分利用花卉的观赏、食用、入药等博大精深的文化底蕴来开发的一种乡村旅游产品,它集观赏、习作、品尝、考察、购买、教育等功能于一身。可以有 3 个开发方向:

观赏区:观赏区是花卉产业化种植区域,花园以玫瑰、康乃馨、非洲菊、剑兰、天堂鸟、孔雀草、满天星、勿忘我、月季、百合以及各种兰花等常见花卉为主,布局艺术化,可用文字、图案表现,可采用大温室、无土栽培、地膜覆盖等技术。

花食文化区:"花花草草亦是菜",花食文化区内栽种已知可食用、可入药的花卉花圃,如月季、玫瑰、菊花、薄荷、荷花、芍药,其间设置乡野意趣浓厚的室内或室

外花食休闲屋,供应花食菜肴(如玉兰花炒肉片、金雀花炒蛋、豆豉炒苦刺花、酥炸鲜荷花、炒杜鹃花、油炸仙人掌花、五香芭蕉花等)、花卉小吃糕点、饮料,如鲜花饼、玫瑰藕粉、桂花莲子羹、玫瑰花茶、菊花酒,让游客更进一步感知花文化。

购买区:是赏花、园艺习作、学插花、咨询养花知识的延伸,以销售功能为主。游客在此可购买刚才观赏到的自己喜爱的品种,或者购买自己学习插花后的作品,或购买干花,例如在参观完干花制作流程后随即向游客推销干花,也可销售一些园艺用品、用具和科普书籍、资料等。

(5)果园观光

果园观光一般指开放成熟期果园供游人亲自采摘、品尝、购买及参与加工果实,又能观赏果实累累的丰收美景,并与其他休闲活动相结合的果园经营新形态。许多乡村中,观光果园相当多,但多未形成规模。可利用成熟果园,安排观赏、品尝、摘果、买果等系列旅游活动。果树栽种以苹果、梨、葡萄、柑橘、桃为主,一般选择花香、色艳、味美的果品树种,综合考虑开花期和成熟期合理搭配,以增强吸引力,延长开放期,以规模大、档次高、树种多和品质优的观光果园为佳,而且多优良珍稀品种和引进的名果、佳果,能够四季有果、常年经营。为保障果园正常生产,观光果园要开辟活动专线,开辟供游人采摘、品尝和学习栽培的固定区域(即功能区)。在不同的功能区内可开设果品加工坊、果品品尝屋、鲜果专卖店、休息亭、品果亭,游客平时可在果园内的特定区域休憩、游览、野营、烧烤。果实成熟时,游客可自来、品尝、参与加工、购买新鲜水果。为了增加果园的文化氛围,可点缀文化艺术小品,如雕塑、壁画、楹联、诗词等,可以直接以水果为内容,也可以间接引述或表现与水果有关的历史典故、传说趣闻,如古诗名句"满园春色关不住,一枝红杏出墙来"就可雕刻于石碑上。该产品目前较受欢迎的是"果园超市",即在游客购买了"门票"进入果园后,可自由采摘、品尝,数量不限,如要带走,费用另计。

(6)茶园观光

利用成片的茶园,将茶知识讲解、采茶、沏茶、品茶、茶艺甚至茶道融合进旅游活动中,游客既愉悦身心又能深层次体会茶文化。

(7)竹园观光

在竹园安排小憩、赏竹、学习竹编、竹雕、竹枝、竹节造型等艺术活动,烧制竹筒饭,购买竹艺术品、盆景、竹笋以及其他以竹产品为原料的天然食品等旅游活动,让游客全方位体验竹文化。

(8)瓜园观光

利用甜瓜、西瓜基地,开展观赏、品尝、购瓜等旅游活动,园区内可建设西瓜、甜瓜主题馆。

（9）中草药园观光

利用中草药种植基地,开展辨析中草药品种、了解中草药知识的旅游活动,将中国传统的中医文化和养生之道结合起来,针对喜爱养生的游客进行促销。

（10）大型综合生态农园观光

运用农业高新科技手段,组织培养和杂交育种等。突出综合性和广泛性,涉及各种无公害蔬菜、绿色蔬菜、有机蔬菜、果品和观赏花卉等品种,成为融农业产品、农艺景观、旅游和科普功能为一体的现代农艺园。采用大型观光农园的形式,发展蔬菜、瓜果、花卉、苗木以及各种养殖,使游客可以参观农作物的生长过程,也可以品尝新鲜的农副产品。客人可到园里采摘,享受耕耘、丰收的喜悦。

（11）高科技农业示范园观光

高科技农业示范园指利用现代高科技农业科技技术,培育动、植物新品种和示范精细农业的一项旅游产品,它利用游客对新型农产品的好奇心形成核心吸引力,科技含量高、投入产出大,可以为当地农业培育新品种、研制农业新技术和推广农业新模式,可展示的品种有:

超级型品种:通过植入生长激素、导入外来基因、杂交等方法,培育一些个体粗壮的农作物品种,从而在相同的生长期内,获得更多产量。

微缩型品种:例如小西瓜、小南瓜、袖珍大白菜等。

工艺型品种:如长方体西瓜、正方体橙子、圆球状胡萝卜、蛇形苦瓜、方形树、皮球番茄、芭蕉叶菜等。

无土栽培:无土栽培是一种清洁、高效、省地的生产方式,主要有培养基和气栽两种方法。培养基法是用沙砾、泥沙、砾石、稻壳炭、岩棉等作栽培基质,以含有植物生长发育所需要的全部营养元素的溶液供给植物生长。这种生产方法具有肥水利用效率高、作物生长快、品质优良、丰产保收的特点。气栽法是将植物悬挂在空中,它所需的营养液,由一个精细的喷头喷向植物的根部。这种生产方法,可在有限的空间生产更多的蔬菜和农产品。

（12）牧场观光

牧场既有生产的功能又有观光的功能,因此牧场应采用先进的饲养技术、管理方法和设施设备,建立畜禽良种繁殖体系、畜产品加工、检验、贮运体系,形成融观光、参与、娱乐、品尝、培训、咨询、购物、科研等功能的综合旅游服务系列,可有两个方向。

普通品种观光:饲养一些常见的畜、禽,如牛、马、羊等,开发观光和参观两项功

能,让游客全方位、多层次参与,例如:可以让游客参与狩猎、放牧、喂养、剪毛、挤奶、品尝羊肉和羊制品,观赏和拍摄奶牛等活动。

奇异品种观光:饲养品种优良而独特的牲畜及野生动物,这些动物必须易于饲养,而且有很大的观赏价值,如鹿、狐、鸵鸟等。

（13）林场或森林公园观光

森林是人类最初的家园,人类在森林中进化,最终走出森林、定向文明。然而,文明的发展又使今天的城市人生活在另一个森林——"钢筋混凝土森林"中,因此,人们便产生了重回自然,返璞归真的需求。森林在自然界中有着调节气候、增加湿度、降低噪声、吸碳制氧、消除烟尘、吸收毒气、杀灭细菌、美化环境、增加空气负离子的作用。到林区旅游,游客可以消除疲劳,放松身心,改善神经功能,促进新陈代谢,降低血压,振奋精神。树木的花、果、叶分泌出的挥发物质,能杀菌,使人镇静、心情舒畅,森林旅游可开展的项目多,能适应旅游者多方面的需求,参与性、娱乐性、自由组合性较强的森林旅游产品已经颇受欢迎,例如:摄影、野营、野餐、徒步登山、游泳、划船、漂流、钓鱼等都是城市人喜闻乐见的休闲方式,更为重要的是,森林旅游具有资源保护和开发同向发展、良性互动的独特优势,具有生态旅游与生俱来的引导和教育功能,能潜移默化、循序渐进地唤醒人们的道德、环保意识,有利于旅游者养成热爱自然、爱护自然的行为习惯。总之,对游客来说,森林旅游是省钱、省时间、低门槛旅游活动;对当地政府来说,发展森林旅游,不能、也不需要建造大量基础设施和接待设施,前期投入资金少,滚动发展潜力大。

2）娱乐参与型

参与体验型旅游产品强调游客的主动性和参与性。目前,乡村旅游产品同传统性能类的旅游产品一样,主要停留在吃、住、玩等较低层次的休闲娱乐阶段,提供给游客的体验还停留在悦目悦身表层,参与性不足,如旅游线路的设定是急行军式的,一两个小时走马观花一个乡村,然后吃一顿农家饭,旅游者很难体验到当地的文化内涵,并从中获得难忘的回忆。而体验式旅游注重游客立场的转变,从"被动"到"主动",从"被组织被安排"到"自己组织自己安排",从"标准化旅游产品"转向"个性化旅游产品",从"走马观花"到"参与",从"只注重结果"到"结果与过程并重"。因此,体验型旅游产品是让旅游者深度参与到旅游项目中,从参与的过程当中获得全面的感知、认知和教育,并留下最难忘的回忆。

该系列产品主要包括划船捕鱼、溪边垂钓、骑马、散步、远足、租赁农业等,使游客通过乡村旅游锻炼身体、宁气安神、消除疲劳,身体素质和精神状态得到不同程度的改善、提高。

为丰富旅游活动内容,可选择乡村中心的空地,定期安排跳绳、爬竿、打陀螺等传统娱乐活动。对积极参与并获胜的游客赠予印有本村景观及宣传口号的纪念品作为奖励。对于儿童游客,根据年龄层次进行分组,开展摔跤、斗鸡、跷跷板、荡秋千、击石子、射手弩、老鹰捉小鸡、簸石子等活动,获胜者颁发给小纪念品作为奖励。

在传统节日如春节、端午节、中秋节或民族节日时,让旅游者可以参加更加丰富的娱乐活动,比如,品味农家饭风味餐,品尝风味烤全羊、烤乳猪,自己动手做农家饭,感受乡村生活的勤俭与朴素。乘敞篷马车畅游田园风光,观看婚俗表演,参加农家篝火晚会,参观农耕博物馆,了解古老民族的农耕文化。

3) 休闲度假型

休闲娱乐型旅游产品主要以乡村自然环境为背景,以家庭旅馆、乡村旅舍和当地农特产品为依托,游客所进行的一种以享受乡村小气候、体验乡村清新环境、休闲度假为主的体验型产品。

工作的压力、日常生活的烦琐、人际交往的复杂令现代人在生活中很少有时间来审视自己内心的真正需求,因此,通过到宁静优美的乡村暂时摆脱在生活中扮演的角色,抛开大量的工作和琐事,在轻松的环境中寻找摆脱束缚和压力后的真实自我。逃避型的乡村旅游开发就是让游客到乡村休闲度假,旅游者在相对淳朴的人际关系中放松自我,在恬淡、与平常生活相异的环境中把自己从紧张状态中解脱出来,从而获得舒畅和愉悦。休闲度假型乡村旅游产品适合城市居民携妻带子或亲朋相邀的家庭度假和集体度假,以及开展大中小学生夏令营。本系列产品包括周末节日度假游、家庭度假游、集体度假游、疗养度假游、学生夏令营等。

(1) 休闲蜜月

此项产品西方国家正在流行,即新婚夫妇的乡村度假。蜜月中的夫妻到农村按照乡村习俗举行别致的婚礼,住农家,做农活,在力所能及的劳作中体会夫妻协作的默契,在青山绿水中享受简易野餐,轻松、浪漫、有情调。新婚到农村不仅可避免一般旅游的疲惫奔波之苦,而且避免了因疲惫奔波、拥挤喧嚣导致的情绪紧张和暴躁,因而更有利于两个人融洽相处,有利于感情的稳定与升华。

(2) 休闲农园

即建设农业公园,农业公园就是按照公园规创建设标准,将一定面积的农田规划为景观区、生产区、消费区、休闲娱乐区,开展公园式的农业休闲活动。

4) 文化体验型

乡村文化体验型旅游产品开发的原动力是变化和改造,是在原有的乡村旅游中强化体验,将体验渗透到游客在乡村进行的旅游活动的全过程,通过参与活动、

观看演出等达到愉悦身心、放松自我的目的。例如：杭州龙井村挖掘乡村民俗文化内涵，在采茶季节推出"做大茶农"的旅游项目，深受中外旅游者的欢迎。

乡村文化体验型产品和乡村观光型产品有较大的差异性，在设计和推出此类产品时应持慎重的态度，应当进行可行性论证，包括经济可行性分析、技术可行性分析、自然环境保护可行性分析等，以便确定乡村旅游开发在经济效益上是否合算，能否产生良好的社会效益和环境效益，技术上能否达到要求水平，以确保开发项目的顺利进行。

（1）B—B 住宿

B—B 住宿（Bed&Breakfast）就是让村民腾出家里多余的房间，提供给游客居住，从游客心理角度来看，让游客与村民同吃同住，令他们有更为强烈的认同感和参与感，游客可以直接了解和体验当地民风和民俗，亲眼目睹各地的文化差异，同时还利于房主与游客建立亲密融洽的关系，营造独特的"家庭氛围"。住在日本的"民宿"，客人在用餐时可以向主人讨教茶道的秘诀；住在匈牙利乡村村庄里，游人不仅可以领略风景如画的田园风光，还可以体味几千年历史积淀而来的民族文化。

（2）"农家乐"农耕劳作体验产品

旅游者深入到乡村，参加力所能及的农事劳作，才能够真正体验真实、淳朴的乡村风情和村野文化。旅游者通过融入乡村生产生活，感受到浓郁的地方特色，认识生产生活当中的节律、器具工具、房屋建筑、饮食、礼仪、服饰以及婚恋庆典、舞蹈、语言等方面的民俗知识，感受独特的农作文化和传统习俗，获得难忘的乡村体验。"经历"正成为旅游者购买旅游产品的核心，旅游者不再满足于从旁观赏，而是要求参与其中。因而让旅游者亲身参与农村劳动，感受浓郁的乡土味和人情味是大势所趋。儿童可体验抓泥鳅、挖地瓜、搭牛车等乡野情趣，成人在此也可感受到浓浓的乡情，享受回归田园的轻松与舒适。

农业劳作体验旅游产品可以在亲情农园、度假农场、传统农家乐中进行，可以把它看作是传统农家乐旅游产品的升级和改造。相对于标准化的农业生产活动的枯燥、单调来说，农事活动没有很强的组织性和纪律性，它完全依照四时变化进行，是一种自然型的生产活动。日出而作、日落而息的生产形态比较悠闲，这种旅游产品非常适合家庭旅游、都市白领和青少年以及中远程文化旅游者，但并不是所有的农事活动都可以进行旅游开发。传统的重体力活，或带有一定危险性的工作，如锄地、喷洒农药等就不适合于旅游项目开发，但传统的以牛耕地，或开拖拉机耕田，旅游者可能会很有兴趣一试。农事活动的整套程式，能否组合成旅游者可体验的、适合观赏的活动流程，是农事活动旅游开发的关键。

过去"吃饭型""餐馆型"的乡村旅游在提升为乡村体验游时,可以通过以下一些具体的项目为载体来进行:

让游客做一天"村民",体验农村生活。穿村民衣服,吃农家饭菜,干农民活计。根据不同季节,具体的项目可以考虑:种菜栽花、割稻插秧、锄草施肥、挤牛奶、农产品收摘、水产养殖捕捞(如鱼、虾、泥鳅等)、牛羊放牧、挖竹笋、采茶、摘水果、收割农作物、摘茶采果、学赶马车等。游客可以充分参与和体验劳动过程,深入乡村生活,感受劳动乐趣,丰富旅游经历。

有奖励的游戏和竞赛,如观赏或参与犁田比赛、插秧比赛等,一些独特的水稻生产工具,如犁耙、摘禾刀、锄头等可按比例缩小为精致的微型旅游纪念品,作为文明之光的传播者,使之具有浓郁的文化品位,这对城市居民尤其是儿童来说,具有极大的吸引力。

各种农具的示范性操作(包括一些现代已经不用的古代原始农具),也可将耕作工序和工具拍成照片、录像或写成小册子向游客出售。还可以向游客出售自制的米酒、农家风味的腌制鱼、饮料等风味食品,使他们在游玩之余尽可能地一饱口福。

游客动手制作工艺品,例如可以设置专门的手工艺坊,从原料取材、设计、学习、操作都由游客自己完成,手工艺坊还可举办爱好者设计、制作大赛等。

乡土食品品尝活动,例如烤地瓜、烧烤、品茶、鲜果采食、鲜乳试饮、地方特色食品制作品尝等。

游客纺线织布。由于社会生活和劳动生产的需要,民族服饰生产在民间十分发达,形成了一套原料种植、加工、纺织、生产成品的程序,可鼓励村中的老年妇女恢复原有的纺织活动,每个自然村选择 1~2 家纺织点,供游客参观或参与。在传统服饰的基础上增加一些现代性,生产各类服装及饰品,就地销售给游客。这样既丰富了乡村活动内容,又宣传了民族工艺文化,同时还可就地销售游客喜欢的工艺品。

在实施过程中,应注意以下几个方面:

第一,注重农家、农村内外环境的提升作用。干净、卫生的农家环境是城市人体验乡村生活的必要前提,整洁的房间、清爽的空气能够提升体验的美好感受。游客通过与亲人一起进行合作劳动,体会到浓浓的亲情,以后还可以回来收获自己和家人们一起劳动的果实,家人或村民一起度过一段乡村生活,从中体会休闲和放松,体验农业劳动的艰辛和喜悦,通过与村民的交流,体验农家生活的乐趣和村民的热情。

第二,注重主、客精神的交流和促进作用,开发内部的体验价值。即从事乡村旅游服务的村民本身也在进行一种体验,这种体验不仅可以提高工作的效率和创造性,可以更好地稳定人们之间的关系,起到沟通、信息和知识共享、协调等作用,农耕劳作体验游中应该充分重视内部体验氛围的营造,加强游客与村民之间的情感,才能为体验旅游的游客提供真实、和谐的体验活动,受到乡村浓郁、愉快、自由氛围的感染。

第三,注重闲暇活动的强化作用。游客对旅游活动的感受,并不是对某一个或几个活动的感受,而是整个旅游的印象、经历和记忆,是一种综合、系统的感受。因此,农耕劳作体验不能只通过单一的某个刻意安排的活动来使游客获得乡村体验,要重视对游客的感官体验。体验是从一连串感官刺激开始,然后才发展为主题,因此,要特别注意游客在农耕劳作的闲暇时间的感官体验。

第四,注重游客的参与作用。必须选择游客极其感兴趣的项目,例如水稻种植是农村的主要生产方式之一,从犁田、播种、收割到食品加工的各个工序及其所使用的工具,都可以开发为供游客参观并参与体验的旅游产品。

(3)"渔家乐"休闲渔猎体验产品

这是一种以某些渔村依山傍水、风景秀丽的地理环境为凭借,利用渔村设备和空间、渔业生产场地、节庆活动、地方特产、海洋海滩的自然生态环境和渔村人文资源,经规划设计而提供的旅游产品。可考虑如下功能区:

捕鱼区:"吃鱼不如捉鱼",将撒网捕鱼活动和捕鱼工具向游客展示或让其亲自参与,让游客享受自然的劳动成果,体验渔猎生活的种种乐趣。为了提高游客的兴趣,还可以开展捕鱼比赛等项目。

垂钓区:分"进场门票包干"式和"出场称重"式两种收费方式,可以定期或不定期举行垂钓比赛。

划船区:观赏渔场风景、拍照、摄影。

餐饮区:开展烧烤、特种鱼餐、全鱼宴。

购物区:设置水上集市、水边集市等销售鱼产品,有些独特的渔猎工具,也可以微缩精制为旅游纪念品出售。

参观区:有条件的地方也可组织游客参观鱼类制品的初加工和深加工过程。

渔家体验区:可利用大型湖水或鱼池,以水为主,水陆结合,开辟一片以参与为主的"渔家乐体验区"。恢复传统渔业生产风貌,甚至可以进行适当的艺术加工,使其具有旅游吸引力。例如:游客可在渔民的指导下,开展"扳网、撒网、叉鱼"等捕鱼方式,并可泛舟观赏网箱中的鱼,也可在渔民指导下动手编织渔网,或对唱渔歌、观渔火、住渔家。

(4)农业文化体验产品

①室外:展示型农业文化,用实物的形式动态地展示各地或各个历史时期的农业文化,如展示农具文化。所展示的农具能操作,并有代表性特色,由专人教授使用方法,游客可以操作使用,以体验劳作的趣味。

②室内:可开办小规模的手工作坊,如"酿酒作坊""制陶作坊""刺绣作坊""编织作坊"等。

(5)租赁农场休闲体验产品

租赁农场休闲体验产品指专门开辟一块区域长时间出租给游客,供他们栽种花草、经营家庭农艺等。具体的操作方法可以是:农场主将一个大农场分成若干小园,分块出租给个人或家庭,向他们收取出租费用。平日由场主负责雇人照顾农园,并可按照租赁者的意愿更换、增添农园内种、养殖的品种,假日则交给承租者享用。这既满足了旅游者亲身体验农趣的需要,也增加了经营者的利润。租赁农场用地,包括山地、平地、丘陵、水面等各种类型的地貌,适用于耕种、放牧、养鱼和种树等各类农业经营形式。相邻农场边界可种阔叶树,树下设休息座。租赁农场针对收入较高的富裕阶层人士,可采用会员制经营;易操作、成长期短的蔬果项目,场主可为会员提供农具和菜种,会员只需每月交纳一定月租费,就可不定期地做一个悠闲的农夫。

(6)生态农业示范区体验产品

生态农业是用生态学原理和系统科学方法,把现代科学成果与传统农业技术的精华相结合而建立起来的具有生态合理性、功能良性循环的一种农业体系。它有利于农业自然资源的开发利用和保护,也有利于提高农业生产综合效益,促进农业可持续发展,同时它对大多数游客而言是陌生而神秘的,极有吸引力,因而将会成为乡村旅游发展的理想模式。

(7)民族民俗文化体验产品

乡风民俗反映出特定地域上人们的生活习惯、风土人情,是乡村民俗文化长期积淀的结果,对游客吸引力很大,是城乡之间可供交流的重要资源。饮食、服饰、生产交通工具、婚丧礼俗、节庆活动、娱乐竞技甚至道德伦理、宗教信仰、民间文学等都是取之不尽、用之不竭的资源。可以根据当地的具体情况,设置当地饮食品尝、服饰穿着、特色交通工具、土特产品购买、节庆活动、娱乐竞技等。包括:

民俗村游:利用乡村特有的民俗风情、传统工艺、文物古迹、节庆文化、民间文艺和农耕文化,开展观光、游乐、休闲旅游活动。

古村落游:利用村落房屋、园林、牌坊、祠堂、书院、古桥、古井、古树、古堡、古道、古庙等,开展观光、考古等旅游活动。

民族村游:利用少数民族风情、习俗、民族文化、民族建筑、民族生产活动、节庆礼仪、婚庆歌舞、工艺技术等,开展观光、体验、休闲旅游活动。

水乡游:利用河流水网密布的特点,营造荷塘、蕉林、蔗林、鱼跃禽鸣的水乡风光,开展观光、休闲、赏景旅游。

5)教育科普型

"读万卷书,行万里路",旅游也是学习的一种方式,抓住目标市场追求的价值,于学知识、受教育的方面创造出独特的体验来。教育型的乡村旅游开发让游客愿意花更多的时间和金钱参与乡村旅游项目、知识发现、文化价值的挖掘、交际以及提升自我感觉等活动。乡村旅游是一种很好地教育下一代的方式,让孩子学习种蔬菜、做农活,体会劳动和收获的乐趣,在潜移默化中将节约、勤劳的教育理念灌输进孩子的意识中,寓教于乐。

(1)教育农园

教育农园利用农业园区,主要面向中小学生和农业专业大学生等特定对象,发展成为生物学课外教学和实习的基地,学生不但可参观,而且可动手参与,对普及高科技农业知识有很大的作用。例如:可以通过开办农业"博物馆"的形式,展示当地农业生产历史和现状,介绍农业生产工艺,并且在农业园区建立演示区,再现农业生产过程与发展。

(2)科普园地

通过科学合理地利用生态旅游资源,发展地质科考游、森林旅游、观鸟等旅游形式,引导游客获得更加丰富的科普知识。

(3)修学教育

乡村丰富多彩的自然资源和人文资源可作为青少年自然科学和社会科学学习的第二课堂,学校可结合具体的教学内容利用双休日组织学生到乡村旅游,寓教于乐,开展乡村修学。大中学生亦可利用寒暑假到乡村修学。本产品包括青少年自然科学实习游、青少年环境保护学习游、社会科学考察游、写作创作游等,让青少年参与农耕活动、学习种植技术、农产品加工技术及农业经营管理等活动。

6)购物型

树立旅游商品(旅游购物品)也是旅游资源的观念,许多乡村旅游者就是冲着那些乡土气十足的商品而来到乡村旅游的。在乡村,能够生产旅游商品的材料非常丰富,山野菜、粗布衣服、树根、石头等都可以作为挖掘和加工乡村旅游商品的有用之材。开发乡村体验的旅游商品应当更注重特色,争取让旅游者亲手参与制作、加工成自己喜欢的旅游商品,做到就地取材,变废为宝,既有物质享受,又突出乡村旅游的参与性、体验性;既可以提高资源利用率,降低生产成本,又可以丰富旅游商品的内容,使旅游者在带回去具有丰富内涵和意义的旅游纪念品的同时,还留下美好的回忆。乡村旅游购物品应以绿色食品、游客参与制作完成的商品和民间工艺美术品为主。乡村旅游中的美食购物不仅仅局限于乡村风味小吃和旅游商品集散地,也可以在农家品尝新鲜蔬菜,在竹园品尝竹筒饭,品尝结束后,游客若还想买些带走的,应提供包装或手提袋。绿色食品主要有食用菌系列、笋制品系列、茶叶系列、野菜系列,要注意加强其科技含量,加强其可储存性(保鲜、保香、保水分、不霉变)和可携带性(缩小体积)。参与性商品则要求吸引和指导游客对原材料或半成品参与加工,然后购走自己制作的成品,如竹雕、竹编、陶瓷制品等。民间工艺美术品因地而异,名目繁多,不同的工艺美术品能够为不同文化背景的旅游者所接受。应加强旅游纪念品的制作和销售活动,挖掘民族文化资源内涵,开发系列化的民族手工艺品,突出当地原材料和加工工艺,为增加旅游收益和丰富旅游活动内容起到双重的促进作用。

7)养生理疗型

养生理疗型活动项目侧重于对活动参与者身体与心理的保健和疗养。主要包括身体保健(如素质拓展活动、乡村运动竞技、乡村绿色健康饮食)、心理保健(如通过观赏美景放松心情、通过参与一些娱乐性活动释放压力等)、身体疾病治疗(如泡温泉、洗森林浴、空气浴、泥浴等)和心理疾病治疗(如静坐、与人沟通交流等)。通过这些活动,游客既能从中发现快乐,又能收获健康,即所谓寓健康于快乐。

任务 2 了解乡村旅游产品的开发原则

5.2.1 乡村旅游产品的基本特征

1)鲜明的乡村特色性

所谓乡村特色,是相对于城市特征而言的,指人们在乡村地域内,能够感知和体验到的、和城市有明显区别的所有自然和人文的元素。乡村旅游之所以能够迅速发展,正是因为乡村旅游产品和城市旅游产品相比具有的诸多差异性、独特性,从而产生的旅游需求。城乡之间的这些差异包括地理差异、历史差异、文化差异,城乡两个地域仿佛磁铁的两极,存在相互吸引的能量,这种能量的放射点,正是"乡村特色",这种强烈和永久的能量,吸引城市人进入乡村,乡村人进入城市,两个区域内人口彼此双向互动。乡村旅游产品的这一特点,决定了并非所有的乡村都能够发展乡村旅游,乡村特色不明显的乡村,不能依靠人造景观开发乡村旅游,只有那些具有相对突出的、明显的自然或者人文特性的乡村才具有开发乡村旅游广品的基础条件。

2)投资和消费的低门槛进入性

乡村旅游产品要能客观、真实地反映自然乡村世界的本来面目,强调返璞归真,回归大自然。因此,从旅游投资的角度看,乡村旅游产品不需要也不能够大兴土木和投入巨资去培植人造景观,比如,在乡村地域内建造的主题公园并不属于乡村旅游产品,因此,乡村旅游产品开发投入成本少,受资金限制程度低。

另一方面,从旅游消费的角度,国内外的乡村旅游,均以国内游客尤其是近距离城市居民为主要客源,原则上,乡村旅游市场为近程性市场,旅途短,车马费少,不收门票或门票价格低,食宿费用相对城市低,旅游购物品以当地自产自销的为主,因中间环节少,也较城市便宜。当然,也有少数高档乡村旅游产品可满足高收入消费者的需要,但不是主流,城市人游乡村,其消费心理限度原本就不高,同时,现有的中低档价位产品的大量存在,客观上保护了这种低消费的持续性和经常性。

3)产品项目和产品线的丰富性

乡村旅游的产品线的长度和宽度均较大,乡村旅游产品丰富,且产品线之间有较大的差异性,集观光旅游、度假旅游、体验参与型旅游、消遣休闲旅游、康体保健旅游为一体,可以较大口径地满足各种旅游者的需求。例如:草原农舍、民族村寨、古村镇、江南水乡村庄、海边渔村、荷塘、果园、牧场、农业科技园区……可见,乡村旅游产品内涵和外延的博大宽泛。

5.2.2　乡村旅游产品的开发原则

1)避免区域内产品开发雷同,走特色化、精品化路线

由于各区竞相开发,在缺少总体规划的前提下,盲目地开发乡村旅游产品,一般景区规模较小、分布较散、产品缺乏自身特色。结果导致乡村旅游景点很多,但形成品牌的较少,而且发展模式都差不多,走到哪里都是古村落、古民居、古牌坊,景点雷同,容易给旅游带来视觉疲劳。一方面不利于形成旅游精品的形象,另一方面会引起市场的无序竞争,最终损害乡村旅游的健康发展。针对这一现状,应以政府为主导,在深入调查区域乡村旅游资源的基础上,单独制订区域乡村旅游发展规划,深层次挖掘各地现有乡村资源的文化内涵,走差异化发展线路,成立乡村旅游联盟,使得各个地区都在打造自己独特的卖点,形成一村一品的良好格局,并且这些产品可以串成一条经典线路,给游客多样化乡村文化的体验。

目前,我国大部分乡村旅游产品主要还是一些自发的初级阶段的"农家乐",其他类型的乡村旅游产品开发较少。经营部门大都把眼光局限于文物景点景区,文化与旅游的产业链条不够宽、不够长,导致游客在目的地停留的时间较短,以观光为目的的游客占很大比重,乡村文化的开发只停留在表层。乡村旅游开发应当坚持生态型与文化型相结合的路子,开发多样化的乡村旅游产品,形成一村一景、一乡(镇)一特色、覆盖整个地区的大乡村旅游网络,推动传统农业与现代化旅游业有机结合,促进乡村经济多元化发展。

2) 改变产品类型单调,向度假型、体验型方向发展

在欧美发达国家,度假与参与体验是乡村旅游者最喜欢的旅游方式,被称之为"绿色度假",因而它也就成为乡村旅游的主流产品。第一种是休闲观光式的度假方式。他们住在农民的家里,吃着农民自产自制的新鲜食品,观赏农庄周围的自然风景和农舍,到附近不加任何修饰的小池塘里游泳、钓鱼,学习制作面包、奶酪、果酱、果酒的手艺,通过感受农家的生活来增长知识。第二种是纯粹参与各种农业劳动的度假方式,称为"务农旅游"。在美国西部专门用于旅游的牧场上,旅游者放牧可以拿到牛仔通常的工资,以资助自己的旅游费用。其他很多国家多是无报酬的劳动。而在日本,无论成年人还是学生,参加劳动还要交费。

就借鉴的意义而言,从国外的经验可以看到,乡村度假与参与体验是乡村旅游的主流产品,也是乡村旅游中经济效益最好的产品。因此,发展乡村旅游要突破国内现有的发展模式,直接定位乡村度假为发展乡村旅游的主流产品,逐渐向高档休闲度假基地演变。但是,关键的问题是要改善住宿和乡村卫生条件。解决的办法是因地制宜地制定统一的住宿接待标准和乡村卫生标准,并建立严格的监督机制,只有达到标准的地区才可以开展乡村度假。

3) 突出参与性,满足旅游者对乡村旅游产品的体验需求

旅游消费的本质是购买一种"经历"回忆"印象"或"体验",参与型旅游产品是让旅游者实现这一购买目的的最佳载体,开发乡村旅游产品时应注重设计多种类型和风格的参与活动,增加主动参与的趣味性、层次性、丰富性和多样性,例如加

工、品尝、健身、习艺、购物、民俗娱乐等都大有文章可作,如表5.1所示。

表5.1 旅游者对乡村旅游产品的体验需求

食宿	餐饮具有当地特色
	住宿条件很舒适、卫生、安静,选择也很多
	浴室很干净
	住宿价格合理
交通	外部交通很方便
	内部交通很方便
	可以比较便利地租到马车、人力车、自行车等特色交通工具
游娱与购买	风景很美且自然,可以学习当地的历史和文化
	遗产和人文环境保护得很好,没有污染与破坏
	户外活动很丰富,可以体验当地农家生活
	晚间娱乐活动很吸引人,可以欣赏当地音乐、舞蹈、戏剧、工艺等
	可以买到地方特产
	纪念品和工艺品有地方特色
旅游信息	旅游线路比较清晰
	可以轻易得到所需的信息
	路标清楚,道路状况良好
服务接待	户主或服务员态度和蔼可亲
	户主或服务员衣着得体干净
	服务及时、规范
	当地居民很友善
	当地景区(点)服务人员态度很好

4)营造清洁、干净的乡村环境,突出富有特色的乡村生态文化

文化是旅游的灵魂。乡村中有机和谐的生态文化是旅游产品的灵魂。当然,乡村旅游产品的开发不可回避地要面对商业化,诸多"乡村特色"会在旅游潮流的冲击下快速凋谢,乡村文化的异化速度惊人。当投资者充满热情地去开发乡村旅游产品以迎合城里人的文化追求时,必须自觉地体现城市人对"乡土特色"的理解和珍视。许多乡村旅游产品舍弃地方特色,模仿、杜撰一些品性不高、格调不雅、牵

强附会的东西,舍本逐末,短期效果可能好,但没有长久的生命力。

旅游者心理需求的研究结论告诉我们,旅游者在购买旅游产品时,既希望获得新奇感受,又不愿过分背离他们自认为良好的行为习惯和生活方式。乡村旅游的客源市场以都市人为主,他们习惯于清洁、卫生的生活环境。相比之下,绝大部分乡村的环境质量和卫生标准与都市相差甚远,这就要求在开发旅游产品时,一方面,在产品的核心内容上,保持住内在的"乡土味";另一方面,在产品的形式内容上,比如村落清洁卫生环境、厕所、食宿接待产品、餐饮设施等,必须注重卫生标准,至少使其达到都市旅游者可以接受的水平。

5) 要有明确的产品定位

在进行充分的调查研究之后,就要对所需开发的乡村旅游产品进行准确的定位。一般来讲,即使一个很小的旅游产品,在开发初期也需要进行全方位的定位,这样做是为了避免盲目开发,准确地把握产品的开发方向。乡村旅游产品开发定位主要包括以下几点:

①区址定位:确定产品(项目)的主体方位、区域范围以及开发面积、周围边界的基本界定。

②景观特色定位:确定产品(项目)的主体(或核心)景观以及主要的资源属性、品位等级、景观特色。

③客源市场定位:确定项目的主要客源市场、客源群体以及大致的消费水平。

④产品功能定位:确定主要功能,其中包括专项、特种和复合等类型,如乡村度假休闲型(农家乐、乡村乐园、生态养生、健身运动)、乡村观光体验型(自然景观、现代农业、农产品采摘)、乡村民俗文化型(历史镇村、民族风情、民俗节庆)、乡村综合型(新农村展示、红色旅游、科技示范、农副产品)。

⑤重点项目定位:确定项目中各个重点建设的子项目,并对这些子项目进行概念性策划,或主题、风格与内容的整体策划。

⑥开发时序定位:确定开发建设过程中的工作目标、项目时序及分解实施计划。

任务 3　掌握乡村旅游产品要素设计内容

乡村旅游资源和旅游产品的开发是乡村旅游产业最重要的组成部分。乡村旅游业发展必须以旅游资源为基础和载体,离开了旅游资源,乡村旅游业就无从谈起,但仅拥有旅游资源,并不意味着乡村旅游业就一定能发展得很好。旅游资源只是发展乡村旅游业的基础条件,只有经过合理的规划、开发,旅游资源才能转变为旅游产品,并被旅游者认可。同旅游资源相比,旅游产品的内涵和外延更为丰富。从旅游者的角度讲,旅游产品是旅游者在旅游活动过程中的经历和感受的总和。

从旅游业的角度看,旅游产品是旅游供给商为旅游者提供的行、住、吃、游、购、娱等整个旅游活动过程中,所需要的有形产品和无形服务的总和。乡村旅游产品开发就是指通过适当的方式,把乡村旅游资源改变为吸引物,使乡村旅游活动得以实现的技术、经济系统工程。旅游产品开发是乡村旅游业发展的关键,其侧重点在于根据目标市场需求,从旅游发生的"行、住、吃、游、购、娱"等方面出发,对产品要素进行规划、设计、策划的组合。显然,乡村旅游产品要素开发涵盖了:旅游资源转变为旅游吸引物的产品开发,旅游交通的产品开发,旅游住宿设施的产品开发,旅游餐饮设施的产品开发,旅游娱乐设施的产品开发,旅游购物品的产品开发等。

5.3.1　乡村游览体系设计

1) 乡村意境流设计

旅游者在旅游区内或旅游路线中的体验过程是一个程序化的心理活动过程,因此规划师在进行游览线路组织时,应该有意识地强调某种文化主题,使游历过程成为一种意境流体验程序。王衍用(1995)认为,一个游览线路的组织,需要有一个感情酝酿的过程和一个渐入佳境的空间,即需要引景和点景。

乡村旅游地的整体环境是乡村旅游活动开展的对象,是承载乡村旅游业的基础。乡村旅游位于乡土气息浓郁的农村,它以乡村环境为依托,营造出以中国传统农耕社会为特点的外有田园、内有书香、衣食富足的农家闲情逸趣的意境,展示了人与自然的和谐之美。游客到农村来,主要是为了寻找与城市生活完全不同的"农"味、"野"味、"乡土"味,体验乡野之趣、田园之乐。

对于乡村旅游而言,游客消费的更多是一种原生态的环境,建筑周围要具有乡村意象、乡土特色。乡村建筑从整体上须从"土"字出发,从"新"字着眼,突出乡村的特点,营造一个浓郁的乡土气息的环境,保持与乡村环境的协调。

(1)乡村建筑要强调乡村基调

乡村意境设计开发中,尤其要注意乡村建筑的保护与开发。"乡村印象"其实质是游客对乡村地格的识别与感知,是乡村旅游地方感的深层再现。乡村建筑是"乡村性"很重要的一个方面,乡村建筑属于"没有建筑师的建筑",是种土生土长的乡村文化与建筑技艺相融合的结晶,人伦之美、人文之美在其中表现得淋漓尽致。宗教仪式的殿宇,乡村庭院内的风水树石,古城边的石塔,可能是一种文化的寄托、神灵的象征,具有丰富的文化内涵。具体地说,乡村建筑包括乡村民居、乡村宗祠建筑以及其他建筑形式,不同地域的乡村民居,均代表一定的地方特色,其风格独特迥异,给游客以不同的感受。如东北地区的口袋式民居,青藏高原的碉房,华北地区的四合院式民居,内蒙古草原的毡包,苗乡的寨子,黄土高原的窑洞,东北林区的板屋,客家的五凤楼、围龙屋及土楼等,千姿百态,具有浓郁的乡土风情,尤其是乡村宗祠建筑,如气派恢宏的祠堂、高大挺拔的风水塔、装饰华美的寺庙等,反映出乡村文化的某一侧面。

(2)景观要具有原生性

"原生"性是"农家乐"的根本特性,"农家乐"因"原生"而存在,因"原生"而精彩,因"原生"而吸引人。田园风光、泥土芳香、农舍民情,其真正的优势在"土"字,在其原生性,这些才是吸引城里人的法宝。

促进乡村文化景观保护,建筑避免与城市风格雷同。在乡村古朴的民风中,如果追求城市化建筑,模仿城市住房建造火柴盒形状的砖楼,并用五颜六色的瓷砖完全包裹起来,就破坏了乡村整体环境的和谐美感,与乡村环境格格不入,从而让寻找和体验"回归自然"感觉的城里人大为扫兴,这将让乡村旅游失去其独特的魅力。乡村文化景观是乡村旅游可持续发展的命脉,合理开发与利用文化景观是促进乡村旅游可持续发展的动力。

(3)农舍民居要体现地方特色

自家屋里的乡土气息、农家趣味正是城里人所期待、希望、追求的。因此,乡村旅游不能搞都市化、高档化。就乡村旅游的经营场所来说最好是竹篱茅舍,院子里果树繁茂、瓜藤上墙、鸡犬相闻,推门出院子是户对鹅塘、阡陌相向。

2) 乡村景观系统设计

郭康(1996)提出游路景观系统的概念。游路景观种类繁多,分布广泛,但以特殊地貌景观最为动人。游路景观主要发生在以下几种地貌类型条件下,并形成特殊的关系:攀登绝壁类、跨越沟谷类、横过绝壁类、纵穿沟谷类、穿过洞穴类、通过山脊类、沿江上下类、沿岸游览类。郭康还对游路景观的人文特色进行了分类,有交通性人文景观、引导性人文景观、主体性人文景观等。郭康建议,游路景观的环境建设应注意提高环境质量,重视引导景观的作用,处理好主支路景观的关系,游路景观需要创新式的规划设计。

乡村旅游资源分布散、单体规模小,大项目化的景观开发难度大,必须采用"泛

景区"的发展理念,将整个乡村旅游资源进行全面整合,形成乡村旅游就是一个"大景区"的概念,即形成"乡村处处是景观、处处是吸引物"的独特风貌,如此更符合实际、可操作性强,有利于综合解决乡村地区经济、社会、文化等各方面存在的问题,达到每一个小镇都是一个景区,每一个村落都是一个景点,每一个建筑都是一个景物,每一个人都是一道景观的效果。

为装饰乡村环境和服务游客,乡村旅游目的地通常建造一些体量较小、造型丰富、功能多样、富有特色的建筑小品,主要包括:

亭:庭院中最常见的休憩、停歇、纳凉、避雨的建筑物,在庭院里、山上、水边常见的是六角形、八角形和圆形古亭;与廊组合时,常见的是平顶廊亭。

廊:在庭院中既可以遮风挡雨,也可以引导游览路线和组织空间。在庭院绿化中常利用道路空间搭设花架绿廊,让攀缘植物攀爬其上。农家乐庭院的廊,大多利用丝瓜、葫芦、扁豆等藤蔓型农作物来建设绿廊,这不仅增加了农家乐的"农"味,还能产生一定的经济效益。

乡村游步道:尽量采用天然的材质铺设,如碎石、石板、木质栈道,以增加自然美感。

构造物:如藤架和棚架,通常用攀缘植物和蔓生植物来构造,不但能起到遮蔽作用,而且还有分割空间的功能,既可以将乡村分割成不同功能区域,也可以将有碍观瞻的东西掩盖起来。

运动和娱乐设施:如摇椅、吊床、秋千、棋牌桌等,满足不同游客的娱乐需求。

3)游览线路设计

乡村旅游景区游线长度一般限制在 0.5~1.5 千米,使旅游者可以在30~60分钟内走完;游径的理想形态为一环形单行线路,起点和终点在同一地方;沿途设置解说系统;游径的景观具有吸引力,途中不应有陡坡、泥泞地和障碍物;环境整洁干净,途中设置垃圾箱,定时清扫植物和碎石。

(1)游览线路设计原则

①有机穿插游赏空间和过渡空间。

②连接最具乡村风景特征的空间形象。

③主题鲜明,既有统一感,又有层次感和变化感。

④富有节奏和韵律,动静相宜。

(2)游览线路的设计程序

对游径所在地区进行细致的考察调查,把所有值得注意的自然和历史景观列成一组目标群,并将这些目标标注在地图上,设计一条尽可能连接所有景点的路线。

沿路线走一次,考察其长度、可达性,以及铺设道路的可能性。可能的话,为游径设计一个主题,并根据主题给小路起一个名字,这将使小径更有情趣、更有吸引力。在入口处设立提供小径基本信息的标志牌,上面绘有地图,注明小路的长度和主要特色;在沿途交叉口要设立方向指示。

尽可能不要干扰自然风貌,认真监督施工者,避免建设中的不必要破坏。

在不破坏环境的前提下清除沿途障碍,把悬下的植物枝条砍到 2 米以上。避免砍伐大树,也不要清走所有碎石直至露出光秃秃的土地。用石头和挖出的土填补凹陷处。

小路要蜿蜒曲折,避免直线前进。曲折的小路走起来更有意思。不要设计两条回头路线,那样会使游客抄近路。

避开陡峭的山坡和含水的地带。保证排水是在地面上,而不是在小路下面;修建挡水和排水系统。有的地方架设木桥或在水中铺设蹬步通行。

在途中设立休息点,设置长椅等休憩设施。

4) 乡村旅游标识系统设计

(1) 设计原则

①地方特色原则。标识系统的设计要从旅游村落当地地方文化中汲取精华,体现地方特色,从而使标识系统的某些特征具有不可替代性。比如标识牌的造型设计可以取材于当地特有的装饰符号、生活生产用具、建筑形式等;在材料上选取具有地方特征的原材料,更好地融于环境,体现乡土气息;标识内容也要尽量反映当地的历史、文化等。

②综合性原则。标识系统的规划设计是一项综合性的工作,比如向游客介绍村落环境与文化传统是乡村旅游标识的一个重要作用。为了让游客全面而深刻地认识与感受乡村生活,就需要多学科的合作,包括生态、建筑、旅游、地理、艺术等多方专业人员通力配合;涉及地方民俗方面,还需要当地居民的意见。这样,多学科背景下的标识系统才能是科学而全面的。

③系统性原则。乡村旅游地标识系统是一项系统工程。构成要素之间有一定的层级关系和组织构架,以整体形象展示在旅游者面前,因此,在规划设计时要有全局观念,把个体特征统一到整体的风貌形象中去,达到整体上的最佳状态,实现乡村旅游目的地的最佳形象设计。同时,要在内容和功能上相互补充,构建一个类型多样、功能完备的乡村旅游标识体系,实现标识系统整体效能优化。

④生态美学原则。生态美是近些年才出现的一种新的美学观点,它是建立在生态人文观基础上的一种具有生态哲学意义的美学概念。生态美包括了自然美、

生态关系和谐美和艺术与环境融合美,与强调对称、规则的人工雕琢形成鲜明对比。乡村旅游标识设计以自然生态规律和生态美法则为指导。效法自然,尊重乡村旅游地自然风貌,力求使标识系统成为乡村景观的一部分。

(2)设计内容

乡村旅游地标识系统设计的内容,由如下6种类型构成:景区介绍牌、农业景观介绍牌、文化遗产介绍牌、服务设施解说牌、导向标识和环境管理牌等。

①景区介绍标识牌。景区介绍牌又称全景牌示,它的作用是对景区的旅游资源、服务事项、道路交通、景点布局等相关信息进行概括说明,以便于游客根据自身爱好合理安排游程。它通常设置在景区的出入口处,帮助游客在未进入景区之前就对景区的基本情况有大概的了解。其内容包括位置、面积、地形地貌、气候、动植物、产业特色、文化景观等。

②农业景观介绍标识牌。游客青睐乡村旅游,是希望更多地接触当地居民,接触他们的生活,感受原汁原味的乡村氛围。农业景观是乡村旅游中一项重要的旅游资源,包含的内容有规模化农作物形成的大地景观效果,当地居民农业耕作方式和游客参与的休闲农业活动等。农业景观介绍牌将产业规模、农产品特征、农业劳作等多方面的信息进行集中介绍,使游客对于农业活动有全面的了解。

③文化遗产介绍标识牌。每个村落的兴建、发展和衰退,都有历史根源,都会留下许多具有历史价值的文化和艺术品。村落的文化遗产包含了两个方面:一是显露在外,人们可以直接观赏到的"物质遗产",如民居建筑群、建筑装饰、木雕、砖雕、彩绘等;二是隐藏在内,由思想、价值观、风俗民情等构成的"精神遗产",如戏曲、传说、题词等。文化遗产介绍牌在解说时,要注重历史真实与趣味性相结合。

④服务设施解说标识牌。服务设施解说标识牌主要是对各类旅游配套服务设施的解说,方便游客方便快捷地找到并使用这些设施。解说对象包括游人中心、餐厅、停车场、厕所等。功能指示牌应采用国际通用的公共标志符号,简洁、醒目,便于中外游客识别。功能指示牌大部分位于服务区或服务点,由于所处环境已有较大的人为改造,因而风格可以略为精细。

⑤导向标识牌。导向标识在景区中的使用比较广泛,标示所在位置周边重要的景点、出入口、重要的建筑物等方位,便于游客迅速识别景区环境,顺利到达各目标位置。导向标识通常分为两种形式:一种是指示目标方位的指示标识牌,引导游客沿着正确的路线行进;另一种是明确位置的环境地图导览标识,标示出当前所处景区的位置,显示周边的景点、服务设施位置、道路等信息。二者通常配合设置。

⑥环境管理牌。大多数乡村旅游地位于城市的边缘地带,人口密度高,游客数

量大,生态环境脆弱,容易遭到人为破坏。环境管理牌主要提醒游客注意行为规范、保护资源与环境,使游客开心游玩的同时提高环境保护意识,自觉加入到村落环境保护的行列中来。

5.3.2　乡村娱乐项目设计

1)设计思路

21 世纪已进入体验经济的时代。体验经济为消费者创造经验与回忆,使消费者拥有独特的心理感受。各行各业都可以晋级体验经济,乡村旅游更有其优越的条件。美国哥伦比亚大学教授契密特(Bernd H. Schmitt)在新书《体验行销》(*Experiential Marketing*)中指出,我们目前处于一场行销革命之中,今天的消费者要的不只是功能,他们更注重体验。他们希望有刺激、娱乐、教育以及挑战性的感受。因此,一种以"体验"为主要诉求的行销策略已经兴起。体验行销可分成 5 个种类,就是感官(Sense)、情感(Feeling)、思考(Thinking)、行动(Action)、关联(Relation)。这 5 种策略性体验模块(SEMs:Strategic Experiential Modules),可共同创造出有价值的品牌资产。体验行销将传统强调产品功能与利益的行销观念,转化为重视消费者内心渴望,满足其心理需求,创造属于消费者个人美好的经验。

我们应更深入认知体验的领域,熟谙乡村旅游体验活动设计的步骤及体验行销的策略,乡村旅游娱乐项目要具有知识性、趣味性、体验性、享受性,使游览、娱乐与学习相结合,同操作、参与相结合,使之更富吸引力。为此,可以从以下 4 个方面进行尝试:

一是提高品位。乡村旅游观光的活动和项目要把娱乐性与知识性结合起来,增加科普活动、新知识新技能传授活动、特长培训活动、艺术欣赏活动的分量,适应群众需求由单纯"求乐""求美"向"求知""求新"拓展。

二是突出乡土气息。农事活动体验是最受乡村旅游者欢迎的项目。在乡村旅游期间,在田间地头进行农事劳作,如插秧割谷、浇水施肥、纺纱织线、切烟丝、炒茶叶等,是城里人最乐意做的事情。此外,游客到乡村玩的主要休闲项目还有以下几种:新鲜水果和蔬菜采摘;篝火晚会;烧烤;垂钓;乘坐畜力车在乡间观光;体验乡村节庆;学习简单而有特色的民俗舞蹈、曲艺形式和传统手工制作等。

三是提高游客参与程度。乡村资源的开发、项目的设置,都要十分注意提高游客参与程度。乡村旅游可以开发的农事活动、民俗事项、体育健身项目等,大都具有很强的大众性,因而又蕴藏着可参与性。

四是改变单一的娱乐方式,向多元化、健康的文化体育活动发展。例如,可以

考虑推出专供退休老人的度假产品,如安排"学书画农家游",请书法家、画家任教师开讲座;为喜欢诗歌创作的老人安排"租农家房、种农家花、咏农家景、享农家乐"的活动,体验如梦、如画、如诗的感受。

2)设计程序

派恩与盖尔摩认为企业应经常思考能对顾客提供什么特殊的体验?归纳设计体验活动的5项步骤如下:

拟订主题:体验如果没有主题,消费者就抓不到主轴,就很难整合体验感受,也就无法留下长久的记忆。主题要非常简单、吸引人,要能够带动所有设计与活动。

塑造印象:主题只是基础,农园还要塑造印象,才能创造体验。塑造印象要靠正面的线索。每个线索都须经过调和,而与主题一致。游客不同的印象形成不同的体验。

去除负面线索:由于所有的线索都应该设计得与主题一致,所以其他与主体相抵触或是造成干扰的信息,都要去除,以免减损游客的体验。

配合加入纪念品:纪念品的价格与它具有回忆体验的价值相关,其价格超过实物的价值。纪念品让回忆跟着消费者走,能唤醒消费者的体验。

体验要不断推陈出新,所以以上的步骤在乡村旅游娱乐项目设计过程中不断被反复运用。包含5种感官刺激:视觉、听觉、味觉、嗅觉、触觉,感官刺激应该支持并增强主题,所涉及的感官刺激愈多,设计的体验就愈容易成功。

国外乡村旅游的活动项目如表5.2所示。

表5.2　国外乡村旅游的活动项目

类　型	具体项目
旅行	徒步、越野、登山、骑马(驴……)、大篷车、自驾车(摩托车、拖车……)长距离自行车(滑雪)、宿营等
水上活动	垂钓、游泳、泛舟、漂流(乘筏、独木舟、皮艇)、冲浪、快艇、航行、湿地
空中运动	轻型飞机、滑翔、热气球等
体育运动	洞穴探险、攀岩、定向、网球、高尔夫、高山滑雪、狩猎等
文化活动	考古;访问历史文化遗址;民俗文化节日;学习民间传承、手工艺;欣赏乡村民谣、参加乡村音乐会;寻找美食来源、品尝地方风味;参观工农业、手工业企业、博物馆和民间艺术工作室;英语教学培训、园艺培训、厨艺培训、舞蹈培训等
健身活动	健身训练、温泉疗养等

类　型	具体项目
休闲活动	乡间度假、观鸟、观察野生动植物、写生、摄影、赏景、教堂祷告、酒吧休闲等
务农活动	播种、收割、放牧、挤奶、捕捞、果园采摘、酿酒、农产品加工等
主题性农业活动	各种主题农业活动(葡萄酒节、苹果节、草莓节、田野节、农夫生活之旅等)
商务活动	自制玩具、饲养宠物、放风筝等
童玩活动	小型会议、团队激励训练等
特别活动	乡村体育竞技、农产品展

3) 乡村旅游参与体验项目内容

(1) 做一天牧民或渔民

马术表演,马球比赛,浇木桶,篮球赛,狩猎,放牧,手工挤奶,骑骆驼,开越野车,滑沙,滩涂船速滑,挖沙蛤,打紫菜,潜水,堆沙,水上射击,摇橹接力,沙滩自行车,爬顶桅杆,船头拔河,跳伞,渔家垂钓,锦鲤喂养,龟、鳖、鳟鱼等水产品饮食,荷花全席,游泳,划龙船,戽水,踩龙骨车,采菱角,剥莲子比赛,摸鸭子,篝火烤全羊,等等。

(2) 冒险旅游及其体育健身项目

定向越野,寻幽探险,漂流,冲浪,空中滑翔,帆伞运动,喷汽船,游泳比赛,赛马,露营,水上高尔夫,网球,溪降,穿越,溜索,打木球,练武术,骑山地自行车,滩涂滑泥,滑草,桑拿浴室,卵石健康路,香花医治室,中草药茶厅,棋趣广场,农村传统健身器械,等等。

(3) 学生学习体验之旅

水果采摘,看红叶,山水写生,徒步旅游,登山,参加农事活动,滑雪,野营,农村科普长廊,电化教室,录像演播厅,开放式实验室,温室大棚,观看农作物切片的组织培养,小鸡孵化,辨别蝴蝶、飞蛾、杂草等动植物的标本,烧窑,作坊,陶艺作品展览厅,等等。

(4) 当一天农民

春季参与播麦、插秧、耕作、扬谷、脱粒、吊井水、点豆、种花、养鸟等;秋季采摘瓜果梨桃、种植蔬菜、喂鸡放鸭、做民间菜点、收割麦子、摘棉花、掰玉米、挖土豆等。其他可学刺绣,学习竹编、草编工艺、农民版画,学做农家风味小吃,学包粽子,品尝水果、糯米香茶、烤地瓜、磨豆腐,参与农户婚嫁迎娶,等等。

（5）产品化链条体验旅游

从采摘多种农产品，到送到工厂加工装罐，直到出售。

（6）老年乐园

"学书画农家游"，请书法家、画家任教开讲座；茶文化讲座、观茶、种茶、采茶、制茶、茶道、茶膳；酒文化讲座、酿酒、品酒、酒疗、酒俗、酒艺；老知青重返农家种菜种瓜、聊天、打牌、下棋等抚今追昔游；天然氧吧、中秋赏月诗会、重阳敬老活动，等等。

（7）特色农家乐

支锅野炊，环绕篝火打歌，看花灯，农家评弹，异域风情，歌舞表演，彩绘麦田，建植物迷宫，乘坐畜力车，养殖（特色鲜明，避免常规品种）；观看野猪、鸡打斗，野猪、野兔赛跑，钓蟹比赛，斗牛，斗羊，小猪排队站列表演；种花，赏花，花浴，花疗，花艺，种新型水果蔬菜（如美国黑树莓、台湾青枣、西番莲、佛肚竹、大红桃、台湾脆桃、食用仙人掌），等等。

（8）农家美食文化

山珍野菜，野生菌宴，野花，芦荟，茉莉花炖鸡蛋，炒芭蕉花，炒酸角叶，炒甘蔗芽，甜菜汤，绿色食品，鸡、鱼、兔等的特色烹调，各地特色饮食、风味小吃，等等。

（9）少儿农庄与"领养制"

踢毽子，踩高跷，滚铁环，射箭，玩弹弓，抬轿子，堆沙，荡秋千，抖空竹，摇水车，捉鱼，粘鸟，造琥珀，剪纸，刻蜡版，放鞭炮，斗蟋蟀，打乒乓球，滑梯，吊床，青少年乐园，翻腾蹦床，冲天太空舱，空中索道，富斯特滑道和"领养"动植物等。

（10）宠物农家乐

以金鱼、热带鱼、宠物狗等为主，修鸡宅、鸭寮、鹅园、鸽馆、孔雀院、小鸟天堂、猪邸、马房、牛王府、羊庄、驴舍、狗别墅、兔公馆、鼠红楼、鹿苑、猴山庄、蛇王国等。

（11）岁时节令、节庆游

元宵节的观灯、跑旱船、耍龙灯、舞狮子、观焰火、拜庙等活动，中秋拜祭，春节年饭，祝寿习俗，婚庆习俗，生养习俗。蒙古族的那达慕大会，藏族的跳神会、跳锅庄，高山族的丰收节，白族的三月街、背新娘，彝族的火把节，壮族的歌圩节，等等。

（12）民俗建筑、古村落、古建筑、历史文化游

四合院，天井院，云南"一颗印"与"三坊一照壁"民居，蒙古包，客家五凤楼，藏族方室、碉房，彝族土掌房，傣式竹楼，苗族吊脚楼，新疆地铺民居等。历朝历代遗留下来的众多古村落、古桥、祠堂、古坊、古庙、古碾、古楼、宗祠文化、民间传说、历史典故、名人胜迹、道观佛寺等。

（13）农家乐主题活动

以瓜果时节为主题：如南瓜艺术节、珍奇蔬菜文化节、盆景艺术节、樱桃节等。以节日习俗为主题：如清明踏青游、白族赶海会、苗族龙船节等。

（14）户外拓展训练基地

野外健身活动场，生存游戏，协作配合游戏项目，野营，自助旅游项目，天然浴场，徒步，摩托车沙漠越野，滑水，帆板，攀岩运动，丛林野战，荒岛探险，登山，沙滩排球，沙滩足球，海上冲浪，摩托艇，潜水，牵引伞，木排漂流，等等。

以下是乡村旅游参与体验性项目设计，以供开发规划人员和经营者参考，如表5.3所示。

表5.3　乡村旅游参与体验项目参考表

项目名称	具体项目
做一天牧民或渔民	马术表演、马球比赛、绕木桶、马上篮球赛，狩猎、放牧、手工挤奶，骑骆驼、开越野车、滑沙、异域风情、歌舞表演、滩涂船速滑、挖沙蛤、打紫菜、潜水、堆沙、水上射击、摇橹接力、沙滩自行车、爬顶桅杆、船头拔河、跳伞、渔家垂钓、锦鲤喂养、游泳、划龙船、戽水、踩龙骨车、采菱角、剥莲子比赛、龟、鳖、鳟鱼等水产品饮食，荷花全席，摸鸭子，篝火烤全羊等
冒险旅游和体育健身项目	定向越野、寻幽探险、漂流、冲浪、空中滑翔、帆伞运动、喷汽船、游泳比赛、赛马、露营、水上高尔夫、网球、溪降、穿越、溜索、打木球、练武术、骑山地自行车、滩涂滑泥、滑草、桑拿浴室、卵石健康路、香花治疗室、中草药茶厅、棋趣广场、农村传统健身器等
学生学习体验之旅	水果采摘、看红叶、山水写生、徒步旅行、登山、参加农事活动、滑雪、野营、农村科普长廊、电化教室、录像演播厅、开放式实验室、温室大棚、观看农作物切片的组织培养、小鸡孵化、辨别蝴蝶、飞蛾、杂草等动植物的标本、烧窑、作坊、陶艺作品展览厅等
当一天农民	春天参与播种、插秧、耕作、扬谷、脱粒、舂米、吊井水、点豆、种花、养鸟等；秋天采摘瓜果梨桃、种植蔬菜、喂鸡放鸭、做民间菜点、收割稻麦、摘棉花、掰玉米、挖土豆等；其他可学刺绣、学习竹编、草编工艺、农民版画，学做农家风味小吃、打年糕、包粽子、品尝水果、糯米香茶、烤地瓜、磨豆腐，参与农户婚嫁迎娶等
产品化链条体验旅游	从采摘各种农产品，到送去工厂加工装罐，到出售

续表

项目名称	具体项目
老年乐园（酒茶文化）	"学书画农家游"，请书法家、画家任教开讲座；茶文化讲座、观茶、种茶、采茶、制茶、茶道、茶膳；酒文化讲座、酿酒、品酒、酒疗、酒俗、酒艺；老知青重返农家种菜种瓜、聊天、打牌、下棋等抚今追昔游；天然氧吧、中秋赏月诗会、重阳敬老活动等
特色农家乐	支锅野炊、围绕篝火打歌、看花灯、农家评弹、彩绘麦田、建植物迷宫、乘坐畜力车、养殖（突出特色，避免常规品种）；开展特色表演；观看野猪野鸡打斗、野猪野兔赛跑、钓虾钓蟹比赛、斗蟋蟀、斗牛、斗羊、小猪排队站列表演；种花、赏花、花浴、花疗、花艺，种植新型水果蔬菜，如美国黑树莓、台湾青枣、西番莲、佛肚竹、大红桃、台湾脆桃、食用仙人掌等
农家美食文化	山珍野菜，野生菌宴，野花，芦荟，茉莉花炖鸡蛋，炒芭蕉花，炒酸角叶，炒甘蔗芽，甜菜汤，绿色食品，鸡、鸭、鹅、鱼、兔等的特色烹调，各地特色饮食，风味小吃等
少儿农庄与"领养制"	踢毽子、踩高跷、滚铁环、射箭、玩弹弓、抬轿子、堆沙、荡秋千、抖空竹、摇水车、捉鱼、粘鸟、造琥珀、剪纸、刻蜡版、放鞭炮、乒乓球、滑梯、吊床、儿童乐园、翻腾蹦床、冲天太空舱、空中索道、富斯特滑道以及"领养"动植物等
宠物农家乐	以金鱼、热带鱼、宠物狗等为主，修鸡宅、鸭寮、鹅园、鸽宫、孔院、小鸟天堂、猪邸、马房、牛王府、羊庄、驴舍、狗别墅、兔公馆、鼠红楼、鹿苑、猴山庄、蛇王国等，满足游客对宠物的嗜好
岁时节令、节庆游	元宵节的观灯、跑旱船、耍龙灯、观焰火、拜庙等活动，中秋拜祭，春节年饭，祝寿习俗，婚庆习俗，生养习俗，蒙古族那达慕大会、藏族跳神会、跳锅庄，高山族丰收节，白族三月街、背新娘，黎族火把节，壮族歌圩节，畲族三月三等
民俗建筑、古村落、古建筑、历史文化游	四合院、天井院、云南"一颗印"与"三坊一照壁"民居、蒙古包、客家五凤楼、藏族方室、碉房、彝族土掌方、傣族土楼、苗族吊脚楼、新疆地铺民居等不胜枚举。历朝历代遗留下来的众多名古村落、古桥、祠堂、古坊、古庙、古碾、古楼、水乡、宗祠文化、民间传说、历史古典、名人胜迹、道观佛寺等
农家乐主题活动	以瓜果时节为主题：如南瓜艺术节、西瓜艺术节、珍奇蔬菜文化节、盆景艺术节、樱桃节；以节日习俗为主题，如清明踏青游、白族赶海会、苗族龙船节等
户外拓展训练基地	野外健身活动场、生存游戏、协作配合游戏节目、野营、自助旅游项目、天然浴场、徒步、摩托车沙漠越野、滑水、帆船、攀岩运动、丛林野战、荒岛探险、登山、沙滩足球、海上冲浪、摩托艇、潜水、牵引伞、木排漂流等
连点成线农家乐	把几家各具特色的农家乐或是几个村不同风格的农家乐组成一条旅游线路，发挥各处特长，建立大农家旅游概念

项目名称	具体项目
其他	森林嘉年华、巡游花车、农器具展览、根雕、泥塑、做盆景、陶塑、制作风筝、放风筝、烘槟榔、温泉游戏、卡拉 OK、夜总会、隐居等

5.3.3　乡村旅游交通体系设计

1)外部交通体系设计

乡村旅游目的地的开发与可达性建设休戚相关。对于所有的乡村旅游目的地来说,旅游者采用的交通方式类型及交通技术状况,很大程度上决定了旅游的容量、流量、细分市场、价值与特征。进行乡村旅游交通开发建设时,最重要的是对交通的合理布局进行控制。寻找一种最便捷的交通方式对于乡村休假旅行者非常重要。只要时间允许,旅游者就会选择最便捷的旅游路线。

便利的外部交通在乡村旅游的发展过程中具有举足轻重的作用。对普通的游客来讲,交通便利与否将直接决定其去向;有车一族爱惜自己的爱车,也不愿意去太偏僻的地段,他们会首选交通状况良好的农家乐。所以说便利的交通是乡村旅游成功运营的重要因素。

公路方面应当完善以主要客源城市为中心的主干廊道,重点完善乡村旅游区干线廊道和门户廊道,缩短乡村旅游区与游客出行地的空间距离。乡村旅游景区外的公路规划尤为重要,因为它是进入景区的引景空间。对入村道路进行整治、绿化和美化,并加强交通基础设施建设,如兴建停车场,修建星级厕所,为道路安装路灯等。

2)内部特色交通设计

除了飞机、火车、轮船、汽车等外部交通,乡村内部交通也必不可少。内部交通通常包括游步道(小石子路、栈道)、旅游环保车(电瓶车、双人自行车)以及特色交通。特色交通分为两种:

一类是传统型的特种旅游交通。如马、驴、骆驼及各种畜力车等原始型交通工具,特种交通多用于人为痕迹很少的自然环境中,满足旅游者返璞归真、回归自然的心理需要。还有人力车、轿子、羊皮筏、乌篷船、雪橇、桦皮船等民俗型特种交通工具,使游客在娱乐中了解并汲取当地的民族文化。

另一类是现代型的特种旅游交通。如索道、气垫船、热气球、旅游潜艇等,实现

了登山过海交通现代化,既减轻了旅游者的徒步之劳,方便了观光游览,获得了新奇感觉,又提高了客运量,加快了旅游者的集散。

3) 交通导引系统设计

包括城市与景区交通导引系统。现代城市是乡村旅游目的地系统中极为重要的一个环节,城市交通日益变得快速复杂,若无良好的交通导引系统则很难实现交通顺畅;在人口密度较小的乡村旅游区,游客则对当地环境十分陌生,若无良好的交通导引系统的服务,就会迷路。因此,要在乡村旅游目的地的中心客源城市道路两侧、路面都设置明晰的导示标志及英汉双解说明,除规范的公众信息提示外,其他如路中提醒、无人售票等的使用说明。而景区内部应为游客设计最合理时间内的最佳游览路径,以安全为前提,游线要避免重复。

5.3.4 乡村特色餐饮开发

俗话说,民以食为天,大批游客到乡村来旅游,除了欣赏当地的田园风光和山水美景,领略淳朴自然的生活情趣外,还有一个重头戏,就是要品尝各种独具风味的餐饮佳肴。都市污染越来越严重,各种添加剂和食品原料屡屡爆出"有毒"新闻,因此,长期生活在城市里的人们,对原材料的新鲜、卫生、口味醇正自然的农家餐饮十分向往,这也是城市里各种"农家乐""土菜馆"越开越火的原因。但是,想要吃到原汁原味的农家菜,还是得亲自到乡村来,因为这里有优美的环境,热情的服务,实惠的价格,最重要的是,游客在这里能感受到带有浓郁乡土气息的烹调艺术,这也是一种独特的文化体验。因此,在乡村旅游的产品开发中,餐饮显得尤为重要。

1) 乡村特色餐饮的体验需求分析

崇尚自然、返璞归真,追求乡土美味,已是当今城市人的一种时尚。旅游者对乡村特色餐饮的体验需求可以归纳为两点:

(1) 吃"绿色""新鲜"

城里人对乡村旅游餐饮要求,就是希望能吃上在城市里不易吃到的新鲜、绿色的纯天然食品。在农村地区,房前屋后的瓜棚豆架、猪圈鸡舍、菜地酱缸,为乡村的餐饮产品提供了新鲜、绿色的天然食材,农家人"就地取材、就地施烹",一会儿功夫,就端上了一桌色、香、味俱全的农家菜肴。这样鲜美、健康、营养、科学的饮食,已经成为当今都市人追逐的一种时尚。城里人来乡下喜欢吃的东西,主要包括农家自己喂养的家禽家畜及其加工制品、粗粮杂粮、农家自制的豆制品、施用农家肥的新鲜蔬菜、自产的水果、制作方法独特的面食、野菜等。

（2）吃乡宴情趣

乡村餐饮是按照"吃菜肴""吃服务""吃文化"的先后顺序发展和演进的。农家餐饮文化首先是乡土性，即原料安全而新鲜，做法古朴而浓厚，器具朴实而独特，服务简单而热情。除了上述内容，乡宴情趣也是重要内容。乡村地区民风淳朴，其饮食习俗具有比较明显的农耕文化的特征。在很多农村地区，都保留有祖辈流传下来的古老的餐饮习俗，如"九大碗""坝坝宴""流水席""长龙宴""撩锅底"等食俗，"猜枚""压指头""打老虎杠子""明七暗七""猜火柴棒"等酒令。在这样的地方吃饭，品尝的不仅仅是味道，重要的还是那种大口吃肉、大碗喝酒的乡土文化。

2）设计要求

乡村餐饮服务的提供和规划设计，应充分挖掘乡村饮食文化的内涵。为都市人提供乡村绿色饮食的乡村旅游要从饮食的饭菜和服务两个方面着手，让都市居民既体验到美味的绿色食品，又体验到农村的乡土民俗文化，突出饮食服务的乡土风味。民族餐饮走传统、挖文化，乡村餐饮走绿色、挖乡土。举办以美食为主题的乡村旅游节活动，利用地方特色资源，注意开发具有地方特色的菜肴，发展乡村旅游养生健康的食品。

（1）提供全生态的乡土绿色食品

"靠山吃山，靠水吃水""就地取材，就地施烹"是乡村饮食文化的主要特色。朴实无华的农家风味、自然本味，由于其鲜美、味真、朴素、淡雅，成为当今人们追逐的时尚，能够满足现代人"尝鲜"的心理，人们品尝这些乡野美味时，闻到了乡村的清香，吃到了山野的滋味，给平常生活增添了不平常的感觉。

据调查，70%以上的游客认为农家菜极富特色，尽管档次不高，但胜在可口、新鲜、无污染、实惠。乡土饮食要品种多样、特色突出、鲜美可口，原料应该尽量选取不施化肥的烹饪原料；菜肴要以民间菜和农家菜为主，以"土"为本，如土鸡、土鸭、土猪肉、土鸡蛋、山珍野菜、石磨豆花等，制法古朴，用具简单，原汁原味，体现"绿色"风格，更符合游客崇尚自然、回归传统、追求健康的饮食风尚。

（2）农家饮食要土制土吃

农家饮食要力求"土味"和"野味"，菜品的原料要以本地种植的蔬菜和养殖的鸡鸭鱼为主，烹饪方法要按照传统的家常味，如饭要竹笼蒸，菜要土碗装，柴也最好用茅草或秸秆。此外，游客也可以自己到菜园摘菜，下厨掌勺，亲自做一餐农家饭。如，河南的地方特色菜品和小吃品种丰富、味道鲜美，在农家乐品尝这些美味更是叫人回味无穷。

（3）提供热情而真诚的待客服务方式

古朴的民风,粗粮、菌株、野菜、土碗、陶钵、大地锅,把乡情之"真"、风物之"淳"、乡村生活之"实"都放在民间传统的"田席"上。在墙壁上,挂一些具有鲜明农村特色的东西,如丝瓜瓢、红辣椒串、腊肉、老玉米等;吃饭的桌子、凳子也用当地的木头或石头做成,加上湿漉漉的水车、古老的榨油机,一种农家意境便凸显出来。乡村旅游的餐饮土气而野性,乡土甚浓,游客便觉自然原始,有返璞归真之感。另外,乡村饮食独特的制作风格、饮食习俗中"相与而共食"的人生境界、追求诗意的宴饮情趣等,都吸引着城市游客去参与体验。

（4）注重乡村餐饮文化提升

以特色乡村文化菜肴弘扬餐饮文化;承办中国乡村传统小吃与乡村旅游文化发展论坛,商讨乡村小吃文化的挖掘、品牌的打造以及与乡村旅游结合三大主题;举办乡村菜系研发论坛,邀请省内外专家学者探讨乡村客家菜的传承、创新和发展;全方位、多角度收集整理乡村餐饮名家、名厨、名菜、名点、名小吃的最新成果。

注重乡村餐饮文化与旅游同行。举办乡村小吃旅游文化节,展示中华美食和旅游品牌,推进饮食旅游文化交流;把乡村餐饮小吃和当地民俗文化有机融合,开辟集民俗、歌舞、传统作坊表演于一体的乡村旅游美食文化街区;整合乡村饮食文化资源,推出"乡村风味美食游""乡村特色小吃文化游""乡村美食美景逍遥游"等旅游产品。

3）设计内容

乡村旅游的餐饮产品开发设计包括就餐环境的设计、乡村饮食菜谱的设计和乡村食俗的开发。

（1）餐饮环境的设计

与所有提供餐饮的饭店餐馆一样,乡村旅游的就餐环境首先要讲究干净、安全、卫生。在此基础上,乡村餐饮要突出"乡土性",餐饮环境的营造是突出乡土性的一个重要表现。

首先,乡村餐厅内部的装修设计和环境营造应以农家生活为主题,如采用传统的四合院、茅草屋等造型来进行开发与设计。在餐厅内部的布置上应尽量运用农业及乡村文化特性来塑造气氛,如墙上挂上几串红辣椒、玉米棒子,在餐厅一角展示传统的锄头、牛车、斗笠、蓑衣等农耕器具,尽可能使用古老而有代表性的传统农产品或当地手工艺品来做装饰,营造浓郁乡土特色的餐饮环境。

其次,在餐厅使用的桌椅餐具,也要尽量选用具有农家风味的板凳和碗筷。另外,待客用的餐具和器皿也可以使用具有地方特色的餐具,如农家使用的碗、盆要尽量"粗"一些、"土"一些,土钵陶盆才能体现出浓郁的乡土气息,强化乡村的淳朴风格,尽量不使用纸制桌布。

（2）乡村饮食菜谱的设计

乡村饮食是指广大农村所制作的乡土风味食品,它有着原汁原味的乡土风味,是当今时尚的"绿色食品"之源。乡村饭店的菜谱应有别于都市餐饮文化,"故人具鸡黍,邀我至田家",白鸡黄黍,颇具诗意。"夜雨剪春韭",客人也可亲为,"院里瓜果桌上菜",现采现烹,绿色环保。

开发者在设计菜谱时,首先要对本地的农家食物进行筛选,把那些旅游者感兴趣的食品挑选出来。那么,哪些乡间食物是旅游者或城里人比较喜欢的？根据目前的市场状况来看,这类食品主要有以下特征：①选用当地特色原料制作而成；②是当地比较有名的传统食物,如洪泽湖边上的"小鱼锅贴"、东北山村的"小鸡炖蘑菇"、黎族的"竹筒饭"等；③按照乡间做法烹制而成,例如在以米饭为主食的乡村,大多使用铁锅、柴火烧饭,烧出来的味道特别香；④符合现代饮食潮流。在饮食上,健康、营养、"绿色"无公害无疑是现代潮流,而一些乡间传统的食物,正越来越成为城里人的"新欢",因为这些"粗、杂、野"的食物中,含有现代健康饮食所不可或缺的成分。

其次,在对农家饮食进行筛选的同时,还要对其进行改造。如在有的乡村,人们的饮食习惯口味较重,油盐酱醋等调料放得比较多,这就与城里人追求清淡饮食的理念有些冲突,因此要适当对一些乡下美食进行改造,使之更符合城里人的口味。

最后,对乡间的一些食品,开发者还应该在包装方面下功夫。俗话说,人靠衣装马靠鞍,把一些常见的民间食品用城里人喜好的概念、方式包装起来,其价值就会大大提高。这种包装主要涉及以下几个问题：首先是食物的名称,要听起来别有新意,叫起来朗朗上口,如"大娘水饺""傻子瓜子",既"土"又韵味十足；其次是烹饪、饮食器具,同一种食品,用不同的器皿烹饪或盛装,其效果就会不一样,如云南黎族的"竹筒饭",湖南的浏阳蒸菜,端上来就能给人一种耳目一新的感觉。

（3）乡村食俗的开发

①节令食俗。在民间,很多节令都有特殊的饮食内容,如端午的粽子、中秋的月饼、冬至的饺子。这些因为被普遍化,已经没有多少新意了。因此,开发者应该在城里人不熟悉或不知道的节令食俗上做文章,如江淮一带立春时吃的"五辛盘"和"探官茧",杭州立夏旧俗的"三烧、五腊、九时新"。

②待客食俗。待客食俗在我国乡村有很多丰富的花样,如在北方农村,有"女

子不上桌"之俗、"留碗底"之俗,即客人餐毕碗中若留有剩余食物,则表示对主人的大不敬。在湖南湘西一带,有"泡炒米茶"之俗,即接待客人时首先要上一碗炒米茶,以示为客人接风洗尘。从这些待客食俗中,开发者都可以发现餐饮开发的商机。

③礼仪食俗。礼仪食俗是指很多乡村,在置办红白喜事或其他仪式时有一些特定的饮食习惯。如有的地方在小孩周岁的"抓周"仪式中,让小孩吃鸡蛋、面条,寓意未来健康顺利。在浙江太顺等地,酒筵有"退筵吃"之俗,即一餐分两段吃,先吃饱,暂散席,复席后再慢慢饮酒。

5.3.5 乡村特色住宿设计

1)乡村特色住宿的体验需求分析

(1)住宿环境要讲究绿色自然

居住在城市里的人,绝大多数都有被外面马路的嘈杂声吵醒的经历,无论是住在自己家里还是商务酒店,推开窗,看到的都是幢幢高楼大厦,闪闪霓虹灯光,条条拥堵马路,每个人都像关在笼子里的动物,在属于自己的狭小空间里生活着。因此,城里人到乡下来,最想居住的就是能够与大自然亲密接触的传统的农家庭院,推开窗,便能看得见"绿树村边合,青山郭外斜",听得见"月出惊山鸟,时鸣春涧中"。

(2)住宿设施要讲究传统特色

目前,有很多地方在开发乡村住宿产品时,都建得像个宾馆似的,以为是投城里人所好,其实是犯了大错误。城里人来乡村旅游,想体验的就是农村传统的住宿方式,如在南方有草棚、木屋,北方有窑洞、火炕。另外,中国传统的雕花木床,对于城市人的吸引力也是巨大的。

综上所述,旅游者对乡村特色住宿的体验需求重在特色,不必像城市宾馆那样注重豪华,但应讲究安全、卫生和舒适。因此,室内应配备床、桌、椅、床头柜等配套家具,灯光照明充足,宜配有电话、电视机、降温取暖设备。同时,客房应通风良好,空气清新,无异味;应有防蟑螂、老鼠、蚊子、苍蝇等的措施;应有防火措施、防盗设施;每个农家应设有一定数量的卫生间,并保持卫生、干净。

与所有城市住宿产品不同,乡村旅游的住宿产品讲究的是外部环境的营造和内部设施的装饰设计,它要求突出乡风"土"韵,能给人一种干净、简约、朴实、舒适的感觉。

2) 乡村住宿产品的设计原则

(1) 乡村旅馆民居化

乡村旅馆的设计应结合所处的地理环境,因地制宜,就地取材。如在树林繁茂的地方建小木屋,在竹林密集的地方建竹楼,在蒙古草原上搭帐篷等。这些个性十足、乡土气息浓郁的住宿设施对游客有着强烈的吸引力。如陕西的秦巴山区,就利用岩洞、窝棚、土吊楼等建立了许多特色旅馆,深得城里人青睐。

(2) 装饰民俗化

乡村旅馆的装饰应与当地民俗文化紧密结合,突出乡村情趣。如旅馆的进门处贴上对联、门画;旅馆的窗户、顶棚、箱柜贴以剪纸;窗户、门帘、帐帘、枕头、枕巾、床单、桌布等采用地方刺绣、挑花绣或扎染、印花布、土织花条布等工艺;屋内房间可适度陈列油纸伞、土陶茶壶、桐油灯、铜镜或旧时的花轿、草鞋、蓑衣、斗笠等。

(3) 内部设施简洁化

乡村旅馆的内部装潢以简约、朴素为主,无须富丽堂皇,有游客需要的基本设施设备,让游客感到舒适即可。一般来说,客房之间不直接连通,具备有效的防噪音及隔音措施,房间应有良好的自然采光和通风设备,客房每日全面清理一次,保持清洁、整齐;客房卧室应安装遮光窗帘,配有电风扇或空调、彩色电视机,提供毛巾、牙刷、香皂等日常用品,床单、枕套、被套等卧具应干燥、整洁,一客一换或 1~3 天一换;尽量给所有的客房配备卫生间,内设坐便器、淋浴器、晾衣绳、换气扇等,所有卫生间 24 小时供应冷水,每天供应 18 小时淋浴热水。

(4) 外部环境幽静化

乡间的夜晚,静谧而诗意,许多城里人来乡下住宿,就是为了体验乡村夜晚的魅力。因此,在建设乡村旅馆的时候,需要考虑到它的外部环境,尽量选择安静且环境幽美的地方建造,使居所被绿色环抱。"苔痕上阶绿,草色入帘青""开轩面场圃,把酒话桑麻",使旅游者充分体验到自然之乐。这样,游客躺在镶嵌在山水林木之间的旅馆内,听着窗外虫儿的低吟浅唱,嗅着窗外浓郁的花果醇香,睡着后,梦都是甜的。早上醒来,阳光洒满了整个床铺,鸟儿在窗外唧唧喳喳地嬉戏打闹,放牛娃的牧笛此起彼伏,这样超凡而脱俗的意境,定能让城里人如痴如醉、流连忘返。

3) 设计要点

(1) 主题设计

乡村旅游经营户房屋装修既要满足游客的基本需求,也要避免类似于城市宾馆。应体现出乡村田园风格,使人内心充满宁静和舒适,触发对自然与朴实的向往。接待农户对庭院氛围的营造,建设不同的主题农院,减小接待农户间的重复建

设和隐藏的矛盾竞争。主题农院的建设主要通过接待农户房屋内外的乡土化装修、体现乡土气息来实现。依托现有的乡村村舍及其各自分布特点,进行不同主题的选择与营造,如"红椒院""金葵园""秋收里"等,使农舍摆脱"××号"的生硬编制,成为具有主题内涵的新景点,同时也方便游客按需选择。

(2)外环境的装修

尽量保持乡村农舍原有的风格特点,遏制"处处白瓷砖、家家马赛克"的市井风气;在装饰点缀方向,除了种植观赏性的乔本、藤本、草本植物外,鼓励大量使用玉米棒、辣椒串、大南瓜等色彩明快的农产品,以及草盖、草墩、饼犁、锄耙、磨盘、石坎等乡间农用具作为院落点缀,以增加农院的乡土气息。

建筑:建筑风格必须与当地民宅风格相一致,与周围环境融洽和谐。比如青砖黑瓦的木结构房屋,门前庭院搭起藤架,种上农家瓜果植物,也可以用枯藤景石营造出盆景,显得朴实优雅。院子里还可摆放一些反映当地浓郁传统文化和风土人情的劳动工具。辘轳、爬犁等原始的农家用具既可装点庭院,又可用来开发娱乐项目,教游客用辘轳提水,用爬犁犁地,这都是深受游客喜爱的娱乐项目。

门前屋后:门前屋后的小路可用鹅卵石铺设,伸向曲径通幽的小树林、小竹林。林中茅草屋顶下的亭子里摆放几把竹椅,让客人喝茶聊天;竹质的篱笆墙脚下种上兰草菊花,篱笆墙里种上四季蔬菜,尽显郁郁葱葱的美景。

(3)内环境的装修

要在建筑风格及周围环境的基础上确定客房的装修风格,在装饰内容和形式的统一中体现出艺术特色。可以体现文化气息、地方特点、风土人情,也可反映优美的青山绿水、宾至如归的温馨家庭、世外桃源的宁静幽雅。追求与自然和谐的乡土气息,吸取地方乡土艺术的文化特点及表现手法进行室内设计装饰,强调使用地方材料,注重"人情化"和"地方特点"。

农家堂屋:堂屋大门贴上对联或者春联,强化家的感觉。堂屋应当光线充足,四周墙壁装饰简洁、美观、大方,挂上书画作品或当地的风景摄影作品。堂屋内要有供客人休息的地方,配备具有当地农家特色的桌凳,在堂屋明显位置摆放制作精美的乡村旅游宣传材料,如服务项目价目表、主要交通工具时刻表、旅游景区介绍等。

客房的装潢设计:游客要求客房干净、卫生和舒适。为了设计好客房,需要考虑以下几个方面:客房的地面应具备保暖性,一般采用中性或暖色调,材料有地板、地毯等;墙壁的装饰简单些,床头上部的主体空间可设计一些人性化或具有当地人文民族风情特色的装饰品;色彩应以统一、和谐、淡雅为宜,稳重的色调较受欢迎,如绿色系活泼而富有朝气,粉红系欢快而柔美,蓝色系清凉浪漫,灰调或茶色系灵透雅致,黄色系热情中充满温馨气氛;客房的灯光照明以温馨和暖的黄色为基调,床头上方可嵌筒灯或壁灯使室内更具浪漫舒适的温情;客房有良好的采光和通风,根据当地气候,有采暖、降温设备。

卫生间、盥洗室:其面积、设施等应与提供的客房床位数相适应协调,方便客人使用,设计基本上以方便、安全、易于清洗及美观得体为主。由于水汽很重,内部装潢用料必须以防水物料为主。在地板方面,以天然石料做成地砖,既防水又耐用。浴室窗户的采光作用并不重要,重点在于通风透气。浴室的照明,一般以柔和的亮度就足够了。浴室布置若用木质材料打制洗漱器具最具返璞归真的情调。

5.3.6 乡村旅游商品开发

乡村旅游商品是指伴随乡村旅游而产生的、供游客购买的、具有乡村特色的旅游商品,它既满足旅游者的购物需求,也对旅游地形象的传播起到了重要的促进作用。乡村旅游商品主要包括土特产、旅游纪念品、旅游工艺品、文物复制品、旅游食品、旅游活动用品等类别。

发展乡村旅游商品产业是乡村旅游产业可持续发展的重要条件。乡村旅游商品是乡村旅游六要素中"购"因素发展的重要支撑点,是发展乡村旅游的重要吸引物。同时,不断开发出新的乡村旅游商品,不仅可以满足旅游者的需求,而且能够创造出新的旅游消费,从而增强地区旅游市场生命力。发展乡村旅游商品产业对扩大农民就业起着积极作用。乡村旅游商品的开发、生产与经营,扩大了农民的就业机会,使农民收入不断增加。开发乡村旅游商品产业的过程中,传统意义上的农民已经转型成为有自信、有技术、有文化、懂市场的新型农民。现在各地都涌现出了一些以从事乡村旅游商品生产为主导产业的专业村和专业户。再者,发展乡村旅游商品产业是增加乡村旅游收入的重要来源。据统计,世界上发达国家的旅游商品收入占旅游总收入的比重可达 40%~60%,平均水平也有 30%,而我国这一比例平均为 22%。通过文化创意的注入,普通的农产品,农村生产、生活资料都可以变成别具一格的乡村旅游商品,实现了从产品到商品,再从商品到纪念品的三级提升,其附加值大大提高,增加了乡村旅游的收入。最后,发展乡村旅游商品产业对传承和弘扬乡村民俗文化具有重要意义。乡村旅游商品的开发,抢救、整理,复苏了一大批流传于乡村、濒临灭绝的民间工艺、手艺、绝活儿等非物质文化遗产,使其重放异彩、后继有人,乡村旅游商品成为传承和弘扬民族民俗文化的载体。

1）开发原则

乡村旅游商品和一般的旅游商品既有共性，也有个性。乡村旅游商品开发不同于一般旅游商品的开发，更强调"乡土"性与参与性，总体而言，要注意以下几点：

（1）参与性

人们对于自己所创造出来的东西总是有种特殊的感情，因此，乡村旅游的商品不用急着把成品摆在柜台上，而应该让游客自己去创造。这样既可以节省劳动力，又可以激发游客的成就感和购买欲望，增长游客的动手操作能力和见识。如陶瓷商品，开发者可以设计一些让游客自己动手制作的环节，如制陶坯、烧陶等；水果商品，开发者可以让游客自己动手采摘。

（2）乡村性

所谓乡村性，是相对城市旅游商品来说的。乡村性主要表现在绿色环保特征、传统工艺特征、手工艺制作特征和民间原始特征等方面，这些特征是城市旅游纪念品所不具备的，因此有很大的市场。

（3）独特性

不同民族和地区的乡村有不同的风景物产、历史文化、风俗习惯、传统工艺、名人逸事等，因此，只有选择那些在别的地方不能或不易买到的特色商品进行开发才具有纪念意义。如何创造性地设计出别具一格的乡村旅游商品，是旅游商品开发成败的关键所在。

（4）艺术性

爱美是人的天性，商品的艺术价值和美学价值是提升商品档次和品位的重要体现。游客在购买旅游商品的时候，总要经过精挑细选，那些粗糙的产品是不能满足游客的需求的，同时还有损旅游地的声誉。

（5）实用性

人们购买一件商品，首先看重的是它的使用价值，没有使用价值的东西是不能成为商品的，因此，乡村旅游商品，尤其是日常使用的乡村旅游商品，如背包、水杯等，应该十分注意其实用性，尽量保证商品的质量和性能。

（6）纪念性

旅游往往表现为对特殊经历的追求，人们总是希望通过某种形式来纪念这段特殊经历，而旅游商品常常寄托着旅游者的情感和体验。因此，乡村旅游商品应当注重其地方或景区纪念性质，使游客感受到收藏价值。

（7）便携性

乡村旅游商品的销售对象大多是从城市远道而来的游客，因此，要充分考虑到商品的便携性,如所能携带商品的体积、重量、包装安全、保质时间等,尽量开发一些体积小、重量轻、保质期长的便携商品。

2) 开发要点

(1) 确定乡村特色商品开发的类型

①特色农产品。城里人来乡村最喜欢购买的东西就是具有地方特色、味道鲜美独特、易于存储与携带的农产品,如信阳毛尖、新郑大枣等。

②农家自己生产或加工的农产品。现摘的黄瓜等新鲜蔬菜、现刨的花生、刚打下的大枣、当年收获的小米、自产的烟叶、自酿的米酒、散养的土鸡都是游客较为喜欢的农产品;农家自己制作的酱菜、腌菜、腊肉、灌肠等加工型农产品,因其遵从传统手工技艺制作,用料天然,口味纯正地道,近几年来也很受城里人的青睐。

③民间手工艺品。除了上述土特产之外,城市旅游者还热衷于购买乡村的民间手工艺品,如彩线绣的鞋垫、用彩纸剪的窗花等。虽然手工艺品在制作效率上不及现代化的流水生产,但它蕴含的浓浓乡情却让人回味无穷。

④农村生产生活用品。一些农家常用的生产生活用品,也会成为满怀好奇心的城市旅游者热衷购买的物品,如老式竹木家具、蒲扇、皂角粉、丝瓜络、笤帚等,这些淳朴简单的生产生活用品近些年渐渐退出城市生活的舞台,城里人在乡下见到这些久违的用品,怀旧之情油然而生,免不了就要带几件回家。

(2) 乡村旅游商品设计、包装设计要求

目前,乡村旅游商品的包装设计大多存在着品牌意识不强、包装质量低劣、设计理念薄弱、设计品位不高等问题。乡村旅游商品设计、包装应当注意以下几个方面:

①凝练民族文化,挖掘区域特色。拓宽文化内涵是提高乡村旅游商品附加值的重要手段。因此,在设计上要精益求精,讲究艺术性、独创性,构图要精美,能反映地方文化精品特色,以适应消费档次较高、具有收藏爱好的游客的需要。

②注重注册商标,制定防伪标识。旅游产品、商品和服务拥有自主知识产权和知名品牌已成为影响旅游产业竞争力的重要因素。乡村旅游商品品牌保护意识明显不足,旅游商品生产企业要加强商品商标和防御性商标申请注册,通过申请注册和许可使用等方式,保护自身的合法权益和提升市场竞争力。

③注重艺术加工,突出审美情趣。旅游商品包装设计要与商品本身的审美趣味一致。在考虑旅游商品物理性能的同时,还要充分利用恰当的图形造型、色彩表现、文字书法和材料质地等多种元素,提取旅游商品本身的代表性符号,通过系统的艺术加工,将其合理、直观地运用于包装设计中,达到与其本身审美趣味相一致

的风格。

④注重包装功能,推行环保理念。包装设计要考虑商品的物理性能。质地、造型不同的旅游商品,要从精巧、轻便、防震、耐压等方面考虑不同的包装设计方式,以便保证商品的正常品质,便于储藏和运输。如瓷器、陶器要防止破碎;绘画书法既要防止挤压变形,又要杜绝潮湿;部分泥玩上面饰有彩漆,要避免碰撞以免脱色。同时,适应环境保护的潮流,利用区域特色,引进先进技术,开发新材料,真正做到环保包装。

(3)拓展乡村旅游商品的销售渠道

乡村旅游商品的各种销售渠道在营业时间、购物环境、经营规模、商品组合、人员服务等方面表现各自的优势。因此,必须结合乡村旅游者旅游时间、旅游路线、旅游购物动机、购买力水平等因素,发展多功能的乡村旅游商品销售渠道组合,以满足旅游者多样化的购物需求。

①设立旅游商品交易中心。展销各类旅游商品,成为区域旅游形象展示的窗口。交易中心以批发业务为主,兼营零售业务。

②参加各种交易会。如名优特产品博览会、旅游交易会和全国糖酒会、广交会等著名的商贸交易会,积极主动地参加各种评比活动,并大力宣传介绍获奖产品,以此提高市场的认知度。

③建立旅游商品街,将民族工艺品、土特产品、风味小吃、特色菜肴的商家集中于一条街上,既方便管理,又有利于形成竞争市场和集聚市场人气,便于游客开展游购活动。

④在景区设立零售网点。包括旅游景区自办自营和个体承包经营。除了依赖景区深厚的文化底蕴和足够的客流量外,还要认真考虑店面的内部选址。成行成市的经营是吸引游客的最佳方法,即达到规模效应。但如果店面受景区环境的制约,无法营造大的购物氛围,则需要通过店面的差异性设计突显商品特色,吸引游客的眼球;这类销售渠道方便游客购买,但其主要问题在于自身经营实力有限,购物环境简陋,商品组合简单,缺乏商品开发力度和宣传促销手段。

⑤开设品牌连锁经营专卖店或专柜。对于知名度较高的乡村旅游商品,可以在大中城市商业街区、机场、火车站、汽车站等地设立连锁经营专卖店,既展示了企业形象,也促进了乡村旅游商品的销售。此外还可以选择位于商业旺区、经营面积大、知名度高、信誉好的传统百货公司设立品牌专柜销售,既为旅游者提供了尊贵的购物体验,也增加了旅游商品的附加价值。

⑥利用互联网进行网络销售。旅游商品的网络购物等已成为一种时尚和趋

势,发达国家的旅游商品网化销售已基本实现,建立电子商务网络销售系统是时代、形势的要求,它是对传统经营模式的补充,通过电子商务网络销售可以扩大客源,减少销售环节、降低成本、提高工作效率,为旅游商品提供更广阔的市场空间和发展前景。

（4）乡村旅游商品的定价策略

①推算游客整体旅游成本,确定指导定价策略。要想确定旅游商品基本定价,应先通过近几年游客的资料,进行数据的收集、归类、整理和详细统计,推算出游客在当地平均所花费用,再去除吃、住、行、娱、游的消费量,从而得出游客预期对旅游商品购买的投入平均数,再参照旅游商品成本来确定其基准定价,做到"心中有底,定价不乱"。

②结合旅游商品自身特点,制定不同时期的定价策略。一般来说,处在介绍期的旅游商品由于刚入市场,产品扩散慢,销售渠道少,市场需培育,成本费用较高,且作为新产品出现,具有稀缺性,宜采取较高的定价策略,起到先声夺人的效果。到了成长期这一阶段,由于市场局面已经打开,分销渠道较为畅通,销售量也不断提高,成本费用明显下降。与此同时,竞争者也大量增加,此时应适当下调价格,达到排挤竞争者的目的。进入成熟期,市场竞争日益激烈,游客的购买量有限,此时以保持市场份额为目标,可以采取竞争性低价策略。到了衰退期,旅游商品价值大幅下降,使用价值也不断缩水,宜采用大幅降价策略,以利成本收回。

③针对目标游客的不同特点,适用不同的心理定价策略。一般来说,对于价格较敏感的游客尾数定价策略往往能够刺激其购买冲动。对于高档次显示游客地位身份象征的旅游商品尾数定价策略就不合适,在这种情况下,就应采用声望定价和整数定价策略相结合的方式,树立价高质优的品牌形象,以较高的价格吸引他们购买。对旅游商品价格和质量双重敏感的顾客可以考虑采用分档定价策略,即把同类型的产品按不同档次制定不同价格,满足他们的不同需求心理。对于一些易受大众口碑宣传影响的游客,可以考虑使用招徕定价策略,即把某一项旅游商品降到市价以下使游客在购买的同时增加连带性购买。

④考虑旅游的季节性因素,采用不同的折扣定价策略。旅游市场的一个鲜明特征就是具有季节性,旅游商品也应顺应游客季节性变化特点来运作,在旺季可以采用数量折扣的方式,即根据游客购买旅游商品数量的不同给予不同的价格折扣,这主要是因为游客购买旅游商品不仅仅是满足自己的需要,更多是用于赠送亲朋好友。在淡季,则可以采取对旅行社的折扣方式,以利于导游劝导游客对旅游商品的关注和选购,最终实现旺季扩大销售量、淡季稳定销售量,均衡全年生产的目的。

【实　　训】

收集国内外乡村旅游产品设计的经典案例,并进行课堂展示与分享。

【实训要求】

1.收集案例的相关开发背景资料、图片展示。

2.分析案例中乡村旅游产品形式、设计理念,总结可借鉴的经验。

项 目 6
乡村旅游目的地规划与建设

【知识目标】

认识乡村旅游规划的重要性,知晓乡村旅游规划的内容体系和编制程序,了解乡村旅游目的地建设的内容和具体要求。

【能力目标】

通过本项目的学习,培养学生观察、分析具体事物的能力,掌握乡村旅游目的地开发建设的基本原则,能够运用相关理论解释乡村旅游目的地在开发建设过程中的一些现象和问题。

【案例导读】

丰顺县北斗镇强化规划引领建设"美丽乡村"

2013 年以来,广东省梅州市丰顺县北斗镇以全力建设丰顺新区为契机,强化规划引领,致力于打造"美丽乡村、精致小镇",着力建设"村点出彩、沿线美丽、面上洁净"的美丽乡村格局,切实提升群众生活质量和生态环境质量。

该镇紧密结合生态优势,规划、引领推进美丽乡村建设,从传统历史、人文积淀、资源禀赋、地形地貌以及群众基础等实际出发,进行"一心两轴三片区"规划,细化到村,广泛征求群众意见,确保规划"落地"。该镇对北斗秀美山川进行充分挖掘,精心打造仙猴观海、三桥烟雨、香樟神木、韩山旭日、桐梓叠翠、桐新飞瀑、坪坑小筑、千年桂王等"北斗八景"。

该镇东临凤凰山,西踞鸿图嶂,韩山耸立其中。走进北斗,映入眼帘的便是一条步步是景的幸福绿道,贯穿该镇全长 20 多千米的 Y128 线被划分为 6 个路段。该镇结合实际实施"一路一树、一村一景"的生态景观林工程,分别种上了美丽木棉、大叶紫薇、鸡冠刺桐等名贵苗木共 3 000 多株。该镇还以农村环境整治为突破

口,广泛筹集资金100多万元建设了一个垃圾中转站,购置一批环卫车辆及工具,聘请保洁员每日上门收集农户生活垃圾,大力宣传"门前无垃圾,屋内福满堂"的理念,引导广大群众积极主动参与城乡环境综合治理,实现城乡环境质的飞跃。

(资料来源:梅州日报,2013-06-21.)

任务 1　认识乡村旅游规划

乡村旅游发展的一个重要趋势就是建设主题鲜明的乡村旅游目的地。规划的制定是乡村旅游发展过程中最基础和最重要的工作。规划的好坏不仅决定着近期乡村旅游的发展水平,而且直接关系到乡村旅游长远目标的实现。

6.1.1　规划目的

乡村旅游规划,是旅游规划的一种。从资源的角度而言,是以乡村村落、郊野、田园等环境为依托,通过对资源的分析、对比,形成一种具有特色的产业发展方向。在我国广大的乡村地区存在着丰富的人文历史资源和生态自然资源,乡村旅游开发和发展存在着巨大的潜力和市场。

1)乡村发展规划与乡村可持续发展

乡村实施可持续发展战略,就是要以乡村为载体努力寻找出一条人口、经济、社会、环境和资源相互协调,既能满足当代人的需求,又不对后代人的发展需求构成威胁的发展道路。乡村是我国建制最小的行政地域单元的群体,它既接受周围城镇的辐射,又对乡村居民产生直接的辐射作用,乡村的可持续发展是城乡一体化战略的基本原则。

乡村发展规划是乡村可持续发展的实现过程和手段。在乡村发展规划的过程中,要考虑环境、生态和资源的相互协调性,考虑资源的有限性和不可再生能力,不能盲目扩大乡村的规模,也不能让乡村以城市为模板进行复制。规划的重点是考虑如何有效节约用地,保护资源和生态环境;如何提高乡村规划设计水平,改变千镇一面的状态等,改变城乡二元经济结构的现状,促进农业人口向非农业人口转变。乡村发展规划恰恰是乡村可持续发展实现的途径,乡村可持续发展是乡村发展规划的目的和指导,二者相辅相成,相互促进。

2) 乡村旅游规划与乡村创新经济学

乡村规划可以根据特有的资源和特色发展旅游业,这是乡村创新经济学理论的应用和实践。近期,乡村旅游往往和新农村建设联系在一起,乡村旅游发展是创新经济学理论下的一个成功实践。根据乡村创新经济学理论,因地制宜,实事求是,依据特有的旅游资源发展乡村旅游业是乡村发展的有效模式之一。乡村创新经济学是瑞典延雪平大学商学院维尔特教授等在总结欧洲农业发展经验的基础上提出的,乡村创新经济学理论推崇区域社会资本在乡村建设中的作用,依据乡村特有的资源,通过资源整合、城乡合作发展特色产业。乡村创新经济学立足于乡村经济发展不平衡性,居民点分布及规模等不同特点,按照不同的发展模式和要求,实事求是,因地制宜,对乡村发展进行有区别规划,坚持产业发展与居民点体系建设互动协调的理念,根据区域经济发展统筹的原则,研究乡村发展的方向和模式,合理安排生产用地,促进乡村产业结构的升级和优化。

6.1.2 规划原则

做好规划,为乡村旅游的发展提供科学的指导,要注重规划的整体性和连续性,要突出重点,因地制宜,抓好试点,分步实施,避免一哄而上,急于求成,盲目发展。要充分考虑到当地的自然和文化特性,旅游发展的市场、规模、布局、基础设施等方面的问题,量力而行、有序推进、不断完善,杜绝出现重复建设和资源浪费的现象。

乡村旅游规划除了依据旅游发展规划的一般性原则之外,还需强调以下原则:

1) 科学规划,合理引导

乡村旅游规划要坚持宜发展就发展,不要盲目发展和恶性竞争。要在创新上下功夫,坚持以特取胜,提升乡村游的文化品位,绝不能千村一面。而乡村千篇一律,到处都是一样的商业化、城市化氛围和人造景观,就会既失去了个性,也失去了乡村的魅力。乡村旅游属于一种服务业,要在保持乡村独有田园风光和农家文化的基础上去引导需求。现在不少地方,在发展乡村旅游中大拆大建,以为这就是新农村之"新",于是不仅重蹈许多城市建设中"只开发,不保护"的覆辙,而且随着新楼一片片崛起,承载历史的记忆也同时被抹去,使乡村传统文化的根脉面临从此全部切断的危险。为了避免这种灾难性的发生,我们要坚持可持续发展的道路。

乡村旅游是以良好生态环境为基础的,盲目地旅游开发会破坏当地的生态环境和旅游资源,不能产生应有效益。越是保护完好的村寨,发展乡村旅游的优势就越大,在参与国内外旅游竞争的优势就越突出。保护乡村生态环境最重要的一点

就是要保持原有的特色,与城市生活区别开,保持旅游吸引力。由于保持传统特色的乡村往往经济欠发达,因此,政府还需要在规划、产品组织、市场营销、资金投入等方面进行规范、引导和支持。

2)创新设计,强化特色

特色是旅游产品的吸引力,在乡村旅游规划中,强化特色,一是突出原汁原味的乡村特色,避免乡村城镇化和商业化。突出原汁原味的乡村特色,就是强调乡村旅游的文化性和原生性。在乡村旅游规划中,其服务设施的设计应遵循朴素、自然、协调的基本原则,力戒贪大求洋,追求豪华(如果建筑物富丽堂皇,不仅与乡村旅游内涵相脱离,而且还破坏了当地资源和环境);日常餐饮提供和旅游项目设计要贴近农家生活,满足游客"吃农家饭、住农家屋、干农家活、享农家乐"的消费需求,创办专项特色餐饮、特色住宿、特色观光、特色休闲、特色商品、特色娱乐、特色种养业等,防止盲目追求高档。二是忌不切实际的生搬硬套。乡村旅游规划需要对乡村资源优势和风土人情进行认真的调查和研究,选择合适的旅游项目,切忌照抄他人的成功模式,生搬硬套。强化特色,就是在学习他人的基础上,研究乡村旅游市场,研究本土特色、挖掘本土特色、突出本土特色,用本土特色赢得市场。

乡村旅游规划是一种新型旅游业,讲究创新,这就要求不能够绝对保持"乡土特色"。如果要完全保持乡土特色的话,就是顺其自然发展了,就不会有乡村旅游规划的诞生了。由此可见,发展乡村旅游若不在规模和层次上有所讲究的话,想长时间兴盛几乎是不可能的事,只有在充分开发本地特色的基础上做到"土洋结合",才能吸引更多游客。当然,这并不是否认要保持乡土特色,因为乡村旅游本身就有别于其他旅游,首先要突出"乡村"特色,要在建筑、服饰、饮食乃至旅游活动的设计等方面尽可能体现出地方特色和民族特色,防止出现雷同和"洋"化,这就叫作"取乡村旅游之精髓,而去其糟粕"。只有通过这种方式,乡村旅游才能获得存在的土壤和发展的空间。出于乡村文化和城市文化价值观的分歧,导致了文化理解上的偏差,乡村人从自己的视野来理解自己的文化确实会"不识庐山真面目",因为世世代代的生活环境,使得他们永远停留在生存角度来理解乡村文化,而无法着眼于城市人的休闲角度。但这种认识观念的转变不是内生的,它需要一定的外在力量,为此,一定要先规划后实施,一定要请专家做,不能自行盲目开发,否则容易造成建设性的破坏,只有高立意、高起点才能最大限度地保护乡村文化。

3)服务社会主义新农村建设

加快农村基础设施建设,改善乡村交通、用水、用电、通信等生产生活条件,是建设社会主义新农村和发展乡村旅游的共同任务,乡村旅游规划应与新农村建设规划紧密结合,融为一体。乡村基础设施、生产生活条件好了,乡村旅游的发展才有基础。在乡村旅游规划中,要把旅游乡村的住宿、餐饮、旅游公厕、停车场、农产品购物点等配套设施与新农村的基础设施、公共设施建设结合起来,营造村容整洁卫生、村民文明友善的旅游环境,促进乡村旅游的快速健康发展。

从各地的实践看,良好的生态环境,便捷的交通条件,整洁的村容村貌,是发展乡村旅游的重要保障。社会主义新农村建设对村容村貌提出了明确要求,要求通过新农村建设,极大促进和改善乡村基础设施、生态环境和生产生活条件,通过交通、通信、卫生和饮水等条件的改善,使乡村旅游业的设施条件和自然环境大为改观。

乡村旅游规划除了要遵循规划原则之外,还要坚持"一保留、两坚持、三不"的规划理念。"一保留",保留乡村历史文脉,传承乡村建筑文化,彰显乡村文化底蕴。"两坚持",坚持人与自然和谐,保护山体、河流、水塘,保护生态环境和自然环境;坚持本土特色,依山就势,体现乡村特色,凸显田园风光,避免城乡一体化变为城乡一样化。"三不",做到不推山、不填塘、不砍树。科学的规划原则与规划理念,就是新农村建设规划与乡村旅游发展的完美结合。乡村旅游发展规划要注重乡村旅游的整体性和连续性,实现乡村旅游的可持续发展。

6.1.3 规划内容体系

乡村旅游规划是在前期进行乡村旅游开发项目可行性研究的基础上,结合社会主义新农村建设进行乡村旅游开发策划、规划与设计,对乡村旅游产业发展模式、乡村特色休闲及景观建筑设计、乡村游乐项目策划、农家乐升级、民俗村度假开发、古村落文化休闲开发、农业生态园打造等方面进行的研究,乡村旅游规划具体又可分为休闲农业园区策划、特色农业观光主题园区、休闲农业博览园、特色采摘度假区、新农村整体规划设计、新农村风貌设计、乡村旅游景区规划、乡村主题度假区规划、乡村会所、温室建筑设计等。总体而言,不论是哪一类型的乡村旅游规划,大致的内容体系如下:

1)规划背景

规划背景是对项目情况做总述,解释项目编制缘由,介绍项目委托方、编制方的基本情况,确定项目规划范围,根据编制过程中涉及的法律法规列举编制依据,确定近中远期规划的起始年限。

2)基础分析

基础分析是规划编制中各项工作得以顺利开展的保障。科学、客观、翔实的基础资料整理和分析,能够为规划的后续工作打下坚实基础,是项目与产品能够落实到规划地块的关键。乡村旅游规划的基础分析主要由以下几个部分组成:行业环境分析、开发条件分析、旅游资源构成与评价、市场分析、主要问题与开发方向。

3)总体构思

①规划目标:包括时间上的近中远期目标,内容上的定性目标和定量目标等。规划者应根据乡村旅游地的实际情况,合理确定本地区的发展目标。

②规划理念:包括项目开发应遵循的理念、原则,以及规划工作的总体思路等。

③定性定位:包括项目开发的性质、项目地的性质、乡村旅游地的形象定位、功能定位和市场定位等。明确农业产业升级的方向,产业结构调整的方向。

④总体布局及功能分区:确定规划区的总体布局、规划的空间结构和功能区划。

4)策划规划

策划规划部分是乡村旅游规划编制的主体,这一部分基于总体构思的战略理念,详细阐述了规划者的规划思想和规划方法,是落实乡村旅游规划内容的唯一途径。

①旅游产品及重点项目策划:本部分主要根据乡村旅游地的资源、产业、市场等开发基础,提出项目地的产品设计思路,构建休闲、观光、度假产品体系,完成重点项目的设计构想。

②土地利用协调规划:本部分主要对规划区内的土地利用进行统筹安排,合理确定建设用地面积和布局,完善土地利用制度,对敏感地块的用地指标进行控制,明确乡村未来的用地发展方向。

③居民社会调控规划:规划者应根据乡村实际情况和项目开发需要,因地制宜确定规划区内的居民搬迁、土地整理等,科学有序地组织社区居民的空间转换和搬迁流动,尽量保留乡村聚落景观。

④旅游容量与游人规模预测:由于乡村地区的特殊性,乡村旅游规划宜将旅游心理容量与旅游环境容量一起作为衡量标准,确定本地区旅游活动量极限值,并在此基础上,根据乡村旅游地已有的游人基数,按照一定的增长率,预测规划期内可能达到的游人规模。

⑤基础设施规划:包括给排水、供电系统、道路系统、燃气系统、电信系统等方面的规划设计。基础设施规划要求各项指标能够满足乡村原住居民和未来旅游发展后的游客需求,规划方法和规划程序应严格按照国家相关标准规范进行。

⑥环境保护与环卫设施规划:本部分规划是通过对乡村环境的保护和培育,实

现乡村整治。规划的主要内容包括明确保护目标,合理规划垃圾收集、污水处理、公共厕所等环卫设施,落实大气环境质量、水环境质量、固体废弃物、噪声等各类污染源控制指标,采取有效措施控制污染源。

⑦乡村遗产保护及风貌控制规划:乡村遗产保护规划主要对乡村地区具有保护价值的建筑、构筑物、服饰、景观等物质实体和民歌、舞蹈、手工艺、传说等非物质体制订保护计划,实施保护措施。乡村旅游规划应重视编制风貌控制规划,通过建筑风貌的协调规划,保护乡村景观和特色建筑,维护乡村意象,充分展示乡村的历史风貌和文化底蕴,统一建筑风格,突出整体性,避免杂乱无章。

⑧绿地系统规划:绿地系统规划主要是对乡村地区的植物生态系统进行规划。在绿地系统规划中,植物配置上应多采用乡土树种,力求打造自然随意、注重总体、色彩成片、单树成景的绿地景观,为乡村旅游活动的开展提供良好的绿色环境。

⑨防灾系统及安全规划:针对乡村地区可能遇到的各类灾害进行防护措施规划,主要包括抗震规划、防洪规划、消防规划、防病虫害规划、游客安全规划等多个方面。

⑩道路交通及游线组织规划:道路交通规划主要对乡村旅游地的道路交通体系进行梳理,规划建设进出便利、体系完善的道路系统。游线组织规划是将旅游区内各景点以游客游览线路的方式串联起来,规划游客流向,以更好地调节游客情绪、布局服务设施。

5)保障实施

任何规划项目都以能最终落实实施为目的,保障实施的主要内容即是为了确保策划规划的顺利实施而制订的一系列措施,主要包括项目建设时序规划、投入产出分析、管理与运营等3个部分。

①项目建设时序规划:乡村旅游地的建设应从本地实际出发,避免一拥而上、盲目无序,导致开发失败对乡村遗产造成不可逆转的破坏。项目建设时序规划即是对项目开发建设的时间维度进行控制,循序渐进,量力而行,科学统筹安排资金、人力、物力,达到集约化、可控化、有序化建设。

②投入产出分析:投入产出分析是对乡村旅游规划所涉及的基础设施建设、旅游配套设施建设、市场营销宣传费用、项目建设费用等进行投资估算,对规划期内的旅游产出进行收入估算,制订投资计划,进行经济效益评估的过程。

③管理与运营:本部分的规划是为乡村旅游的开发、发展提供组织支持与后勤保障。主要包括乡村旅游社区的组织形式、管理模式、项目投融资模式、市场营销与宣传等方面的规划。

6.1.4 规划编制程序

乡村旅游规划作为旅游规划的一种特殊类型,必须遵循旅游规划的一般原则与技术路线。规划技术路线是规划过程中所要遵循的一定逻辑关系,其中包含了规划的主要内容和制定规划的基本步骤,如图 6.1 所示。

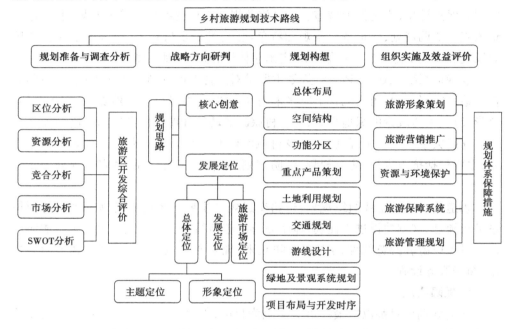

图 6.1 乡村旅游规划技术路线

根据旅游规划的一般性要求,结合乡村旅游规划的实际需要,乡村旅游规划的过程一般分为 5 个阶段:

1) 规划准备和启动

主要工作包括:①规划范围;②规划期限;③规划指导思想;④确定规划的参与者,组织规划工作组;⑤设计公众参与的工作框架;⑥建立规划过程的协调保障机制等。

这一阶段需要召集不同领域的专家学者和管理人员,包括市场与财务分析家、旅游行政管理者、旅行社管理者、饭店管理者、乡村管理者、社会家、生态与环境专家、工程师、建筑师、地理学家、景观设计专家等,共同研究乡村旅游规划的经济、社会、环境、工程、建筑等问题。同时,吸收普通的市民和村民参与,有利于使规划成为更切实可行的方案。

2）调查分析

主要工作包括：①乡村旅游地基本情况、场地分析等；②乡村旅游资源普查与资源综合评价；③客源市场分析与规模预测；④乡村旅游发展竞合分析、SWOT 分析等。

具体包括乡村旅游资源调查与评价、乡村基础设施调查与评价、乡村社会经济发展调查与评价、市场预测分析、成本效益估算、承载力分析等。进行实地考察、市场调查、收集资料，这是一项非常重要的工作，必须认真完成，在以后的工作过程中还要反复进行这项工作。

3）可行性论证与战略方向研判

通过分析乡村旅游发展的背景、现状、文脉、地脉及客观形象，横纵向进行项目开发可行性分析，诊断其发展中存在的问题，确定乡村旅游发展的总体思路，初步确定乡村旅游项目建设的主体形象、特色、发展方向与布局、旅游开发的规模、主要的基础设施和旅游设施等，制定规划目标。

对某一乡村的开发目标的确定，要兼顾这个乡村以及周边地区的经济目标、社会目标、环境目标，不同的乡村各有所侧重，例如，某一乡村是贫困村，现进行乡村旅游开发，其开发目标首先是社会目标（即脱贫、扶贫），其次才是经济目标（即致富、增加收入）。同时，不能以牺牲环境为代价，要兼顾环境。

【参考资料】

乡村旅游开发项目可行性研究报告编制提纲

一、总论

1. 申请项目的概述。应包括项目的主要内容、创新点，项目的主要功能等。

2. 简述项目的社会经济意义、目前的进展情况。

3. 简述本地区建设该项目的优势和风险。

4. 项目计划目标。

◆总体目标。包括项目执行期间（从项目起始时间到计划完成时间）计划投资额；项目完成时达到的目标、实现的年接待能力等。

◆经济目标。包括项目计划完成时累计实现的旅游收入增加值、旅游外汇收入、净利润等。

◆技术、质量指标：包括项目计划完成时达到的主要技术与性能指标（需用定量的数据描述）、执行的质量标准、通过的国家相关行业许可认证及企业通过的质量认证体系等。

◆阶段目标。在项目执行期内,每一阶段应达到的具体目标,包括进度指标、技术开发指标、资金落实额、项目建设情况、实现的旅游收入等。每一阶段目标应是比较详细的、可进行考核的定性定量描述。

5.主要技术、经济指标对比。列表对项目实施前后的相关指标进行详细比较。

二、乡村旅游项目的技术可行性和成熟性分析

1.项目的技术可行性论述。

2.项目的成熟性和可靠性论述。

三、乡村旅游项目产品市场调查与竞争能力预测

1.本旅游项目产品的主要功能,目前主要客源市场的需求量,未来市场需求预测;旅游项目产品的经济寿命期,以及该项目目前处于寿命期的阶段。

2.本旅游项目产品的国内外市场竞争能力,替代进口或出口的可能性,预测本旅游项目市场占有份额,以及近期内市场占有率的增长情况,并说明预测的根据。

四、乡村旅游项目实施方案

1.旅游项目开发计划。

详细描述旅游项目开发工作、准备工作、市场开拓工作的进展计划,以甘特图(注)的形式列出,并明确标出完成各项工作预计所需时间及达到的阶段目标。

2.旅游项目建设技术方案。

论述该旅游项目的技术路径,并说明在开发过程中将采取的具体技术方法和预计实现的技术参数。提出可以解决上述技术问题的备选方案。

3.营销方案。

论述本旅游项目产品主要的目标市场以及该旅游项目的销售和服务网络等。

4.其他问题的解决方案。

简述旅游活动过程中的"三废"情况及处理的措施和方案。

五、投资预算与资金筹措

1.投资预算。

近期完成的投资额,即提出申请之前该旅游项目已实现的投资额,并分项说明资金来源及主要用途。估算本旅游项目在执行期内的计划新增投资。

根据项目计划新增投资情况,编制新增固定资产投资估算表和流动资金估算表。

2.新增资金的筹措。

对新增投资部分,需阐述资金筹措渠道、预计到位时间、目前进展情况。

3.资金使用计划。

根据项目实施进度和筹资方式,编制资金使用计划。

六、经济、社会效益分析

1. 项目投资成本分析。

按财务制度的规定,估算项目产品的年运营成本和期间费用,并提供计算运营成本的基础,说明对旅游项目运营成本产生负面影响的主要因素以及可采取的对策。

2. 旅游项目盈利预测。

根据旅游项目产品的成本和市场分析,预测该旅游项目产品进入市场的情况,并编制该项目 5 年的盈利预测表,包括收入预测、成本预测、利润预测等。

3. 旅游项目经济效益分析。

根据旅游产品营销情况和客源市场占有情况的分析,预测本旅游项目在规划期限内累计可实现的收入、净利润、缴税总额以及创汇等情况。

4. 旅游项目投资评价。

计算旅游项目的净现值、内部收益率、投资回收期。

5. 旅游项目社会效益分析。

论述本旅游项目的实施将对提高地区经济发展水平的影响,对合理利用自然资源的影响,对保护环境和生态平衡以及对节能可能产生的影响。

七、乡村旅游项目可行性研究报告编制说明

可行性研究报告编制单位名称、基本情况、负责人、联系电话。

可行性研究报告编制者姓名、年龄、学历、所学专业、工作单位、职务、职称。

八、附件

项目可行性研究报告的专家论证意见

论证意见包括:

对项目可行性研究报告的真实性、科学性、立项意义的评价。

对项目可行性研究报告中技术水平描述的准确性、技术路线可行性的评价。

对项目投资预算的评价。

对项目能否如期完成总体目标、经济指标、技术质量指标、进度目标等内容的评价,并提出修改意见。

其他有关建议。

专家论证组专家名单:包括姓名、年龄、工作单位、学历、所学专业、现从事专业、职务职称、联系电话、身份证号码及专家签名。

4）制订规划方案

制订规划构建乡村旅游规划内容体系的核心,依据发展乡村旅游的总体思路,提出乡村旅游发展的具体措施,包括乡村旅游产品策划与开发、土地利用规划、各种设施建设规划、市场营销计划、人力资源配置与人才培养、环境容量、支持保障体系等。

5）组织实施与综合评价

依据乡村旅游规划的具体内容,做好乡村旅游规划管理;根据经济、社会、环境效益情况进行综合评价,并及时做好信息反馈,以便对规划内容进行适时的补充、调整和提升。

进行实质性开发工作,并注重监督与反馈,尤其注意村民态度的变化情况,确保村民的积极性。对实施结果与预定目标进行对比分析,找出偏差的原因,调整目标或实施方案,修改规划,使之更趋向合理。

【案例链接】

国外乡村旅游规划经典案例

1. 韩国——周末农场型

韩国发展乡村旅游的经典形式为"周末农场"和"观光农园",以江原道大酱村为例:大酱村首先抓住游客好奇心出奇制胜地由和尚与大提琴家共同经营,利用当地原生材料采用韩国传统手艺制作养生食品的方式制造大酱,既符合现代人的养生学,还可以让游客亲临原初生活状态下的大酱村,同时节省资本、传承民俗文化特色。此外,乡村旅游的经营者还特别准备了以 3 000 个大酱缸为背景的大提琴演奏会,绿茶冥想体验,赤脚漫步树林及美味健康的大酱拌饭,增加了游客的体验性,体现了乡村旅游的就地取材、地域特色浓郁的同时迎合了修身养性的市场需求,成功地吸引了大量客源。

可借鉴之处:以"奇"为突破口,和尚与大提琴家共同经营是创意的奇特,配合这样的理念,开展 3 000 个大酱缸为背景的大提琴演奏会,是实践的奇特,再者,将韩国泡菜、大酱拌饭为核心招牌突出乡土气息也是乡村旅游发展的灵魂。

2. 亚洲发达国家——生态交流型

相对于欧美,乡村农业旅游起步较晚的亚洲发达国家发展速度却极其迅速。以体验农村生活为主题的电视节目、杂志和报纸在当今城市居民对农业、农村需求高涨的背景下人气非常旺盛,因此生态交流型的乡村旅游在该地区受到欢迎。典型代表是日本的大王山葵农场,该农场以黑泽明导演的电影《梦》拍摄地点而闻名日本全国,每年吸引约 120 万访客旅游。这种以农场为依托,以媒体传播为宣传手段也是乡村旅游发展的方向之一。

可借鉴之处:宣传手段,通过影视作品来促进旅游地发展,提升品牌一直是行之有效的宣传手段,所以在条件允许的情况下,可以通过这样的方式来宣传乡村旅游目的地,更重要的是提示乡村旅游经营者宣传促销的重要性。

3. 欧洲——乡野农庄型

欧洲国家乡村旅游业发展最早,并形成多元化的乡村旅游形态,在这之中,"民宿农庄""度假农庄"尤为典型。这种形态的旅游或以度假为主的民宿农庄、露营农场,或以美食品尝为主的农场饭店开展,也有以适应欧洲居民习俗的骑马农场、教学农场、探索农场和狩猎农场等形式发展起来。例如在法国、奥地利、英国农村,将旅游住宿附加球场、赛马场、钓鱼场、园林等设施,迎合休闲旅游者需求。

可借鉴之处:增加乡村旅游的参与性项目,欧洲国家这种乡村旅游的发展本身就是由赛马、高尔夫球、钓鱼等实际参与性活动的催生而形成的,可见对于乡村旅游的发展其参与性项目的重要性,民俗、露营、美食品尝等进行当地特色化也是乡村旅游发展的重点之一。

国内乡村旅游规划经典案例

1. 江苏华西村

江苏省江阴市华士镇的华西村依托乡村旅游成为全国闻名的现代化示范村,其推出的"农家乐趣游""田园风光游""休闲生态游"等旅游产品满足了都市人们体验农家生活、追求休闲、度假的需求,同时开辟了农家乐特色游,住传统农舍、烧传统锅灶、用传统厨具,自钓活鱼、自摘蔬菜、自饮自娱,让城市游客不仅尝到鲜美地道的农家菜,也感受到农村和农家生活的新鲜和乐趣,丰富了乡村旅游发展的内容,也为华西村提供了一个有效致富之道。

可借鉴之处:传统特色项目的深度挖掘,产品多样化发展,开展了"农家乐趣游""田园风光游""休闲生态游"的同时,通过住传统农舍、烧传统锅灶、用传统厨具,自钓活鱼、自摘蔬菜体现了乡村特色。

2. 成都:"五朵金花"

以花卉产业为载体发展乡村休闲旅游的"五朵金花"是成都锦江区三圣乡五个村的雅称。采取自主经营、合作联营、出租经营等方式,该区域的农户依托特色农居,推出休闲观光、赏花品果、农事体验等多样化的乡村旅游项目,现已形成了红砂村的"花乡农居"、幸福村的"幸福梅林"、驸马村的"东篱花园"、万福村的"荷塘

月色"、江家村的"江家菜地"等著名乡村旅游景点,吸引着众多游客前往,成为乡村旅游开发的典范。

可借鉴之处:发挥区域合作优势,突出主题产业载体,乡村旅游发展中的瓶颈之一就是力量单薄,无论是资金、基础设施还是所依托的景区资源,基本上每个乡村旅游发展过程中都会遇到相关问题。在"五朵金花"的案例中,5个村子联合起来,以花卉产业为载体的发展模式为乡村旅游的区域合作发展,为增加项目发展的凝聚力提供了突破口。

3.嘉善乡村旅游

嘉善县通过积极培育发展休闲观光农业,形成了以碧云花园为代表的农业园区型,以浙北桃花岛为代表的基地拓展型,以汾湖休闲观光农业带为代表的资源景观型,以祥盛休闲农业园、龙洲休闲渔业园为代表的特色产品型,以西塘荷池村、陶庄渔民公园为代表的"农家乐"型等多种休闲观光农业和乡村旅游。2011年3月嘉善县获得了农业部和国家旅游局联合授予的首批"全国休闲农业与乡村旅游示范县"称号。

可借鉴之处:在观光旅游逐渐向休闲产业转换的过程中,嘉善乡村旅游将观光业和休闲业很好地结合起来,为乡村旅游的与时俱进开辟了一条道路。

4.贵州余庆白泥坝区现代农业旅游规划

余庆地处黔北南陲,系遵义、铜仁、黔东南、黔南四地州(市)的结合部。北与湄潭,东与石阡、凤冈,南与黄平、施秉,西与瓮安接壤。北部、中部为乌江河谷阶地,县城所在的白泥盆地,是贵州省著名的万亩大坝之一。规划区紧靠余庆县县城,白泥万亩大坝是贵州省19个万亩大坝和全国100个万亩大坝之一,是余庆县粮食生产的主要地区,具有良好的区位发展优势。

可借鉴之处:水资源是开展乡村旅游不可或缺的资源之一,流动的水能有效地带活乡村旅游,让乡村充满活力;亲水性的旅游项目,更容易让游客体验最为原始的乡村生活场景。所以本次设计充分依托余庆县自身的山、水景观特色,充分挖掘和提炼地段中的自然环境要素,通过有机的设计使人在规划区中充分感受到山、水,突出山、城、水、绿交融的生态格局,从而形成深刻的旅游印象。

任务 2 了解乡村旅游目的地建设要求

近年来,乡村旅游不断地成为社会主义新农村建设和城乡统筹发展的重要模式,随着社会经济和旅游产业的飞速发展,在建设乡村旅游目的地的实践过程中,各地开始积极探索宜农宜游、宜居宜商的乡村旅游型新农村综合体建设模式。乡村旅游综合体,是在总结乡村旅游与城乡统筹发展过程中所形成的成功经验基础上提出的一种全新的发展模式,它将乡村旅游目的地建设与城乡统筹发展完美嫁接,乡村综合体有别于城市旅游综合体,它是基于乡村土地资源,以乡村产业为导向对乡村土地进行综合的、合理的开发利用,形成一种集约的乡村聚合空间,其主要特征包含功能复合性、效益综合性、要素系统性、产业规模性等。乡村旅游目的地建设则是基于乡村综合体,把乡村旅游作为乡村综合体外向联系的突破口,合理地开发利用乡村旅游资源和土地资源,以所开发的乡村旅游休闲项目、乡村配套商业项目、乡村休闲地产为核心,形成功能构架较完整、整体服务品质较高的旅游目的地系统。

6.2.1 功能分区与用地规划

1)功能分区与空间发展格局

如何按照旅游者的市场需求,结合乡村旅游资源的分布特点,有效组织合理的用地规划和功能分区,形成目的地良好的空间发展格局,是乡村旅游目的地建设过程中需要加以解决的重要问题之一。乡村旅游目的地空间发展格局应当以当地经济社会发展规划和土地利用总体规划为基本依据,结合当地产业发展、环境保护、地质地貌、灾害类型分布等相关信息,综合确定区域空间的总体发展战略和保护利用思路,并相应提出内部土地利用的控制目标,以及相应的类型、方式、强度和控制措施等。

世界旅游组织推荐了旅游区功能分区的一般原则,对现状土地利用方式进行评价,提出保留、调整和结构优化意见,提出旅游空间组织方式及其结构模式。这些原则经过数十年的验证,适用于一般乡村旅游区的空间格局规划。乡村旅游区的规模不同,其内部空间结构在建设时的侧重点有所不同。小型旅游区(小于20

平方千米)应处理好景点、景区、游线等点线面关系并形成系统和突出风景游览对象的特性;中型旅游区(20~100平方千米)应完善风景游览系统,配备相应的旅游服务设施和居民社会管理系统,控制好各功能区的关系;大型旅游区(100~500平方千米)应处理好风景游览、旅游设施、居民社会各系统和各功能区的关系,形成网络,控制好景区与村镇、景区与行政区的关系;特大型旅游区(大于500千米)应完善风景、旅游、社区居民各系统和各功能区所形成的旅游区综合网络,确保景区用地、建设用地、生态用地、生产用地之间的关系。

由于乡村地区具有良好的自然条件,因此开发过程中不应花过多精力去改变那里的资源条件,而主要在于科学地进行土地规划和功能分区,改善其基础设施和旅游娱乐设施,如住宿、餐饮、帐篷营地、娱乐、解说等,有效开展设施组合、景点优化。对乡村旅游目的地内部空间的层次及功能转换与渗透进行分析时,目的地内部的布局模式,与其本身强调的功能有关,还与当地的小地貌条件、设施条件有关。但从设施的布局形态和整体空间关系来观察,基本上离不开点、线、面的组合和诸功能块的空间组织。其形态的共同特点是以自然环境为核心,游憩活动在自然背景中辅助适量人工设施开展进行,与地貌形态、设施配置结合,形成了带状、单核式、双核式、多组团式等空间模式。为了便于乡村旅游目的地形成比较一致的功能概念体系,我们提出了一个尝试性的乡村旅游目的地功能构成,即公共设施区、度假居住区、游乐观光区、文化娱乐区、供应设施区,以及其他有特色或必要的功能,如表6.1所示。

表6.1　乡村旅游目的地功能分区(建议)

功能分类	功能项目
公共设施区	游客中心、行政经济管理机构、商业服务、金融信息贸易、旅游接待及会议中心等
度假居住区	度假别墅、度假公寓、度假屋村、休养所、生活居住区(含基层服务网点及必要的文教卫生设施)
游乐观光区	自然观光、自然游乐、文物古迹观光、人工游乐等
文化娱乐区	影视、游戏、室内娱乐、康乐中心、特色表演项目等
休闲运动区	水上(江、河、湖、海)运动、泳浴、冰上运动、沙滩运动、陆上运动
轻加工业区	现代农业科技园区、工艺品及土特产加工、高科技项目、传统的拳头产品(如老字号)生产、展示及交易中心

功能分类	功能项目
供应设施区	水、电、交通、环保、环卫、邮电、仓储等
其他有特色或必要的功能	

2）土地利用

按照城乡用地分类的规定，对内部土地的利用方式和组织形态进行重新安排，分别确定各类用地的位置、范围、面积和比例，提出各类用地的使用方式和建设强度控制要求。参照《四川省新农村综合体建设规划编制技术导则》要求，乡村旅游目的地建设用地的分类如表 6.2 所示。

表 6.2　乡村旅游目的地建设用地的分类

类别	名称	内容
R	居住用地	各类居住建筑及其间距、内部小路、场地、宅旁绿化等用地，不包括宽度大于等于 3.5 米的道路用地
A	公共设施用地	村级行政、文化、教育、体育、卫生、养老、幼托等机构和设施的用地，以及宗教和文物古迹保护用地
B	商业服务用地	邮政、信用社、商品零售、农贸市场，以及为游客服务的餐饮、市场、旅店等设施的用地
M	生产设施用地	新村（聚居点）内独立设置的生产性建筑物、构筑物、附属设施及其内部场地、道路、绿化，包括打谷场、饲养场、农机站、育秧房、兽医站等，不包括农林种植用地、牧草地、苗圃或养殖水域
W	普通仓储用地	独立设置，用于农产品和其他生产资料储存、中转的仓库及其附属的场地、道路、绿化等用地
S	道路广场用地	规划范围内宽度大于 3.5 米的道路、交叉口、广场、停车场及其附属设施、附属绿化用地
U	基础设施用地	用于供应、安全、环保的建筑物、构筑物和管理维修设施的用地，包括给水、排水、供电、供气、防灾、能源等工程设施用地，以及公厕、污水处理设施等环卫工程用地等

续表

类　别	名　称	内　容
G	绿化用地	新村(聚居点)内单独占地的绿地,不包括苗圃等生产性用地和居住、道路等其他用地内的附属绿地

(资料来源:四川省新农村综合体建设规划编制技术导则)

　　乡村旅游目的地用地应统一按规划范围进行统计。具体统计工作应按平面投影面积计算,计算单位为公顷。用地面积计算的精确度应按图纸比例确定,其中1:1000以上的图纸应取值到个位数,1:500至1:1 000的图纸应取值到小数点后一位,1:500以下的图纸应取值到小数点后两位。用地计算表的格式应符合表6.3的规定。

表6.3　乡村旅游目的地用地统计表

用地代号	用地名称	现状(　　年度)			规划(　　年度)		
		面积/公顷	比例/%	人均/(平方米^2·人$^{-1}$)	面积/公顷	比例/%	人均/(平方米^2·人$^{-1}$)
R							
A							
B							
M							
W							
S							
U							
G							
总用地			100			100	
E							
规划范围							

　　综上所述,乡村旅游目的地空间发展格局应符合区域经济社会与土地利用的实际情况;结构清晰,各项功能空间安排合理、规模适当;强化对乡村旅游主导产业及基本功能空间的配置,推动农村产业结构调整,促进经济社会健康发展;建立有

序的土地利用与开发建设秩序,平衡保护和建设的需要,维护综合体固有的生态环境和空间景观格局,为乡村旅游可持续发展留有空间余地。

6.2.2 基础设施建设

1)道路系统

首先,根据乡村旅游目的地的人口规模,按照表6.4的标准确定内部道路的等级和技术指标。

表6.4 乡村旅游目的道路等级与技术指标

新村规模	道路等级设置	道路宽度	人均道路面积
特大型	三级,即新村主干路、次干路与入户路	主干路:6~8米,一般按7米控制;次干路:4~5米,一般按4.5米控制;入户路2.5~3米,一般按2.5米控制	10~14平方米控制
大型	三级,即新村主干路、次干路与入户路	主干路:6~8米,一般按7米控制;次干路:4~5米,一般按4.5米控制;入户路2.5~3米,一般按2.5米控制	10~14平方米控制
中型	二级,即新村干路与入户路	干路:4~5米,一般按4.5米控制;入户路2.5~3米,一般按2.5米控制	8~10平方米控制
小型	二级,即新村干路与入户路	干路:4~5米,一般按4.5米控制;入户路2.5~3米,一般按2.5米控制	8~10平方米控制

其次,根据乡村旅游目的地交通特征,结合自然条件与现状特点,确定道路交通系统,并有利于建筑布置和管线敷设。目的地道路系统建设应符合下列规定:

(1)主要道路

①通达目的地内规模在600人以上的乡村聚居点。

②形成干路网络并与临近县、省(国)道公路相连。

③连接目的地各产业发展区、特色产业基地和其他主要设施。

④路面宽度宜为7~9米,转弯半径不宜小于20米,道路纵坡宜控制在6%以内,用地条件不允许时,局部地段可设置为8%。

(2)次要道路

①通达目的地内规模在200人以上的乡村聚居点。

②形成次路网络,并与综合体主要道路网相连。

③通往田间地块,满足农业机械化作业及农产品运输。

④路面宽度宜为 5~7 米,转弯半径不宜小于 15 米,道路纵坡宜控制在 8% 以内,用地条件不允许时,局部地段可设置为 10%,但坡长不宜过长。

⑤每 200~300 米选择地势较为平坦的开阔地段设置会车场地。

(3)道路竖向设施

明确建筑物、构筑物、场地、道路、排水沟等的规划标高,确定地面排水方式及排水构筑物,开展土方平衡与挖填方调配工作,以及确定取土、弃土的地点等。竖向设施建设应满足下列技术要求:

①充分利用自然地形,宜保留原有绿地和水面。

②有利于地面水排除,并应符合防洪的要求。

③尽可能减少土方工程量。

④建筑用地的标高应与道路标高相协调,高于或等于邻近道路的中心标高。

2)给水系统建设

给水处理工艺应与乡村旅游目的地的经济水平和管理水平相匹配,满足安全可靠、操作管理方便的要求。供水规模(最高日的用水量)应包括:生活用水量、畜禽饲养用水量、公共建筑用水量、消防用水量和其他用水量在内。

(1)生产用水

①应根据产业发展需要,结合地形地面和水源特征规划灌溉渠、山平塘、石河堰和提灌站等各类水利设施系统,为满足农业生产用水、提高农业综合生产能力奠定基础。

②农田水利设施建设应符合国家《农田灌溉量水技术规范》《雨水集蓄利用工程技术规范》和《低压管道输水灌溉工程技术规范》等技术标准的要求。畜禽饲养用水量参数如表 6.5 所示。

表6.5　畜禽饲养用水量参数

类　别	用水定额/[升·(头·天)$^{-1}$]	类　别	用水定额/[升·(只·天)$^{-1}$]
马	40~50	羊	5~10
牛	50~120	鸡	0.5~1.0
猪	20~90	鸭	1.0~2.0

(2)生活用水

①根据水源、地形条件,针对综合体内部新村(聚居点)布局进行生活给水系

统规划,规划内容包括用水量预测、给水管网和给水设施布局等。

②生活用水量可按新村生活用水标准计算。

③给水处理设施宜选择在交通便捷以及供电安全可靠的地方,同时应避让不良地质构造地区,如表6.6所示。

表6.6 生活用水量参数

给水设备类型	最高日用水量/[升·(人·天)⁻¹]	时变化系数
户内有给水排水、卫生设备,无淋浴设备	40 ~ 100	2.5 ~ 1.5
户内有给水排水、卫生设备和淋浴设备	100 ~ 140	2.0 ~ 1.4

注:采用定时给水的变化系数应取5.0 ~ 3.2。

(3)公建用水

公建用水量可按生活用水量的8% ~ 25%进行估算。管网漏失水量及未预见水量,可按最高日用水量的15% ~ 25%计算。

3)排水系统建设

①农田排水工程组织应符合国家《农田排水工程技术规范》等相关技术标准的要求,污水量可按平均日用水量的75% ~ 90%进行计算。

②生活污水收集、处理与排放要根据地形条件,针对旅游目的地内部新村(聚居点)布局进行生活污水系统建设。目的地内部生活污水处理设施应综合污水受纳体位置、地形、沼气利用、新村(聚居点)布局等因素合理确定其位置、规模。

③排水体制宜为雨污分流制。条件不具备的小型村落可选择合流制,但在污水排入受纳体前,应因地制宜地采用化粪池、生活污水净化池、沼气池、生化池等污水处理设施进行预处理。

④生活污水宜经集中处理排放,减轻水环境污染;有条件的乡村旅游目的地,可设小型污水处理设施,其污水集中处理后,需达到《城镇污水处理厂污染物排放标准》三级标准;处理后的污水用于农田灌溉的,应符合农田灌溉水质标准的有关规定。

⑤布置排水管渠时,雨水应充分利用地面径流和沟渠排除;污水应通过管道或暗渠排放。位于山边的乡村应沿山边规划截洪沟或截流沟,收集和引导山洪水排放。

⑥地面排水应根据地形特点、降水量和汇水面积等因素,划分排水区域,确定坡向、坡度和管沟系统。

4）供电系统建设

①根据区域农网升级改造建设规划，针对旅游目的地内部新村（聚居点）和产业布局的特征进行建设。

②建设内容包括负荷预测、中高压电网、变配电设施布局等。其中人均生活用电量指标宜按 300～1 000 千瓦时/（人·年）计算，生产用电量应按产业的类型和规模来确定。

③10 千伏/0.38 千伏变压器（变电所）宜靠近负荷中心布置，但不得影响乡村景观风貌及总体布局。10 千伏、0.38 千伏电力线路宜沿乡村道路布置，宜采用直埋方式敷设。乡村电力走廊不应穿过新村住宅、危险品仓库等地段，应避开易受洪水淹没、河岸塌陷、滑坡的地区。乡村变电所或开闭所出线宜将生活、工业和农业线路分开设置。

④中高压电网的线路走向应根据地形、地貌特点沿道路、河渠、绿化带架设。路径做到短捷、顺直，减少同道路、河流、铁路等的交叉，避免跨越建筑物，同时应有利于生产生活。

⑤变配电设施应选址在便于进出线、交通运输方便的地段，同时应有良好的地质条件，能够避开断层、滑坡、塌陷区、溶洞地带、山区风口和易发生滚石场所等不良地质构造。

⑥架空电力线路跨越或接近建筑物的安全距离，应符合《城市电力规划规范》的规定。单杆单回水平排列或单杆多回垂直排列的 35～500 千伏高压架空电力线路的规划走廊宽度，应根据表 6.7 的规定，合理选定。

表 6.7　高压架空电力线路的规划走廊宽度

线路电压等级/千伏	高压线走廊宽度/米	线路电压等级/千伏	高压线走廊宽度/米
500	60～75	66,110	15～25
330	35～45	35	12～20
220	30～40		

5）电信系统建设

①电信系统建设内容应包括固定电话用户、通信线路、电信设施布局等内容。

②固定电话安装普及率应按 1～1.2 门/户计算，有线电视用户应按 1 线/户的入户率标准进行建设。

③通信线路应根据地形、地貌特点沿道路、河渠、绿化带敷设，宜采用直埋方式

敷设,路径做到短捷、顺直,同时应有利于生产生活。通信线路尽量布置在电力线走向的道路另一侧,采用架空方式敷设时应注意线路布放的美观度,严禁空中胡乱"飞线"。

④电信设施应靠近负荷中心,便于进出线,同时应有良好的地质条件,避开断层、滑坡、塌陷区、溶洞地带、山区风口和易发生滚石场所等不良地质构造,并不得影响新村景观风貌及总体布局。

6)燃气(沼气)设施建设

①密切结合乡村规模、生活水平和发展条件,坚持燃料选择多元化,集中与分散供给相结合,政府引导与本地建设相结合的原则。

②距气源近、用户集中的乡村应依托城镇供气;距气源较远的大中型乡村燃料可以罐装液化石油气为主;散居农户和偏远地区的乡村,提倡使用沼气,推广太阳能等清洁能源的使用。

③结合垃圾、粪便、秸秆等有机废物的生化处理,因地制宜地搞好分散式或相对集中式的沼气池建设,变废为宝,综合利用。

④天然气生活用气量指标宜按 $0.5 \sim 0.9$ 立方米/(人·日)计算;液化石油气生活用气量指标宜按 $0.4 \sim 0.8$ 千克/(人·日)计算。

⑤燃料供应设施选址应避开易受洪水淹没、河岸塌陷、滑坡的地区。采用燃气管道供应的新村,管道布置宜采用环状与枝状相结合的方式。

7)环卫设施

①按照乡村环境保护规划的要求,从环卫设施系统布置等方面进行落实。产生有害因素的污染源的边缘至居住建筑用地边界的最小距离确定为卫生防护距离,在严重污染源的卫生防护距离内应设置防护林带。

②厕所、化粪池、垃圾桶、垃圾箱、垃圾收集点等具体环卫设施的配置可参照乡村旅游示范村建设标准。

6.2.3 公共服务设施建设

旅游目的地的公共服务设施主要依托交通便利、位置适中、人口规模在 600 人以上的新村(聚居点)布局,可开发建设旅游集镇,便于服务周边地区村民及游客。在区分内部新村(聚居点)等级的基础上,进一步增建中小学校、幼托、养老、邮政、金融服务网点、农贸市场、特色商品市场,以及宾馆、饭店、茶室、棋牌和游人中心等公共服务设施,这些基本公共服务设施应相互结合布置,如表 6.8 所示。

表 6.8　公共服务设施建设

公共服务设施类型	中心村	基层村
村级行政管理	●	
便民服务中心	●	○
文化活动中心	●	○
卫生计生站	●	
综合调解中心	●	
农家购物中心	●	○
农民培训中心	●	
体育场地	○	
中心广场	○	○
基点校	○	
中学	○	
小学	●	
幼儿园	●	○
卫生院	○	
金融网点	○	
农资供应	○	
农贸市场	○	
特色市场	○	○
旅游服务设施	○	○

注:●必设,○可设。

6.2.4　风貌景观建设

　　乡村旅游目的地建筑风貌景观建设应符合下列规定:第一,按照乡村历史文化保护规划的要求,落实指定历史建筑、庭院或古树名木的保护范围和管理措施。控制乡村建筑单体的造型、体量与风格,确保单体建筑风貌景观的整体协调,并能够体现地域文化特征。第二,充分利用地形地貌,灵活组织建筑群体,提倡根据当地民居院落和街巷肌理的组织形式进行建筑空间组合,防止出现"兵营式"等机械呆

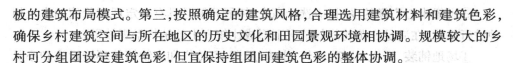

板的建筑布局模式。第三,按照确定的建筑风格,合理选用建筑材料和建筑色彩,确保乡村建筑空间与所在地区的历史文化和田园景观环境相协调。规模较大的乡村可分组团设定建筑色彩,但宜保持组团间建筑色彩的整体协调。

乡村旅游目的地风貌景观建设主要包括以下内容:

1) 引景空间

在乡村旅游区的土地利用总体格局中,应当开辟有专门的引景空间。在乡村游憩用地的空间格局中,设计专门功能的引景空间是十分重要的。所谓引景空间,是旅游者从外部空间进入旅游区之前实现预体验(pre-experience)的特定空间,是联结世俗空间与旅游空间的缓冲地带。王衍用(1994)认为,引景空间的作用在于营造氛围,使游人收回思绪,消除杂念,渐入佳境,思想感情乃至身心与主景区的氛围、内涵逐步接轨,从而融汇到主景区的氛围之中。

需要指出的是,在纯粹的经济利益驱动之下,许多乡村旅游区的引景空间被商业化,往往是摊贩林立、人声嘈杂、景观杂乱、卫生堪虞。乡村旅游区,特别是游览区的重要功能是"游",其他功能如"购""娱"等设施应本着"小、散、藏"的原则布局,特别是在引景空间及其附近,更加不容占用或破坏。

2) 绿化景观

①按照乡村的布局特点,合理安排广场绿地、防护绿地和其他附属绿地,使之形成有序的绿地网络,并与周围的山体绿化、滨水绿化和大地绿化形成一个有机的整体。

②提倡绿化工作与果林、蔬菜种植与庭院经济发展相结合,尽可能体现农村居民点特有的绿化景观风格。采用其他树种布置绿地时,应尽可能使用抗性较强的乡土树种。

③绿化布置方式应以自由式密植为主,突出当地的自然环境和生态景观效果。与建筑和管线交叉时,应根据树木的生长特点,合理确定树木与建筑物、工程设施和其他管线间的空间距离。

3) 节点景观

①有条件的乡村,可通过门楼、小品或植物造景等手段突出入口景观。村口标志性建(构)筑物应具有突出的地方文化特色,并能够体现自然、亲切、宜人的环境特点。

②拥有河流、湖池的乡村,应在整治疏浚的基础上保留现有河道、水系的自然状态,并结合公共服务建筑的布置,营造以植物造景为主的滨水活动场地,取得突出的生态景观效果。

③设置中心广场的乡村,应选择高大、树冠开展且具有一定观赏价值的乡土树种进行绿化,在满足庇荫功能的情况下形成比较突出的植物景观效果。

④场地铺装、围栏、花坛、园灯、座椅、雕塑、宣传栏和废物箱等环境设施和小品设施,应满足形式简洁、尺度适宜、利于排水的要求,并保持风貌景观上的协调统一。

4)农房建筑

①农房建筑造型设计应结合地域文化和传统民居特点,按照因地制宜的原则丰富外观立面、优化内部功能,充分利用地方建筑材料,塑造自然和谐的农房建筑特色,防止出现呆板"火柴盒"式的建筑造型。

②乡村内存在历史文化建筑时,新建的农房建筑应当与历史文化建筑风格保持协调。对既有历史文化建筑风貌进行维护或修缮时,应按照整旧如旧的原则,确保其历史文化价值和传统建筑风貌得以延续。

③农房建筑设计应满足"安全、卫生、适用、美观"的基本要求,并根据地块条件采用平面和竖向较为规则、抗震性能较好的结构体系,以及有利于空间灵活分隔的结构形式。农房住宅建筑高度宜为 2 ~ 3 层,层高不宜超过 3 米,底层层高可酌情增加,但原则上不应超过 3.3 米。

6.2.5 自然生态与历史文化保护

自然生态与历史文化保护应当以当地经济社会发展规划、土地利用总体规划和林业、环保等专项规划为依据,在充分掌握当地历史背景、文化遗存分布、自然景观特征和民居建筑风格的基础上确定保护目标,划定各类保护控制范围,构建建设用地和各类非建设用地相得益彰的空间格局,形成点、线、面相结合的有序保护体系与合理利用系统。

自然生态与历史文化保护建设应包括以下主要内容:

1)生态建设与人居环境保护

①分析现状自然生态及环境质量情况,确定规划期限内综合体的生态建设目标与环境保护重点。

②确定需要保护、抚育和营造的林地及其位置、范围、面积,以及其他需要进行生态恢复的区域;与目的地农业产业结构调整紧密结合,形成既有利于生态建设,又能促进产业发展的果林、花木林和其他经济林,有利于依托生态条件的改善促进乡村旅游发展。

③划定水源保护区和水域、大气、噪声控制区的范围和相应的检验监测点,按

照国家《环境空气质量标准》《地表水环境质量标准》《地下水质量标准》和《土壤环境质量标准》的要求布置监测点,控制综合体总体环境质量。

④确定污水处理设施和垃圾收集设施、转运设施、处理设施,以及其他环保设施的类型和空间位置;固体废弃物宜进行资源化和综合利用,设置固体废弃物处理场时,应进行环境影响评价。

2)历史文化保护与景观风貌营造

①在详细展开专项调查工作的基础上,维护一切有价值的原有建筑及其环境,严格保护文物类建筑,保护有特点的民居、村寨和乡土建筑及其风貌;落实现状文物、传统建筑和院落、古树名木,以及其他保护对象的保护控制范围,相应提出保护管理措施。

②合理确定旅游目的地风貌分区,对各风貌区的空间景观、绿化组织、建筑布局和风格体量提出控制要求;在充分挖掘地方历史文化及其典型景观价值的基础上,适度组织旅游服务或其他利用工作,使历史文化与典型景观成为开展文化教育工作、为当地经济社会发展服务的积极因素。

③选择并确定内部景观轴线及其主要节点,提出相应的设计指导意见和建设控制要求;提出相应的分区保护管理措施,严格控制新建建筑及其相关建设活动,确保综合体建设项目在选址、性质、功能、规模、体量,以及色彩与风格等方面与历史文化及风貌景观保护同步。

④按照国家《历史文化名城、名镇、名村保护条例》及其他相关法律法规的规定,制订包括保护对象本体及其环境在内的一体化保护方案,确保历史文化及其典型景观得到有力保护;对大拆大建、盲目改造地貌景观、采用缺乏文化基础的建筑形式等破坏文化氛围和景观风貌的行为提出禁止性规定。

⑤在重点文物保护单位和历史文化保护区保护规划范围内进行住宅设计,规划设计必须遵循保护规划的指导;居住区内的各级文物保护单位、古树文物保护单位和古树名木必须依法予以保护;在文物保护单位的建设控制地带内的新建建筑和构筑物,不得破坏文物保护单位的环境风貌。

6.2.6 综合防灾工程

1)建设要求

综合体防灾体系建设应当遵循安全第一、预防为主、防治结合的原则,根据当地自然灾害的类型、特征、强度和时空分布状况,确定本地综合防灾工作的基本思路与防治重点,并对内部空间的使用方式、使用强度、防护措施等内容提出要求。

综合防灾应包括以下主要建设内容：

①根据自然灾害的类型、强度和发生频率,确定各类灾害的高易发区、中易发区和低易发区,以及其灾害影响的具体范围。

②按照灾害的影响范围及其危害程度,分别提出避让、治理、限制土地使用方式和使用强度的相关规定,提出安全距离控制要求和具有针对性的治理方法。

③按照国家有关政策和标准、规范的要求,以权威部门认定的最新技术资料作为技术依据。明确不同灾害类型的设防标准,以及相应建(筑)筑物和工程设施的建设标准。

④明确提出应急疏散通道、消防通道、物资储备点、特勤消防站、备用变电站和疏散场地的设置要求,以及相应防灾指挥中心、医疗救护中心的类型、位置和等级建设要求,提出建立防灾和应急救援机制的相关建议。

⑤按照以人为本和安全第一的思路展开。无法准确界定灾害影响范围和影响程度的地段,应避免作为新村建设用地,避免作为重大基础设施与公共服务设施建设用地,或建立吸引游客的活动区。

⑥旅游应急疏散通道、疏散场地、备用变电站等设施的建设,以及防灾指挥中心和医疗救护中心等应急救援机构的建立,应与目的地正常的基础设施和公共服务设施的建设有机结合。

2)建设内容

①防洪规划与当地江河流域、农田水利建设、水土保持和绿化造林等规划相结合,统一部署整治河道、修建堤坝等防洪工程设施。充分利用山前水塘和洼地滞蓄洪水、防治山洪,减轻下游排洪渠道的负担。山麓布局的乡村应布置沿山截洪沟或截流沟,避免地面水直接冲刷建筑基础。截洪沟规格应根据集雨面积和暴雨强度进行专门设计。

②消防给水和消防设施应同时规划,并采用消防、生产、生活合一的给水系统。原则上不得在聚居点内部储存大量易燃易爆物品。乡村内部消防通道之间的距离不宜超过160米。消防车通道应与其他公路线连通,其路面宽度不应小于3.5米,转弯半径不应小于8米。设置通向水源地的消防通道和可靠的取水设施,确保枯水期最低水位和冬季消防用水的可靠性,充分利用江河、湖泊、堰塘、水渠等天然水源作为消防给水。

③抗震和气象灾害防治应突出防、抗、避、救的工作特点,乡村建筑布局应避开雷电高易发地区和地震断裂带,并按照当地的防震等级要求进行设计建设。

④易形成风灾的地区,其乡村布局应避开与风向一致的谷口或山口等地段,并

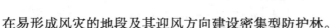

在易形成风灾的地段及其迎风方向建设密集型防护林。

⑤地质灾害防治贯彻避让与治理相结合的原则。乡村聚居点选址应避开易灾地段,特别是地质灾害极易发区和高易发地区。建筑布局应避开冲沟、滑坡和危岩影响地段,防止在建筑施工的过程中出现高挖深填。对存在泥石流隐患的地段,应采取避让与拦排相结合的方法进行防治,并采用生物和工程等方法进行综合治理。

【实　　训】

组织学生实地考察周边区域乡村旅游点,分析该乡村旅游目的地开发建设存在的问题。

【实训要求】

1.各小组收集周边区域乡村旅游点开发建设情况。

2.各小组开展实地考察与调研,完成《××乡村旅游目的地开发建设案例剖析报告》。

3.课堂讨论乡村旅游目的地开发建设存在的问题、改进措施。

项 目 **7**

乡村旅游投资与管理

【知识目标】

知晓乡村旅游投资与管理模式的理论知识；了解乡村旅游投资模式、管理模式的不同形式以及每种模式的优缺点。

【能力目标】

通过本项目学习，让学生学会从大量的乡村旅游投资与管理模式案例中去分析、总结经验，培养学生观察、分析事物的能力，能够运用相关理论解释具体乡村旅游投资与管理模式中的一些现象和问题。

【案例导读】

海南乡村旅游成为民营资本投资新热点

以"变革·机遇·重塑"为主题的中国首届乡村旅游建设与发展投资论坛于2014 年 4 月 2 日在海南博鳌举行。来自国内的多名经济学家、企业家和文化学者就中国乡村旅游、新型城镇化建设结合海南各民族的本源文化，创新乡村旅游模式，进行了深层次的探讨，并对海南乡村旅游投资特点进行了交流。经过 20 多年的发展，乡村旅游已成为国民旅游休闲的重要方式、农民致富的重要途径、农村经济发展的重要力量。据了解，截至 2013 年底，全国乡村旅游经营户有 170 多万家，营业收入达 2 800 多亿元，带动超过 3 000 万农民受益。

发展乡村旅游的资本需求比传统农业要大得多。近年来，已出现工商资本、民间资本大量进入乡村旅游、休闲农业的趋势。休闲农业与乡村旅游将充分吸引社会投资，行业企业规模经营的趋势将越来越明显。面对乡村旅游行业市场井喷、传统地产型投资向服务业的转型，各种渠道资源整合也在悄然进行着。面对快速发展的国内乡村旅游市场，论坛与会嘉宾们对乡村旅游产业今后发展趋势提出了建议。与会嘉宾认为,跨界合作已成为乡村旅游发展的典型模式。未来,休闲农业和乡村旅游的发展将呈现资本化、规范化、品牌化和规模化的趋势。

天伦王朝发展集团公司董事长汪家保认为,民间资本投资乡村旅游成热潮,发展乡村旅游也将带动区域经济从全面发展到个性化发展。但从严格意义来说,并不是一个很好的投资标的,还需冷静思考,不能一窝蜂而上,转型投资做不成功的例子很多,做不到位的企业很多,投资回收和盈利点还需要继续探索。

吉林迈尔通达集团董事长曲春明认为,发展乡村旅游单纯由大企业来做是做不来的,很多基础性的工作需要政府的配合,比如,行业规范、法人资质以及旅游法的完善,而投资企业需要规避风险,比如自然村的消失、定位和原生态的矛盾。

（资料来源:中国旅游新闻网,http://www.cntour2.com/,2014-04-03.）

任务 1 了解乡村旅游的投资模式

旅游投资是指一定时期内根据旅游业发展的需要,把一定数量的资金投入到发展项目之中,以获取比其投入资金数量更大的产出。旅游投资具有长期性、复杂性和综合性、连续性、敏感性、投资回收的不确定性等特点。乡村旅游的发展,同样依赖于乡村旅游投资的不断增加,它是一个国家或地区乡村旅游经济发展必不可少的前提条件。

乡村旅游的发展,虽然是以当地自然资源、农业资源、农业市场及当地民俗为基础,但是景点建设、基础设施建设、服务设施建设和市场营销等都需要一定的资金,然而,由于农民的积累有限,只靠单个的农户不可能有更多资金投入,因此,资金缺乏成为乡村旅游发展的瓶颈。近年来,随着旅游市场的不断发展,社会经济水平的不断提高,激发了旅游经济的活力,各方投资旅游业的热情不断高涨,根据不同的融资渠道,即旅游资金的来源方式和环节,乡村旅游的投资模式通常可分为以下4种:农户自主投资、政府主导支持、外来投资和多方合作经营。

7.1.1 农户自主投资

农户自主投资是指农民个体或集体直接或间接地参与乡村旅游的生产和经营活动,并由此取得相应的收益。《国务院关于投资体制改革的决定》(以下简称《决

定》)明确规定了各主体的自主投资地位,实施"谁投资、谁决策、谁收益、谁承担风险"的原则,自主投资政策的实施,极大地带动了乡村旅游自主投资的发展。以农民个人或家庭为单位,开办农家旅馆、餐馆,出售农副产品、手工艺品和旅游小商品,具有投资少、经营灵活,农业生产与旅游服务可以兼顾的特点,是农民开发旅游的行之有效的方式。随着资本的积累和经营的改善,有些个体旅游经营户不断发展壮大,成为优秀的旅游企业经营者。

【案例链接】

中国农家乐第一家

投资主体:徐纪元

经营方式:家庭经营

经营项目:特色农家乐园——徐家大院

起步时间:20 世纪 80 年代中期

距成都市约 20 千米的农科村,早在 20 世纪 80 年代中期,就开办起了"农家乐",掘取了乡村旅游经济的"第一桶金"。农科村的"农家乐",不只是旅游形式上的创新,它是在花木生产基地上嫁接起来的旅游。20 多年来,随着农家乐规模的不断扩大,这里早就变成了一个整体的"农家乐村",成为全国农家乐的发源地,也是全国最早、最为有名的"农家乐村"。

57 岁的徐纪元,作为农科村发展农家乐的第一人,也可以说是全中国发展农家乐的第一人。1983 年初,他投入了 160 元钱在地里栽培了 3 亩(1 亩 = 666.67 平方米)花木,开始在自己家房前屋后种植花卉苗木向城市销售,在自家周围逐步形成了一个优美的花卉园林庭院,吸引了许多人前来参观、洽谈。1986 年,他投资建了 10 多间小青瓦房,外地游客组织人来游览,徐纪元提供简单的接待。在这之后有了一点本钱,在扩大苗圃的同时,开始认真经营农家乐。几年过后,生意开始步入良性循环。徐纪元的农家乐名气越来越大,现如今,徐家大院被誉为四星级乡村酒店。

徐家大院作为旅游接待的三代房舍,凝固着农科村农家乐 20 多年的历史,集中展现了农民把经营农家乐作为致富的捷径。整个大院由川西特色的农家平房与仿古小楼构成,大院中套着数个小院。除庭院外,园林面积百亩有余,以种植花卉和黄桷树等绿化风景树为主,小径通幽,园林建筑别具匠心,楹联匾牌比比皆是,翰墨飘香,文化氛围浓郁,游客们可以在这里赏花、品茶、下棋打牌、品尝农家餐、做农事等,体验多种自娱自乐、其乐融融的休闲活动。

(资料来源:《天府早报》,2006-06-12.)

7.1.2 政府主导投资

乡村旅游的发展资金来源渠道虽然具有多样化的特征,但在资金来源总量中,当前国家投资扶持仍然是最主要的来源渠道。我国乡村旅游起步较晚,尚处在初期阶段,存在着许多矛盾和问题,如旅游设施的完善、经营管理的规范、市场秩序的维护、行业标准的确立等,这些工作必须由政府来支持和推动,离开了政府的主导,乡村旅游发展必然是矛盾重重,举步维艰。

国家或地方政府为了给本国或本地区农村经济发展注入新的活力,在政府规划指导下,采取各种措施,给予乡村旅游开发积极的引导和支持。这也是相当多的国家和地区发展乡村旅游初始阶段采取的主要模式,即把乡村旅游作为政治任务或公益事业来发展,把社会效益(如扶贫、增加就业等)放在经济效益之上,其典型特征就是政府参与规划、经营、管理与推销等活动,发展乡村旅游被视为脱贫致富的主要途径和首要目标。

政府的旅游投资主要是为了满足整个社会旅游发展的需要。由于我国的乡村旅游还处于初级阶段,还有很多的旅游基础设施需要完善,而这些设施的建设需要数额巨大的投资,在当前形势下,政府的旅游投资起着非常重要的作用,但是随着我国改革开放政策的不断深化,政府在乡村旅游投资中主要发挥引导和指导作用,国内的公司企业和外资在我国乡村旅游投资中将逐步扮演主要角色,起主导作用。

【案例链接】

山东潍坊市寿光菜乡生态旅游园

投资主体:寿光政府

经营项目:蔬菜旅游——生态农业博览园

起步时间:20 世纪 80 年代

"寿光蔬菜"让农村老百姓发财,给城市居民带来"绿色蔬菜"。在这之后,寿光政府采取反租倒包、招标承包、使用权拍卖等方式,依托龙头企业、技术能人、涉农部门等创办农业园区,鼓励农民以技术、资金等入股,激活各生产要素、集聚各类资本,大力发展融种养加、贸工农、科研开发及观光旅游为一体的集约经营,在全市形成了 500 多个特色鲜明的现代农场。大片的土地按同一标准进行结构调整,打响了寿光菜的"绿色牌""生态牌"。

现如今,"蔬菜之乡"寿光借蔬菜开辟"第二职业",建设生态农业博览园,全力打造以蔬菜文化和民俗风情为主题的菜乡生态旅游园。寿光每年都吸引大量的游

客专程来参观学习,伴随着各地农家游日益红火,寿光投资 10 亿元,规划建设占地 1.5 万亩,专门开辟了融各类蔬菜基地和生态农业为一体的旅游专线。游客在菜乡生态园内能一览寿光蔬菜的"世界之最",无土栽培、上林下藕立体种植等先进的生产模式,度假村、烧烤广场、水上乐园、森林迷宫、不沉湖、百果采摘区等游乐服务设施,体验各种民俗风情,游客在一饱口福的同时,尽享田园风光。

(资料来源:《农网快讯》,2005-06-04.)

7.1.3　外来投资

有实力的旅游企业(旅行社、饭店)与具有一定旅游资源的乡村合作,共同开发旅游景点。这种方式把城市旅游企业的资金、市场和经营管理人才与乡村中的景观资源、人力资源和物产资源结合起来,适合开发中型或大型旅游景区和度假村,是城乡结合、旅游支农的一种新形式。

旅游企业与本地农牧民合作成功与否的关键是利益分割问题。由于旅游企业是直接从事旅游产品生产和供应的基本单位,因而旅游投资的目的是根据旅游市场供求状况和旅游消费特点,选择旅游投资项目并投入一定的资金,以获取应有的经济效益。一般来说,外来企业往往把追求最大限度地赢利放在首位,而当地农、牧民又往往看重自身的眼前利益。处理好外来企业与当地农、牧民的双方利益,包括双方的长远利益与眼前利益的关系,是调动双方积极性,实现"双赢"、长期合作的关键。由于旅游经营与分配的决策权在于外来企业,因此在这方面,外来企业处于主导地位。

【案例链接】

中国名村花园村

投资主体:浙江花园集团

经营项目:生态旅游村庄

起步时间:20 世纪末

中国名村花园村地处浙江中部的东阳市,是全国文明村、全国绿化先进单位、中国十佳小康村。近年来,花园村依托花园集团的发展壮大,大力实施"绿化、净化、洁化、亮化、美化"工程,努力创建人与自然和谐的"文明生态家园",取得了显著的成果。

通过对附近几个村庄的重组,现在的花园村拥有耕地 1 336 亩,为花园村发展现代农业和生态经济提供了新的机遇。有了资源优势,花园集团投资 2 000 万元与上海市农业科学院开展了广泛的技术合作,开始着手打造生态经济产业带,建设生态高效农业"菜篮子"工程。最近,总投资 80 万元,建成温室并在其内栽种瓜果蔬菜、花卉苗木等经济作物,每年可提供优质蔬菜近 400 吨。在绿色蔬菜产业成功的基础上,花园集团根据农业及旅游观光休闲业发展的需求,着手建设生态农业园区。如今,花园村进一步打造文明生态旅游村庄的建设,继续实施"碧水工程"和绿化、美化、净化、洁化环境,修建乡间沟渠,开发旅游资源,提高村民整体素质,保护古建筑和民间文物,实现现代文明和古老文明的有机结合。大力发展生态文化,弘扬生态文明,发展生态休闲旅游,为发展乡村旅游提供了良好的发展模式,从而促进了社会乡村旅游健康持续发展。

(资料来源:《中国经济》,2012-10-15.)

7.1.4 合作经营

合作经营是指由多个投资主体共同对某一旅游项目进行投资的形式,可以是多个企业联合投资,也可以是企业和个人合作投资。以乡、村为单位,或若干家庭和个人自愿集资、出劳力,组成产权明确、资产、责任与利益相关联的联合开发、自主经营的旅游景区和企业,乡、村的历史文化资源可以成为集体的资产,这种体制的开发经营资金较丰厚、人力资源较丰富。股份合作制是一种具有集体所有制性质的企业形式,实现了资金、人力和智力的结合,具有一定的规模和实力,是引导农民共同致富的有效形式。

目前,乡村居民对于乡村旅游的发展投资形式有多种,可以是资金投资,也可以是土地投资,还可以是劳动投资,这里的劳动投入主要是进行服务性的工作,即表演、管理、服务等。

针对这些投资要素进行组织,可以建立一个股份合作有限公司,将整个乡村旅游的投资额划分成等额股份,社区居民按投资大小享有股份。对于土地与劳动的估价,在遵循市价的基础上,由全体投资人集体决定。投资构成可以是"公司+社区+社区居民",也可以是"公司+社区居民"或者"政府+社区居民""协会+社区居民"等形式,至于社区居民总的投资比例需要根据总投资额来定。因为居民的资金投资有限,必须首先在满足资金的前提下,才能将劳动与土地折股。农民作为投资者,其回报主要是从乡村旅游发展中利益分红。既为投资,必然会有风险存在,所以,为了保障居民的投资利益回报,企业和政府必须努力使乡村旅游朝着良好的态势发展,只有这样才能激发居民的积极性,使他们的投资收益最大化。

股份合作有限公司具体运营模式可以是投资企业管理,也可以外聘管理公司

管理。这两种运营体制都可以让管理与运营直面市场,而不会为政府经营体制弊端及社区居民管理水平相对落后所制约。投资人作为股东享有监督权与利益分配权。对于以劳动作为投资的居民,他们无权进行其他活动,只能为公司服务,完成公司指定的任务;而对于以土地或资金投资入股或者不是投资人的居民,可以在公司允许的前提下经营其他内容。股份合作制公司发展到一定阶段后,可以向股份有限公司转化。

【案例链接】

北京延庆县里炮村红苹果观光度假园

投资主体:村民集资

经营项目:红苹果度假村

起步时间:20 世纪末

该村位于举世闻名的八达岭长城脚下,交通便利。近几年依托八达岭景区、康西草原、野鸭湖、阳光马术俱乐部等旅游优势,逐步将 1 000 亩的苹果园建成了标准化的生产基地,形成了京郊具有特色的红富士苹果度假村。

在加大产业基础建设的同时,该村结合"两个文明"建设,从人居环境入手,对村容村貌进行了综合整治,先后栽植了各种花草树木 3 500 余株,铺设草坪 1 000 平方米,整修了占地 8 000 平方米的文化广场,良好的环境建设促进了民俗旅游业和果园观光采摘业的发展。

2003 年,该村被北京市科协确立为"农村科普示范基地",并获得了"北京市农业标准化先进单位"称号。度假村结合民俗旅游,建有摸鱼池一座,并建有健身园等娱乐设施,村路两侧的科普长廊记录了果品产业发展的思路及管理情况,在这里游客可以充分了解果品产业的发展和果品的生产过程,领略到大自然带来的无限乐趣。如今这里已成为依靠果品生产优势兴起的集休闲娱乐、观光采摘于一体的综合性度假基地。

(资料来源:《北京旅游》,2013-08-02.)

任务 2 了解乡村旅游的管理模式

在当前乡村旅游的发展过程中,参与乡村旅游发展的主体主要有当地政府、旅游企业、村委会及当地农户等,根据他们参与乡村旅游发展的程度和作用,可以归纳总结为不同的开发模式。目前,国内乡村旅游发展比较成功的经营管理模式主要有:"农户+农户""公司+农户""政府+公司+旅游协会+旅行社""股份制"和"个体农庄"等模式。

7.2.1 "农户+农户"模式

这是乡村旅游初级阶段的经营模式。在乡村旅游发展的初期,农民对企业介入乡村旅游开发有一定的顾虑,大多数农户不愿把资金或土地交给公司来经营,他们更信任那些"示范户",当"示范户"率先在农村开展乡村旅游经营并取得成功后,农户们会在"示范户"带动下,纷纷加入旅游接待的行列,并从"示范户"那里学习经验和技术,在短暂的磨合后,就形成了"农户+农户"的乡村旅游开发模式。这种模式通常投入较少,接待量有限,但乡村文化保留最真实,游客花费不多,能体验最原生态的本地习俗和文化,因此是最受欢迎的乡村旅游形式。但这种模式由于受管理水平和资金投入的影响,旅游经济的带动效应较差,难以形成规模化发展,因此比较适合以农家乐为主的小规模乡村旅游,未来乡村旅游的进一步发展,还需要政府部门的支持和引导。

【案例链接】

江村农俗园

地点:江苏南京建邺区江心洲

开发时间:1996 年

规模:1 万亩

发展过程:大力开发乡村旅游市场,培育农家乐示范点,为郊区农民增收服务,为城里市民提供乡村休闲旅游产品,自家兴办旅游景点的江心洲江村农俗园周爱玲可谓是南京农家乐旅游业发展的带头人。

1996 年在江心洲发展旅游业之初,村民周爱玲大胆尝试,利用自家的农家小院办起了农家饭店。经过3年的经营,旅游的春风吹进了她的农家小院,她初步尝到了从事旅游的甜头,她一边进行农业生产,一边进行旅游接待,自己种植的蔬菜直接变成了游客的食物。周爱玲善待每一位游客,以农家纯朴善良的气息使游客在游玩后,有一种回家的感觉。由于她精心打造、细心经营,先后被中央电视台一、二、四、十套,江苏电视台,南京电视台定为摄影基地。她在赚钱之余,不忘回报社会,她作为私营景点,第一个打出广告,所有集体景点的优惠政策在她的江村农俗园同样享受,对于老人、军人、残疾人、儿童等弱势群体一律免费参观。2004年江心洲乡政府在着力打造民俗一条街的时候,她作为领头雁,不但自己积极帮助其他农户进行投资改造,还手把手地教他们,传授自己多年摸索出的心得,并不断给周围的人"打气",引导其他农民走上旅游致富的道路。在她的带领下,婚俗馆、民间作坊馆一个个相继建立。她说:"从事旅游有奔头,农业有了旅游会开花,旅游有了农业会结果。"目前,该景点年旅游收入30多万元,年接待游客人次10万余人。

(资料来源:《南京旅游信息》,2006-12-12.)

7.2.2 "公司+农户"模式

"公司+农户"的发展模式是通过旅游公司的介入和带动,吸纳社区农民参与乡村旅游的经营与管理,它充分利用社区农户闲置的资产和富余的劳动力,通过开发各类丰富的农事活动,向游客展示真实的乡村文化。同时,通过引进旅游公司的管理,对农户的接待服务进行规范,提高服务水平,避免不良竞争损害游客利益,从而促进乡村旅游的健康发展。"公司+农户"的延伸模式是"公司+社区+农户"模式,这种模式,公司一般不与农户直接合作,而是通过当地村委会组织农户参与乡村旅游,但专业的服务培训及相关规则的制定由公司组织,以规范农户的行为,保证接待服务水平,保障公司、农户和游客的利益。如公司负责规划、招徕、营销、宣传和培训;村委会成立专门的协调办,负责选拔农户、安排接待、定期检查、处理事故等;农户则主要负责维修自家民居,按规定提供接待、导游服务、打扫环境卫生等。

【案例链接】

傅家边农业科技园

地点:江苏南京溧水傅家边农业科技园

开发时间:1999年

规模:12.8平方千米

投资额:1亿多元

发展过程:靠山吃山,山怎么吃?龙头企业引领农民致富,怎样引领?农业要加大科技投入,投入哪里来?对此,列为全国农业科普示范基地的傅家边农业科技园作出了一份答卷。

"农家乐"里话收成

3月下旬,地处南京溧水县南部丘陵地带的傅家边农业科技园遍山烂漫,春色满园。尽管为期1个月的第六届溧水梅花节已经落幕,可傅家边梅山上仍游人如织,10万平方米科普广场上,停满了上海、浙江、南京、苏州、无锡、常州等地的旅游大客车和轿车。

路边,游人将一箱箱新鲜的青壳鸡蛋、开心脆梅、黑莓果汁、富硒茶叶等土特产搬上车,更多的游人拎着篮子,钻进千亩塑料大棚亲手采摘鲜红的草莓。"农业科技示范户"任宏新夫妇乐呵呵地告诉记者,自从办了梅花节,草莓不出门就卖光了。一垄大棚8分地,可以净赚8 000块,他家承包了4垄,加上亩把地的青梅和亩把地的茶叶,收入比三四年前翻了几个跟头。

午饭时分,山凹自然村20多户"农家乐",家家食客盈门。科技园会计俞腊生家满满坐了4桌人。女主人吴小美在灶间边忙边对记者说,菜来不及搞,已经回了两桌。前几年,全家累死累活1年万把块钱,现在一年比一年好,今年收入至少五六万。

赵秀根送走了一桌桌城里人后坐下来和记者拉家常。他上班时间在公司负责管理果树、茶叶,中午回来帮着忙"农家乐",早晚照料自家的3亩多地。他指着窗外的山脚说,那里有他家的水晶梨、早红李、油桃,全是科技园近年推广的时髦品种,一家三口一年的收入差不多有四五万吧。

傅家边科技园集团公司总经理李百健说,傅家边村1 350户,家家种茶栽果,三分之一的土地租给公司,三分之二的责任田农户自己种,公司的几百号职工都是村上的村民。科技园种什么、怎么种,职工上班时学会了回家就照着种。昔日的穷山村,如今成了远近闻名的"富家边",去年农民人均纯收入突破7 000元,进入南京市百强村。

吸引农民跟着科技走

说起傅家边,早在1984年就是我省低山丘陵综合技术开发试验示范基地,1996年被列为首批省级农业科技园区之一,两年后又定位全省6个重点农业科技园区之一。其间,在南农大、省农科院等高校院所支持下,实施了经济林果开发、小流域治理、滴灌新技术应用等30多项重点开发工程,基础设施得到了较大改善。

然而,由于受体制约束,专家带来了新品种新技术,苦口婆心地传授,科技园无力承担风险,不敢大胆尝试,科技示范的桥梁作用没有充分显现,带动农民走现代农业产业化的步子迈得不快。

这种局面被原本在傅家边科技园蹲点帮扶的县农林局高级农艺师李百健打破。1999年,在市县领导鼓励下,李百健拿出家里的全部积蓄5万块钱做资本,租用园内36亩土地,请了3个农民工,风险自担,成立民营科技企业南京新世纪园艺研究所。"这肯定有前途,农业发展必须依靠科技",李百健要让农民真切感觉到科技的力量,吸引农民跟着科技走。

园艺所从见效最快的果树种苗繁育和大棚草莓种植入手,一年下来1亩地净赚5 000多元,让当时种植旱作物每亩只收几百元钱的农民大开眼界。第二年园艺所扩大租赁承包了傅家边村林场1 000多亩土地,领办科技园。2002年,整个科技园改制成立集团公司,通过租赁、承包、入股等形式实现土地合理流转,科技园规模迅速扩大到1.9万亩,原有的品种全部更新,建成日本水晶梨、青梅、黑莓、草莓、油桃、葡萄、无性系茶叶、美国库拉索芦荟等12个生产基地,与在宁9家高校院所和日本等5个国家的海外团体建立了稳定的合作关系。专家教授每年在田里边讲边操作培训农民职工20多场次,农民职工个个成了科技种田能手。

1 亿多资金两条来路

乘坐李百健的车穿行在梅香园、神山湖、青龙山、竹海四大景区,单是园区水泥路这几年就新修了25千米,还有千亩大棚草莓园、千亩无性系良种茶园、万亩梅园、十里梅花大道、制茶厂、青梅加工厂、果汁加工厂、生态养鸡场、科普展览馆、植物组培中心、农家乐园……总投资已经超过1亿元。而在过去近20年中,各级、各部门总共投资只有2 000多万元。

这么多资金哪里来? 诀窍之一:专业公司法人化,资本来源多元化。园区梳理出一个个有市场前景的项目,寻求合资合作。比如,与南农大、省农科院联合建立国外果树新品种试验园;与南京星火总公司组建南京新世纪—星火芦荟园;与南农大园艺所合作组建新世纪葡萄工程技术研究中心;与中科院江苏省植物研究所组建特色景观树林示范园等。为借脑发展,让30多个科技人员技术入股,在代表农业最高科技的植物组培中心,南农大一位教授的技术股占到了51%。

诀窍之二:引导农民投入。对种植技术成熟、管理比较复杂、用工量比较多、风险小的项目,公司在基础设施投资和技术培训到位后,租给农民种植或引导农民自愿种植。比如草莓基地,公司将分散的土地从农户手上租来后,统一投资建好大棚,再返包给农民,生产资金由农民自己投入,收入归农户所得,公司则重点进行新品种新技术的示范培训指导、品牌创立和市场促销等。

然而,由李百健任法人代表的新世纪园艺所,一切投入都是自己的。李百健说,作为整个科技园的核心区,园艺所的职责就是试验新品种、新技术。这里正在试种日本、乌克兰、美国、意大利等国20多种果树的500多个品种,而最后能成功推广的也就几个。他指点着告诉记者:那几垄地上的西洋樱桃试种失败了,几十万元泡汤了;这片滨梅已经种下去3年,也已经投下去几十万,能否成功还未知……"园艺所就是为农民致富探路的,风险就得自己担。"

跳出傅家边,经营傅家边

"立足傅家边,建设傅家边;跳出傅家边,经营傅家边",傅家边正围绕大农业概念做文章。

记者采访中遇到来此察看的南京市农林局局长安开根,他说了一个观点:"旅游业的效应可以使你一夜成名;农副产品要卖好价钱,要么出国门,要么不出门。傅家边都做到了。"

放眼望去,整个科技园就是一个大景点,常年游人不断,加上"春花秋果"两大节庆——春天"梅花节"、秋天"葡萄节",每年游客上百万,农民坐在家里水果就销售一空。

李百健从办公室橱窗里拿出一瓶包装精美的"金丝阿胶枣",贴牌是"傅家边"。他告诉记者:"枣子是山东的,按照我们的标准加工,产品贴我们的牌,销往全国;最近刚和日本的企业签合同,我们提供原料,按照他们的标准生产梅酒,让他贴牌,销往国外。"

这几年,科技园已经获得富硒茶、梅香茶、黑莓果汁等20多项专利,开发出了野山果、银杏开心果、鲜榨果汁、金丝阿胶枣等多项深度加工新品种,生产销售形式灵活多样。李百健说,这样才有可能做大,拓展农业功能,拉长产业链,实现产业化,不仅带动这里的农民,还可以带动周边的农民。现在,受傅家边科技园辐射,溧水县已建成10多万亩优质经济林果生产、加工、出口基地,兴办了50多家农业科技企业,省级农业科技园区就有3家。

(资料来源:《新华日报》,2006-04-11.)

7.2.3 "政府 + 公司 + 旅游协会 + 旅行社"模式

这是当前最常见的乡村旅游经营模式,这一模式的主要特点是充分发挥旅游产业链中各环节的优势,通过合理分享利益,避免乡村旅游开发的过度商业化,保护本土文化的真实性,从而增强当地居民的自豪感,推进农村产业结构的调整,为旅游可持续发展奠定了基础。具体的做法是:政府负责乡村旅游的规划和基础设施建设,优化发展环境;乡村旅游公司负责经营管理和商业运作;农民旅游协会负责组织村民参与地方戏的表演、导游、工艺品的制作、提供住宿餐饮等,并负责维护和修葺各自的传统民居,协调公司与农民的利益;旅行社负责开拓市场,组织客源。在经济相对落后,市场发育不很完善的地区,由政府组织,全盘把握,公司和协会协作,农民广泛参与,更有利于乡村旅游的发展,为农村弱势群体提供旅游从业机会,最大限度地利用当地资源,保证农村生态旅游的地方性和真实性。

【案例链接】

天龙屯堡

地点:贵州安顺平坝县天龙屯堡

开发时间:2001 年

规模:3.5 平方千米

投资额:100 万元

发展过程:"天龙屯堡模式"用一个公式概括,就是"政府 + 旅游公司 + 旅行社 + 农民旅游协会"。该模式既能发挥政府的指导、协调作用,又能充分利用社会力量解决资金、经营管理等具体问题。在各利益主体发挥所长的同时,各利益主体也依据自身资源优势合理分享利益,由于此种模式很好地将责、权、利有机地统一起来,在各利益主体追求价值目标存在一定差异的前提下,有效地避免了天龙屯堡旅游业的过度商业化,从而为天龙屯堡旅游业的可持续发展奠定了基础。

在天龙屯堡模式中,政府主要负责旅游规划、基础设施建设,为公司创造良好的投资开发环境。这一举动的内在动力来源于政府职能的要求,任何一届政府都希望在自己执政期间能造福于当地百姓,充分解决就业问题,维护社会稳定,最大程度地实现社会效益、经济效益与环保效益的三统一。天龙镇政府果敢、务实、与时俱进、锐意进取的精神为天龙模式的横空出世提供了强有力的支持。2001 年,在自身财力不济的情况下,政府改变了以往开发旅游大包大揽的传统开发模式,果断地把 30 年的经营权转让给天龙公司。事实证明,政府的决策是正确的,仅 2002 年,刚刚起步的天龙旅游公司就向政府直接上缴税收 5 万元。

旅游公司负责经营管理和商业运作。1997 年,在外打工的陈云看到外省旅游业给当地人带来的经济效益后深受启发,意识到家乡的屯堡文化以及自然景观正是开发旅游业的绝佳资源,他和合作者经过调查分析后,向当地政府提交了开发天龙屯堡文化资源以发展旅游业的可行性报告。2001年5月,由陈云、县建行职工郑汝成及贵阳风情旅行社负责人吴比等3人共同投资100万元组建了天龙旅游开发投资经营有限责任公司,由公司负责开拓市场,包装屯堡文化。

为了做大乡村旅游蛋糕和维护自身利益,2003年2月,在当地政府的扶持下,天龙村成立了农民协会,村民以自愿的方式加入协会,会费为每人10元,目前已经发展会员600多户。农民旅游协会主要负责处理村民参与旅游开发的各项事务,如组织戏曲演出,组织村民参加英语或导游知识等各项培训,纠正农民违规建房,并对村民进行素质教育和行为管理,同时,农民旅游协会还负责维护村寨的社会治安和环境卫生等。天龙屯堡农民旅游协会为协调旅游公司和农户之间的关系起到了润滑剂的作用。

旅行社作为该模式的利益主体之一,能够充分利用其广泛的网络资源优势,组织客源。旅游公司与旅行社共处在一条利益链上,旅游公司的经营意图有时必须依赖旅游目的地的配合,在利益共生的基础之上友好合作。为了激发旅行社开拓市场的积极性,天龙公司从门票收入中拿出一部分让利于旅行社。

在利益分配方面,由公司对景区实行统一经营管理,统一收取门票,负责整个景区内所需的费用开支,并对门票收入进行再分配,即上交政府税收和公共性开支、村委会管理费和日常开支费用、农民旅游协会基金和各种活动费用以及旅行社市场拓展金。上述几项之和占公司收入的46%,剩余54%作为公司运作的费用和投资人所得收入。收入的分配比例为:政府11%,村委会10%,农民旅游协会14%,旅行社11%,公司54%。实践证明,天龙屯堡模式兼顾了各利益主体利益,成功地调动了各方积极性,有效地推动着天龙屯堡乡村旅游持续发展。

(资料来源:《乡旅》,2011-09-15.)

7.2.4 "股份制"模式

为了合理地开发旅游资源,保护乡村旅游的生态环境,可以根据资源的产权将乡村旅游资源界定为国家产权、乡村集体产权、村民小组产权和农户个人产权四种产权主体。在开发乡村旅游时,可采取国家、集体和农户个体合作,把旅游资源、特殊技术劳动量转化成股本,收益按股分红与按劳分红相结合,进行股份合作制经营,通过土地、技术、劳动等形式参与乡村旅游的开发。企业通过公积金的积累完成扩大再生产和乡村生态保护与恢复,以及相应旅游设施的建设与维护;通过公益金的形式投入到乡村的公益事业(如导游培训、旅行社经营和乡村旅游管理)以及

维持社区居民参与机制的运行等;通过股金分红支付股东的股利分配。这样,国家、集体和个人可在乡村旅游开发中按照自己的股份获得相应的收益,实现社区参与的深层次转变。通过"股份制"的乡村旅游开发,不仅明确了产权关系,广泛吸收了各方面资金、物力、技术等生产要素,而且把社区居民的责(任)、权(利)、利(益)有机结合起来,形成与企业风险共担、利益均沾的机制,引导居民自觉参与他们赖以生存的生态资源的保护,从而保证乡村旅游的良性发展。同时企业也变成真正自主经营、自负盈亏的市场主体。这种模式有利于乡村旅游上规模、上档次。

【案例链接】

望峪山庄

地点:河北山海关新建村望峪山庄

开发时间:2001 年

规模:200 多亩

投资额:280 万元

发展过程:望峪山庄所在的石河镇新建村现有人口 206 人,耕地 159 亩。2001 年,新上任的村书记蔡德宽聘请专家考察论证,提出了"开发资源、外引内联、规模种植、发展旅游"的致富思路。村里吸收村民入股筹资 280 多万元组建望峪山庄股份公司,发展乡村旅游。从 2000—2002 年初,接待了近 10 万人,门票收入达到 50 万元。村里组织村民又开展了"我与新建村发展"大讨论,大家决定修建停车场等配套设施,村民捐款达到 4.7 万元,在 2003 年修建了大型停车场、多个厕所,开发出燕塞湖观光、南天门探险等新项目。还利用外商的资金修建了 50 座度假木屋,对村民家庭饭店、旅馆进行整修。2005 年,慕名前来观光旅游、休闲小住的游客超过 1 万人次,旅游综合收入超过百万元。为提高旅游的文化品位,村里又投入资金 4 万元,建起了 300 平方米的望峪山庄文化活动中心(现旅游服务中心),旅游时节山庄几乎每天都有雅俗共赏的文化活动,这些节目说的是山庄的人,演的是山庄的事,展示的是山庄的乡土文化,突出山庄的文化特色,深受游客的欢迎和喜爱。

(资料来源:http://www.wangyushanzhuang.com/.)

7.2.5 "个体农庄"模式

"个体农庄"模式是以规模农业个体户发展起来的,以"旅游个体户"的形式出现,将当前农村最缺乏的现代管理、科技、资金引入土地,可以大大增加产出,促使土地升值,使庄园主和农民"共生共荣"。通过对自己经营的农牧果场进行改造和旅游项目建设,使之成为一个完整意义的旅游景区(点),能完成旅游接待和服务工作。通过个体农庄的发展,吸纳附近闲散劳动力,通过手工艺、表演、服务、生产等形式加入服务业中,形成以点带面的发展模式。个体农庄这种农业生产经营模式,可以把农业家庭分散经营集中起来,形成一定规模,并按照现代工业的经营管理方式运作,实行企业化管理、专业化生产、一体化经营、市场化竞争,使小生产和大市场成功对接。这种形式使得先富帮后富,最终共同走向富裕的道路。

【案例链接】

帅旗农庄

地点:江苏南京市浦口区乌江镇帅旗农庄

开发时间:2000 年

规模:300 亩

投资额:680 万元

发展过程:帅旗农庄是 2000 年由一名转业军人吴传明筹资兴建的生态型农业庄园。首期开发 180 亩,主要从事种植、养殖从国外引进的优良果树和家禽品种。农庄带动周边村民养殖肉鸭、野鸭等特禽 20 万只,种植花卉苗木特种林果 300 多亩,和农民签下订单,保证收购和销售,并和南京农业大学合作进行稀有珍禽养殖开发,规划建设"百花园、百鸟园、百果园",作为南京市大、中、小学生科普基地。2002 年,在发展种植养殖第一产业的基础上,农庄继续开发了对农产品进行加工制作的第二产业。如今,帅旗牌"美国绿头鸭"酱卤产品已成为农庄的招牌产品。2002 年以来,看好农庄在未来南京市农业旅游圈中的潜在价值,为把农庄建成一个景色宜人的休闲山庄,帅旗又投资 130 多万元,在农庄内建成了各具特色的亭台楼阁,宾馆可同时容纳 100 多人食宿,入住的客人可以在农庄内垂钓、采摘新鲜水果、品尝野鸡、野鸭。随着农庄经济进一步发展,农业休闲和农事参与活动也越来越丰富,吸引了更多的城市居民前来回归大自然。2004 年,国家农业部授予帅旗农庄"国家级农业生态旅游示范基地"称号。农庄借此契机致力于拓展乡村旅游、餐饮业等第三产业的发展。

(资料来源:《中国地名》,2006(02).)

【实　　训】

收集国内外乡村旅游投资与管理模式的经典案例,并结合 PPT 进行课堂展示与分享。

【实训要求】

1.收集案例的相关背景资料,并制作图文并茂的PPT。

2.分析案例中乡村旅游投资与管理模式的成功或失败之处,总结可借鉴的经验。

项目 **8**

乡村旅游促销策略及创新

 【知识目标】

　　了解旅游促销的作用和基本策略,知晓乡村旅游常用的促销方式,理解乡村旅游促销策略的科学性和针对性。

 【能力目标】

　　通过本项目的学习,培养学生分析具体事例的能力,掌握乡村旅游促销的主要载体、内容和形式,能够针对对应人群制订促销策略。

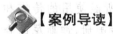 **【案例导读】**

成败皆促销

★ 成功的促销个案——迪斯尼

　　谈到美国的旅游景区,许多人可能不知道尼亚加拉瀑布或科罗拉多大峡谷,但是恐怕没有人会不知道迪斯尼乐园。早在 1964 年,美国总统约翰逊在授予公司创始人沃特·迪斯尼国家自由勋章时,就曾赞许道:"作为一名艺术家,沃特·迪斯尼在旅游娱乐业领域,已经创造出了一个美国大众文化的奇迹。"如今,迪斯尼与可口可乐、麦当劳、玛利莲·梦露一起,被称为美国娱乐消费的"四大天王"。迪斯尼的促销之道可总结为:

　　①卡通电影树立品牌形象。从 1928 年《威利蒸汽船》里倾倒无数世人的欢乐天使米老鼠开始,70 余年来迪斯尼不断创造出人见人爱的卡通形象,无论是唐老鸭、三只小猪、白雪公主、辛巴还是花木兰、木须龙,无不是光彩夺目、熠熠生辉的超级巨星。然而走红的并不只是卡通自身而已,作为传递欢乐的载体,迪斯尼公司也在传递着它的品牌内涵,树立着它的品牌形象。

　　②浪漫而神奇的童话王国。1955 年第一家迪斯尼乐园在洛杉矶建成,以后又

在佛罗里达、日本和巴黎相继建立了迪斯尼乐园。在每一家乐园里,欢乐如同空气般无所不在,无论是建筑风格还是娱乐项目,无不努力营造一个超凡脱俗的梦幻世界。在这里,孩子可以延续他们童话故事中的美梦,而成年人可以拾起他们未泯的童心,体会真实与纯洁。迪斯尼乐园还尽量使用现代化的电子设备,每年补充更新娱乐内容和设施,使乐园成为一个容纳新鲜、纯真的"欢乐王国"。

③服务营销,沟通无限。迪斯尼公司找到了欢乐的四项要素:安全、礼貌、优美和效率。并由此升华出"迪斯尼礼节",围绕这四项要素的要求,迪斯尼斥巨资训练员工以提供优良的服务,并专门成立了迪斯尼大学。公司还在整个组织机构中统一服务绩效;通过顾客建议和投诉系统等了解顾客的满意情况,力求以服务创造市场。

④迪斯尼频道传播迪斯尼信息。1983年,迪斯尼创建了"迪斯尼频道",专门用来播放迪斯尼制作的影片、卡通及电视节目。1994年通过与台湾博新公司、英国天空电视台签约及收购大都会——美国广播公司,使迪斯尼走向了世界。到1994年,该频道的订购数升到了400万。

⑤迪斯尼形象遍地开花。迪斯尼通过特许经营发展玩偶消费品,每年利润近1亿美元。同时,玩偶消费品又成为迪斯尼公司营销其卡通形象的重要手段。例如,1995年《玩具总动员》上映之前,迪斯尼公司动用了一切它所能使用的传媒和途径对其进行宣传,包括迪斯尼频道、迪斯尼商店、迪斯尼的宣传画册、迪斯尼的合作伙伴 Burger King(汉堡王快餐连锁店)。而该片上映之后,共同的主角玩偶又出现在玩具商店中、圆领衫、书包上,这样,卡通片又促进了迪斯尼商品的销售。1993年,在推出了《谁杀了兔子罗杰》之后,迪斯尼乐园马上开了一个重现电影场面的立体娱乐点——卡通城。

★ 失败的个案——"告别三峡游"

1997年,海外旅行商为了在已经经过1992年、1996年两次炒作后的轰动效应再添一把火,推出了"告别三峡游"的促销主题。作为一种市场销售主题它在当时的情况下提出,虽然存在着极大的不科学性,但从商业炒作的角度看,确实起到了很好的促销效果。但在大江已经截流的今天看,它不可避免地产生了一系列负面效应:一方面人们对"告别游"产生了歧义的理解,以为大江截流后三峡就没什么可看的了。时至今日,这种观点的影响仍然存在。另一方面,爆发性的轰动效应给长江三峡沿线的接待能力以突然袭击,最终损害了游客的利益和长江三峡的整体形象,导致长江三峡旅游业出现了大幅度整体下滑,旅游景点门可罗雀,90%的游船待泊港中。

上面两个案例说明,促销在旅游营销中的作用不可小觑。成功的促销策略能造就迪斯尼这样的王国,而失败的、短视的促销却会使最好的旅游资源无人问津。

旅游产品的无形性、销售的同时性以及旅游市场的高度竞争性,使得促销在旅游市场营销中发挥着更加突出和重要的作用。旅游营销者通过促销活动提供旅游信息,突出产品特点,树立良好的形象,刺激潜在旅游消费者的旅游欲望,从而促进旅游产品的销售。

8.1.1 旅游促销的概念及作用

促销的存在是市场竞争和信息不对称条件下的必然。在消费者不可能充分了解每个生产者的产品和生产者总是面临竞争威胁的情况下,促销也总是市场营销中的重要话题。它同产品策略、价格策略、销售渠道策略一起,被列为市场营销组合 4PS。

旅游促销:即旅游营销者将有关旅游企业、旅游地及旅游产品的信息,通过各种宣传、吸引和说服的方式,传递给旅游产品的潜在购买者,促使其了解、信赖并购买自己的旅游产品,以达到扩大销售的目的。旅游促销是旅游营销组合的一个要素,其实质是旅游营销者与旅游产品潜在购买者之间的信息沟通过程,旅游促销对于旅游产品的销售活动具有重要作用。

1)提供旅游信息,沟通供需关系

当旅游产品进入市场时,需要提供旅游企业及产品的相关信息,并根据旅游消费者的具体特点采取不同的方式进行沟通,了解旅游消费者的需求,确定旅游产品提供的最佳时间、地点和方式。旅游促销活动所要传递的基本信息包括:旅游目的地或旅游企业在何时、何地、何种条件下,向何种消费者提供何种旅游产品。

2)突出产品特点,强化竞争优势

相互竞争的同类产品往往差别不甚明显,为了避免与竞争者的产品类似,旅游产品在销售过程中要寻找企业和产品的特点,强化自身的优势,使旅游消费者认识到本企业和产品所带来的特殊利益。如果和竞争者的产品之间没有本质的区别,

可以通过促销突出企业的经营理念、企业文化、产品特色或者赋予产品以更新的概念,使潜在消费者认识到何种旅游产品更可能带给自己实际所需和精神所需的特殊效用和利益,并由此对某种旅游产品形成购买动机。

3）树立良好形象,加强市场地位

旅游是一种高层次的消费和审美活动,通过长期的旅游促销活动,可以塑造与众不同、更具亲和力的市场形象,巩固市场地位,提高市场占有率。

4）刺激旅游需求,引导旅游消费

旅游产品属于高附加值的非生活必需品,受各种因素影响,其需求弹性很大。通过促销可以使旅游消费者提高对旅游的认识,唤起潜在旅游消费者内心的旅游消费需求,甚至创造出"首次需求",从而增加旅游企业的市场销售量,获取更多利润。据香港旅游协会资料,每增加 1 美元的旅游宣传投资,可增加 123 美元的旅游收入。促销的作用可见一斑。

8.1.2 旅游促销的基本策略

1）推式策略

推式策略是指利用推销人员与旅游中间商促销将产品推入渠道,即旅游生产者积极地将产品推到批发商手上,批发商又积极地将产品推给零售商,零售商再将产品推向消费者,如图 8.1 所示。

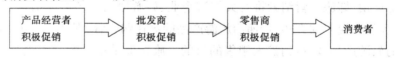

图 8.1 推式策略

2）拉式策略

拉式策略是指企业针对最后消费者,花费大量的资金从事广告及消费者促销活动,以增进产品的需求。如果做得有效,消费者就会向零售商要求购买该产品,于是拉动了整个渠道系统,零售商会向批发商要求购买该产品,而批发商又会向生产者要求购买该产品,如图 8.2 所示。

图 8.2 拉式策略

【案例链接】

让日本民众感受上海世博

2009 年 10 月,在日本东京举办的"中国世博旅游之夜"大型旅游推广活动上,国家旅游局局长邵琪伟表示,希望参观上海世博会的日本游客超过 100 万人次。为实现这一目标,上海市旅游局世博旅游促销团赴日本福冈、大阪、京都等地,通过形式新颖、丰富多彩的推介活动让日本民众感受世博氛围。

"这一笔是花开富贵,这一划叫鱼跃龙门……"在福冈的亚太国际观光节上,来自上海城隍庙的手工艺人王圣兵一边创作龙凤彩绘文字,一边讲解每个笔画中的美好含义。中国结编织也吸引了许多日本人的眼球。

一位 74 岁的当地老人说,他曾经在上海生活过。对于中国的民间艺术品充满感情,世博会期间一定会故地重游,看看上海的变化。在大阪御堂筋阔步活动现场,上海市旅游局制作的各种世博旅游宣传资料以及世博小纪念品受到欢迎。在大阪御堂会馆举办的日本大阪—上海世博旅游推介会上,上海时空之旅带来了精彩的杂技。一位老先生说,以前只在电视上看过中国杂技,现场看到更觉震撼。国家旅游局驻大阪办事处主任杨强说,生动的表演让旅游推介直接面对公众,让游客对于中国、对于上海有更直观的了解,能够形成很好的口碑效应,这样多元化的旅游推介形式值得推广。

1. 旅游企业合力促销

在大阪的上海世博旅游专场推介会抽奖环节上,上海环球金融中心观光厅拿出 20 张入场券作为奖品。销售部经理王超然介绍,环球金融中心观光厅目前已拿到世界最高观光厅的证书。公司在日本市场有一定的号召力和知名度,也想借世博旅游扩大客源,此次日本之行让他们受益匪浅。

刚被评为"新沪上八景"之一的枫泾古镇也瞄准了日本市场。枫泾古镇旅游发展有限公司市场部经理在旅游推介之后马不停蹄地赶往东京附近的日本古镇,寻求旅游共建。上海国旅、上航国旅作为世博门票销售指定旅行社均派成员参与此次推介。这些资深从业人员均表示,现阶段最重要的任务就是宣传和促销,让更多的人参加世博会,此外,也要做好人才储备,提高自身的接待能力。

2. 有效利用当地资源

随着上海、大阪、釜山旅游"大金三角"的建设,世博大阪推介得到日本参界的大力支持,参展企业包括金日空、日航、东航等 5 家中日航空公司,以及 JTB 等 4 家日本旅行社。大阪观光协会相关负责人介绍,他们提前一个半月就已经在大阪市

政府的官方网站、当地报纸上进行活动宣传,还发放了2万多份宣传册。推介会短短的两个小时中高潮不断。不少生活在大阪的上海人当场表示想成为世博会志愿者,为上海世博会出一份力。

上届世博会举办地爱知县下月也将迎来上海市旅游局的世博推介。上海市旅游局国际处周爱梅说:"日本朋友对世博的热情很高,给了我们不少帮助。上海世博旅游在日本市场的宣传力度很大,相信会有众多日本民众在世博会期间到上海旅游。"

(资料来源:中国旅游报,2009-10-28.)

任务 2　乡村旅游促销方式的选择

为了提高促销效果,降低促销成本,乡村旅游经营组织必须选择恰当的促销方式,以达到最佳的促销效果。

8.2.1　乡村旅游常用促销方式

1)旅游广告

广告是一种高度大众化的信息传播方式。它是一种在某一特定时期与空间范围内通过刺激和鼓励交易双方,并促使消费者尽快购买或大量购买产品而采取的一系列促销措施和手段。其优点是辐射面广,信息传播速度快;可多次重复宣传,提高产品的知名度;形式多样,艺术表现力强,形象生动。其缺点是传递信息量有限,信息停留时间短,只能与消费者进行单向信息传递,效果不能立即体现,某些媒体投入较高。

(1)旅游广告的类型

依据旅游广告媒体的特点可将旅游广告分为3种类型:

①信息直达型。

报纸旅游广告:旅游广告信息可直达旅游消费者,可信度强,覆盖面广,可保留,重复,读者面广,但传递速度慢。

杂志旅游广告:分类较细,旅游消费者目标群体明确,目标指向旅游广告受众准确,轮流阅读率高。

互联网旅游广告:传递速度快,覆盖面广,通俗易懂,但声音刺激时间短,一般不保留。

电视旅游广告:兼有视觉和听觉旅游广告的特点,是目前最理想的旅游广告媒体,但费用高。

直接邮寄旅游广告:通过邮局发布的旅游广告,特点是直接传达旅游广告信息,信息量大,旅游消费者阅读可能性大(与报纸,杂志比较),有亲切感。

②接近型。

售点旅游广告:指在旅游企业店内、店外的旅游广告形式。如包装展销会、柜台式、悬挂式、实物组合式、旗帜旅游广告等。

展览、赛场旅游广告:在展览会、比赛场地发布旅游广告的形式,是使旅游消费者在一边观展和观赛的同时接受旅游广告信息的传达方式。

③通过型。

户外旅游广告:在户外树立的商品形象、文字、图形等旅游广告形式,使旅游消费者在运动中获得旅游广告信息。

交通工具旅游广告:以车、船、机身、路牌和墙壁(铁路沿线)等为载体的广告形式。

（2）旅游广告媒介的选择

旅游广告是通过传播媒体向潜在旅游者传递有关信息,旅游企业选择旅游广告媒体的基本原则是广、快、准、廉。根据旅游产品和旅游需求的特点,旅游企业选择的旅游广告媒体以电视、报纸为主,以其他媒体为辅。根据旅客目标市场的地域分布,所选媒体的传播范围应与其一致。根据媒体的影响程度、企业促销目标与旅游广告费用预算,确定国家、省、市、县等不同级别的具体媒体。

旅游广告的时间安排对旅游广告效果也有重要影响。一方面,一种旅游产品总有一定的市场生命周期,在不同的生命周期阶段,旅游广告促销的重点应不同。在旅游产品的市场投入期,应发布开拓性或引导性旅游广告,进行正面宣传和介绍,传递新产品面市的信息,诱导、培养和创造新的消费要求;在成长期和成熟期,应发布竞争性或声势性旅游广告,着重宣传旅游产品的特色、为旅游者带来的独特利益和企业的竞争优势,力争培养旅游消费者对本企业及其旅游产品的偏好,树立良好的企业信誉和产品形象;在衰退期由于收益渐减,可做提示性旅游广告,甚至不做旅游广告。另一方面,旅游需求随时间变化具有客观的淡、旺季变化规律,在旅游需求旺盛期,企业应延长旅游广告刊播的时间,提高刊播频率,以争取更多的客源;随着旅游需求减少、市场疲软,旅游广告刊播可压缩时间,降低频率或采用时

效性差的杂志、路牌等媒体做广告。

2）公共关系

公共关系是通过大众传播媒介来改善并提高企业在公众心目中的形象，宣传企业及其产品的实践活动。公共关系的主要目的是为了和公众达成良好的关系。其优点是借助于第三者传递信息，可信度较高；容易赢得公众信任；信息传递方式多样，影响力大，有利于建立乡村旅游形象。缺点是不能直接达到销售效果；活动设计有难度，组织工作量较大。乡村旅游在公众中建立起知名度和美誉度，必然增加旅游产品的销量。

（1）旅游公共关系的类型

不同企业或者同一企业在不同条件下、不同发展时期，由于面对的公共关系的目标、要解决的问题不同，就要对企业公共关系工作提出不同要求，从而在长期的公共关系实践中就形成了不同类型的公共关系模式。根据旅游企业公共关系工作的目标、任务和要求的区别，可以把旅游公共关系分为以下 5 种类型：

①宣传型公共关系。宣传型公共关系是指旅游企业借助于各种传播媒介，通过宣传的途径达到宣传企业、树立企业形象目标的一种公共关系模式。宣传型公共关系主要是利用报纸、电视广播、企业内部刊物、视听材料等各种宣传媒介，有效地进行对内、对外的宣传，让各类公众充分地了解企业、认识企业，形成有利于企业发展的良好的舆论环境，使企业获得广泛的支持与合作，达到促进企业发展的目的。其特点是实效性、新闻性强，可信度高，传播面广，传播速度快，效果好。

②服务型公共关系。服务型公共关系是指旅游企业以提供方便、周到、热情的优质服务为手段，赢得公众的支持与信任，从而树立良好企业形象的公共关系模式。在现代社会中，消费者对服务水平的要求越来越高，范围也越来越广，促使企业不断推出新的、更高水平的服务。旅游企业要考虑从旅游消费的各个阶段提高服务质量，为消费者提供实实在在的、有特色的服务。

③交际型公共关系。交际型公共关系是指旅游企业通过人际交往活动，建立广泛的社会联系，以沟通信息和塑造旅游企业形象为目标的一种公共关系模式；它主要通过直接的个人交际和团体交际的方式，联络感情，协调关系，化解矛盾，建立良好的感情联系，在公众中留下良好印象。

④社会型公共关系。社会型公共关系是指旅游企业通过参与或举办各种社会性、公益性、文化性活动来扩大企业影响，树立企业良好形象的一种公共关系模式。企业参与、举办或支持相关社会活动，虽然付出额外费用，不能给企业带来直接的经济效益，但能树立企业关心社会、关注民生、关注社会发展的良好形象。企业立

足于长远,不拘泥于眼前的得失,追求的是公众的好感和企业的长远利益。

⑤征询型公共关系。征询型公共关系是指旅游企业采用征求公众意见、舆论调查、民意测验等手段广泛收集信息,加强与公众联系的一种公共关系模式。企业是为社会而生存的,企业的发展与公众的要求和愿望、与社会舆论有着密切的关系。了解社会舆论,体察民情民意,预测社会发展趋势,有利于使企业行为与公众需求、社会发展保持协调一致。

（2）旅游公共关系的主要手段

旅游公共关系的目标和功能是通过有计划、具体的公共关系活动实现的。与其他旅游促销手段相比,公共关系一般难以起到立竿见影的效果,它往往立足于企业的长远目标,通过长期的努力树立和维护企业的良好形象。旅游企业公共关系活动常用的手段主要有下列 7 种:

①企业调研活动。旅游企业通过民意调查、消费者调查、传媒监测等多种方式收集企业内外环境变化的信息,以了解公众对企业及其产品、服务的态度、意见和建议,了解竞争者的动向及其可能给企业造成的影响。公共关系调研有助于企业及时掌握竞争者、环境变化及公众的态度和要求,通过不断的努力保持企业与公众之间良好的沟通关系。

②公共关系专题活动。旅游企业可以通过举办或参加相关公共关系专题活动,传递企业的信息,加强与有关公众的沟通和情感联络。常见的公共关系专题活动包括新闻发布会、记者招待会、企业庆典活动、赞助活动与展览会等。

③新闻媒体的宣传报道。旅游企业公共关系人员的主要任务之一,就是发掘或创造对企业或其产品有利的新闻,并及时利用新闻媒体宣传出去。企业公共关系人员应善于编写新闻稿件,善于构思出故事的概念,以争取媒体的采用,新闻宣传可信度高,传播范围广,有利于树立和维护企业的良好形象。

④散发旅游宣传资料。旅游企业的宣传资料以介绍企业发展的成绩,企业新开发的旅游资源及其特点,独特的服务方式,旅游消费者对企业的评价等为主要内容。它采用图文并茂的形式更能吸引消费者,引起消费者对企业的关注与兴趣。旅游宣传资料主要有企业刊物、小册子、图片、画片、传单、报纸。

⑤策划新闻事件。旅游企业的公共关系人员的一个主要职责是捕捉有利时机,利用或策划有可能提高企业知名度与美誉度的新闻事件,经过富有创意的设计和渲染,引起社会公众的广泛关注;特别要吸引新闻媒体的注意,并方便宣传报道,如举办研讨会、公益赞助、各种比赛活动、文化活动等。

⑥外联协调活动。旅游企业为了保持和谐的外部环境,应设法与当地政府、银

行、新闻媒体、社区、行会等单位建立并保持稳定的联系和良好的沟通,经常并主动地向它们介绍企业的经营发展状况,听取它们的意见和建议,争取其理解和支持,避免因为与某方面的关系不协调而给企业带来不利影响。

⑦公共关系的其他相关活动。旅游企业公共关系人员的工作还包括企业宣传资料的编制、企业内部的信息沟通、员工关系管理、股东关系处理、宾客接待、临时活动的安排等。

旅游目的地与旅游企业通过以上公关活动,可以加强与社会公众的密切联系,提高企业的知名度,创造良好的市场形象,从而影响旅游消费者的购买行为。旅游企业应根据不同情况、不同时期的促销目标来开展各项卓有成效的公关促销活动。

（3）旅游公共关系的实施步骤

旅游公共关系的实施步骤主要有以下 3 步：

①调查研究。旅游目的地与旅游企业通过调研,一方面,了解企业实施政策的有关公众的意见和反映,反馈给高层管理者,促使企业决策有的放矢;另一方面,将旅游目的地与旅游企业的领导者意图及企业决策传递给公众,使公众加强对企业的认识。

②确定目标。一般说来,旅游目的地与旅游企业的公关目标是促使公众了解企业形象,改变公众对企业的态度。具体地说,公关目标是通过企业传播信息,转变公众态度。必须注意的是,不同企业或企业在不同发展时期的具体公关目标是不同的。

③交流信息。企业通过大众传播媒体及交流信息的方式传播信息。可见,旅游公关过程就是信息交流过程。

3）营业推广

营业推广是在某一特定时期与空间范围内通过刺激和鼓励交易双方,并促使消费者尽快购买或大量购买产品而采取的一系列促销措施和手段。其优点是刺激性强,对顾客的吸引力大;迅速激发顾客需求,能在短期内改变顾客的购买习惯。缺点是注重短期销售利益,使用不当可能导致顾客的不信任。乡村旅游产品在萌芽期往往尚未得到旅游者的关注,采用营业推广能加快新产品进入市场的速度,产生立竿见影的强烈效果。

（1）旅游营业推广的类型

根据市场特点及营业推广的目标不同,可以将营业推广分为 3 种类型。

①针对旅游者的营业推广。

旅游企业针对旅游者的营业推广,是为了鼓励老顾客继续购买本企业产品,吸

引新顾客试用本企业产品,推动新产品的销售,扩大市场占有率等。其手段主要有:

a. 赠送折价券。持有折价券的旅游者在购买本企业产品或在定点门市购买旅游产品时享受折扣优惠,有利于刺激旅游消费者购买产品。

b. 赠送物品。向旅游者免费赠送能体现旅游目的地、旅游企业的民俗、文化等特点的风情画册、特产、纪念品等物品,有利于增强旅游者对旅游目的地和旅游企业的情感,使旅游产品更具吸引力,促使旅游者认购。

c. 产品展销会。展销会集产品展示与销售活动于一体,开展旅游产品展销,可以集中旅游消费者的注意力和购买力。在展销期间,质量精良、价格优惠、服务周到的旅游产品往往备受青睐,参展是难得的营销推广机会和有效的促销方式。

d. 设立俱乐部。旅游企业针对不同类型的旅游者设立相应的俱乐部,如探险游俱乐部,提供一定的对旅游者有吸引力的利益,有利于促使他们多购买本企业的产品。

此外,针对旅游者的营业推广还有有奖销售、积分奖励、降价销售等方式。

②针对旅游中间商的营业推广。

对旅游中间商的营业推广目的在于鼓励批发商大量购买,吸引零售商扩大经营,动员有关中间商积极购买或推销本企业旅游产品。其推广方式主要有:

a. 购买折扣。旅游企业为刺激、鼓励旅游中间商大量购买本企业产品,在某一时期内可给予购买一定数量本企业产品的中间商以一定的折扣。例如,航空公司通常给予有业务往来的旅行社一定比例的价格折扣。

b. 资助。旅游企业为中间商免费提供用于陈列和展示的广告招贴画、小册子、DVD 光碟等宣传资料,对为本企业旅游产品做广告的中间商资助部分广告费用。

c. 给予推广奖励。旅游企业为促使中间商多经销本企业产品并帮助企业推广新产品,对经销本企业产品有突出成绩的中间商给予奖励。这能刺激经销业绩突出者加倍努力,也有利于调动其他中间商的积极性,促进产品销售。

d. 联合推广。旅游企业和中间商共同出资进行产品销售活动和制作广告进行促销。

③针对旅游推销人员的营业推广。

针对旅游推销人员的营业推广,其目的在于调动推销人员的积极性,鼓励他们热情推销产品或处理某些老产品,或促使他们积极开拓新市场。其推广方式主要有:

a. 销售竞赛。通过组织竞赛,根据推销人员销售本企业产品的业绩,分别给优

胜者以不同的奖励,如现金奖、实物奖、免费旅游奖、度假奖等。

b.让利。根据推销人员的业绩给予不同比例的分成或额外的物质上的奖励。

c.培训。旅游企业根据推销人员的工作业绩,对表现优异者给予免费外出学习或培训的机会。

（2）旅游营业推广的策划

旅游企业在进行营业推广时,应对营业推广活动进行全面的策划,制订营业推广的方案。一般需要对推广规模、推广对象、推广途径、推广活动期限、推广时机、推广预算、推广活动的具体实施和评估进行策划。

①确定推广规模。由于营业推广是非常规的,在具体实施时应首先考虑推广的规模。规模太大、时间较长会使促销效率降低,而规模太小又起不到应有的刺激作用,因此,要根据推广的费用与效果的最优比例来确定最佳的推广规模。一般来说,推广规模最小应该足以使推广活动引起销售对象的注意,采取相应的购买行为;最大规模应是销售额还在上升,但是销售效率已经开始呈现递减时。通常旅游企业可以通过考察各种销售推广活动销售与成本增加的相对比例,来确定最佳推广规模。

②选择推广对象。营业推广的对象很多,每次在进行推广活动策划时,旅游企业需要经过全面的考察来确定是面对个人还是面对团体,是面向旅游者还是面向旅游中间商或者是推销人员。对推广对象范围的控制,可以使旅游企业选择正确的主攻目标,从而使营业推广的目标能够顺利实现。例如,直邮推广时,应选择可能回函或重复购买的消费者;有奖销售时,最好限定在旅游产品的消费者范围内,旅游企业的家属不允许参加。选择推广对象的范围应该合适,范围太大会使推广的效率下降,范围限定得过小则不利于旅游企业开发新市场。

③分析推广途径。推广途径主要是指向推广对象传递信息的渠道。推广的途径主要有:广告、宣传单、邮寄、推销卡、新闻、人员推销、电话推销等。各种推广的途径不同,所需的费用不同,传达信息的范围也不同,旅游企业应在分析推广途径的费用、效率以及推广对象对信息的最佳接受方式的基础上,选择最有效的推广途径。

④确定推广活动期限。推广活动期限的确定,受旅游产品的特点、消费者的购买习惯、促销目标、竞争者的策略等因素的影响。如果营业推广的时间过短,可能使一些潜在的消费者错过机会,无法获得推广所带来的利益,销售目标无法很好地达成,从而使旅游企业失去开拓市场的可能性;营业推广的时间过长,会使消费者丧失短期内购买的欲望,增加不必要的开支,失去营业推广活动的优势。因此,旅

游企业要根据实际情况确定一个合理的推广活动期限。

⑤选择推广时机。推广时机是指在推广期限内,确定具体的营业推广的日程安排。一般来说,推广时机的选择应根据消费者需求时间的特点和规律,结合整个市场营销策略来确定。在不同地区、不同范围内进行的营业推广活动要和当地营销人员配合,根据整个地区的营销战略来研究确定。

⑥推广预算。营业推广活动的成功,需要较大的资金支持,必须进行科学合理的预算。推广预算一般通过两种方法来进行:一是由营销人员根据全年营业推广活动的内容、方式、选择的推广途径及相应的成本费用来确定预算;推广的费用包括管理费用(如印刷、邮寄费用)、奖励费用(如赠品或折扣的费用)。二是根据以往营业推广费用占促销费用的百分比来确定营业推广的预算总额。

⑦推广活动的控制和评估。旅游企业为了保证推广活动的实施,应对推广活动进行有效的控制和评估,以保证营业推广达到预期的效果。可采取以下 3 种方法进行:

a.消费者调查法。首先,通过对推广活动开展期间的旅游者消费行为进行观察、记录,对比推广活动前有关数据,分析推广活动对旅游者消费习惯的改变程度;其次,直接对消费者提出问题,了解、分析旅游者参与推广活动的动机、意见、建议、评价等,从而全面评估营业推广活动对旅游者的影响。

b.销售额对比法。这种方法比较直接,在其他条件不变的条件下,对比活动前后销售额的变化量,考虑推广成本的支出,可获得营业推广的净收益,以此评价推广活动的效果。由于销售额的变化受多种因素和其他促销手段的影响,因此,在进行评估时,应充分考虑其他促销手段和营业推广的综合效果。

c.实验法。旅游企业在进行全面的营业推广活动之前,可以选择一个有代表性的地区或消费者范围,进行小规模的实施,通过改变推广规模、水平、期限、时机等因素,考察具体效果,当效果良好时再大范围开展。

4)人员推销

旅游人员推销是指旅游企业利用人员对旅游产品进行推销的促销方式。这种促销具有以下特点:第一,针对性。旅游推销人员进行推销,一般首先选择具有较大可能性的客户,并事先对未来顾客进行研究,拟订具体的推销方案、目标、方法策略等,以提高推销的成功率。这是旅游广告所不及的,因为广告推销往往包括许多非可能顾客在内。第二,灵活性。旅游人员推销与客户保持着最直接的联系,可以在不同环境下根据不同潜在客户的需求和购买动机,以及客户的反应调整自己的推销策略与方法,可以解答客户的疑问,使买主产生信任感。第三,具有公共关系

的作用。旅游人员进行推销的过程,实际也是代表旅游企业进行公关活动的一个组成部分。

(1)旅游人员推销的方式

旅游人员推销属于直接促销,它具有以下3种方式:

①营业推销。营业推销包括两种类型:一种是旅游企业内部销售人员在办公室内用电话来联系和洽谈业务,接待来访的购买者和咨询者;另一种是旅游企业其他各个环节的从业人员在为旅游消费者提供服务过程的同时销售自身产品的活动。因此,从广义上讲,旅游业的全体人员都是推销员,他们依靠良好的服务接待技巧满足顾客的需求。

②派员推销。派员推销是指旅游企业派专职推销人员携带旅游企业及旅游产品的说明书、宣传材料及相关资料走访客户进行推销的方式。这种方式适用于推销人员在不太熟悉或完全不熟悉推销对象的情况下即时开展推销工作,它要求推销人员有百折不挠的毅力、良好的沟通能力与谈话技巧。一些高级饭店设立销售代表进行销售即属于这种类型的推销方式。近年来,我国许多省、市为开拓客源市场,派促销团赴主要客源地促销,也属于派员推销方式。

③会议推销。旅游企业利用各种会议介绍和宣传本企业旅游产品和服务,开展推销活动的方式,叫作会议推销。如交易会、洽谈会、展览会、新闻发布会、交流会和推销会等。会议推销是较为常见的人员推销方式。这种方式突出特点是群体集中,借助面广,成交量大。而且推销员不必以推销员的身份出现在消费者面前,因而消费者心理负担小,推销阻力也会减弱,但是对消费者产生的影响力却很大。例如,大连是个经常举办大型活动的地方,如国际服装节、赏槐会、啤酒节等,借机推销自己的旅游产品也是大连经常使用的宣传手法。每次会议期间,酒店、宾馆、会议中心都摆满了大连的旅游资料,这都大大推动了大连旅游产品的销售。

(2)旅游人员推销的实施

旅游人员推销的实施步骤主要有6个方面:

①锁定潜在客户。旅游推销人员首先要寻找推销对象及客户。推销人员寻找潜在客户的渠道多种多样,如可从旅游供应商、旅游中间商处寻找潜在线索,从潜在客户的行业组织寻找线索,从报纸杂志、广播电视、互联网等媒体中寻找线索,从政府驻外机构处寻找线索等。

②访问前准备。旅游推销人员在访问客户前要做必要的准备,包括尽可能了解访问对象的需求特点、性质、所在机构的情况、主要决策人等。推销人员还要考虑选择适宜的访问客户的方法,如电话访问、登门访问等。确定访问时机也很重

要,如正赶上客户出差、开会或工作繁忙,则不宜访问。

③讲解与示范。旅游产品基本上是无形产品,旅游推销人员无法向客户提供现场实物展示,就需要依靠讲解和图片等示范使无形产品有形化,以达到吸引客户的目的。旅游企业推销人员在讲解示范时可辅助图片和景点光盘,但推销人员的口头表达能力是打动潜在客户的主要原因。

④应对异议。旅游推销人员在向客服推销时,一般情况下客户不管是否有兴趣都会提出异议,以求推销人员给予更大的优惠。推销人员因此要善于应对各种反对意见。首先,对本企业所提供的旅游产品要心中有数、要有信心;其次,把客户反对意见看成是"常态",甚至可把反对意见看成是客户对旅游产品感兴趣的另一种折射;最后,不直接反驳,最好是列出情况让客户自己得出结论。

⑤达成交易。旅游企业推销人员要善于捕捉时机,把客户的购买愿望转化成实际购买行为。一些经验丰富的推销人员往往能很好地把握"火候",一旦时机到来,他们总会用肯定的询问诱导客户成交。

⑥客户追踪。达成交易并不等于推销工作的结束,推销人员要把有关信息传递给客户并把交易情况通报所在企业,以便各部门齐心协力准备好为客户服务,同时推销人员在达成交易后还要追踪客户是否满意。

8.2.2 促销方式的选择

1) 根据旅游市场选择促销方式

不同的市场状况包括市场的范围、竞争的程度以及供求变化等。例如对于规模小而相对集中的乡村旅游市场,可采取人员销售和营业推广;如果市场范围大而分散,可利用广告和公共关系。市场竞争激烈时应采用多种促销方式组合,竞争缓和时采用广告和人员推销等方式。

2) 根据旅游产品所处生命周期阶段选择促销方式

乡村旅游产品所处生命周期不同,促销方式也应有所不同。在旅游产品的投入期,旅游者对乡村旅游产品不了解,促销的重点是增加信息量,提高旅游消费者的认知率,宜选择广告、公共关系、营业推广方式;在旅游产品的成长期,旅游者对产品产生兴趣,促销的重点是诱导消费者购买和树立形象,宜采用广告、人员推销和公共关系;在旅游产品的成熟期,消费者已经形成消费偏好,促销的重点是竞争,宜采取营业推广、公共关系和广告等方式,提醒、刺激消费者购买;在旅游产品的衰退期,消费者兴趣发生转移,促销的重点应是刺激消费,宜采用短期效果较好的营业推广等方式。

3）根据促销对象选择促销方式

促销对象有的是面向中间商，有的是面向最终消费者即旅游者。面向中间商的促销，沿着销售渠道进行信息传递，通过乡村旅游中间商再传递给最终消费者，因而主要依靠人员推销传递信息。促销对象直接针对最终旅游者，促使其产生需求，从而向乡村旅游中间商或者乡村旅游经营组织进行预订，一般采用广告、营业推广和公共关系等促销方式。

4）根据促销预算选择促销方式

乡村旅游经营组织制定具体的促销策略时，还要受到促销预算的制约。在预算较小的情况下很难制定出满意的促销策略，只能采取简单的促销方式。预算充足，促销方式的选择余地较大，可以有较多的资金进行充分的市场调查。

任务3　创新乡村旅游促销策略

从目前的情况来看，大多数乡村旅游经营组织促销意识较为薄弱，促销手段较为单一，促销效果普遍不甚理想，甚至有等客上门的状况。由于乡村旅游发展迅速，目的地之间的竞争也较为激烈，这种情况下，对现有的促销策略进行创新成为每个乡村旅游经营者在开展促销活动时必须思考的问题。促销策略的创新包括促销载体创新、促销方式创新、促销内容创新和促销形式创新。

8.3.1　促销载体创新

当今的时代是信息爆炸的时代，乡村旅游的主要目标市场城市居民每天要接受众多的信息，这些信息可能对他们做某项决策提供了依据，但是也有可能反而使他们更加难以决策。人们对不用的时间、不同的地点和不同载体出现的信息，其处理方式是不一样的。受到传统认知习惯及媒体势力的影响，大部分旅游企业在进行促销活动时都选择报纸、广播、电视作为宣传媒体，这就导致同一份报纸、同一时段的电视广告和广播出现了众多竞争企业的促销信息，影响了促销效果。所以，抢占新的载体能够降低竞争压力，获得竞争优势。

随着人们生活方式的变化，一些新的信息接收渠道正在快速形成。譬如，微博、微信在人们生活中的应用越来越多，基于微博、微信产生的各种促销手段也慢慢流行起来,由于微博、微信的传播性快,互动性强,很多企业已经把微博、微信促销当作是一种重要的线上推广方式,因此,乡村旅游应当重视这一新的促销方式。由于网络是一个多维的展示空间,乡村旅游目的地可以通过图片、文字、三维动画、宣传片等方式宣传目的地形象,也可以通过网络论坛甚至网络聊天形式与公众进行沟通。此外,还可以采用网络调查或投票的方式对乡村旅游发展的相关事项听取公众的意见和建议。并且,由于网络技术的普及,乡村旅游从事网络促销的成本已大大降低,这在一定程度上更适合乡村旅游的促销要求。

8.3.2 促销方式创新

乡村旅游在使用促销策略时手段往往比较单一,因此促销效果也往往不尽如人意。为了能达到预期的促销目标应当适时使用促销组合策略,多种促销方式并用,加大促销力度。例如,面向城市周末、节假日休闲度假游客市场的乡村旅游产品,由于其客源市场地域集中,可以采取广告促销和人员推销双层推进的促销策略,在城市的主要市场干道悬挂路牌广告以吸引尽可能多的潜在旅游者的关注。针对家庭短途出游计划决策者主要是家庭女主人的特点,选择在女性观众数量多的电视节目、广播节目、报刊等大众媒体上进行广告宣传,在互联网主页上链接开展网上宣传,在居民社区、大型购物场所、大型活动会场等地进行人员推销等。对于依托风景名胜区的乡村旅游产品,则主要采取非人员促销形式。在所依托景区的出入口以及旅游集散地使用醒目的广告牌吸引游客的注意,引发游览兴趣。针对互联网受众群对商业广告厌烦的心理特点,在知名度较高的旅游网站或综合网站上开展以本旅游产品命名的游记征文大赛、设立旅游专栏等,进行潜移默化的宣传等。以重塑旅游形象为主要目的的高端乡村旅游产品,促销策略的目的在于广泛而有效的信息传播,可采取在知名度和美誉度较高的综合性大众媒体进行广告宣传,参加大型旅游博览会等方法。以高档市场补缺者形象出现,追求产品销售额与市场占有率的乡村旅游经营组织,则不宜过于依赖综合性大众媒体,而应以具有高度针对性的媒体宣传和直接销售为主,并高度重视口碑对销售的影响。

8.3.3 促销内容创新

促销的效果受到促销内容影响较大,所以促销内容的创新也是促销策略创新的重要方式。促销的内容创新应当与时代发展的主题和社会热点相呼应,这样才能产生良好的社会效应。如近几年红色旅游在国内快速发展起来,很多乡村旅游都具有"红色"资源,但是由于没有开发意识,长时间地搁置了该资源,在红色旅游

兴起之后很多乡村都对"红色"资源进行了二次开发,并作为重要的促销内容加以推广,取得了很好的效果。另外,将乡村旅游与绿色、环保、健康、科普等概念联系起来进行促销创意,也可以达到良好的促销效果。

8.3.4　促销形式创新

在促销的形式上进行创新是提升促销效果的重要手段。但是,一般的促销都是由单个旅游目的地出于宣传乡村形象或推介旅游产品而展开的,由于乡村本身的资金实力不强,采取的促销受到诸多限制,效果往往不佳。基于此,可采取联合促销的形式来开拓市场。联合促销是指两个以上的企业或品牌合作开展促销活动。这种做法的最大好处是可以使联合体内的各成员以较少费用获得较大的促销效果,"你借我势,我借你声",达到单独促销无法达到的目的。这种联合可以在乡村旅游和传统的景区旅游之间展开,也可以在乡村旅游目的地之间展开,乡村旅游地之间资源上的互补,使目标顾客一次获得不同的旅游体验,增强联合促销策略的市场吸引力。

【实　　训】

各小组收集乡村旅游促销的经典案例,并进行课堂展示与分享。

【实训要求】

1.分析案例中乡村旅游产品的消费人群特征。

2.课堂讨论案例中采用的促销载体和促销形式有哪些创新之处,总结可借鉴的经验。

XIANGMU

项目 9

乡村旅游人力资源管理与培训

 【知识目标】

了解乡村旅游从业人员服务技能的基本内容；知晓乡村旅游从业人员服务技能的具体要求；掌握乡村旅游人力资源管理与培训的方法与要点。

 【能力目标】

通过本项目学习，认识到乡村旅游人力资源管理与培训的重要性，能运用乡村旅游人力资源管理与培训的理论知识针对从业人员制订管理标准、培训计划等。

 【案例导读】

四川将全面展开乡村旅游实用人才培训

为进一步提高四川的乡村旅游规划、管理和服务水平，大力发展乡村旅游，四川省旅游局将在全省范围内全面展开乡村旅游实用人才培训。此举也是对四川省灾后恢复重建工作现场会精神和四川省委书记、省人大常委会主任刘奇葆"要高起点、高标准、高质量发展旅游，进村入户抓好重建村镇、牧民新村旅游业务培训工作"重要指示的具体落实。

四川省旅游局局长张谷说，乡村旅游是旅游灾后重建的重要切入点，是建设社会主义新农村，实现城乡统筹发展，促进农民增收致富的有效途径，是旅游行业贯彻落实富民安康行动、牧民定居计划和城乡环境综合治理工作的有效载体。"在现阶段，四川各地发展乡村旅游的积极性很高，但是，开发理念、配套设施、管理水平等方面的问题制约了四川乡村旅游从量变到质变的发展。"张谷说，四川要通过组织开展全省大规模的乡村旅游实用人才培训，锻炼一批懂旅游、善指导的基层行政干部，培养一批懂经营、善管理的乡村旅游经营业主，培训一批懂规范、懂标准、具有良好服务意识和服务技能的乡村旅游从业人员。

据了解,为增强培训的实用性和针对性,四川省旅游局邀请省内从事乡村旅游的专家和旅游院校教师,结合四川乡村旅游的特点,以培训乡村旅游实用人才为目的,以讲授示范实用技术为主要内容,编写了《四川省乡村旅游实用人才培训大纲》。根据《大纲》,四川的乡村旅游实用人才培训将重点涉及"乡村旅游发展及农家乐/乡村酒店标准""乡村旅游发展及标准化建设""乡村旅游食品安全控制与环境卫生""乡村旅游餐饮服务与管理""乡村旅游客房服务与管理""乡村旅游服务礼仪""乡村旅游川菜制作"等内容。

(资料来源:中国旅游新闻网 http://www.cntour2.com/,2010-08-25.)

任务1 知晓乡村旅游人才培养的途径与方法

旅游是一项服务性行业,强调的是人与人之间面对面的服务。因此发展旅游最关键的是人才,一切问题的核心是人的问题,一切竞争的核心是人才的竞争。乡村旅游人才主要指乡村旅游企业的经营管理人员和一线服务人员,包括乡村成立的旅行社、农舍酒店、餐厅、景点、农副产品生产加工企业、经营乡村旅游项目的企业的经理、负责人和策划、销售、管理人员,以及活跃在乡村旅游第一线的,为广大游客提供直接服务的人员,包括乡村旅游景区和旅游项目的导游讲解人员、售票员、住宿和餐饮企业的服务员、旅游商店的营业员等。

乡村拥有丰富的旅游资源,但有眼光、懂经营、会管理的乡村旅游人才,特别是乡村自有人才严重缺乏,导致旅游资源得不到充分的发掘和利用。即使通过聘请学者和专家制定出了好的创意和策划,往往也因为缺乏能够对优秀的创意、策划、规划进行实施和运作的经营管理人才,而使乡村旅游蓝图无法顺利实现。另外,在住宿、餐饮、游览等各个一线岗位上从事具体接待服务工作的人员,大多是从农业战线上半路出家的,对于旅游服务行业的一些规范标准知之甚少,这都严重制约了乡村旅游向更高层次延伸发展,因此无论是从当前乡村旅游开发的现状,还是从乡村旅游今后的长远发展考虑,乡村旅游人才资源管理与培训的工作都刻不容缓。

9.1.1 政府引导

乡村旅游人才的培养需要政府的引导和支持。对乡村旅游人才的培养,政府要高度重视,制定相关的人才政策,并将其纳入到各级旅游总体开发的规划中,在政策、经济和技术上给予长期的支持。由政府出面,通过各种渠道组织培训是一条有效的乡村旅游人才培养方式,这样有利于提高农民们对培训作用的认识,从而调动农民们参与培训的积极性。2005 年以来,成都市龙泉驿区在完成农家乐从业人员 8 期 1 000 余人的培训任务后,又分类分层次针对宾馆饭店、旅游车船、农家乐从业人员就餐饮、礼仪、卫生等方面开展了近 10 期专项业务免费培训。成都郫县农科村村民赞扬说:"政府经常给我们免费办班培训,从大厨到服务员,从管理到经营,从礼仪服务到卫生健康,我们都不走野路子,边学边练,规范得很呢!"

【案例链接】

福建启动"百名乡村旅游人才赴台培训计划"

开启赴台专题人才培训、深化闽台乡村旅游合作

为进一步提升我省乡村旅游项目策划创意与经营管理水平,着力培养一批乡村旅游发展急需的创意人才队伍,争取闽台乡村旅游合作的新突破,应台湾乡村旅游协会的邀请,1 月 7 日,由我省各社区市旅游、住建、财政等主管部门组成的首批福建省赴台乡村旅游培训班,将从福州出发前往台湾,正式启动我省"百名乡村旅游人才赴台培训计划"系列活动。培训班分为 A,B 两个团,共 39 人,时间 10 天。此次考察学习,旨在深入落实第六、第七届海峡旅游博览会闽台旅游业界签署的关于携手发展乡村旅游的相关协议,学习借鉴台湾发展乡村旅游的创新理念,开阔视野,打造更多的乡村旅游精品,加快推进我省乡村旅游产品转型升级,扎实推进乡村旅游"富民工程"。

首批培训班一行 19 人,成员包括省旅游局、住建厅、财政厅等省直部门和全省 9 个设区市和平潭综合实验区从事乡村旅游、新农村建设的负责人,翔安区、湄洲岛管委会、长汀三洲镇等县(市、区、镇)领导以及厦门大学、福建农林大学教授和乡村游业者等。"百名乡村旅游人才赴台培训计划"系列活动,是我局与台湾乡村协会合作,根据我省乡村游资源、特色和人才队伍等情况,有计划、有步骤地组织我省省直相关厅局主管业务处室负责人或乡村旅游星评委成员,部分设区市旅游、住建、财政等部门分管领导或业务处室负责人,乡村旅游经营业者,相关高等院校旅游专业负责人等前往台湾,进行轮训。由台湾乡村旅游协会筛选一批特色突出、风格各异的具有突出代表性的乡村旅游点,采取集中授课、实地考察、现场教学、案例分析、经验介绍等方式进行培训。内容突出针对性、实用性、代表性。为我省乡村旅游转型升级、打造乡村游精品,培养一批乡村旅游发展急需的创意人才队伍,提

供智力支持。

在台期间,培训班将在南投县台湾暨南国际大学集中授课,由台湾乡村旅游协会理事长郑建雄重点讲解《丰富多元的台湾乡村旅游》,台湾优质民宿协会副理事长曾喜朋重点介绍《台湾优质民宿的发展》,南投金都餐厅林素贞董事长重点介绍《台湾乡土料理的运行与创新》,台湾农委会苏梦兰科长重点介绍《田妈妈乡村美食计划辅导》等课程。同时深入考察苗栗县大湖酒庄(大湖草莓酒庄的转型发展)、苗栗县飞牛牧场(休闲牧场的转型开发与牧场景观营造)、台南县台南关子岭(风景游乐区如何发展乡村旅游品牌与活动)、台北市头城农场(如何创造休闲农场的特色与活动)等知名乡村旅游景点,与台湾乡村旅游协会、台湾民宿协会及台湾部分著名乡村旅游业主座谈交流,共同探讨交流两岸乡村旅游的成功经验与做法。

台湾乡村旅游始于20世纪70年代,经过近40多年的发展,以精心创意、精雕细琢在海内外享有盛誉,形成了乡村民宿、主题公园、乡村花园、乡村农园等多元产品发展的格局,成为游客消费的时尚选择。近年来,我省大力推进闽台乡村旅游合作,为两岸旅游合作增加了新亮点、新领域。2010年5月,省政府主要领导率团访问台湾,考察了苗栗大湖酒庄,出席了"闽台旅游合作协议签署暨万名福建乡亲台湾乡村游首发团欢迎仪式",开创了大陆各省市在台湾举办乡村旅游活动的先河,在两岸引起强烈反响。同年9月,借助第六届旅博会平台,闽台各10个乡镇首次开展对接,并签署了《闽台携手发展乡村旅游合作宣言》。2011年第七届旅博会期间,闽台旅游业界共同签署了《推进闽台旅游产业化合作厦门宣言》,就深化乡村旅游合作达成了新的协议。2012年7月1日,省旅游局与台湾乡村旅游协会在厦门同安区举办闽台乡村旅游研讨会,两地20家乡村旅游开业业主齐聚厦门,就携手打造乡村旅游精品、建设两岸幸福家园达成共识,共同宣布《"打造乡村旅游精品 建设两岸幸福家园"倡议书》。我省漳平、南安等县(市、区),学习借鉴台湾发展休闲农业的先进理念,打造乡村旅游精品,取得良好成效。如南安天柱山香草世界借鉴台湾休闲农庄的发展理念,建设了温莎城堡、爱丁堡等欧式城堡,种植了日本樱花、法国薰衣草等奇花异草,以浓郁的异国风情深受游客的喜爱,正向4A级景区的目标迈进。漳平市永福镇,依托台湾农民创业园,建设了集樱花、桃花等奇花异草为一体的"十里花街"和目前大陆规模最大的高山茶种植基地,被称为"大陆阿里山"。

考察期间,双方除商谈闽台乡村旅游合作项目外,考察团还将与台湾旅游业界重点就台湾发展乡村旅游的成功经验;政府部门在发展乡村旅游中的角色作用、文化创意对凸显乡村旅游特色的重要意义;乡村旅游创意辅导中心的运作模式以及政府、开发业主与农民三者利益整合等问题,开展深入交流研讨。随后,另一批由我省赴台乡村旅游开发业主组成的培训班一行20人,将于2013年1月17日至16日启程赴台学习考察。可以预见,此次赴台乡村旅游专题人才培训,将成为我省深化闽台乡村旅游合作的又一个新的突破。

(资料来源:国家旅游局 http://www.cnta.gov.cn/html,2013-01-05.)

9.1.2　立体培训

开展全方位、分层次、立体式的教育培训,将乡镇分管领导、农村旅游单位管理者、市场营销人员、一线工作人员区分开来,根据各自特点和需求分别进行相应的培训,提高领导认识,更新管理者经营观念,提升营销人员业务水平,强化一线员工基本技能。在乡村里进行调查摸底,选拔有潜力的人员优先培养,如村组干部、专业农户、农民合作经济组织骨干、农村经纪人、远程教育接收站点管理员、复转军人以及农村应届初、高中毕业生等,增强他们学科学、用科技生产致富的能力和辐射周围群众致富的带动力。

建立政府、企业、从业人员个人共同组成的培养体系。随着乡村旅游的发展,要逐步建立起政府组织、企业组织、个人自觉参加的人才培养体系。政府和相关部门在乡村旅游开发初期以基本培训为主,当乡村旅游逐步走上正轨后侧重于执业资格和职业技能鉴定的培训与认证。如导游资格证、茶艺师、电子商务师、高级营销员等。在这个层次的工作实施中,政府应该设置行业进入要求、上岗资格要求,并规范管理各级各类旅游教育培训与认证机构。乡村旅游企业要建立企业内部的培训体系,在政府的引导和支持下,针对自身实际,划拨专项经费,安排专门人员负责,通过"走出去"和"请进来"的方式,针对企业基层员工或专业技术人员或高层管理者开展相关的培训工作。乡村旅游从业人员要逐步增强自我培训、自我提高、不断进取的意识。这是从业人员生存、发展、提高的需要,通过自修、远程教育、函授、业余学习、外出参观等多种方式获取乡村旅游的新知识、新信息。

9.1.3　多种模式

1)培训形式多种多样

为了有效扩大乡村旅游人才总量,提高乡村旅游人才的整体素质,必须坚持长期培训与短期培训相结合,联合培训与独立培训相结合,集中培训与分散培训相结合,自学与面授相结合。重点可以采用以下4种培训方式:本地基础性培训;外地

专项培训;从业人员自学;参观考察学习。

2) 有针对性地选择培训内容

乡村旅游从业人员因素质不同,要求不同,参加的培训项目和培训内容也不同,各人可以根据自己的实际情况选择培训内容。一般的培训项目与内容有:

①公共知识的培训:主要是服务礼仪、卫生与环保、消费心理学、家政筹划、组织纪律、法律常识、经济常识等方面的培训。

②专业操作技能的培训:如茶艺、厨艺、美容美发、铺床、餐巾折花、果树修枝、蔬菜果树的栽种与护理、农场机械操作与维修等。

③专业技术知识的培训:如旅游企业管理知识、乡村旅游产品开发知识、市场营销知识、电子商务知识及其他乡村旅游方面的专业知识。

3) 选择培训机构和培训师资

可以在高等院校、中等专业学校、中等职业学校和其他一些培训机构中选择一批教学管理规范、积极性高、培训实力较强的单位作为乡村旅游人才的培训基地。可以根据各类人员的培训要求选择不同地域、不同层次的院校进行培训工作。抓好乡村旅游专业师资队伍的建设,选拔、建立一支专业知识扎实、实践能力强、素质较高、乐于奉献、能够满足乡村旅游人才培训要求的专兼职师资队伍。

9.1.4 合理引进

起步较早、条件较好的乡村,可以从高校旅游专业毕业生中招聘人才充实乡村旅游人才队伍。目前全国已形成了从职业高中、中专、大专、本科到研究生的完善旅游教育培养体系,开设各类旅游专业的院校数百所,旅游专业在校生人数达十余万人,专业涉及旅游管理、酒店管理、景区管理、导游服务、宾馆服务、旅游策划与营销、旅游规划等,每年毕业生达数万人。很多毕业生来自于农村,他们基础知识扎实、思路开阔、专业技能较强,既掌握现代科学技术又熟悉乡村,如果能够吸引其中一部分人回到乡村、扎根农村、发展乡村旅游,必将极大地促进乡村旅游的发展。

任务2 掌握乡村旅游从业人员的服务技能要求

9.2.1 遵守职业道德

乡村旅游从业人员要遵守职业道德。所谓职业道德,就是从业人员在乡村旅游活动中应该遵循的道德准则和行为规范。它既是对乡村旅游从业人员在旅游接待中具体行为的规定,又是从业人员对社会应该承担的道德义务,是社会道德在乡村旅游活动中的具体体现。乡村旅游的不断发展,对从业人员提出了越来越高的素质要求,首先就是乡村旅游职业道德的要求。具体来讲,乡村旅游从业人员的职业道德主要体现在爱岗敬业、诚实守信、团结合作、热情服务等四个方面。

1)爱岗敬业

就是热爱乡村旅游工作,热爱自己的工作岗位,热爱本职工作,对乡村旅游工作抱着严肃认真的态度,只有热爱自己的本职工作,才能使自己的经营、管理、服务水平不断提高,精益求精。如果缺乏爱岗敬业精神,就会把乡村旅游工作仅仅看成是挣钱的手段,就会唯利是图,甚至可能会干出一些违背职业道德的事情来,最终丧失游客的信任,影响当地乡村旅游的健康发展。

2)诚实守信

诚实守信是为人处世的基本准则,是我们中华民族的传统美德,是乡村旅游从业人员对社会、对人民所承担的义务和职责,是人们在职业活动中处理人与人之间关系的道德准则,也是乡村旅游取得成功的基本条件。乡村旅游从业人员要诚实守信,要做到以下几点:一是加强自身学习,充分认识到诚信经营是乡村旅游的生命线,诚信经营应该成为自己的自觉行为。二是开展各种形式的行业自律活动,引导乡村旅游经营户和从业人员自己组织起来,共同制定有关诚信经营的公约,开展"诚信经营承诺"活动,相互监督,共同抵制恶意竞争、欺诈游客等失信行为,共同维护乡村旅游市场的繁荣和稳定。三是配合政府,整治市场秩序,加强管理,对失信行为和不良的商家从严处理。四是加强精神文明建设,在游客面前树立起诚实守信的好形象,争创乡村旅游诚信单位。

3)热情待客,周到服务

大部分的乡村旅游不同于传统的观光旅游,观光旅游依靠闻名遐迩的旅游景点吸引游客;而乡村旅游属于一种休闲旅游,游客来到乡村,是希望放松心情,追求闲适和体验,成功的乡村旅游都具有停留时间长、回头客多的特点,因此,服务质量显得至关重要。如果当地所有人员都能热情待客,乐于助人,服务细致,体贴入微,使游客有宾至如归的感觉,游客就会感到很愉快,愿意在此停留更多的时间,当他们有闲暇时间时还会多次前来;同时他们还会将自己的感受告诉周围的人,扩大客源,有些企业或部门的领导还会带着他们的下属或同事一起来,如果配套设施齐全,甚至可能会将一些会议也放到乡村里来开。这样就可以大大增加客源,使乡村旅游持续稳定发展。

另外,乡村旅游从业人员一定要有良好的服务态度,对待游客要主动热情,千万不能让游客有陌生感和距离感。对旅游者要热情、诚恳、和蔼、耐心,还要做到微笑服务。微笑服务是良好服务的外在表现形式。微笑能给人一种亲切、礼貌、热情的感觉。微笑要发自内心,要笑得甜美、亲切,不能笑得僵硬,让游客无所适从;也不能傻笑,让客人恐慌。因此,服务人员要善于调节自己的情绪,让自己有一个愉快的心境,才能开心面对工作,微笑面对宾客。

9.2.2　具备良好的服务技能

乡村旅游服务的内容很多,主要包括客房服务、餐饮服务、导游服务、销售服务等。从业人员可以根据自己的服务范围和服务项目学习掌握。

1)客房服务

客房是客人在住宿地逗留时间最长的地方,也是客人暂时拥有的私人空间,客人需要在客房睡眠、休息、盥洗、看书读报、看电视等,因而他们对于客房的要求往往也是比较高的。乡村旅游客房种类不同、档次不一,但对于卫生的要求都应该高度重视。许多游客在来乡村之前最担心的就是乡村的卫生问题,虽然他们已经有一定的心理准备,不会用星级饭店的标准来要求乡村旅社,但他们会把清洁、卫生、整齐作为选择客房的第一要求。乡村旅社客房服务主要内容为:

（1）客房的清洁整理

为了保证客房清洁整理的质量,提高工作效率,首先必须做好客房清洁整理前的准备工作。客房服务员在准备清理客房时应提前换好工作服,整齐着装,整理好仪容仪表。了解分析客房使用情况,决定客房清扫程度和顺序。服务员在开始清扫整理前,要了解当日客人住宿情况,包括哪些客房有人住宿、哪些客房无人住宿、住宿客人是否外出、是否退房等,以确定哪些房间需要整理、哪些房间需要彻底打扫、哪些房间先打扫以及哪些房间后打扫等。

具体到不同状况的客房,其清扫要求是不同的:

①简单清扫的房间:对于当晚未住人的空房,一般只需清理房间的表面卫生和放掉水箱、水龙头等积存的陈水。

②一般清扫的房间:客人临时外出而不退房的客房。

③彻底清扫的房间:客人已退房、准备安排其他客人入住的房间。

服务员在了解核实了自己所要打扫的客房状态后,应根据开房的急缓先后、客人情况和要求,决定房间的清扫顺序。

客房的一般清扫顺序为:

①需要马上安排给新进客人的房间。此类房间须优先清扫,以免耽误接待新游客。

②挂有"请清理房间"牌子的房间。客人可能因为某种原因急需清扫,应尽量满足客人要求。

③客人外出游览的客房。

④客人还在房间的客房。

⑤空房。

合理安排清扫顺序,其目的在于既满足客人的特殊需求,又要优先考虑加速客房的出租和周转。因此,以上清扫顺序不是一成不变的,如遇特殊情况可做灵活变动。如客人需要应该随时打扫;对于要住几天的客人可以定时打扫;客人在房间时要与客人商量。对于设备有问题的房间要及时督促修理,对于空房也要隔几天打扫一下,以免影响接待。

为了保证房间的清洁整理工作能够有条不紊地进行,提高劳动效率,同时避免过多的体力消耗和意外事故的发生,要制定卫生操作程序,实行标准化管理,这是客房清洁卫生管理的首要内容。这些卫生操作程序要规定具体的操作步骤、操作方法、具体要求等。客房服务员应根据不同的客房,按照清扫的程序和方法进行清理,使之达到一定的质量标准,满足住客的要求。关于客房清洁整理的具体做法,我们可以参照国内三星级酒店的一些规范标准执行,但是由于各地区乡村旅社的发展都存在着差异,因此各地也要根据自身的实际情况,因地制宜,量力而行。下面先简单列举一些常用规范和标准:

①住客房的清洁整理。

敲门进入房间。进入客房前必须敲门,得到允许后方可进入房间。如果两三次敲门后客房内没有回答,可用钥匙慢慢把门打开。进房后,无论客人是否在房间,都不要将门关严。如果客人在房间,要立即礼貌地向客人讲明身份,征询是否

可以进房清扫。如进房后发现客人在卫生间,或正在睡觉,正在更衣,应立即道歉,退出房间,并关好房门。须注意:敲门时不得从门缝或门视镜向内窥视,不得耳贴房门倾听。

进房清扫整理前,将"正在清扫"牌挂在门锁上。关掉开着的灯,拉开窗帘。如房间有气味,应打开窗或喷洒空气清新剂。

整个清扫过程中,房门必须始终敞开。清扫一间开启一间,不得同时打开几个房间,以免客人物品被盗。

清理垃圾杂物,撤走用过的客房用品。将卫生间垃圾和房间垃圾、烟缸里的烟头倒入垃圾桶内,清理纸篓,然后将烟缸放到卫生间内。倒烟缸时,要检查烟头是否熄灭,不可将烟头倒入马桶内。

撤出客人用过的餐具、茶杯、冷水杯等,如果房间内有免费招待的水果,要将不新鲜的水果及果皮盘一同撤走。

清理垃圾杂物时,不经客人同意,不得私自将客人的剩余食品、酒水饮料等撤出房间。

将棉被折叠整齐,放于柜内或壁橱内。

逐条撤下用过的床罩、枕袋、毛毯和床单,放进工作车,并带入相应数量的干净床单和枕袋。撤床单时要抖动一下以确定未夹带衣物等。床上有客人衣物时,要整理好。

关于做床可参照星级饭店西式床的做法,但也不必强求。首要遵循的原则就是及时更换床上用品,被褥枕头摆放整齐,一定要给客人干净整洁的良好印象。如果在此基础上还能突出地区或者民族特色,制造出温馨舒适的环境,让住客体验到与星级饭店不一样的感觉就更好了。

客房的具体清洁工作如下:

抹尘。从门外门铃开始抹至门框。按顺时针或逆时针方向抹,先上后下,先里后外,先湿后干,不留死角。灯泡、镜面、电视机等要用干布抹。将物品按规定摆放整齐,抹的过程中应默记待补充的物品。每抹一件家具、设备,就要认真检查一项,如有损坏,应该做好记录。抹尘时抹布要有分工,即房间用的抹布和卫生间用的抹布必须分开。不能用客人用的枕巾、浴巾、面巾等做抹布。

清洗卫生间。卫生间是客人最容易挑剔的地方,因为卫生间是否清洁美观,是否符合规定的卫生标准,直接关系到客人的身体健康,所以卫生间清洗工作是客房清扫服务的重点。进入浴室,撤出客人用过的皂头、浴液、洗发液瓶及其他杂物。根据当今世界饭店绿色环保的发展趋势,今后饭店将逐步减少直至取消各种一次性用品(牙刷、牙膏、拖鞋、梳子、瓶装沐浴液、瓶装洗发液等,俗称"六小件"),而鼓励住客自备洗化用品,因此对住客自带的洗化用品要摆放在醒目位置,整齐有序。清理纸篓,用清洁剂喷一次"三缸(浴缸、洗脸盆、马桶)"。用毛球刷擦洗脸盆、云石台面和浴缸以上三格瓷片,然后用喷头放水冲洗。用专用的毛刷洗刷马桶。用抹布擦洗三缸及镜面、浴帘。马桶要用专用抹布擦洗,注意两块盖板及底座的卫生。用干布抹干净卫生间的水渍,要求除马桶水箱蓄水外,所有物体表面都应是干燥的,不锈钢器应光亮无迹,同时默记卫生间需补充的物品。清洗卫生间时必须注意不同项目使用不同的清洁工具、不同的清洁剂。清洁后的卫生间必须做到整洁、干净、干燥,无异味,无脏迹、皂迹和水迹。

补充客用物品。补充房间和卫生间内备品,按规定的位置摆放好。整理房间时,将客人的文件、杂志、书报等稍加整理,放回原来的位置,不得翻看。尽量不触动客人的物品,更不要随意触摸客人的照相机、笔记本和钱包之类的物品。

吸尘。吸尘时要由里往外吸,先吸房间,后吸卫生间。注意行李架、写字台底、床头柜底等边角部位的吸尘。

复查、告别。吸尘后,客房的清扫工作就此结束。服务员应回顾一下房间,检查房间、卫生间是否干净,家具用品是否摆放整齐,清洁用具是否遗留在房间内等。检查完毕,把空调拨到适当位置上。关好总电开关,锁好门,取下"正在清扫"牌。若客人在房间,要礼貌地向客人表示谢意,然后退出房间,轻轻将房门关上。

②空房的清洁整理。

空房是指客人走后,经过清扫尚未出租的房间。乡村旅舍中很多客房是到周末才出租的,这些客房也要及时进行清洁整理。空房清洁主要是擦净家具、设备,检查房间用品是否齐备。空房的整理虽然较为简单,但却必须每天进行,以保持其良好的状况,随时能住进新客人。

具体做法是:仔细查看房间有无异常情况;每天更换热水瓶的热水;用干湿适宜的抹布抹拭家具、设备、门窗等;卫生间马桶、地漏放水排异味,抹卫生间浮灰;连续空着的房间,每隔3~4天吸尘一次;同时对连续空着的卫生间,每隔2天水龙头放水1~3分钟,直到水清为止,以保持水龙头的出水水质洁净;检查房间设备情况,要看天花板、墙角有无蜘蛛网,地面有无灰尘等。

③小整理服务。

小整理服务是对有客人要继续住的客房而言的,就是在客人外出后,客房服务员对其房间进行简单的整理。其目的就是要使客人走进房间有一种清新舒适的感觉,使客房处于干净整洁的状态。小整理服务是充分体现饭店优质服务的一个重

要方面,乡村旅社经营者可根据自己的实际情况,决定是否需要提供小整理服务。一般的具体做法是:拉开窗帘,整理客人午睡后的床铺;清理桌面、烟缸、纸篓内和地面的垃圾杂物,注意有无未熄灭的烟头;简单清洗整理卫生间,更换客人用过的浴巾、杯具等;补充房间茶叶、热水和其他用品。

④夜床服务。

夜床服务就是对住客房进行晚间寝前整理,又称"做夜床"或"晚间服务"。夜床服务是一种高雅而亲切的服务,其作用主要是方便客人休息;整理干净,使客人感到舒适;表示对客人的欢迎和礼遇规格。对于乡村旅社而言,夜床服务不是必须要做的,但在接待规格较高的团队或身份地位较高的游客时,能收到锦上添花的效果。

夜床服务通常在晚上6点以后开始,因为这时客人大多外出用餐而不在房内,既可避免打扰客人,又方便服务员工作。夜床服务的基本程序是:

敲门进入房间,敲门时报称"客房服务员"。如客人在房内,先礼貌地询问客人是否要做夜床,征得同意后方可进入。客人不需做夜床,要向客人表示歉意,并道晚安。若房内无人,则应启门进入房间。开灯,将空调开到适宜温度,轻轻拉上窗帘。清理烟缸、废纸杂物。同时查看热水是否备妥,物品有无短缺。将床罩取下,折叠整齐,放于规定的位置。将床头柜一侧的盖单和毛毯一起向外掀起,折成45°角。拍松枕头并将其摆正,如有睡衣应叠好放在枕头上,同时摆好拖鞋。在床头和枕头上放上晚安卡、小礼品等。

整理卫生间。冲洗马桶,擦洗脸盆、浴缸等,撤换用过的毛巾、杯具等,其他客房物品稍做整理。补充房间茶叶、热水和其他用品。

检查。检查一下房间及卫生间,查看是否有缺漏,然后将灯关掉(床头灯、廊灯除外)。最后退出房间,并关好门。若客人在房间,要向客人道声"打扰了,晚安",将门轻轻地关好。

以上是乡村旅社客房清洁整理的内容和要求,此外,乡村旅社还应制订整体的卫生打扫计划和相应的管理检查制度。

计划卫生即周期性的清洁保养工作。客房计划卫生是指在搞好客房日常清洁工作的基础上,拟订一个周期性清洁计划,采取定期循环的方式,对清洁卫生的死角或容易忽视的部位,及家具设备进行彻底的清扫和维护保养,以进一步保证客房的清洁保养质量,维持客房设施设备良好状态。

除日常的清扫整理外,每天对某一部位或区域进行彻底的大扫除。例如,客房服务员负责12间客房的清扫,每天彻底大扫除一间,则12天即可完成其负责的所有客房的彻底清扫。也可以采用每天对几个房间的某一部位进行彻底清扫的办法。例如,对日常清扫不到的地方通过计划日程,每天或隔天彻底清扫一部分,经过若干天后,也可以完成全部房间的大扫除。

客房卫生打扫面积大、人员分散、时间性强,质量不易控制。而客房卫生工作又要求高质量、高标准、高效率,客房卫生好坏是服务质量和管理水平的综合反映。乡村旅游住宿经营户的管理者必须抽出一定时间,深入现场,加强督导检查,以保证客房卫生质量。

客房的检查有服务员自查、服务员互查、领导亲自查等多种方法。客房质量检查的内容一般包括四个方面:清洁卫生质量、物品摆放、设备状况和整体效果。可以根据自己宾馆旅社的设施设备条件,制作"客房质量检查表",把检查的项目都详细列入表中,检查时对照表格逐条进行即可。

客房卫生质量的好坏,最终取决于客人的满意程度。所以要想搞好客房清洁卫生管理工作,就要重视客人的意见和反映,发挥客人的监督作用,有针对性地改进工作。管理人员和服务人员要经常拜访客人,了解客人的需求,征求客人意见和建议,及时发现客房服务中存在的问题,及时改正,不断提高服务水准。在客房设置《客人意见表》,直接征询客人对客房卫生、客房服务以及整个饭店的主要服务项目的意见和评判。意见表的设计应简单易填,要统一编号,及时汇总,以此作为考核服务员工作好坏的重要依据。

(2)公共区域的清洁卫生工作

凡是公众共有共享的活动区域都可以称之为公共区域。乡村旅游住宿设施公共区域包括:客厅、公共洗手间、餐厅、会议室、楼梯、走廊、建筑物外部玻璃和墙壁、花园、停车场以及周围等。乡村旅游经营户不要忽视公共区域的清洁保养及绿化布置工作,搞好公共区域清洁卫生工作对树立乡村旅社良好形象同样有着重要作用。

公共区域是人流交会、活动频繁、停留时间长的地方,也是游客到达后首先看到的地方,公共区域清洁卫生管理工作的好坏,直接关系到饭店在客人心目中的形象。每个服务人员应具有较高的认识和工作自觉性,管理人员要加强巡视和督导,以保证公共区域时时保持良好的卫生状况。

公共区域清洁卫生项目包括:地面、墙面、天花板、门窗、灯具、公共卫生间等以及除虫、绿化布置等,要及时打扫、处理。遇到雨雪天,要注意及时擦洗地面的泥尘和水迹,做好防滑工作。服务员要经常巡视公共区域,对柱面、墙面、台面、栏杆、坐椅、沙发、玻璃门、指示牌等进行擦拭,使各处保持光亮,无浮尘、无水迹、无手印等痕迹。及时清理、更换烟灰缸。整理座位,将客人使用过的沙发、茶几、桌椅及桌上的台灯等随时整理归位。如有垃圾、果皮、纸屑等要立即清理。公共洗手间要保持设备完好,香皂、洗手液、卫生纸等用品齐全;及时做好洗手间的清洗消毒工作,做到干净、无异味、无污渍;在夜间或在白天客人较少时,定期洗刷地面、清除水箱水垢、洗刷墙壁等。

及时清理垃圾,旅社内的所有垃圾,都要集中统一处理;垃圾桶要排放整齐,保证地面无遗留垃圾,尽量减少异味;垃圾不要堆放在公共场所,要及时将垃圾运往垃圾处理场。

（3）有害动物的防治

防治有害动物是关系到客人和从业人员身体健康的一件大事,是一项不容忽视的工作。一般饭店常见的有害动物有苍蝇、蚊子、蟑螂、蜘蛛、甲虫、虱子、臭虫、跳蚤、白蚁、老鼠等。产生有害动物的诱因很多,如果饭店内有通风不佳、环境潮湿、垃圾生根、残羹剩饭乱倒、新鲜食物控制不当等现象,就会给有害动物的滋生蔓延创造条件。周围环境不佳,如杂草丛生,污水沟纵横等也会给饭店造成虫害。乡村旅社多位于乡野郊外,昆虫鼠患等比城市还容易出现,因此更要有针对性地采取措施,防治有害动物。几种常见有害动物的防治方法有:

①消灭苍蝇。苍蝇活动范围广,食性杂,飞返于污物和食物之间,不仅造成食物污染,还会传染疾病,如腹泻、胃肠炎、伤寒、痢疾、霍乱等。假如有苍蝇飞入室内,定会使客人心情烦乱,如临大敌。控制方法是:经常开启的窗户要安装纱窗;及时处理残羹剩饭和食品包装物;垃圾桶要盖严并经常彻底清理;经常喷洒杀虫剂,安装电子灭蝇灯;夏秋季要特别注意垃圾房、废物桶和外围环境卫生,定期清洁消毒,消灭或破坏苍蝇的滋生条件和生存环境。

②消灭蚊子。蚊子喜欢停留在阴暗潮湿、不通风、无烟熏的地方,床下、橱柜后面都是其藏匿之所,它们不仅叮人吸血,扰人休息,还可传播丝虫病、流行性乙型脑炎、疟疾等疾病。控制方法是:保持室内外环境清洁,消灭蚊子滋生的死角,如废旧容器、臭水沟等;安装纱门窗;定期喷洒杀虫剂;在室内外合适地点安置灭蚊灯,诱杀成蚊。

③消灭老鼠。老鼠的活动高峰是在早晚,喜欢以松土、垃圾、废纸、草茎等建巢,会啃坏木制品、塑料制品、管道和电缆等,还偷吃和污染食物,散布疾病,如食物中毒、斑疹、伤寒、流行性出血热和鼠疫等。控制方法是:堵塞所有可供其出入的洞口;清除所有能供其做巢的废料;保持环境卫生,尤其厨房要对食品妥善存放;投放鼠药,鼠药种类多,效果相差很多,应请专业人士指导。

④消灭蟑螂。蟑螂通常是躲在盒子、食品和行李中进入客房;喜欢温湿的环境,如卫生间、厨房、水管附近等;食性杂,几乎所有的食物都吃,而其排泄物又会使食物变质;它们不仅散发臭味,还会导致食物中毒和其他一些疾病。控制方法是:保持环境清洁,食物要收藏好,死角要定期打扫;向有蟑螂出没的地方如管道井、水池等喷洒专门杀虫剂;请有经验的专家指导布放药物、诱饵。

(4)客房迎宾接待服务

客房接待服务包含很多内容,概括地说要能满足客人两方面需求:一是满足客人的物质需求,即提供清洁、美观、舒适、方便的居住空间,配备质量合格的生活设备和用品;二是满足客人的精神需求,即通过提供全方位优质服务,使客人感受到乡村旅游从业人员的热情好客、体贴入微的关怀,找到回家的感觉。能同时满足上述两种需求的服务,才称得上是完整的客房服务。

许多游客初次来到住宿场所时,较多考虑的是饭店的地理位置、档次价格和硬件设施等因素,而一旦入住,处处与服务员打交道,就自然而然地更多关注饭店的服务水平,所以,乡村旅社的客房服务员不仅要有"宾客至上、服务第一"的观念,乐于服务,热情服务,还要全面掌握服务的技能技巧,迅速服务,善于服务,使客房服务质量达到高水平。

客房接待服务主要内容如下:

①迎客的准备工作。客人到达前的准备工作,是接待服务过程的第一环节,又是使其他环节得以顺利进行的基础环节。准备工作一定要充分、周密,要在客人到达饭店前完成,尤其是接待重要客人。要尽量多地了解客人情况,包括客人的人数、抵离店时间、宗教信仰、风俗习惯和活动日程等信息,做到心中有数。布置好房间,调整家具设备,配齐日用品,对客人宗教信仰方面忌讳的用品要暂时撤换,以示对客人的尊重。房间布置完,还要对室内家具、水电设备及门锁等再进行一次全面检查,发现有损坏失灵的,要及时报修更换。客人进房前要调好室温,晚上应开好夜床灯。前一天未住人的房间,要把卫生间水龙头的锈水放掉。

②客人到店的迎接工作。客人经过旅途跋涉,抵达后一般比较疲乏,服务人员要迅速办理好入住手续,尽快妥善安顿,以便使客人及时用膳或休息,服务员应主动微笑问候,为需要帮助的客人提拿行李,引领入房,热情介绍房内设施设备的使用方法和注意事项。

③叫醒服务。为避免客人因睡觉或其他原因错过出发时间,由饭店服务员提供叫醒(叫早)服务,如果客房有电话,可以电话叫醒;如果没有电话,可以由客房服务员前去敲门叫醒,叫早时敲门要轻重适度,不要声音很大,也不要大喊大叫,以

免影响其他房间的客人。

④送客服务。客人离店前的服务是接待工作的最后一个环节。客人住店期间,服务人员密切配合,给予客人热情周到的服务。在最后环节也不应有丝毫松懈怠慢,以免前功尽弃。服务员应掌握客人离店的准确时间,检查交办的事是否完成。要主动征求客人意见,提醒客人收拾好行李物品并仔细检查,不要遗忘在房间。对老弱病残客人,要护送下楼至大门或上车。客人离开房间后,服务员要迅速进房检查,主要查看有无客人遗留物品。发现遗留物品要立即通知总台转告客人。若发现客房设备有损坏、物品有丢失的,也要立即通知总台收银处请客人付账或赔偿。

2)餐饮服务

餐饮服务,简单地说就是以一定的规范标准为就餐的客人提供必要的帮助和条件,以尽可能好地满足他们的消费需求。餐饮经营者首先要弄清楚的是:提供何种程度的服务是与消费者的支付水平相对应的,也就是老百姓所说的"一等价钱,一等货"。其次要遵守现行的相关制度要求,特别是有关食品卫生安全方面的制度性要求,如从业人员的身体健康要求等,这是我们要特别加以注意的问题;作为农家菜经营者则应明白:农家菜体现的是农家日常风格,在服务上也应与之有一定的对应,以体现农家的生活情趣。现在有些地方的农家菜中的服务有明显的城市化倾向,即把城里中高档餐馆的做法照搬过来,实际上大可不必,这种简单的模仿,花钱多,旅游者或城里人也不一定喜欢,应在符合相关法律法规要求的前提下,保持或体现农家生活的氛围,减少不必要的服务程序或规范。

(1)服务内容

农家菜的餐厅服务应体现简单与热情,不要做过多的表面文章。从旅游者对餐饮服务的一般需求看,农家菜的服务内容应包括以下几个方面:

①提供干净、卫生、敞亮的就餐场地,保持桌椅板凳的整洁。

②提供经过彻底消毒的餐具,并摆放整齐。

③问候、迎接客人,热情回答客人提出的问题,主动关心客人,及时解决出现的问题,尽量满足客人的合理要求。

④向客人介绍本店(经营户)的菜肴和特色,做好点菜服务,并及时通知厨房准备菜肴。

⑤及时上菜、上酒水、撤换餐具。

⑥客人就餐时,一般不需提供"值台"服务,但要注意留心客人的用餐情况,以便及时处理问题,可在适当的时机主动征询客人的意见或要求,以体现"农家"的

热情与真诚。在客人用餐结束时,应及时提供结账服务,征询意见和建议,感谢客人的光临,提醒客人带好自己的物品,提供联络信息,亦可向客人介绍附近其他可以游玩的地方或可以购买的土特产。

(2)服务人员的基本要求

在餐饮经营中,餐厅服务人员的素质能力对经营效果有很大的影响,"一个餐厅没有好菜是不行的,有好菜而没有好服务员也是不行的",对农家菜的经营而言,如果以城里中高档餐馆的标准来要求自己的服务员,既不现实,也没有必要,但也不是什么人都能胜任餐饮服务工作的。农家菜餐厅的服务人员一般应达到以下的基本要求:

①身体健康、注重个人卫生、仪容仪表清爽、动作灵活。

②语言流畅、服务热情、善于与客人交流。

③熟悉所供应的菜肴品种、价格、特色,能解答客人提出的相关问题。

④掌握基本的餐饮服务技能,熟悉餐厅运作的程序和规范要求。

⑤有一定的乡土文化知识(本地),对附近或周边地区的事物有一定的了解。

⑥最好能掌握基本的急救知识和技能,以防不测事件。

(3)服务技能规范和要求

农家菜餐厅服务中要注意的技能规范问题主要是:

①桌面整洁。餐桌要保持整洁,桌面上可以铺一次性桌布;如果是老式的木桌,桌面又比较平整光滑,也可以不铺桌布。

②餐具摆放整齐。每位客人的基本餐桌用具包括:筷子、小碗(盘)、汤匙、调味碟、水杯(酒杯)、手巾纸(没有必要用口布)。客人共用的物品有牙签桶、调味瓶(酱油、醋)、公筷(尽管客人有时不用)、烟灰缸、火柴(打火机)。摆放餐具时:可以将筷子平放在小碗(盘)里,汤匙放在小调味碟上并置于小碗的左上方(如果不用小调味碟,也可将汤匙放在小碗、盘里),水杯(酒杯)置于小碗(盘)右前方即可;餐具之间的空隙以便于取用为度,不要靠得太紧,也不要分得太散;客人使用的餐巾纸,可以叠起来插在水杯(酒杯)中,也可以一桌放一个餐巾盒供客人自由取用。

③点菜。客人坐定后,应将点菜单递给客人,以供客人挑选,采用包伙、和菜供应方式时,亦应有明确的文字说明。在客人选择时,可以向客人推荐本店的特色菜肴或"和菜",但不要让客人有"强卖"的感觉。对客人提出的问题要认真、耐心地解答。客人点好菜后,要将客人所点菜肴的品种、数量、价格清楚地向他复述一遍,待客人确认无误后,再下单通知厨房。

④餐桌服务。上菜的位置相对固定,不要一会儿这边,一会儿那边;菜肴一般

从主客对面客人所坐的位置上桌;用托盘上菜,端菜时手指不可接触到食物;如果是带转盘的圆桌,菜肴放稳后要转至主客面前;如果是传统的方桌,则要将主客面前的菜肴移出一个空位来放新菜;上菜时,将已经吃空的盘子撤下来;如果上整只的禽、鱼类菜肴,应将其"头"对着主客;当客人桌数较多时,上菜时要与客人的单据核对一下,避免上错菜。

⑤结账。客人用餐完毕,先请客人核对账单,然后再"唱收唱找",并出具发票。

⑥餐具清洗和消毒。根据相关法规的要求,按照清洗、洗涤、漂洗、消毒、储放的基本程序,制定切实可行的餐具清洗规范,并严格执行;所用的洗涤剂、消毒剂应符合一定的质量要求,不能以次充好或使用假冒伪劣产品。

⑦个人卫生与仪容仪表。服务人员要养成常洗澡、常剪指甲、常洗手等良好卫生习惯,定期检查身体,要符合饮食行业从业人员的身体健康要求。衣着整洁,具有一定规模的经营户可配置统一服饰;容貌清爽,不要浓妆艳抹,女性服务人员以短发为宜或将长发扎好。

(4)服务中应注意的问题

由于旅游者的来源不一而同,餐饮服务过程中也会因为一些偶然因素而引发事端,故经营者或服务人员应有较强的处理突发事情的能力,以及防患于未然的具体对策。下面就如何处理一些具体问题作简要介绍:

①儿童接待。当旅游者中有孩童时,除了提供童椅之类的服务,还要特别注意他们的安全问题,要提醒他们的父母不要让孩童自由行动。如果发现孩童独处时,要立刻将他们带回其父母的身边,千万不可大意。此外,不要随便与孩童戏耍,不要随便给他们吃东西。孩童如果做错了什么,不要呵斥甚至辱骂,应好言提醒和劝告。

②客人醉酒。客人用餐时,应注意其饮酒的程度,宜在适当的时候以适当的方式提醒客人不要喝醉。当然,即便如此醉酒的事情也难免发生。当客人喝醉时,应尽可能提供帮助,不要怨声载道,更不能"横眉冷对"或"大发雷霆"。但帮忙不要过了头,具体如何处置要尊重与其同行者的意见和要求。如果"越俎代庖",可能会造成意想不到的事端。

③客人提意见。在餐饮服务中,客人提意见是正常的事情,对此,餐厅经营管理者和服务人员一定要有心理准备。面对客人的意见甚至指责,首先,应表现出解决问题的诚意;其次,要认真、耐心地倾听客人的诉说,在客人诉说时不要轻易打断他的话。当客人诉说完了,要将他所说的要点重复一下,看看你有没有听错了;当事实得到双方认可后,要坦诚地就责任分担进行界定。如果是自己的错,一定不要

推卸责任,诚恳地道歉并协商解决问题的方案。如果责任不在自己,是客人弄错了或误解了,也要以友善的态度向他说清楚,切不可借机挖苦、羞辱客人。对一些确实蛮不讲理的客人,也不要一味迁就,要利用法律理直气壮地维护自己的利益。一般情况下,经营者或服务人员如果能从客人的角度看问题,进行换位思考,基本上都能使问题得到比较妥善的解决。

④意外事端。遇到旅游者突发疾病或遭受意外伤害时,应冷静处理,不可忙乱,切不可自作主张。在旅游者有同伴时,应以其同伴为主处理事情;当旅游者没有同伴时,则应采取其认可的措施进行处理;如果旅游者已不能自主,则应立即向110 或 120 呼救。

3)导游服务

乡村旅游从事导游服务的人员主要是乡村旅游景区和旅游项目的导游讲解人员、从事乡村旅游接待的旅行社委派的导游人员等。

乡村旅游景点的种类和旅游项目很多,乡村旅游导游服务人员负责接待或陪同游客旅行、游览,按照合同或约定的内容和标准向其提供旅游接待服务。导游人员是旅行社或旅游景区委派或聘任的,未受委派的人员,不得私自接待游客。

导游人员的主要业务是从事游客的接待。多数乡村旅游导游人员是全程陪同游客在本地进行旅行、游览;有些导游人员是在较为固定的地点如咨询柜台、信息中心等接待客人,提供导游服务;有些是在景区内的旅游车船上提供导游服务。

导游人员向游客提供的接待服务,要按照景区公告的内容或与客人签订的合同的规定和导游服务质量标准实施,导游人员不得擅自增加或减少甚至取消旅游项目,也不得降低导游服务质量标准。一方面,导游人员在接待过程中要注意当地旅游企业的形象和信誉,另一方面也要注意维护游客的合法权益。对于参加旅游活动的游客而言,导游服务工作是其顺利完成游程的主要依托。

乡村旅游的导游服务范围有:

①讲解服务,指导游人员在游客旅行、游览途中和景点上所提供的介绍、讲解、问题解答等服务。

②安全服务,指导游人员为确保旅游者在旅游行程中的安全所提供的服务,包括关心旅游者的身心健康,保护旅游者的财物不受损失等。

③咨询服务,指导游人员向旅游者提供各类技术、知识性问题的回答,包括景点文化知识、当地民风民俗、周边交通状况等问题。

④问题处理,指导游人员帮助旅游者处理和解决临时发生的问题和困难,包括游客走失、受伤、身体不适和团队突发事件等旅游故障的处理。

乡村旅游导游服务人员应努力具备以下专业素质：

（1）良好的思想品德

乡村旅游导游讲解人员的思想品德主要表现在热爱家乡，尽职敬业，热忱服务。

导游讲解人员是直接为游客服务的人员，所以说导游讲解人员是乡村旅游的形象代表。导游讲解人员向游客介绍和讲解的内容都是当地灿烂的文化，优秀的传统、鲜明的特色，是游客认识、欣赏、体验当地民风民俗的主要渠道。游客正是透过导游讲解人员的思想品德和言行举止来观察、了解、认识这个地区的。导游讲解人员只有对自己家乡充满感情，才能拥有建设家乡的使命感和宣传家乡的自豪感，才能通过自己的讲解和服务感染游客，让游客发现和体会到乡村的优美、舒适和乡村百姓的淳朴、热情和真诚，进而对这个地方产生好感。所以一个热爱家乡的人才能成为真正优秀的乡村旅游导游讲解人员。导游讲解人员还应树立远大理想，将个人的抱负与乡村旅游事业的成功紧密结合起来，立足本职工作，热爱本职工作，刻苦钻研业务，不断进取，全身心地投入到工作之中；要发扬全心全意为人民服务的精神，并与"宾客至上"的服务宗旨紧密结合，热忱地为游客提供优质的服务。

相对来说，乡村旅游导游讲解人员活动范围窄，重复率高，主要工作在一个地方，每天都在同一个村落走来走去，相同的讲解内容可能一天要讲好几遍。讲解人员要避免因此而产生的情绪低落和缺乏热情，因为对于大多数游客来说都是第一次，他们希望得到热情的服务。

（2）广博的知识

乡村旅游既是休闲活动，又是文化活动。人们来到乡村，既对这里的许多物产和风俗充满好奇，又对很多的民间传说、故事、历史等充满兴趣，希望通过乡村旅游活动增长知识、扩大阅历、有所收获。实践证明，导游人员的导游讲解和日常交谈，是游客获取知识的主要来源。为了适应游客的这种需要，导游讲解人员要知识面广，要有真才实学。导游讲解人员必须有一定的知识储备，讲解时才能做到内容丰富、言之有物，丰富的知识是搞好导游服务工作的前提。导游人员的知识面越广，信息量越多，内容越新颖，就越有可能把导游工作做得有声有色、不同凡响，就会在更大程度上满足游客的要求。现在许多开展乡村旅游的地方的导游讲解人员的状况不尽如人意，主要问题是只会背导游词，对游客提出的问题不能给予很好解答；还有对导游词理解不够，导游词内容更新不够等。

导游讲解人员必须掌握的知识有：

①语言知识。语言是导游人员最重要的基本功，是导游服务的工具。古人云：

"工欲善其事,必先利其器。"导游人员若没有过硬的语言能力,就根本谈不上优质服务。这就是说,导游人员若没有扎实的语言功底,就不可能顺利地进行文化交流,也就不可能完成导游工作的任务。而过硬的语言能力和扎实的语言功底则以丰富的语言知识为基础,要通过持久而刻苦的训练才能实现。

②史地文化知识。史地文化知识包括历史、地理、宗教、民族、民俗风情、风物特产、文学艺术、古典建筑和园林等诸方面的知识。这些知识是导游讲解的素材,是导游服务的"原料",是导游人员的看家本领。导游人员要努力学习,力争使自己对乡村的旅游景点、风土人情、历史掌故、民间传说等了如指掌,并对周边和国内外的主要名胜景区、景点有所了解,善于将本地的风景名胜与历史典故、文学名著、名人逸事等有机地联系在一起。总之,对史地文化知识的综合理解并将其融会贯通、灵活运用,对导游人员来说具有特别重要的意义,它是一名合格导游人员的必备条件。

(3)较强的独立工作能力

乡村旅游导游讲解工作是一项具有一定难度、较为复杂的工作,导游的能力直接影响到服务水平。导游人员接受任务后,要独立组织游客参观游览,要独立作出决定、处理问题。由于服务对象形形色色,旅游活动丰富多彩,出现问题的种类和性质各不相同,导游人员必须根据情况采取相应的措施,予以妥善处理。因此,要有较强的独立工作能力。

导游人员的独立工作能力主要表现在以下 4 个方面:

①独立执行政策和独立进行宣传讲解的能力。

②较强的组织协调能力和灵活的工作方法。

③善于和各种类型的游客打交道的能力。

④独立分析、解决问题、处理事故的能力。

(4)较高的导游服务技能

乡村旅游导游讲解人员导游服务技能主要有:根据旅游接待计划和游客情况,巧妙、合理地安排参观游览活动的技能;触景生情、随机应变,进行生动精彩的导游讲解的技能;灵活回答游客的询问,帮助他们了解乡村文化的宣讲技能;沉着、果断地处理意外事故的应急技能;合情、合理、合法地处理各种问题和旅游投诉的技能等。导游讲解人员要在掌握丰富知识的基础上,努力学习导游方法、技巧,并不断总结、提炼,形成适合自己特长的导游方法、技巧及自己独有的导游风格。

(5)身心健康

乡村旅游导游工作是一项脑力劳动和体力劳动高度结合的工作,工作量较大,

体力消耗大,工作对象复杂、内容重复。导游讲解人员必须保持身心健康,包括:身体健康,能满足高强度工作量的要求;心态平和,始终保持愉快、乐观的精神风貌;遇事冷静,保持清醒头脑,处事沉着、机智、灵活、有条不紊。

9.2.3 形象礼仪良好

1)语言要求

开展乡村旅游,原来土生土长的、说惯了当地话的村民要面对来自四面八方的旅游者,需要学习语言文化知识,尽快提高语言交流能力,用优美的语言,实现交流的通畅。

(1)学习普通话

乡村旅游从业人员都要学普通话、讲普通话。如果村民不会说或说不好普通话,只能说当地话,可能增加与游客之间交流的障碍,给游客在当地的生活带来不便;可能无法为游客提供满意的服务,甚至可能因为交流困难,使游客产生误解,引发不必要的矛盾。"说好普通话,方便你我他""学好普通话,沟通更融洽""说好普通话,接待四方宾客都不怕"。

(2)注意语言谈吐

语言文雅,语调亲切甜润,音量适中,语句流畅,语速和缓。多使用礼貌用语,如"请""您好""你好""谢谢""欢迎光临""你需要帮助吗""对不起""请走好""请稍等""麻烦您"等。服务人员幽默风趣、热情关切的语言对做好服务工作至关重要。

(3)用字符合要求

公文用字、名称牌、招牌、标志牌、指示牌、广告用字、标语、商标、宣传册(单)、农产品说明等都要使用规范汉字,不使用繁体字、异体字、不规范的简化字或错别字。

当然,在强调讲普通话和文明用语、规范用字的同时,我们也不能忘记那些带有浓郁地方特色和民俗风味的当地俗语、方言和有趣典故,这些充满乡土野趣的民间智慧的结晶对游客具有很强的吸引力;而有些传统方言和用字已经在漫长的历史演变中成为了解当时社会历史原貌的活化石,被中外专家教授视为人类宝贵的历史文化遗产,对于这些,从事旅游工作的人员也有义务进行抢救挖掘和宣传推广。

2)着装要求

服装能够反映出一个人的职业、文化修养和审美情趣,乡村旅游服务的对象是来自四面八方的旅游者,乡村旅游从业人员的着装要大方、得体、轻便、实用、美观,

最好能体现出地域特色和民族风情,使旅游者得到美的享受。乡村旅游从业人员着装应注意以下几点:

(1)着装要协调:要与所处的季节、场合相协调

一般乡村旅游从业人员的服装要有春夏两种,一种是在春秋季节气候凉爽时穿着,可以厚实一些,宽松一些,便于保暖和在气温较低时增加毛衣等衣物。另一种是在夏季气候较热时穿着,要单薄、透气、柔软、吸汗,但要注意不要出汗后就映出内衣。服装要与职业、身份、岗位相协调。经营管理人员的服饰要比较庄重,给人一种精干踏实的感觉;一线服务人员的服装要简洁明快,轻便实用,便于活动。

(2)要选择适当的服装色彩,并进行合理搭配

服装色彩是服装给人的第一印象,它有极强的吸引力,必须充分了解色彩的特性。浅色调和艳丽的色彩有前进感和扩张感,深色调和灰暗的色彩有后退感和收缩感。恰到好处地运用色彩的两种观感,不但可以修正、掩饰身材的不足,而且能强调突出个人的优点。正确的配色方法,应该是选择一两个系列的颜色,以此为主色调,占据服饰的大面积,其他少量的颜色为辅,作为对比,衬托或用来点缀装饰重点部位,如衣领、腰带、丝巾等,以取得多样统一的和谐效果。为突出度假休闲时轻松欢乐的气氛,工作人员的服饰色彩应尽量避免沉闷灰暗,可以根据年龄和岗位特征适当选择鲜艳明亮的色彩搭配。

(3)选择合适的服装款式

旅游从业人员服饰的款式一是一般服饰,二是特色服饰。

一般服饰就是公用的服饰,主要有男士的西装、中山装等套装,女士的套裙、套装等职业装。但乡村旅游是一种特色旅游产品,从业人员的着装,应尽量汲取当地民俗或民族的元素,形成特色服饰系列,给人一种精干而又不失新颖的感觉。

特色服装是指具有民族特色和地方特点的服装。我国各地乡村有许多民族特色鲜明、地域色彩浓厚的多姿多彩的服装服饰,是历史发展的产物,是独特文化传统的结晶,是人与自然和谐相处的象征,又是生产生活方式的具体体现。有些传统的服装款式,在游客眼里显得很新颖,如长袍马褂、短衫、斜对襟的服装。有些来自于传统的农民、渔民、牧民的服装对游客也很有吸引力。有些服装的面料极具地方特色,如丝绸、棉布、麻布、蜡染、皮革等;有些服装的装饰形式和图案很有特色,如一些花卉图案、鸟兽虫鱼的图案和福禄寿禧的图案;有些服装的制作工艺非常特别,从纺线到织布,到刺绣到成衣,适合多种类型的人穿戴,既美观大方,又能体现"天人合一",即与自然生态条件相适应的特点。在与自然环境相适应的过程中,把本民族、本地域的特质文化内涵注入其中,各民族逐步形成了与自然环境和谐的

一道道亮丽的服装风景线。

（4）着装注意事项

着装要整齐、平整、大方、搭配得体，在符合我国的道德传统和常规做法的同时，尽量表现出民族特色和地域特点。如苗族、侗族种类繁多的银饰、傣族姑娘漂亮的花筒裙，以及江南水乡妇女的蓝印花布服饰和浙江绍兴男人的乌毡帽等，都是吸引游客注意力的旅游"元素"之一。要注意的是，无论服饰配件是鲜亮多彩还是素净沉稳，始终要保持干净整洁，才能对游客产生亲和力。

3）形体要求

乡村旅游从业人员要注意自己的姿势和动作。在工作岗位上要做到站有站相，坐有坐相，动作不卑不亢、自然大方。

（1）**正确的站姿**

①头正、双目平视、嘴唇微闭、收颌、表情平和自然。

②双肩平齐、双臂自然下垂，两手中指对准两侧裤线。

③身体挺直，挺胸、收腹、提臀，双腿立直，保持一种挺拔向上的感觉。

④脚跟靠拢，脚夹角约成45°，长时间站立时，双脚也可以稍稍分开，略窄于肩，双手交叠置腹前。

⑤要注意纠正不良的站立，如：过于随便，弯腰、驼背、双腿弯曲、不停地抖动；一个肩膀高，一个肩膀低；斜靠在墙上或树上，与其他人互相勾肩搭背；把双手插在衣服口袋里或腰间等。

（2）**正确的坐姿**

①入座要轻稳，不要显得匆忙、动作幅度过大或发出很大声响，不要一下瘫坐下去。

②女式入座：缓步走到座位前，转身，双脚呈小丁字步，左脚在前，右脚放后，双膝并拢，上身前倾坐下；如着裙装，双手将裙从后向前拢一下再坐，以免裙装褶皱；坐下后上身挺直，双肩平齐，双手交叠置腿中且靠近小腹，两膝并拢，小腿垂直地面，呈丁字步；也可以采用后点式，即两小腿后屈，脚尖着地，双膝并拢。

③男士入座：挺胸、双肩齐平，双手置双腿上或交叉置小腹处，小腿垂直地面，两脚开度45°；也可以采取前交叉式，即小腿前伸一脚处，两脚踝交叉。

要注意纠正不良的坐姿，如：入座后前倾后仰，或者歪歪扭扭，显得非常懒散；双腿过于叉开，或直直地伸向前方；腿脚不停抖动、抓耳挠腮等。

（3）**正确的行姿**

①头正、双目平视前方、嘴唇微闭、收颌、表情自然平和。

②双肩平齐、不要摆摇;双臂前后自然摆动,臂摆幅度30°～40°;手自然弯曲。

③挺胸收腹、重心前倾。

④走线直、脚后跟先着地,步履轻盈。

⑤步幅适度,以一脚长度为宜,步速平稳,如果需要,可小步快走。

要注意纠正不良的行姿,如:走八字步、低头、驼背、晃肩、大甩手、扭腰摆臀、左顾右盼、脚底擦地、怒目凝眉、忽快忽慢,在上下台阶时一跨几级。

4)仪容仪表

仪容是指个人的容貌,它是由发式、面容以及所有未被服饰遮掩、暴露在外的肌肤构成的。仪表是指个人的外表,一般包括人的容貌、服饰、个人卫生和姿态方面。仪容仪表端庄大方,斯文雅致,不仅会给人以美感,而且易于使自己赢得他人的信任。因服装已有专门介绍,现就仪容仪表的其他方面做简要介绍。

(1)重视仪容仪表

乡村旅游从业人员良好的仪容仪表是尊重宾客的体现,是讲究礼貌礼节的体现,是自尊自爱、具有良好修养的体现,也给宾客一种卫生、安全、值得信赖的感觉。仪容仪表要与个人自身的性别、年龄、容貌、肤色、身材、体型、个性、气质及职业身份等相适宜、相协调。仪容仪表因时间、地点、场合的变化而有所变化,要与时间、环境氛围、特定场合相协调。仪容仪表的修饰应把握分寸,自然适度,不露痕迹。

(2)整理好头发

要勤洗头,保持头发整洁、无头屑,洁净的头发柔软、顺滑、有弹性,短发需要每天洗,长发最好也要隔天洗一次,如果头发一直保持一种比较清洁的状态,每次洗发也不会很费事;要定期修剪,男士侧发不过耳,后发不过领,女士前发不过眉,后发不过肩;头发要梳理整齐,不要蓬头垢面,不要随意披着,不要经常用手撩头发,头发软者可用摩丝定型;不染彩发、不剃光头。

(3)眼睛要清洁、无分泌物,避免眼睛布满血丝

客人询问或和客人说话时要平视对方,不要低着头不看客人或斜视客人等。鼻子要保持清洁,及时清理鼻腔分泌物和修剪鼻毛,勿当众抠鼻子。注意口腔卫生,保持清洁,做到早晚刷牙,饭后漱口,牙齿无食品残留物,不能当着客人面嚼口香糖。男士的胡子要每日一刮,保持干净。指甲要保持清洁,定期修剪,不要留长指甲,涂指甲油。从事餐饮服务的人员手上不要戴首饰。勤洗澡,身体无异味。保持衣服干净、整洁、平整,不要有污渍,不要褶皱,特别是衬衫的领口与袖口。

(4)适当化妆

乡村旅游从业人员可以化淡妆,但应尽量保持自然、清淡。游客到乡村旅游,

希望看到的是当地人民真实生活的每个方面,切忌浓妆艳抹,弄巧成拙。适当的化妆使宾客双方都能心情愉快,也是对游客的尊重。化妆的目的是使仪容得到美化,做到扬长避短。化妆的步骤主要包括清洁、护肤,使用粉底,修饰眉毛、眼部,刷腮红以及涂口红等,可根据自身实际适当选择一项或几项进行。

9.2.4　遵守法律法规

乡村旅游从业人员要遵纪守法,按章办事。

一是树立法律意识。乡村旅游与其他经济活动一样,在管理和经营活动中,必须遵守国家的法律,依法开展经营活动。在处理各种问题时,不能随心所欲,想怎么样就怎么样。这样从小的方面说,不利于吸引更多的游客;从大的方面说,触犯国家法律,可能面临法律的制裁。

二是依法办事。加强对乡村旅游市场监管和市场整治活动,对少数经营户乱搭乱建、破坏环境、违规经营、拉客宰客、餐饮不足量、服务质量差等问题,要依法要求限期整改;对问题严重、逾期不改的个别人或经营户,坚决责令停业整顿,直至依法取缔。

三是认真学习法律知识。目前国家尚未制定全国统一的乡村旅游专门法规,但国家许多法律法规完全适用于乡村旅游。与乡村旅游关系比较密切的有:合同法律制度、消费者权益保护法律制度、环境保护法律制度、风景名胜区法律制度、旅行社管理法规制度、导游人员管理法规制度、旅游住宿管理法规制度、旅游安全管理规章制度、食品卫生管理规章制度、旅游投诉管理制度、会计审计税收法律制度等。

关于乡村旅游全国各地已经建立了一批地方性法规、条例等,可供乡村旅游从业人员参考。

1)关于开办农家乐的法律常识

在成都市人民政府制定、自 2005 年 1 月 1 日起施行的《成都市农家乐旅游服务暂行规定》中对开办农家乐作出了以下规定:

①对农家乐旅游服务实行"统一领导,分级管理"。市旅游行政主管部门负责全市农家乐旅游服务管理工作。区(市)县旅游行政主管部门负责本行政区域内的农家乐旅游服务管理工作。其他有关行政主管部门按照各自职责,与旅游行政主管部门共同做好农家乐旅游服务管理工作。

②旅游行政主管部门应当健全旅游服务质量投诉制度,设立并公开投诉电话,受理游客的投诉。旅游行政主管部门对游客的投诉应当调查核实,并将处理情况

告知投诉者。对不属于本部门职责范围内的投诉,应当在两日内移交有关部门;有关部门应当调查核实,并将处理情况告知投诉者。

③从事农家乐旅游经营活动应按国家规定,依法取得营业执照。法律、法规规定需经相关部门许可的,应取得相应的经营许可。

④农家乐用地必须符合乡镇土地利用总体规划,不得改变土地使用性质。农家乐房屋属农村居民住宅,不因用于旅游服务而改变其性质,因国家建设需要征用土地时,房屋拆迁补偿按有关法律法规的规定执行。

⑤农家乐旅游服务设施和安全设施以及就餐环境、垃圾处理、污水和油烟排放应当符合卫生、环保、消防、安全等方面的规定和要求。

⑥农家乐经营者对旅游活动中可能出现危险的区域和项目,应当设置警示标志,并采取必要的防护措施。

⑦农家乐发生突发公共事件时,经营者应当迅速采取有效措施,实施应急处置,并按国家有关规定立即如实报告当地公安、安监、卫生、环保、质监、旅游等有关部门。

⑧农家乐旅游服务从业人员应具备良好的职业道德和专业技能。从事饮食业及其他直接为游客服务的人员,应按国家规定取得有效的健康合格证明。

⑨农家乐在旅游经营活动中应当依法经营、公平竞争、诚实守信,出售商品和服务收费应当明码标价,货真价实。

农家乐旅游经营者不得采取下列手段从事经营活动:

①强行拉客、欺客宰客。

②强迫游客购买商品或接受有偿服务。

③掺杂、掺假,以假充真。

④以次充好,或生产销售不合格产品。

⑤欺行霸市,诋毁其他农家乐名誉。

⑥法律、法规、规章禁止的其他行为。

农家乐旅游服务质量等级评定实行自愿申请的原则。申请质量等级评定的,应当向当地旅游行政主管部门提出申请。

市和区(市)县旅游行政主管部门应会同质监、卫生、环保、工商等行政管理部门,并邀请有关专家、企业管理人员、人大代表、政协委员等建立农家乐旅游服务质量等级评定委员会,具体负责农家乐旅游服务质量等级的评定。

未经服务质量等级评定的农家乐,不得使用服务质量等级标志。

对农家乐旅游服务经营实行联合检查制度。联合检查由旅游行政主管部门牵

头,相关部门参加,依法对农家乐实施旅游服务质量的监督管理。联合检查每年不得超过两次,并不得收取任何费用。

2)关于食品卫生方面的法律常识

发展乡村旅游,必须保证食品卫生,防止食品污染和有害因素对旅游者的危害,保障旅游者身体健康。乡村旅游中各类食品的生产、经营单位,都要严格遵守《中华人民共和国食品卫生法》。北京市食品安全委员会还专门颁发了《北京市乡村民俗旅游户食品安全管理规定(试行)》,其中对乡村旅游的食品安全问题做出的规定值得借鉴。

农业、旅游、卫生、工商、环保、公安等行政管理部门应当按照各自法定职责,做好食品安全的监督管理、服务及宣传教育工作。

乡村民俗旅游户依法取得相关行政许可后方可开展经营活动。

乡村民俗旅游户食品从业人员应当持有健康证明以及接受食品卫生法规和食品卫生知识的培训合格证。患有痢疾、伤寒、病毒性肝炎等消化道传染病(包括病原携带者),活动性肺结核,化脓性或者渗出性皮肤病以及其他有碍食品卫生的疾病的,不得从事食品加工和销售工作。

乡村民俗旅游户的厨房应当符合下列规定:

①有符合卫生要求的上下水道,并远离垃圾堆(场)、坑式厕所、粪池等有毒有害场所。

②有足够的操作空间,面积不小于8平方米,墙壁镶嵌瓷砖到顶或者由其他防水、防潮、可清洗等材料制成墙裙。制作间灶台及其周边贴瓷砖,所贴瓷砖高度不小于1.5米。

③厨房配备必要的排风、冷藏及消毒保洁设施,配备有效的防蝇、防鼠、防尘设施和符合卫生要求的废弃物处理设施。

④厨房符合卫生要求,切配凉拌菜要使用专用刀、墩、板、容器并保持清洁,定位存放,有明显标志,使用前应当进行清洗消毒。洗菜区具备两个以上禽肉、蔬菜分开的长方形清洗池。食物储存间内粮食存放台要距离墙和地面大于2米。食物储存间不得存放有毒有害物品和不洁物。

⑤乡村民俗旅游户的餐厅和客房应当保持清洁卫生,有消灭苍蝇、蟑螂等有害昆虫的措施。餐具、茶具应当清洁、无油渍,使用后清洗消毒。每日定时清理,保持室内卫生,天花板、墙壁无蜘蛛网,地面干净无尘土。

乡村民俗旅游户加工食品应当符合下列规定:

①采购食品原料遵守进货验收制度和索证索票制度并留存备查。

②自种蔬菜、水果等食品保证无毒。

③无害,符合相关食品安全要求。

④加工食品生熟分开,防止交叉污染。

⑤易腐食品冷藏。

⑥制售凉菜做到有专人、专用工具。

⑦专用消毒设备、专用冷藏设备。

⑧储存、运输和装卸食品的容器、包装等安全、无害,不得使用非食品容器盛装食品及其原料。

⑨接触直接入口食品的容器和用具使用前洗净、消毒。

⑩农药等有毒、有害物品远离厨房,妥善保管,防止游客误用。

乡村民俗旅游户加工和销售食品禁止有下列行为:

①加工和销售腐败变质、有毒有害、病死、毒死或死因不明的畜禽产品。

②销售未加工熟透的扁豆。

③销售无有效保质措施的熟肉制品。

④购买、使用、存放亚硝酸盐。

⑤加工游客自行采摘的野菜等食品。

⑥销售假冒及过期食品。

乡村民俗旅游户向消费者提供现场宰杀的畜禽,应当经过检疫并取得检疫合格证明。

乡村民俗旅游户发现突发食品安全事件隐患,应当及时向乡镇政府和区县食品安全办公室报告。出现食物中毒等突发食品安全事件,应当立即向区县卫生局报告;区县卫生局应当在一小时内将初步核查的结果向区县食品安全办公室通报。区县食品安全办公室自接到通报的一小时内向本级人民政府与市食品安全办公室报告。

对于可能或者已经引发突发食品安全事件的食品及相关产品,市食品安全办公室和有关行政管理部门可以采取措施限制和禁止该类食品及相关产品进入本市销售。

乡村民俗旅游户应当按照有关规定悬挂区县级以上旅游主管部门统一制发的牌匾。乡村民俗旅游接待户应当在店堂内醒目位置悬挂营业执照、卫生许可证及相关规章制度,并公布投诉举报电话。

各有关村委会应当建立民俗旅游接待户食品安全管理机制,设有专(兼)职的食品安全管理人员,制定乡村民俗旅游管理制度,协助有关部门处理本村民俗旅游

接待中的食品安全工作。总体上看,目前乡村旅游中的卫生问题比较突出。农家乐、渔家乐等乡村旅游的卫生状况不尽如人意,存在不少问题。

第一是从业人员的卫生意识淡薄。他们大都由农民、渔民等转行过来,文化水平低,缺乏必要的卫生常识,还不能充分意识到在接待众多外来旅游者时,因卫生习惯不好可能造成的食物中毒等引发的严重后果。

第二是从业人员有不良的生活习惯,比如饭前便后不洗手,生食熟食混放,天气炎热时不及时将食物冷藏等。

第三是设备简陋,场地狭窄,缺乏基本的冷藏、清洗和消毒设备,排水排污通道不畅,各种生活污水随意排放,有可能造成食品的二次污染。

第四是从业人员缺乏必要的食品安全知识和健康保证,比如未参加体检等。

乡村旅游的领导和从业人员决不能对食品卫生掉以轻心,要会同卫生部门建立必要的乡村旅游卫生安全保障制度,培养经营者良好的卫生习惯,督促经营者配备必要的安全卫生设施,督促每个乡村配备专门的卫生室和专门的医务人员,一线服务人员要参加体检,身体健康的人才能从事乡村旅游接待工作,确保各项服务安全、卫生、高效。

3) 关于乡村旅游安全管理方面的法律常识

为保障旅游者人身、财物安全,在开展乡村旅游时,经营旅游业务的企业和经营管理人员,必须加强旅游安全管理工作。在乡村里常常存在许多对于外来旅游者很不安全的隐患。比如一些狭窄不平的街道、没有护栏的沟渠和池塘、结构不完善或未完工的建筑等,对于土生土长的当地人来说很熟悉,对于初来乍到的外来旅游者来说是很不安全的,再加上人多拥挤、雨天路滑、晚间照明不佳等可能出现的原因,很容易使旅游者造成人身伤害。还有供旅游者住宿和参与性游乐活动的地方,不能提供足够的可靠的贵重物品存放场所,如保险箱、保险柜等,给旅游者贵重物品的保存带来隐患。还有一些交通设施、娱乐设施等不符合国家相关规定,可能造成安全事故。安全事故的后果是很严重的,轻则有损于当地乡村旅游的形象和声誉,重则造成巨额损失,给乡镇或经营户带来沉重的经济负担。

乡村旅游安全管理工作应当贯彻"安全第一,预防为主,消除隐患"的方针,应遵循统一指导、分级管理、以基层为主的原则。乡、镇、村政府和旅游行政管理部门,必须建立和完善旅游安全管理机构。管理机构要指导、督促、检查本地区旅游企业贯彻执行国家制定的涉及旅游安全的各项法规的情况;组织、实施旅游安全教育和宣传;会同有关部门对旅游企业进行开业前的安全设施检查验收工作;督促、检查旅游企业落实有关旅游者人身、财物安全的保险制度;受理旅游者有关安全问题的投诉,并会同有关部门进行妥善处理;建立和健全安全检查工作制度,定期召开安全工作会议,建立应对各种安全事故的应急预案和日常管理体系,有必要的旅游安全设施,防护设施齐备,危险地段有醒目的警示牌,必要时有专人看守;参与涉及旅游者人身、财物安全的事故处理。处理事故时应该按照国家规定的相关程序进行,包括果断处置、及时上报、保护现场、单位负责人亲临现场处理等,遇重、特大事故和涉及外国人的事故,应严格按国务院相关规定处理。

国家旅游局颁发的《旅游安全管理暂行办法实施细则》中对旅游安全问题作出了以下规定:

旅行社、旅游饭店、旅游汽车和游船公司、旅游购物商店、旅游娱乐场所和其他经营旅游业务的企事业单位是旅游安全管理工作的基层单位,其安全管理工作的职责是:

①设立安全管理机构,配备安全管理人员。

②建立安全规章制度,并组织实施。

③建立安全管理责任制,将安全管理的责任落实到每个部门、每个岗位、每个职工。

④接受当地旅游行政管理部门对旅游安全管理工作的行业管理和检查、监督。

⑤把安全教育、职工培训制度化、经常化,培养职工的安全意识,普及安全常识,提高安全技能,对新招聘的职工,必须经过安全培训,合格后才能上岗。

⑥新开业的旅游企事业单位,在开业前必须向当地旅游行政管理部门申请对安全设施设备、安全管理机构、安全规章制度的检查验收,检查验收不合格者,不得开业。

⑦坚持日常的安全检查工作,重点检查安全规章制度的落实情况和安全管理漏洞,及时消除安全隐患。

⑧对用于接待旅游者的汽车、游船和其他设施,要定期进行维修和保养,使其始终处于良好的安全技术状况,在运营前进行全面的检查,严禁带故障运行。

⑨对旅游者的行李要有完备的交接手续,明确责任,防止损坏或丢失。

⑩在安排旅游团队的游览活动时,要认真考虑可能影响安全的诸项因素,制订周密的行程计划,并注意避免司机处于过度疲劳状态。

⑪负责为旅游者投保。

⑫直接参与处理涉及单位的旅游安全事故,包括事故处理、善后处理及赔偿事项等。

⑬开展登山、汽车、狩猎、探险等特殊旅游项目时,要事先制订周密的安全保护

预案和急救措施,重要团队需按规定报有关部门审批。

凡涉及旅游者人身、财物安全的事故均为旅游安全事故。旅游安全事故分为轻微、一般、重大和特大事故4个等级:

①轻微事故是指一次事故造成旅游者轻伤,或经济损失在1万元以下者。

②一般事故是指一次事故造成旅游者重伤,或经济损失在1万至10万(含1万)元者。

③重大事故是指一次事故造成旅游者死亡或旅游者重伤致残,或经济损失在10万至100万(含10万)元者。

④特大事故是指一次事故造成旅游者死亡多名,或经济损失在100万元以上,或性质特别严重,产生重大影响者。

事故发生后,现场有关人员应立即向本单位和当地旅游行政管理部门报告。地方旅游行政管理部门在接到一般、重大、特大安全事故报告后,要尽快向当地人民政府报告,对重大、特大安全事故,要同时向国家旅游行政管理部门报告。一般、重大、特大安全事故发生后,地方旅游行政管理部门和有关旅游企事业单位要积极配合有关方面,组织对旅游者进行紧急救援,并妥善处理善后事宜。

对在旅游安全管理工作中有下列情形之一者,由各级旅游行政管理部门检查落实,对当事人或当事单位负责人给予批评或处罚:

①严重违反旅游安全法规,发生一般、重大、特大安全事故者。

②对可能引发安全事故的隐患,长期不能发现和消除,导致重大、特大安全事故发生者。

③旅游安全设施、设备不符合标准和技术要求,长期无人负责,不予整改者。

④旅游安全管理工作混乱,造成恶劣影响者。

4)关于乡村旅游环境保护的法律常识

所谓环境,是指影响人类生存和发展的各种天然的和经过人工改造的自然因素的总称,包括大气、水、海洋、土地、矿藏、森林、草原、野生生物、自然遗迹、人文遗迹、自然保护区、风景名胜区、城市和乡村等。环境保护就是利用现代科学的理论与方法,协调人类和环境的关系,解决各种环境问题,是保护、改善和创造环境的一切人类活动的总称,保护环境有利于人类的生存和发展。

环境破坏主要表现在两个方面,第一是环境污染,第二是生态破坏。环境污染包括大气污染(大气污染物有粉尘、烟尘、氧化剂、氮氧化合物、二氧化硫、一氧化碳、多环芳烃等)、水污染、土壤污染、食品污染、放射性污染、居室污染、噪声污染、生活污染、农业污染等。生态破坏就是我们常说的生态平衡受到破坏。生态平衡从总体上讲是整个大自然的平衡,全球的平衡。生态平衡受到破坏的问题很多,比如森林减少、草原退化、物种灭绝、沙漠化、水土流失、土壤退化、大气臭氧层遭到破坏(南极臭氧空洞、温室效应、气候异常、资源短缺等)。

保护环境是我国全面建设小康社会的客观要求。国家制定一系列环境保护的法律、法规,其基本原则是:

①国民经济和社会发展与环保相协调的原则。

②预防为主,防治结合,全面规划,综合治理的原则。

③谁污染、谁治理、谁开发、谁保护的原则。

④政府对环境质量负责的原则。

⑤依靠群众,大家动手保护环境的原则。

优美环境是乡村旅游的生命线。洁净的空气、清澈的河流、绿色天然的农副产品是乡村旅游最宝贵的资源。开发乡村旅游之前就要对环境问题给予高度重视,对原有的景物和自然环境,要进行科学规划,合理开发,不得破坏和随意开发。要注意封山育林、植树绿化、护林防火和防治病虫害工作,切实保护好林木植被和动植物的生长、栖息条件。要科学确定游览接待容量,有计划地建设交通、服务设施,各项建设应当与环境相协调。

要充分认识发展乡村旅游会使乡村的生态环境面临压力。初期由于旅游的规模流量不大,矛盾并不突出。而形成规模后,农民纷纷兴建农家旅馆,建筑体量严重影响乡村风貌和景观;一些农家餐馆以野味土产为生财之道,导致野生动植物被滥捕滥挖;因当地停车场、给排水设施、卫生防疫系统、污水垃圾处理设施等不能及时建成使用,可能使乡村脆弱的生态环境遭到破坏。组织乡村旅游活动,不能无视实际,超量接待旅游者;不得建设破坏景观、污染环境、妨碍游览的设施;不能随意修建宾馆、招待所以及休养、疗养机构;不能随意引进有可能污染环境的旅游项目和其他建设项目。规划不当,管理不善,放任自发、盲目地开发,乡村环境被破坏,产品质量下降,水源和空气被污染,乡村旅游就走到尽头,可能未富先衰,还给子孙后代带来灾难性后果,必须引起高度重视。必须加强对环境保护和基础设施建设的力度,加强生态知识、经营管理、服务技能的培训,提高农民环境保护的意识。根据环境容量有控制的适度的发展才是可持续的发展。对于发展乡村旅游带来的难以避免的环境影响要有防治措施,力争将影响降到最低限度。

9.2.5　树立现代经营理念

乡村旅游从业人员,特别是各级经营管理人员,要有明确、先进的市场经营理

念。要以旅游者的消费需求为导向,通过分析、计划、执行、反馈和控制这样一个过程来协调乡村旅游的各种生产经营活动,为旅游者提供更多的适销对路的乡村旅游产品和乡村旅游服务,使游客满意,使经营户获利。

1)以市场为导向,联合开发、相互合作,自愿参与的理念

发展乡村旅游,各个部门、各个乡村和各个经营户要顾全大局,相互合作,才能做大做强。通过与村镇系统规划和村庄整治方案衔接,加强农村基础设施建设,改善村庄的外部条件和内部环境。抓住有利时机形成合力,使发展乡村旅游成为反哺农村的有效途径。要有全局眼光,大力推进跨地域、跨行业、跨景区、跨村镇的合作,加强与其他区域特别是周边区域、乡村的整体合作,积极引进国内外有实力的企业参与乡村旅游资源开发与管理,以大开放促进大合作、大发展。将乡村旅游项目连成串、组成线,带动起一个区域,区域的整体发展能够给区域内的所有乡村带来实惠。一个村子里的经营户之间也要合作,鼓励正当的竞争,鼓励创新,鼓励相互带动,可以形成上下游的产业链,使农民稳定、持续、长远地受益。要杜绝村与村之间、户与户之间相互诋毁、相互拆台、竞相压价、对客人围追堵截和死缠硬拽等恶性竞争的现象。恶性竞争使游客感觉这里经营混乱,管理落后,时时担心自己上当受骗,消费异常谨慎,最终导致消费萎缩,停留时间短,回头客少,不利于乡村旅游的持续健康发展。

发展乡村旅游要由政府来推动,以农民为主体,充分尊重农民意愿,依靠农民智慧,发挥农民的积极性,促进乡村旅游的发展。政府不要包揽一切,农民有权根据自己的意愿和能力情况选择是否参与以及如何参与乡村旅游开发,不应强求一律,不应设定指标,不应设固定模式。要本着互惠互利、共同受益的原则,集中人力、物力、财力,以合作营销为突破口,加大宣传力度、营造旅游气氛、树立乡村旅游整体形象。通过宣传促销工作,提高乡村旅游的知名度。通过政府推动和企业联动,有计划、有重点地在主要客源市场建立营销网络。加强旅行社的推销外联工作,吸引外地人士前来观光旅游。通过宣传大旅游观念及塑造整体旅游形象,为乡村旅游经济开拓国际国内两个市场,促进乡村旅游经济的快速发展。要改变目前因分散经营而各自为政的状态。在资源富集区可根据农业特产适度集中,形成特色区块;村落适度集群发展,形成规模优势;加强与区域内的旅游地的沟通联系,与旅行社、景区、旅游集团等结对加盟,纳入旅游的主流线路、板块;提升与观光、度假、休闲、体验多种现代旅游方式的功能对接;引入新的理念,加强产品营销策划,设计独特卖点,加入成熟的销售网络来加强市场推广。

2）展现传统，发掘特色的经营理念

乡村旅游最吸引游客的东西正是最传统的。有很多在当地人看来很不起眼的东西，甚至认为是被淘汰的东西，恰恰是最具吸引力的东西。乡村旅游的经营者要善于发掘、整理自己所在地区的独具特色的、优秀的民族民俗文化，大力开发乡村旅游特色产品。不断提升乡村传统文化的魅力和旅游吸引力，推进乡村传统文化的产品化，变文化优势和资源优势为经济优势。同时，注重对乡村传统文化的保护，在实践中摸索继承和发扬乡村优秀传统文化的新路子，使乡村旅游成为弘扬优秀乡村传统文化的重要渠道。要防止将优秀的传统乡村文化庸俗化。乡村旅游产品开发应遵循以下的思路和原则：以大城市和著名风景名胜区为依托，以观光旅游产品开发为主导，以专项旅游产品建设为支撑，突出"行、游、购"三要素，形成一批适应乡村旅游从业人员的培养，为人们参加乡村旅游提供方便。

3）因地制宜，节俭高效，逐步发展的经营理念

按照农村的实际情况和旅游经济规律来发展乡村旅游。各地农村的资源条件、地理区位和经济社会发展水平等情况千差万别，发展乡村旅游的条件不尽相同。乡村旅游有其内在的固有的发展规律，只有按规律办事，才能少走弯路。要因地制宜、因时而变、因人而异。根据实际情况，有资源、有客源、有财力、交通便利的乡村可先行发展，可较快发展，基础好、前景明朗、收益高的特色项目可集中力量，进行优先开发和重点开发；一些偏远山区和少数民族地区旅游资源丰富，但由于道路交通等基础设施建设难以到位，要选择好发展的时机。发展乡村旅游要防止盲目决策、盲目投资、盲目开发。有的人一说要发展乡村旅游，就想要大笔资金，就想着要大兴土木，要给当地来个翻天覆地的变化。这种观点是非常危险的，因为开展乡村旅游和很多经济活动一样，是有风险的。如果投资过大，一旦出现失误，就会给当地带来损失，给经营者和普通老百姓带来沉重的经济负担。充分利用现有资源，本着"适度开发、逐步扩大"的原则，像滚雪球一样地逐步扩大经营范围和经营规模，是比较稳妥的发展模式。

当前旅游市场中存在的一些问题应该引起乡村旅游经营者的重视：

一是法律意识淡薄。有的旅游企业为旅游者提供虚假的旅游服务信息，以贿赂手段拉拢顾客，诋毁其他旅游企业的声誉，有的甚至冒用其他旅游企业的品牌等。这种做法严重扰乱了旅游市场秩序，损坏了旅游企业形象，破坏了国家的法制，使旅游市场供需双方都受到不必要的损害。许多旅游企业，采用了承包经营的运作方式，一些经营者只顾经济利益而忽视守法经营。结果造成因旅游合同未能履行而发生大量纠纷和旅游投诉。加强法制观念，用法律规范旅游市场营销中的

行为,是我国旅游企业应注意的问题之一。从长远来看,依法办事是保护旅游企业和旅游消费者双方合法权益的必然选择。不要为了眼前利益而置国家的法律法规于不顾,最终只会使双方受损,并且会破坏旅游企业的对外形象,严重阻碍我国旅游业的健康发展。

二是科技含量偏低。系统性不强,没有把网络技术的优势充分运用到旅游市场营销当中去。缺乏高质量、高品位的旅游营销策略。没有高科技的旅游营销支持,会制约旅游业的规范化、智能化、信息化和全球一体化的发展。许多旅游企业在运营过程中,手工劳动较多,缺乏高科技、新技能的运用。以乡村旅游接待中心日常业务为例,大都停留在电话、传真的使用上,很少运用互联网辅助日常业务工作,在信息化高速发展的今天,这样的营运模式显然是不能跟上时代发展需要的。

三是追求短期销售目标。很多乡村旅游企业追求的是短期的销售目标,而不是长期的营销目标。很多部门或旅游企业在年初都没有形成自己完整的《年度营销计划书》,更别说近、中、长期旅游营销规划了。他们不熟悉旅游产品策略、旅游价格策略、旅游销售渠道策略、旅游产品促销策略之间微妙而又复杂的关系,不太根据消费者需求心理去选择适合的推广对策、促销载体。旅游市场营销战略与营销计划尚停留在初级阶段,不能深度挖掘,更不用谈什么旅游市场营销计划控制、旅游市场营销成本利润控制、旅游市场营销信誉控制和战略控制。即便是对于推动作用较大的节事活动与公关活动的策划设计和执行方面,也是如此,大家都知道一个好的节事活动或公关活动将带来巨大的眼前效益和未来的间接效益,然而,更多地方却并不了解市场运作的妙处,或者抄袭照搬别人的模式,或者在自己管辖的地盘里"鼓吹"一番,将举办该类活动的真正意义颠倒过来,结果劳民伤财,却达不到促销的真正目的。

四是旅游市场营销中存在忽视旅游形象问题。旅游形象问题已成为各地一个较为头痛的普遍现象。而营销的主要诉求又是要将充分反映实际特色的旅游形象提炼出来,通过有效的营销手段传播给目标受众。但近几年在大力推销自身的形象特色时,由于没有认真分析旅游目的地的文脉与地脉,不能充分根据市场需求来科学设计具有鲜明特色和吸引力的旅游形象,以至于促销经费花了不少,游客量却上不来,旅游淡、旺季差异性极大,形象宣传口号雷同等现象比比皆是,更不用说打造旅游品牌了。

【案例链接】

乡村游:一个农家乐老板的生意"秘籍"

宗竹林,成都郫县友爱镇农科村高级园艺师,长年经营农家乐生意,每年纯收入约20万元。在他的"观景楼"农家乐，宗竹林"摆谈"起生意为何红火的几招秘籍。

秘籍一，一碗免费豆花，换回一桌"回头客"。

"有一次，我家里来了3个小伙子，酒喝到高兴时，一个小伙子突然提出想喝碗豆花清清口，恰巧那天我们家没磨豆花，但我没嫌麻烦，就让服务员到街上买了碗新鲜豆花，又给他上了两碟搭配的下饭咸菜，小伙子吃得特别香。因为我们收费是按人均20元收的，结账时，小伙子就想另外给豆花和下饭菜的钱，我坚决不要。小伙子很高兴，后来，他不但自己定点在我这儿吃，还热情地给我介绍了好多朋友来。我一直主张，客人吃得高兴了，加些素菜、汤水就不要另外多收钱。有时候就是一碗免费豆花，换回了一桌又一桌的回头客。"

秘籍二，不能盲目扩大接待人数。

"农家乐，乐字很重要，不能为了赚钱盲目扩大接待人数。打个比方，我们家只有200人的接待能力，但如果来了300个客人，我照单全收，那么服务、菜品质量肯定跟不上，人家吃得不安逸，下次就不来了，这是典型的贪小便宜吃大亏，刚开农家乐的农民兄弟最容易犯这种错误。"

秘籍三，把快乐和感情投入进去。

"做生意时不要光想着挣钱，要以诚待客。成都有几个朋友，5年前的春节前偶然到我家做客，我们又是杀猪，又是放烟花，让他们觉得就像在自己老家过年一样自在、热闹。他们从第一次来的客人慢慢变成了经常走动的朋友，现在每到过年过节，他们就给我们带牛肝菌、枣子等特产，我女儿结婚他们也来喝喜酒。我们的关系现在就像亲戚一样，这是比做生意赚钱更有意义的事，也能吸引更多的人来光顾，因为觉得我们这儿有吃、有玩，还有情。"

秘籍四，"搭公交车来的"也是重要客户群。

"有些开农家乐的同行，把利润定得太高，我的看法是不能光盯着'开私家车来的'，更重要的是吸引'搭公交车来的'工薪阶层。有车一族去哪都方便，青城山、都江堰，不见得定点到你这消费。价钱实在服务好，再弄几个自己的看家特色菜，把工薪阶层的回头客争取到，这才是农家乐长远而稳定的客户群。"

（资料来源：新华网 http://news.xinhuanet.com/，2006-04-29.）

【实　　训】

组织学生实地考察周边区域乡村旅游点，调查了解该乡村旅游目的地从业人员情况。

【实训要求】

1.各小组开展实地考察与调研。

2.课堂讨论乡村旅游目的地人力资源管理中存在的问题、改进措施。

项目 10
乡村旅游开发案例解读

案例1 成都锦江"五朵金花"乡村旅游开发经验

一、背景介绍

"五朵金花"位于四川省成都市东南锦江区三圣乡,距成都市区二环路约5千米,占地约12平方千米,80%被花木覆盖,村民世世代代以种植花木为生。2003年9月在锦江区召开"四川省首届花卉博览会"以后,锦江区为挖掘三圣乡梅、菊、荷等花文化内蕴,将花乡资源开发与特色旅游景区建设紧密结合起来,把三圣乡所辖的5个行政村,分别建设成为各具特色的农业旅游观光区,并命名为"花乡农居、幸福梅林、江家菜地、东篱菊园、荷塘月色"。这"五朵金花"特色各异,均体现了以"花"为媒介吸引游客,以"花"为主题拓展市场,以"花"为资源发展经济的特点。"五朵金花"的打造,提升了三圣乡的品位,增加了知名度。2005年,仅"五朵金花"就接待游客747万人,景区旅游总收入达到119亿元,农民人均纯收入由2003年4 426元增加到6 321元。2006年4月,"五朵金花"被评为国家AAAA级旅游景区,同年5月被评为国家文化产业示范基地。

二、主要经验

1. 规划先行,突出特色,错位发展

锦江区农村地处城市通风口绿地,按规划不能作为建设用地,土质系龙泉山脉酸性膨胀土,"天晴一把刀,下雨一包糟",农村处于"土地不多人人种,丰产不丰收"的境况。锦江区因地制宜地确定了建设"五朵金花"的发展思路,并对"五朵金

花"的建设和发展进行了详细规划。编制规划中,结合实际,突出以下5个方面:

一要搞好路、水、电、气、通信和排污等基础设备配套,同时要有相应的文化、体育、卫生、教育、商贸、绿地、公共服务设施,建设生态新村、文化新村、现代文明新村。

二要有利于农业和村庄产业多样化发展。

三要分区域控制,防止出现"城中村"。

四要有利于生产和方便生活,除满足居住基本功能外,还要结合农民发展经济、增加收入的需要,充分考虑庭院经济、家庭手工业、三产等生产因素,综合合理布局。

五要突出地方特色,对房屋的建筑风格和色彩予以指导和规定,并注意保护生态环境。

2. 政府引导,群众参与,共同建设

为促进本地区城市化步伐的加快,锦江区委、区政府通过各种方式和途径,创造良好的发展环境。

一是政府多方争取在本地区召开大型会议,通过会展拉动当地的发展。2003年9月在锦江区红沙村地域召开"四川省首届花卉博览会";2004年12月"中国·成都首届梅花节"在幸福梅林成功举行;2005年8月在"荷塘月色"举办了彩灯节,10月在"东篱菊园"举办了首届菊花节;2006年4月12日,首届中国乡村旅游节"江家菜地"揭幕。这些会议的召开,不仅加大了对外宣传的力度,知名度提高,更主要的是为农民创业提供了一个舞台,激发了农民自主创业的积极性,使农民较快地与市场连接起来,成为市场的独立体。

二是政府直接投入。政府为打造"五朵金花"项目基础设施投入已达到8 300万元。

三是政府引导社会资金投入。目前在政府搭建的融资平台上,总计撬动和吸引民间资金1 121亿元。在政府的引导下,农民积极参与,积极地改造自己的住房,整治身边的环境,同时各村成立开发管理公司,组建协会组织,对村集体经济进行管理,村集体也以土地、堰塘、荒坡等固定资产折股,参与"五朵金花"的打造。

3. 改造农居,完善配套,提升品位

锦江区按照城市建设标准加快完善"五朵金花"各村基础设施,适度进行景观打造,保持良好的生产环境。政府鼓励改造老民居,按照政府和群众6:4的比例出资,政府按人均35平方米的面积,每平方米补助100元,实行统一样式、统一标准,不征地、不拆迁,帮助农户对房屋进行"穿靴戴帽"改造。

4. 创新机制，实现"四金"，增加收益

通过创新机制，依托"五朵金花"搭建的农民增收平台，为农民提供了4种稳定的收入：

一是租金。以转包、出租、互换、转让、入股等方式，使土地向有技术专长、有资金实力、有经营能力的专业大户、工商业主和经营能人集中，形成规模化、集约化的农业产业基地。农民土地承包权流转，每亩每年可获得1 800元以上的租金。农民宅基地出租，每年可获取310万元的租金。

二是薪金。农民到农业龙头企业或公司务工，成为农业工人，每人每月可获取500元以上的薪金收入，或依托花乡农居从事插花、餐饮、茶社等经营活动，每户每月营业收入上万元。

三是股金。引进专业公司对生态观光区域内的农房进行整体策划包装，打造具有独特风格和文化品位的乡村酒店，引导农户以宅基地和土地承包经营权入股的形式、以"保底＋分红"的模式分享收益。

四是保障金。农民达到社会保障条件后，每月可领取364元的养老金、210元的低保金、报销住院费等"保障金"收入。

5. 产业支撑，龙头带动，增强后劲

"五朵金花"发展的基础是产业，他们在发展休闲经济，培育支柱产业中，把文化因子和产业因素注入"五朵金花"，并通过龙头企业的带动作用，促进传统农业向休闲经济发展，培植生态产业，实现可持续发展。

一是以文化提升产业。把现代文化与传统产业相结合，以增加传统产业的文化附加值，挖掘幸福梅林的梅花传统文化，赋予荷塘月色以音乐、绘画艺术内涵，再现江家菜地的农耕文化，展现东篱菊园"环境·人文·菊韵·花海"的菊花韵味，变单一的农业生产为吸引市民体验、休闲的文化活动，使文化产业与农业产业相得益彰。

二是以旅游致富农民。鼓励支持观光道路两侧的农户，依托改造后的农房，采取自主经营、与别人联营、出租给有实力的公司等方式，发展乡村旅游，推出赏花、休闲、体验等多种形式的旅游项目，具备"食、住、行、游、购、娱"功能，满足了不同消费需求的游客的需要。

三是以产业支撑农业。对花卉龙头企业在资金、技术和政策上扶持。利用幸福梅林种植有230余个品种22万株梅花规模和优势，开发梅花系列旅游产品，形成梅花产业链。

四是以品牌塑造形象。按照"一村一品"不断推出农业新品牌，增强农村发展的可持续性。

案例2　山东寿光果蔬基地旅游开发经验

一、背景介绍

寿光地处山东半岛北部、渤海莱州湾南畔，总面积2 180平方千米，海岸线长56千米，气候温暖湿润，是全国闻名的"蔬菜之乡"，冬暖式蔬菜大棚的发祥地。丰富的旅游资源和在全国独树一帜的高科技现代农业为寿光旅游业的快速发展提供了条件。

近年来，寿光市紧紧围绕"突出农业生态特色，发展现代乡村旅游，做大做强旅游产业"的总体思路，坚持农友结合，狠抓特色开发，尤其注重在农业开发与生态旅游相结合上做文章，以旅促农，以旅助农，走出了一条高科技、生态型、乡村化的旅游发展新路子，目前全市已经形成了以蔬菜博览会、蔬菜高科技示范园、蔬菜批发市场、生态农业观光园、临海生态博览园、三元朱村、乌克兰大樱桃基地为重点的现代乡村旅游基地。

二、主要特点及开发经验

1. 突出重点，分类指导

寿光是一个农业大市，农业旅游资源十分丰富，但挖掘的深度还不够，发展参差不齐。为整合旅游资源，形成品牌，专门聘请了旅游专家进行设计规划，从旅游产品策划、基础设施建设、服务功能配套到文化内涵包装等，进行分类指导。第七届蔬菜科技博览会在增加展示规模的基础上，增加了中国台湾展厅，琳琅满目的台湾水果吸引了大批游客驻足观望、购买。蔬菜高科技示范园作为菜博会的主展区、展示现代高科技农业前沿技术的主阵地，在现代乡村旅游产品开发上突出自身特色，先后与山东农业大学、上海交大农学院、中科院蔬菜花卉研究所建立了长期合作关系，2006年4月20日又与中国农业大学合作成立了蔬菜研究院，共同培育农作物新品种，为研制和推广应用农业新产品与新技术等提供实验场所，向游客和农业工作者、科技旅游代表团、学校教学的师生等进行科技示范、科技交流与农机人才培训、科技咨询服务等，更好地促进了示范园经济的发展。

2. 多元投入,促进建设

坚持谁投资谁受益的原则,走多元开发的路子,提高项目开发档次。依托蔬菜产业的发展,积极与国外种业公司合作,先后引进了瑞士先正达、荷兰瑞克斯旺等公司来寿光投资建设示范基地,目前这些基地已成为蔬菜博览会的分展区,现代乡村旅游的重要组成部分。寿光蔬菜批发市场是寿光市特色旅游的重要景点,政府投资 4 000 万元,建成了国内第一家蔬菜电子拍卖市场,为乡村旅游增加了新的亮点。投资 2.8 亿元,按照 AAAA 级景区标准规划建设了农业生态观光园。

3. 优化结构,科学定位

为保证旅游业的持续健康快速发展,依据《山东省旅游发展总体规划》和《寿光市城市总体规划》,制定了寿光市旅游发展规划,充分利用潍坊成为环渤海城市旅游合作组织首批成员的机遇,积极融入景区旅游一体化。目前位于小清河北岸羊口万亩湿地游园,已经聘请清华大学的专家做好规划设计,并与天津、青岛的两个客商达成了合作开发意向。该基地主要是充分利用当地现有的自然地貌,体现生态特色,建设北部沿海湿地乡村旅游区。建成后将进一步拉动寿光市北部经济的发展。2005 年市委、市政府以创建"中国优秀旅游城市"为契机,围绕食、住、行、游、购、娱六大要素,狠抓了旅游基础配套建设,加快了旅游资源的开发整合力度,其中按照国家 AAAA 级景区(点)标准规划建设的生态农业观光园,历史人物贾思勰及其农学巨著《齐民要术》为主线,将不同历史时期的农业生产力状况再现,将当地的农业文化与当代高科技农业前沿技术有机结合,增加游人游览的刺激性和多样性。农业生态观光园建成后,与弥河两岸 8 个村有机连为一体,形成生态旅游与现代乡村旅游的有机结合,成为寿光市现代乡村旅游的最大亮点。2006 年 1 月 10 日,寿光市在全国旅游工作会议上被命名为"中国优秀旅游城市",进一步提升了寿光城市形象和对外影响力,给寿光市旅游业带来了新的发展机遇。

4. 旅农结合,建设社会主义新农村

一是会展效应促进农业增效、农民增收。中国(寿光)国际蔬菜科技博览会以服务"三农"为宗旨,以"绿色·科技·未来"为主题,集展览展示、科技推广、经贸洽谈、文化交流、农业观光于一体把崭新的国际交流平台搬到寿光的"乡间阡陌",美国、瑞士、荷兰、以色列等国家的 20 多个涉农企业参会参展,使国际领先技术在寿光高密度聚集,处处都是栽培"新概念"。

二是农民种植蔬菜大棚,参与乡村旅游,直接受益。目前沿弥河两岸建成了百华里(1 华里 = 0.5 千米)蔬菜大棚生产带,形成了 80 万亩蔬菜、30 万个大棚、10 万亩优质果品的亮丽现代乡村观光旅游风景线。裴岭胡萝卜、文家韭菜、古城西红

柿、田马洋香瓜等专业种植乡镇的发展,也为现代乡村旅游提供了一批特色鲜明的观光区。例如,三元朱村已实现联村发展无公害蔬菜基地 5 000 亩,产品达 A 级、AA 级标准,其中"乐义"牌无公害蔬菜远销国内外,2005 年到三元朱村参观学习的游客达到 80 万人次,仅游客采摘收入就达 500 多万元,给农民带来了良好的经济效益。

5. 政府重视,齐抓共管

现代乡村旅游业的发展离不开政府的关注。为了及时协调解决旅游业发展中遇到的问题,寿光市专门成立了以市长为组长,旅游、文化、交通、公安、工商等部门主要负责人为成员的全市旅游工作领导小组,定期研究旅游业发展过程中的重大事项,及时协调解决乡村旅游发展过程中的实际问题。

案例 3 北京密云乡村旅游开发经验

一、背景介绍

密云县地处北京东北部,燕山南麓,是北京通往河北、东北和内蒙古的北大门,邻近北京城区、天津和河北的承德、张家口等大中城市,近及首都机场,是京承黄金旅游线的必经之路,具有良好的区位条件。

随着旅游业的发展,密云以古堡、古村落、古民居遗产为根基,以民俗文化特色为内涵,以摊煎饼、垮炖鱼等为地方特色餐饮,以民俗村为载体的乡村旅游蓬勃发展,吸引了京、津、冀等地游客纷至来。截至 2008 年,密云下辖的 9 个镇共开发了 37 个民俗村,经营乡村文化。

二、主要经验

1. 选择乡村旅游——"城市水源地"旅游发展典型

密云的旅游不好做,是大家公认的。因为,密云顶着北京的一盆水——密云水库,这一盆水保着北京市民的生活质量,保着北京城市的发展,所以密云的一切事情的考虑都要从这盆水出发,这也是密云县经济社会发展的一个巨大的制约因素。如何能做到处处从生态环境的保护出发,又把这种制约转化成一种促进发展的条

件。这样的发展之路难以寻找,而乡村旅游恰是其中一条重要的适宜途径。

密云乡村旅游的发展,从旅游类型上来看,乡村旅游以民俗接待户和农家乐等为经营单元,接待上化整为零,避免像游乐场、大型景区对环境的破坏及水资源的消耗。从经营者来看,密云乡村旅游经营者多为密云土生土长的当地居民和营运商,对环境保护有强烈的自觉性。从旅游产品上来看,乡村旅游本身就是走进田野、贴近自然的生态游,对环境的损耗可忽略。从市场来看,密云旅游客源地为北京城区及周边主要城市,目前,北京人均收入超 3 000 美元,进入休闲时代,乡村旅游的高参与性与回归自然的属性,吸引了众多的城区居民,乡村旅游在密云旅游中的贡献值逐年上升。

2. 政府宣传推介——乡村旅游形象推广

2007 年,密云举办了第一届"农耕文化节",启动了北京地区乡村旅游营销推广的第一步。首届"农耕文化节"的成功,促进了第二届的举办。2008 年 4 月,密云举办了第二届"农耕文化节",除了保留首届"文化节"的经典节目外,还加入了"乡村景观艺术大赛",推出了"征集对父母祝福"的活动。2009 年 4 月,第三届"北京·密云农耕文化节开耕行"仪式启动,此节主题为"绿染农耕、福满密云",旨在打造北京乡村旅游和农业体验项目整体形象,推动民俗旅游全面发展;挖掘密云生态和农耕文化,将密云原生态文化和产物展现给北京消费者和游客。

可以看出,密云"农耕文化节"在逐年完善,影响力在逐年提升。成功做到通过强化北京乡村旅游"生态""体验"的品牌内涵,引导和推动消费者选择;并树立密云生态乡村旅游形象,提升其在北京市场乃至中国市场的地位和品牌知名度。

3. 多方突破——走出同构竞争的困局

密云发展乡村旅游,与同是郊区的顺义、怀柔、延庆、昌平、平谷等有激烈的竞争。竞争不仅表现在区位上,更展现在同构性乡村旅游产品层面。密云的乡村旅游与昌平、延庆、怀柔的区别在哪儿? 北京老百姓的印象也差不多,市场上的感觉也差不多。正是因为同构性强,所以密云乡村旅游形成特色就较困难。

为突破竞争困境,密云乡村旅游着重从以下 3 点入手:

第一,高端定位。密云旅游定位为"一流的城郊旅游目的地",提出国际文化旅游、会展旅游和休闲度假的发展方向;而密云乡村旅游积极针对首都游客对高文化品位的要求,对参与性、生态性旅游产品的兴趣,丰富乡村旅游的文化内涵,拓展参与性乡村为旅游产品,打好资源与产品基础,使密云乡村旅游有质的提高,占领北京郊县乡村旅游制高点,逐渐在旅游市场中突出重围。

第二,争取政府宣传平台。密云乡村旅游不能仅靠县旅游局宣传推广,要积极争取北京市旅游局的政策支持与宣传。如 2008 年 5 月,北京市旅游局在密云、平谷等县推出了 5 个高标准、复合业态的乡村旅游示范带,作为首批推出的示范项目,政府将出资为这些示范带修建标志牌、导引牌、旅游资讯站点。更为重要的是,配套出版了《京郊旅游手册》,通过免费向市民开放,为密云的乡村旅游无形中作出了权威的宣传。

第三,细化市场,分类营销。比如,首先分析年轻人对乡村旅游产品有什么偏好,进而提出针对年轻人的乡村旅游形象,最后制订营销宣传措施。2009 年的密云"农耕文化节"活动,浓缩地展现了乡村旅游的分类经营,具体包括:"密·春"摄影大赛,摄影爱好者来到密云的山水之间、田间地头和农民家中,捕捉美丽画面;邀请 10 个外国家庭与 10 个密云农村家庭共同生活一天,与这些农民朋友一起干农活、制作农家菜肴;针对高校学生、大型社区和车友等固定人群举办包括寻"密"同窗,踏青祈福,寻"密"亲恩、春晖纳福,寻"密"山水,春耕送福等系列活动。

案例 4 浙江滕头村乡村旅游开发经验

一、背景介绍

滕头村位于浙江奉化城北 6 千米,距宁波市区 27 千米,原先是只有 789 人的小村庄。但是,就是这样的小村庄,目前已拥有各类企业 60 多家,并且走上了以高效农业为基础、村办工业为主题、第三产业(以生态旅游产业为主)为新经济增长点的协调发展路子,2006 年实现全社会总产值 23.1 亿元、村民人均纯收入 15 300元,曾被联合国授予"全球生态 500 佳"荣誉,现又获得全国"首批文明村""中国十大名村""全国美德在农家活动示范点"等一系列荣誉。

作为国家首批 AAAA 级旅游区的滕头生态旅游区,田园风光秀美,生态怡人。以江南风情园、将军林、盆景园、绿色长廊等几十处经典组成生态旅游;以植物观光园、花卉苗木观赏区、蔬菜种苗基地、时令瓜果采摘等组成观光农业;以纺纱织布、阡陌、车水、春谷舂米等项目和憨牛猛斗、温羊角力、笨猪赛跑、风鸡争雄等动物表演组成别开生面的农俗风情游。在滕头生态旅游区,可尽享生态自然之美、农家风情之乐。良好的生态环境,为生态农业观光旅游创造了条件。滕头村 2005 年生态

旅游综合收益达 2 800 万元,生态环境建设走上了一条以"游"养生态、以生态促"游"的可持续发展之路。

二、主要经验

1. 成立环保机构

滕头村早在 20 世纪 90 年代初,就成立了全省唯一的村级环保机构——环保委员会。村党委书记亲自担任环保委员会主任,专职的环保管理人员具体负责全村的环保工作,使环境管理有章可循。

2. 健全规章制度

滕头村在新农村建设中,把生态环境建设确定为村庄建设的重中之重,坚持经济发展与生态环境建设并重,把"都市里的村庄,城市中的花园"定为村里发展的目标,并建立一套可持续发展的生态环境保护制度和公众参与机制,为环境建设提供保障。滕头村相继制定了《村规民约》《保护生态环境和加强卫生管理若干规定》《滕头村人形象 8 条准则》等规章制度,村里的餐饮、娱乐、商店、菜场、小区也实行门前"三包",使生态环境保护成为每一位滕头村民的自觉行动。

3. 加大环境投入

农村的生态环境建设需要有足够的资金保证。滕头村通过兴办工业企业,不断壮大集体经济实力。近年来,不断加大投入,整治河道,治理工业污染。同时,铺设污水管道使之与城区的污水处置系统相连接,为建设新农村创造了良好的条件。近几年,村里为实施"蓝天、碧水、绿色"三大工程,已累计投入 1 000 多万元用于改造农业生态环境、美化绿化村容村貌。村里根据"扩大规模、完善功能、优化环境、提高品位"的总体要求,结合旅游景点开发利用,把生态环境和村庄建设紧密结合在一起,加强生态环境建设的资金投入,实现了村庄环境持续有效地改进。同时,拓展生态环境的示范效应,利用生态环境优势,积极开发生态旅游和农业观光旅游,利用旅游收入来推动生态环境建设不断向更高水平迈进。

4. 改造传统农业

建设农业循环经济项目,既节省资源又避免环境污染。为此,滕头村以绿色植物为基础,生物措施和工程措施结合,对农业生态环境进行综合治理,不断加强对传统农业的改造。把生态农业建设扩大到整个农村生态环境建设,全面提高农村环境质量。首先改善农田生产条件,实现农田水利化、园林化。同时,对农田水利进行深层次的建设,比如,开渠、挖河、修路、构筑暗灌暗排、沟渠纵横的地下系统。其次,保护土地,改良土壤。千方百计扩大绿肥种植面积,提高稻草还田率,坚持以有机肥为主,适量使用化肥和农药,发展高科技生态农业,组织实施蔬菜、畜牧、水产、水果、花卉、水稻等高科技生态农业工程,培养和形成一批集生产、休闲、观光、旅游为一体的科技示范农业和特色农业,实现了农业生态的良性循环。

5. 重视环境教育

滕头村十分重视培养青少年的环保意识,与学校联合开展绿色小卫士活动,村庄道路两旁的绿化带被分为很多个"绿色小卫士基地",村团委在全村范围内划分9个环保责任区。同时,还创办学生社会实践基地,向全国青少年学生开放,开展爱国主义、生态环保、科学普及、劳动技能等教育,被科技部、中宣部、教育部、中国科协命名为全国唯一的村级"全国青少年科技教育基地"。滕头村还以"五好文明家庭"评选和"美德在农家"活动为载体,实施家庭文明建设,开展家庭美德教育,举办各种文体活动和青年绿色志愿者活动,展示农家新生活,进一步凝聚人心,增强村民创造美好生活的信心和决心。通过积极开展绿色家园创建活动,发动村民人人动手,家家参与,为滕头村争创 AAAA 级旅游景区打下了良好的基础。

案例5 河南栾川重渡沟农家乐开发建设经验

一、背景介绍

重渡沟风景区位于栾川县潭头镇西南部 15 千米,因东汉光武帝刘秀二渡伊水至此,摆脱王莽追杀并成就帝业而御赐之名。景区内有八大旅游观光区,由金鸡河、滴翠河、水帘仙宫等景区组成,共 160 余个景点,可供游览面积 15 平方千米。景区内翠竹林密,飞瀑秀水,夏凉秋爽,是旅游休闲度假的理想之地。重渡沟风景区 1999 年 7 月正式对游人开放,凭借独一无二的水乡竹韵,采取农家乐和景区紧密结合的开发方式,经过近 10 年的发展打造,一举成为河南省最具活力的金牌景区,先后被国家旅游局授予"首批全国农业旅游示范点""国家级生态示范区""国家 AAAA 级景区"和"河南省十佳景区"。

重渡沟农家乐产业发展经历了培育、发展、规范 3 个阶段。

第一阶段:培育起步阶段。1999 年,在当地政府的引导下,景区开始着手开发农家乐项目,广泛动员农户开展农家乐经营。由于当时农民人均年收入只有 500

元,贫困的经济条件,简朴的生活环境,自给自足的自然经济模式,使得干部群众思想比较陈旧、观念比较保守,普遍缺乏市场竞争意识,尽管政府通过党员干部带头等形式积极推动,也只有少数人响应,开始做起来的只是很简陋的农家接待,传统的土坯房、简陋的设施、卫生状况也谈不上多好,当地农民的接待服务水平总体上还处在比较原始的状态。尽管如此,一些率先的农户还是从中得到了很多实惠,逐步增加了收入,尝到了旅游富民的甜头,农家乐开始被更多的群众关注和效仿。

第二阶段:发展建设阶段。2000年开始,重渡沟农户开发农家乐的积极性不断增强,但苦于没有资金,发展规模和档次难以有大的突破。为此,当地政府因势利导,从抓核心问题入手,景区出面按每个床位200元替经营农家乐的农户担保贷款,钱由景区管委会集中管理,专款专用,用于对农家乐进行床铺及床上用品的改进和更新。到2003年底,景区又对农家乐场所建设进一步引导,发动群众利用原来的土坯房和宅基地先后翻建出150多座楼房,改善硬件设施,同时要求每户农家配套餐厅,餐位数要求是床位数的两倍,每个楼层配备卫生间,每个房间床位最多不能超过4个,房间要增设太阳能热水器,并把景区内的农家乐按区域位置分为4个区块(前景区、西景区、南景区、中心区),方便营销和管理。

第三阶段:规范管理阶段。2005年底,景区要求农家乐服务设施要进一步上水平,每间房都要配备卫生间,床上用品规范化,按宾馆式的白床单、被套、枕套配备,在原有太阳能热水器的基础上增加部分电热水器,并对农家乐外部环境进行立体和平面绿化,提出了"四化标准":建筑风格古朴化、外部环境田园化、内部设施现代化、服务程序标准化。在此基础上,由景区接待中心对农家乐宾馆实施规范管理,对农家乐接待户按区编号管理,并捆绑经营,实行"四统一"管理模式,即统一接团、统一结算、统一价格、统一促销。

经过近10年的历程,重渡沟风景区农家乐宾馆的发展走上了管理规范化、建设统一化、配套标准化、服务人性化的成功之路,并取得了明显的经济效益和社会效益。截至目前,重渡沟农家乐宾馆已发展到328家,拥有床位10 000余张,可同时接待万名游客住宿就餐,农家乐作为休闲度假的一个时尚品牌,已成为重渡沟休闲度假产品的重要组成部分。景区良好的服务、秀丽的风光、富有特色的农家乐旅游,吸引了大批省内外游客,2006年接待游客数量超过43万人次,实现旅游业直接收入4 600多万元,农家宾馆依靠旅游接待创经济收入2 480多万元,带动景区周边社会收入4.5亿元。

农家乐和景区紧密结合不仅提高了景区的旅游接待能力,而且将农家体验和自然风光整合出了集休闲、度假、观光、健身、乡村风情体验、购物等为一体的有丰富内涵、深深吸引城市居民的综合性生态旅游景区,以"吃农家饭、住农家院、看农家景、享农家乐"为主题的休闲度假游正在成为重渡沟风景区独特的品牌,旅游接待创造的经济收入有效带动了景区周边社会收入持续增长,推动了地方经济的快速发展。

二、主要经验

农家乐这种旅游接待形式尽管在全国各地颇为盛行,但洛阳栾川重渡沟的做法的确给我们在怎样打造品牌、营造特色、规范管理方面很多独特的启示。

1. 农家乐发展必须得到政府的高度重视和扶持

虽然重渡沟的农家乐都是民营资本和个体投资,但在发展壮大、规范管理方面,当地政府的重视和支持起了关键作用。栾川县各级党委、政府都非常重视发展农家乐休闲产业,把发展农家乐休闲产业作为社会主义新农村建设的一项重要内容,在管理上,充分发挥政府的宏观指导作用,建立扶持农家乐休闲产业的政策体系,在市场准入、工商登记、项目招标、土地利用、金融信贷等方面提供一系列优惠政策,创造宽松环境,逐步形成"党政主导、部门联动、市场化运作、产业化经营"的开发机制。同时对经营农家乐农户在证照办理、税收等 7 个方面广泛扶持,设立专项资金用于农家乐重点开发区域和公共服务设施建设的补助,减少审批程序、减免规费,扶持农家乐健康发展,达到蓄水养鱼的目的。

2. 农家乐发展必须与景区开发建设紧密结合起来

重渡沟的农家乐依托优美的生态环境、丰富的人文资源,以及简洁、朴实、休闲、实惠的"吃农家饭、住农家院、看农家景、享农家乐"的农家乐旅游氛围受到了都市游客的普遍认可和欢迎。由于采取农家乐与景区紧密结合的发展模式,使得客人延长了在景区逗留体验的时间,增加了旅游相关收入。据景区负责人介绍,在重渡沟的旅游收益中,门票、食宿、娱乐所占比例为 1:3:6,也就是说,通过农家乐这种休闲体验的方式,把旅游六要素紧密联系在一起,形成多个领域的消费链,使得旅游的经济效益最大化。

3. 农家乐发展必须因地制宜打造自己的特色

农家小院随处可见,农家饭菜各地都有,如何营造特色、打造品牌,是能否提升农家乐生命力的关键问题。是因陋就简,简单地让游客看几个景点,吃土菜、地锅饭? 还是让游客住下来,体验农家文化和氛围? 完全是两个不同层次的经营理念。重渡沟开发农家乐不拘泥于形式,而是充分挖掘当地的资源,突出民俗风情,推出风味特产,让游客参与其中,亲手做顿农家饭,或者种上一块农家地,租上几株农家

果,做一件农家活。同时他们在发展过程中,一开始就注重避免跟风模仿,弃土从洋,尤其是餐饮方面在确保卫生、安全的前提下,不仅推出特色,而且还根据客人的消费习惯和口味不断加以调整。

4. 农家乐发展必须避免一哄而上、无序竞争、盲目攀比

在发展农家乐过程中,要充分考虑投入能力、市场容量、经济效益和社会效益,地方政府和有关部门要科学制定农家乐发展规划,并与当地乡村建设规划、资源环境保护规划、产业发展规划相衔接,适度开发,避免一哄而上。农家乐布局比较分散,一些农民规范经营意识比较淡薄,有关部门必须加强监管,避免出现无序竞争现象。重渡沟农家乐由景区接待中心统一接团、统一结算、统一价格、统一促销,并制订奖惩措施,对农户进行礼仪、旅游、卫生等方面的知识和技能培训,切实提高从业者的素质,这些做法都值得我们借鉴。

附 录

附录1　全国农业旅游示范点评定标准

全国农业旅游示范点、工业旅游示范点检查标准(试行)

检查验收须知

（一）农业旅游点是指以农业生产过程、农村风貌、农民劳动生活场景为主要旅游吸引物的旅游点;工业旅游点是指以工业生产过程、工厂风貌、工人工作生活场景为主要旅游吸引物的旅游点。

（二）申报全国农业旅游和工业旅游示范点的单位,请按此《标准》进行自查和整改,认为达到分数线的,向所在省级旅游局申报初评。省级旅游局对初评合格的单位进行汇总,并向国家旅游局申报验收。

（三）申报单位必须提供真实数据,不得造假。如发现有造假问题,则取消初评和验收资格。

（四）有统计数据的检查项目,一般以上一年实绩为准。如申报单位开展旅游经营活动的时间不满一年但已满上半年或下半年,则以本年度上半年或下半年实绩为准,以达到《标准》规定的年度指标的一半分数比照计分。

（五）林、牧、渔业旅游点,比照农业旅游点的标准检查计分。

（六）科技、教育及对海内外旅游者开放的军队、武警训练等旅游点,比照工业旅游点的标准检查计分。

（七）有﹡号的检查项目,如存在差距,可以扣分。

（八）本《标准》检查得分最高为1 000分,另有加分项目最高为50分。农业旅游点合计得分在700分(含)以上、工业旅游点合计得分在650分(含)以上,方具有被评定为"全国农业旅游示范点"和"全国工业旅游示范点"的资格。

（九）对西部地区采取扶持发展的特殊政策,农业旅游点合计得分在650分(含)以上,工业旅游点合计得分在600分(含)以上,即具有被评定为"全国农业旅游示范点"和"全国工业旅游示范点"的资格。

（十）关于几个检查项目的指标解释的说明:

1.示范点的接待人数:是指在标准规定的时间内,示范点所接待的所有参观人

数的总和。

2. 示范点的旅游收入：是指在标准规定的时间内示范点通过提供"食、住、行、游、购、娱"旅游服务所取得的各项收入总和。

3. 间接提供劳动就业岗位数：是指通过示范点兴办旅游业而在区内、外增加的间接提供劳动就业岗位、有相对固定收入的人数。

4. 本单位因兴办旅游业而增加的纳税额：包括实际缴纳的税额和依据国家政策而减免的纳税额。

5. 示范点内"已形成的参观点数量"：是指示范点区域内能够自成一体、具有独特观赏性的参观点。

表1　项目分类

序　号	项目分类	最高得分
1	示范点的接待人数和经济效益	200
2	示范点的社会效益	150
3	示范点的生态环境效益	50
4	示范点的旅游产品	100
5	示范点的旅游设施	140
6	示范点的旅游管理	60
7	示范点的旅游经营	130
8	示范点的旅游安全	80
9	示范点的周边环境和可进入性	60
10	示范点的发展后劲评估	30
附则	加分项目	50

表2　检查项目

序　号	检查项目	最高得分	分档计分	检查得分
1	示范点的接待人数和经济效益（200分）			
1.1	示范点的年接待人数	100		
1.1.1	农业点30万人以上、工业点15万人以上		100	
1.1.2	农业点20万～30万人、工业点10万～15万人		80	

序　号	检查项目	最高得分	分档计分	检查得分
1.1.3	农业点 10 万~20 万人、工业点 5 万~10 万人		60	
1.1.4	农业点 5 万~10 万人、工业点 2.5 万~5 万人		50	
1.1.5	农业点 5 万人以下、工业点在 2.5 万人以下		20	
1.2	示范点的年旅游业收入	100		
1.2.1	年旅游业收入 500 万元以上		100	
1.2.2	年旅游业收入 400 万~500 万元		90	
1.2.3	年旅游业收入 300 万~400 万元		80	
1.2.4	年旅游业收入 200 万~300 万元		70	
1.2.5	年旅游业收入 100 万~200 万元		60	
1.2.6	年旅游业收入 50 万~100 万元		50	
1.2.7	年旅游业收入 50 万元以下		20	
2	示范点的社会收益(150 分)			
2.1	直接吸纳劳动就业人数	70		
2.1.1	农业点在 100 人以上、工业点在 50 人以上		70	
2.1.2	农业点在 60~100 人、工业点在 30~50 人以上		60	
2.1.3	农业点在 40~60 人、工业点在 20~30 人		50	
2.1.4	农业点在 30~40 人、工业点在 10~20 人		40	

附录 2　全国特色景观旅游名镇（村）示范导则

全国特色景观旅游名镇(村)示范导则

本导则的制定旨在贯彻落实科学发展观,促进我国广大农村地区丰富的旅游资源开发、利用和环境保护;引导各种生产要素合理地向旅游示范镇(村)集聚,提高农村地区的旅游接待服务质量,解决农民就地就业,促进农民增收,建设社会主义新农村;实现旅游示范镇(村)的可持续发展。

1. 范围

本导则规定了全国特色景观旅游镇(村)示范的考核条件及其依据。

2. 规范性引用文件

下列文件中的条款通过本导则的引用而成为本导则的条款。凡是注日期的引用文件,其随后所有的修改单(不包括勘误的内容)或修订版均不适用于本导则,然而,鼓励根据本导则达成协议的各方研究可使用这些文件的最新版本。凡是不注日期的引用文件,其最新版本适用于本导则。

GB 50188—93 村镇规划标准

GB/T 18971—2003 旅游规划通则

GB/T 17775—2003 旅游区(点)质量等级的划分与考核

GB 3095—1996 环境空气质量标准

GB 3838 地表水环境质量标准

GB 8978 污水综合排放标准

GB 9664 文化娱乐场所卫生标准

GB 1688—1997 生活垃圾填埋污染控制

GB 18485—2001 生活垃圾焚烧污染控制标准

GB 2894—1996 安全标志

GB/T 18973—2003 旅游厕所质量等级的划分与考核标准

GB/T 10001.1 标志用公共信息图形符号

GB/T 10001.2—2002 标志用公共信息图形符号

GB/T 15971—1995 导游服务质量

GB 16153 饭馆(餐厅)卫生标准

GB/T 16767 游乐园(场)安全和服务质量标准

3. 术语和定义

3.1 镇 town

经省级人民政府批准设镇建制的行政地域。

3.2 集镇 market town

乡人民政府驻地和经县级人民政府确认由集市发展而成的作为农村一定区域经济、文化和服务中心。

3.3 村庄 village

农村居民生活和生产的聚居点。

3.4 旅游示范镇(村)tourist town or village

具有较为丰富旅游资源和一定旅游接待能力的镇(村)。

4. 全国特色景观示范镇(村)标志

全国特色景观示范镇(村)标牌、证书由考核机构统一规定。

5. 全国特色景观示范镇(村)示范考核条件

5.1 资源与景观

5.1.1 景观资源

5.1.1.1 有一定规模或独特的自然、人文景观,适宜开展旅游活动。

5.1.1.2 资源类型丰富,景点数量众多,并且组合关系良好。

5.1.1.3 自然、人文景观基本保存完整,人为干扰较小,且不构成明显影响。

5.1.2 特色价值

5.1.2.1 在科学研究、科学普及和历史文化方面具有学术价值和教育意义。

5.1.2.2 在观光游览和休闲度假方面具有较高的开发利用价值,具有较大影响力。

5.1.2.3 能够较完整真实地体现地方、民族特色、民俗风情和传统乡村特色、自然风貌。

5.1.2.4 有文化传承载体,有文化活动队伍,形成独特的文化形象。

5.1.3 市场吸引力

5.1.3.1 在周边省市知名,美誉度较高,具有一定的市场辐射力。

5.1.3.2 有一定特色,并能形成一定的旅游主题。

5.1.3.3 观赏游憩价值较高。

5.2 旅游经济

5.2.1 年接待旅游者达到一定规模。

5.2.2 旅游经济效益良好。

5.2.3 吸纳本地劳动力就业明显。

5.3 规划与建设

5.3.1 镇(村)总体规划、旅游规划应为近期编制或修编,近期建设的主要地段应编制详细规划,并符合《村镇规划编制办法》《村镇规划标准》及《旅游规划通则》的要求。

5.3.2 基本农田保护区及生态保护区划定合理;旅游产业布局及村镇体系空间布局合理;对镇(村)在区域经济社会发展中的地位、职能、规模作出科学的预测并提出其实施计划及阶段目标。

5.3.3 确定生态环境、土地和水资源、能源、自然和历史文化遗产保护等方面的综合目标和保护要求,提出空间管制原则,明确禁建区、限建区、适建区范围。

5.3.4 用地布局紧凑,统筹安排居住、公共、生产建筑、公用工程、道路交通系统、仓储、绿地等各类建筑与设施用地,并明确界定不同性质用地的范围,做到功能

合理,有利生产,方便生活。

5.3.5　规划对镇区、村庄整治,用地调整,土地整理、挖潜等措施节约用地有成效;人均建设用地指标符合《村镇规划标准》的规定,各类用地比例适宜;镇区、村庄各项建设用地的建筑密度、容积率、绿地率达标。

5.3.6　镇(村)各类项目建设符合规划,村容镇貌整洁有序,无乱搭、乱建现象。

5.3.7　镇(村)公共建筑及居住建筑设施配套完善,建筑风格简洁大方,体现地方及民族特色。

5.3.8　传统风貌区、历史街区得到有效保护,新建建筑与原有风貌协调统一。

5.4　基础设施

5.4.1　道路、给排水、供电、通信、供热、燃气、垃圾、防灾减灾等基础设施项目,均有合理的配置和具体安排。

5.4.2　道路交通组织合理,对外交通不干扰镇区、村庄,内外交通顺畅便捷;路网布局合理;道路宽度、纵横坡、转弯半径等数据符合有关规定。

5.4.3　主次干道路面硬化率达到较高水平,交通标志、路灯、停车场等交通设施完备,进出便捷,或具有旅游专线。

5.4.4　配有场地平整的专用停车场,船舶码头布局合理,河道畅通,与景观环境相协调,容量满足需求,标志规范、醒目。

5.4.5　使用低排放和利用清洁能源的交通工具,或使用具有地方特色的传统交通工具。

5.4.6　自来水入户普及率达到90%以上,供水设施运行良好,水质、水量符合标准,满足生产、生活、旅游服务需求。

5.4.7　镇区、村庄主次道路、公共场所和集中居住区有排水管渠设施,排水管渠通畅,雨水及时快捷排放;生活污水进行无害化处理后排放;工业废水处理达标后排放。

5.4.8　供电设施完备,布局合理,满足生产、生活、旅游服务需求。

5.4.9　设立邮电服务网点,提供邮政及邮政纪念服务;能提供相应的电信服务,且通信设施布局合理,通信方便,线路畅通,标志规范、醒目。

5.4.10　供热、燃气设施可采用多种能源并举,镇区、村庄及景点鼓励使用太阳能、沼气、生物制气等天然能源和再生能源。

5.4.11　对垃圾进行分类收集,及时清运并统一处理。垃圾站(箱、筒)的数量适当、设施完好、分布合理、标识清楚。

5.4.12 公厕布点合理、完好,管理规范、卫生状况良好,粪便进行无害化处理;公厕便池能及时冲洗,做到干净整洁。

5.4.13 镇(村)消防、防洪排涝等各类防灾设施符合标准,满足旅游方面的需求,并有专人负责、定期检修。

5.5 资源保护

5.5.1 各类历史文化遗产(包括古建筑、古树名木等)得到科学、妥善的保护,有保护记录和档案;地方传统特色文化(包括地方戏剧、传统工艺、饮食、民俗等)得到较好保护。

5.5.2 森林、湿地和生态脆弱区等特殊生态系统得到有效保护;没有破坏自然景观和人文景观、违章建设、乱砍树木、捕猎珍稀动物等行为发生。

5.5.3 对于具有旅游价值的保护区,制订相应的游客管理措施,并注意避免由旅游引发的对居民传统生活方式产生的不良影响。

5.5.4 在政府财政资金及旅游经济收入中,有一定比例用于自然和文化资源的保护。

5.6 人居环境

5.6.1 环境

5.6.1.1 村容镇貌整洁,建筑、街道与绿化、水体等自然环境有机结合,采取多种措施优化人居环境。

5.6.1.2 河、湖、渠已全面整治改造,水体环境质量达到相应标准;水体沿岸绿化良好、具有特色,已形成绿化景观。

5.6.1.3 水、大气、噪声等污染得到有效控制并达到规定标准。其中:空气质量达 GB 3095—1996 的一级标准;噪声质量达到 GB 3096—1993 的一类标准;地面水环境质量达到 GB 3838 的规定;污水排放达到 GB 8978 的规定。

5.6.1.4 植树造林,退耕还林种草,保土固水,减少水土流失;实施绿色工程计划,提高森林植被覆盖率。

5.6.1.5 注重水资源的可持续利用,有效促进水资源的节约和优化配置;保护水源地,开展计划用水和节约用水工作。

5.6.2 卫生

5.6.2.1 卫浴设备和设施完好、无缺损,不滴漏,公厕便池能及时冲洗,做到干净、无污垢、无异味,达到 GB/T 18973—2003 规定的卫生标准。

5.6.2.2 公共场所卫生良好,餐饮场所能达到 GB 16153—1996 规定的卫生标准。

5.6.2.3　有严格的定期检查和抽查制度,并有严格的管理制度和奖惩机制。

5.6.2.4　有严格的卫生消毒设施与消毒制度,并有消除老鼠、蟑螂、苍蝇及其他有害昆虫的措施。

5.6.3　文化娱乐

5.6.3.1　有反映地方历史文化和民俗风情的公共文化娱乐场所。

5.6.3.2　餐饮、住宿场所设置丰富的晚间娱乐活动。

5.6.4　精神文明

5.6.4.1　当地居民移风易俗,破除迷信,革除陋习。

5.6.4.2　当地居民讲文明、有礼貌,不欺生、不敲诈,热情诚实,乐于帮助旅游者。

5.7　综合管理

5.7.1　社会治安

5.7.1.1　社会治安综合管理队伍完整、措施得当、保障有力。

5.7.1.2　无重大刑事犯罪案件和邪教、聚众赌博等非法活动。

5.7.2　旅游管理

5.7.2.1　具有健全的管理机构和相应的管理职权,专业技术人员和管理人员配备合理。

5.7.2.2　旅游质量、旅游安全、旅游统计、旅游培训等各项管理制度健全有效,措施得力,有定期监督检查制度,有完整的书面记录和总结。

5.7.2.3　有能为特定人群(老年人、儿童、残疾人等)提供特殊服务的基本设施和服务流程。

5.7.2.4　在游客中心或游客出口处设置意见(卡、箱),公布旅游质量投诉监督电话号码。投诉处理及时,做到投诉必复,投诉处理档案记录完整。

5.7.2.5　定期收集分析游客意见和建议,提高接待质量,改进旅游服务。

5.8　旅游服务

5.8.1　住宿

5.8.1.1　鼓励发展(民俗)家庭旅馆和经济型旅店。

5.8.1.2　住宿设施内配备有满足需要的冷暖及换气设备。

5.8.1.3　客房和公共活动空间干净整洁、卫生舒适。

5.8.1.4　客房内配套设施满足需要,被褥、枕巾和卫生用具一客一换。

5.8.2　餐饮

5.8.2.1　餐饮设施建设与周边的整体环境相协调。

5.8.2.2　餐饮服务设施规模与游客数量相适应,且能满足要求。

5.8.2.3　能提供地方特色或民族特色风味的菜肴,且品种丰富。

5.8.3　游览

5.8.3.1　游客中心位置合理,规模适度,设施、功能齐备,配有专职服务人员,业务熟练,服务热情。

5.8.3.2　游览(参观)路线或航道布局合理、顺畅,视野开阔,赏心悦目。

5.8.3.3　各种引导标识(包括导游全景图、导览图、标识牌、景物介绍牌等)规范标准,设置合理,与景观环境相协调。

5.8.3.4　公众信息资料(如综合画册、音像制品、导游图和导游材料等)有特色,品种全,内容丰富,制作良好。

5.8.3.5　导游员(讲解员)持证上岗,人数及语种能满足游客需要。普通话达标率100%。

5.8.3.6　导游(讲解)词科学、生动、趣味性强,导游服务质量达到 GB/T 15971—1995 中 4.5.3 和第 5 章要求。

5.8.3.7　公共信息图形符号的设置合理,设计有特色,符合 GB/T 10001.1 的规定。

5.8.3.8　游客公共休息设施布局合理,设计有特色,数量满足需要。

5.8.4　购物

5.8.4.1　购物场所布局合理,建筑造型、色彩、材质与环境协调。

5.8.4.2　对购物场所进行集中管理,环境整洁,秩序良好,无围追兜售、强买强卖现象。

5.8.4.3　有能充分体现当地物产和文化的农副土特产品、民间工艺品和旅游纪念品等。

5.9　旅游安全

5.9.1　重视安全工作,主要领导为安全第一责任人。

5.9.2　建立健全安全规章制度,建立有定期和不定期的安全检查、预演、监督和及时报告制度,明确各岗位的安全职责,相关责任人经常参加安全培训和安全教育活动。

5.9.3　各项安全设施完善,有应急预案,能及时采取防灾、减灾措施。

5.9.4　山地、水域等危险地段和道路事故多发地段有明显警示标志。

5.9.5　游客较为集中的区域配有足够的保安人员,以保证秩序和游客安全。

5.9.6　有相应的医疗急救措施,并配备医务人员和游客常备药品。

6. 发生以下问题之一的,不得申报示范

6.1　近期内发生过建设工程重大安全事故。

6.2　近期内出现过重大环境污染事故。

6.3　近期内出现过重大旅游安全事故。

6.4　国家级历史文化示范镇(村)的历史文化资源发生重大破坏、造成严重后果的。

6.5　国家级风景名胜区核心景区内规划撤销的镇(村)。

7. 全国特色景观示范镇(村)示范考核等级

7.1　五星级:90 分以上。

7.2　四星级:80~90 分。

7.3　三星级:70~80 分。

附录3　农家乐经营服务规范

中华人民共和国国内贸易行业标准

SB/T 10421—2007

农家乐经营服务规范

1. 本标准规定了农家乐的术语和定义,经营服务基本要求、等级条件和评定管理原则。

本标准适用于全国各种形式的农家乐经营服务活动。

2. 规范性引用文件

下列文件中的条款通过本标准的引用而成为本标准的条款。凡是注明日期的引用文件,其随后所有的修改单(不包括勘误的内容)或修订版均不适用于本标准,然而,鼓励根据本标准达成协议的各方研究是否可使用这些文件的最新版本。凡是不注明日期的引用文件,其最新版本适用于本标准。

GB 5749　生活饮用水卫生标准

GB 9663　旅店业卫生标准

GB 16153　饭馆(餐厅)卫生标准

中华人民共和国卫生部(2005 年)《餐饮业和集体用餐配送卫生规范》

3. 术语和定义

下列术语和定义适用于本标准。

3.1　农户(farmer)　地域在乡村,以农、牧、渔业为主要职业的居民户,其"农户"的定义包含渔户、牧户。

3.2 农家乐(country inns and restaurants) 农户利用乡村资源,农家庭院为载体,为消费者提供具有乡村情趣和农家生活为特色的餐饮、住宿以及劳动体验、休闲娱乐、观光度假等服务的经营实体,可有田园休闲型、山地景观型、生态文化型和产业基地型等模式,包括渔家乐、牧包乐等。

3.3 服务员(service in country inns and restaurants) 在农家乐中为消费者提供餐饮、住宿、农事参与、旅游、娱乐等活动服务人员。

4. 农家乐等级划分及标识

农家乐分为五个等级,用五角星标识,即一星、二星、三星、四星、五星;星级越高,表示其农家乐的经营服务水平越高。

5. 农家乐经营服务基本要求

5.1 经营要求

5.1.1 农家乐的经营管理和服务项目应符合有关法律法规规定。

5.1.2 应按规定办理卫生许可证、排污证等,取得营业执照和税务登记证。

5.1.3 明示服务项目,明码标价。

5.2 环保要求

5.2.1 周围环境整洁,无散放垃圾、无污水或其他污染物。

5.2.2 家禽、宠物实施疾病预防处理,出示相关证明。

5.2.3 有环保宣传和符合环保要求的处理废弃物措施。

5.2.4 不使用不符合环境保护要求的材料与原料。

5.3 消防要求

5.3.1 经营服务人员应掌握消防安全知识。

5.3.2 室内装修、装饰应采用不燃、难燃材料。

5.3.3 按照国家有关规定配置消防设施和器材、设置消防安全标识。定期对消防设施和器材进行检查维护保养,确保消防设施和器材的完好、有效。

5.3.4 易燃易爆物品的储存和管理应符合消防安全规定。

5.4 安全要求

5.4.1 房屋建筑坚固、安全。

5.4.2 住宿设施门锁等安全装置完好,有效。

5.4.3 电力系统的安全保护装置完好、有效;电气安全、完好。

5.4.4 各项活动和休闲设施设备及器具完好、安全。

5.5 卫生要求

5.5.1　饮用水应符合 GB 5749 的要求。

5.5.2　服务人员应具有卫生常识,进行健康检查,取得至少乡镇医院出具的健康证明。

5.5.3　餐饮场所卫生应符合《餐饮业和集体用餐配送单位卫生规范》和 GB 16153 的相关要求。

5.5.4　住宿场所卫生应符合 GB 9663 的相关要求。

5.5.5　食品加工应做到生熟分开。

5.5.6　禁止加工经营病死、毒死或死因不明的禽、畜、水产动物及制品,未经检验或检验不合格的肉类及其制品。

5.5.7　禁止使用法规和标准规定的高浓度农药或使用农药未超过安全期的蔬菜、水果及其他可食农产品。

5.5.8　应配备基本生活药品,经营者发现食物中毒或疑似食物中毒事故时,应及时向当地卫生部门报告,并积极救助。

6.农家乐经营服务等级条件

6.1　一星级

6.1.1　建筑与环境

a.提供服务的建筑物相对独立、安全,稳固。

b.室外搭建的遮阳棚等装置安全、牢固。

6.1.2　住宿接待设施

a.客户内配置桌、椅、床等必要的家具,通风、照明良好。

b.设有供客人使用的公共卫生间,卫生间内设置蹲坑、洗脸盆、淋浴等基本卫生洁具,通风、照明良好,固定时段供应冷热水。

c.客用床单、被套、枕套等棉织品一客一换。

d.提供冷热饮用水。

e.有防蟑螂、老鼠、蚊子、苍蝇等措施。

6.1.3　餐饮接待设施

a.餐具使用、食品制作、储存等符合《餐饮业和集体用餐配送单位卫生规范》相关要求。

b.食品原料应保持新鲜。

c.就餐区域干净、整洁,照明、通风良好。

6.1.4　活动及娱乐设施

a.客人活动场所干净、卫生,无散放垃圾或其他污染物。

b. 活动场所安装的设施应安全、稳固、干净、卫生。

6.1.5　服务人员

a. 服务人员基本职业道德要求:遵纪守法、诚信、公平、敬业,热情友好、不卑不亢。

b. 服务人员行为举止文明,自然得体,亲切热情。

c. 至少有1名服务人员能熟练掌握普通话。

d. 服务人员需持健康证上岗,其他人员应有健康证明,无急慢性传染病。

e. 建立服务人员基本服务操作规程要求,服务人员按规程要求进行操作。

6.2　二星级

6.2.1　建筑与环境

a. 建筑外观风格保持基本完好。

b. 提供服务的建筑物相对独立,安全、稳固。

c. 室外搭建的遮阳棚等装置安全、牢固。

6.2.2　住宿接待设施

a. 客房有一定装修,配置桌、椅、床等必要的家具,提供电视机、电风扇等设备,通风、照明良好。

b. 设有供客人使用的公共卫生间,卫生间内设置蹲坑、洗脸盆、淋浴等基本卫生洁具,通风、照明良好,固定时段供应冷热水。

c. 客用床单、被套、枕套、毛巾等棉织品一客一换。

d. 提供拖鞋等基本住宿用品,质量良好,安全卫生。

e. 提供冷热饮用水。

f. 有防蟑螂、老鼠、蚊子、苍蝇等的措施。

6.2.3　餐饮接待设施

a. 餐具使用、食品制作、储存应符合《餐饮业和集体用餐配送单位卫生规范》相关要求。

b. 食品原料应保持新鲜。

c. 就餐区域干净、整洁、照明、通风良好。

d. 有与餐厅配套的公共卫生间,卫生间通风、照明良好。

6.2.4　活动及娱乐设施

a. 具有特定的客人活动或娱乐场所。

b. 客人活动及娱乐场所干净、卫生,无散放垃圾或其他污染物。

c. 活动及娱乐场所安装的所有设施应安全、稳固、干净、卫生。

6.2.5　服务人员

a.服务人员基本职业道德要求,遵纪守法、诚信、公平、敬业,热情友好,不卑不亢。

b.服务人员行为举止文明,自然得体,亲切热情。

c.25%以上的服务人员与客人交流无语言障碍,准确理解客人要求。

d.服务人员持健康证上岗,其他人员应有健康证明,无急慢性传染病。

e.建立服务人员基本服务操作要求,服务人员按要求操作。

6.3　三星级

6.3.1　建筑与环境

a.建筑外观风格保持完好,与周边环境协调,具有一定特色。

b.提供服务的建筑物相对独立,安全、稳固。

c.室外搭建的遮阳棚等装置安全、牢固。

6.3.2　住宿接待设施

a.客房有一定装修特色,配置桌、椅、床等必要的家具,提供电视机、空调、公共电话等设备,通风、照明良好。

b.客房内设有独立卫生间,卫生间内设置蹲坑、洗脸盆、淋浴等基本卫生洁具,通风、照明良好,至少两个固定时段供应冷热水。

c.客用床单、被套、枕套、毛巾等棉织品一客一换。

d.提供拖鞋等基本住宿用品,质量良好,安全卫生。

e.提供冷热饮用水。

f.有防蟑螂、老鼠、蚊子、苍蝇等的措施。

6.3.3　餐饮接待设施

a.餐具使用、食品制作、储存应该符合《餐饮业和集体用餐配送单位卫生规范》相关要求。

b.食品原料应保持新鲜,有地方特色。

c.就餐区域干净,整洁,照明、通风良好,有一定的装修或装饰。

d.有与餐厅配套的公共卫生间,卫生间通风、照明良好。

6.3.4　活动及娱乐设施

a.开展至少一项家事参与或民俗文化娱乐活动。

b.客人活动及娱乐场所干净、卫生,无散放垃圾或其他污染物。

c.活动及娱乐场所安装的所有设施应安全、稳固、干净、卫生。

6.3.5　服务人员

a. 服务人员基本职业道德要求:遵纪守法、诚信、公平、敬业、热情友好、不卑不亢。

b. 服务人员行为举止文明,自然得体,亲切热情。

c. 25%以上的服务人员能熟练掌握普通话。

d. 至少一名服务员了解当地的旅游景点、民俗风情及乡土特产。

e. 服务人员持健康证上岗,其他人员应有健康证明,无急慢性传染病。

f. 建立服务人员服务操作要求,服务人员熟练掌握操作要求。

6.4 四星级

6.4.1 建筑与环境

a. 建筑外观风格保持完好,地方或乡村特色突出。

b. 提供服务的建筑物相对独立、安全、稳固。

c. 室外搭建的遮阳棚等装置安全、牢固。

6.4.2 住宿接待设施

a. 客房装修具有突出特色,配置桌、椅、床等必要的家具,提供电视机、空调、公共电话等设备,通风、照明良好。

b. 客房内设有独立卫生间,卫生间内设置抽水马桶、洗脸盆、淋浴等基本卫生洁具,通风,照明良好,24小时供应冷热水。

c. 客用床单、被套、枕套、毛巾等棉织品一客一换。

d. 提供拖鞋、毛巾、牙杯、水杯等基本住宿用品,质量良好,安全卫生。

e. 提供冷热饮用水。

f. 客房内卫生、清洁,有防蟑螂、老鼠、蚊子、苍蝇等的措施。

g. 客房安全设施完备,安全性能较好。

6.4.3 餐饮接待设施

a. 餐具使用、食品制作、储存等应符合《餐饮业和集体用餐配送单位卫生规范》相关要求,使用消毒设备。

b. 菜肴具有浓郁的农家特色,有独家自创的特色菜肴。

c. 食品原料应保持新鲜,有农家特色。

d. 就餐区域干净、整洁、通风良好,装饰装修有特色。

e. 有与餐厅配套的公共卫生间,卫生间通风、照明良好,有抽水马桶、洗手池等卫生设备。

6.4.4 活动及娱乐设施

a. 开展至少三项有特色的农事参与或民俗文化娱乐活动。

b. 客人活动娱乐场所干净、卫生,无散放垃圾或其他污染物。

c. 活动及娱乐场所安装的所有设施应安全、稳固、干净、卫生。

6.4.5　服务人员

a. 服务人员基本职业道德要求:遵纪守法、诚信、公平、敬业、热情友好、不卑不亢。

b. 服务人员行为举止文明,自然得体,亲切热情。

c. 50%以上的服务人员能熟练掌握普通话。

d. 20%以上的服务人员熟悉当地旅游景点、民俗风情及乡土特产。

e. 服务人员持健康证上岗,其他人员应有健康证明,无急慢性传染病。

f. 建立服务人员服务操作要求,服务人员熟练掌握操作要求。

6.5　五星级

6.5.1　建筑与环境

a. 建筑外观风格保持完好,装饰特色与当地环境相一致,挖掘了当地历史。

b. 提供服务的建筑物独立设置,安全、稳固。

c. 室外搭建的遮阳棚等装置安全、牢固。

6.5.2　住宿接待设施

a. 客户实施绿色装修,地方或个性特色突出,配置桌、椅、床等必要的家具,提供电视机、空调、电话、网络等设备,通风、照明良好。

b. 客房内设有独立卫生间,卫生间内设置抽水马桶、洗脸盆、淋浴等基本卫生洁具,通风、照明良好,24 小时供应冷热水。

c. 客用床单、被套、枕套、毛巾等棉织品一客一换。

d. 提供拖鞋、毛巾、牙杯、水杯等基本住宿用品,质量良好,安全卫生。

e. 提供冷热饮用水。

f. 客户内卫生、清洁,有防蚊、蝇、鼠、蟑螂等的措施。

g. 客户安全设施完备,安全级别高。

6.5.3　餐饮接待设施

a. 餐具使用、食品制作、储存等应符合《餐饮业和集体用餐配送单位卫生规范》相关要求,使用消毒设备。

b. 菜肴具有突出的农家特色,并与当地的文化、历史相吻合,有一定种类和数量的独家自创的特色菜肴。

c. 食品原料应保持新鲜,有农家特色。

d. 就餐区域干净,整洁,照明、通风良好,装饰装修特色突出。

e. 有与餐厅配套的公共卫生间,卫生间通风、照明良好,有抽水马桶、洗手池等卫生设备。

6.5.4　活动及娱乐设施

a. 开展至少五项具有当地特色的农事参与或民俗文化娱乐活动。

b. 有为残疾人设置的设施,重要场所有外语标识。

c. 客人活动及娱乐场所干净、卫生,无散放垃圾或其他污染物。

d. 活动及娱乐场所安装的所有设施应安全、稳固、干净、卫生。

6.5.5　服务人员

a. 服务人员基本职业道德要求:遵纪守法、诚信、公平、敬业、热情友好、不卑不亢。

b. 服务人员行为举止文雅规范,自然得体,亲切热情。

c. 50% 以上的服务人员能熟练掌握普通话,至少有 1 名服务人员掌握一门外语的基础用语,能够领会外国客人的要求。

d. 30% 以上的服务人员熟悉当地旅游景点、民俗风情及乡土特产。

e. 服务人员持健康证上岗,其他人员应有健康证明,无急慢性传染病。

f. 建立服务人员服务操作要求,服务人员熟练掌握操作要求。

7. 评定管理原则

7.1　建立评定工作程序和规则。

7.2　经营者自愿申请农家乐的等级评定。

7.3　饭店业国家行业组织负责评审员的技术指导。

7.4　评定工作由经培训考核合格的评审员现场评定。评定合格的颁发全国统一的农家乐等级标识。

附录4　四川省乡村旅游示范县、镇、村评定标准

四川省地方标准

DB51/T 1437—2012

四川省乡村旅游示范县(市、区)评定标准(试行)

Assessment for Rural Tourism of the Model Counties,

Districts and Cities of Sichuan Province

一、本标准共计 1 000 分,共 10 大项,另有附加分 50 分。达到 850 分才具备评定四川省乡村旅游示范县(市、区)的资格。

二、指标说明。

1. 乡村旅游发展专项资金：指上一年度纳入财政预算的乡村旅游发展专项资金。

2. 年接待人数：指上一年度接待的所有参观人数总和。

3. 年旅游业收入：指上一年度因开展旅游接待取得的收入。包括食、住、行、游、购、娱等收入，不包括为商业目的购物，购买房、地、车、船等资本性或交易性的投资、馈赠亲友的现金及给公共机构的捐赠。

4. 年乡村旅游收入：指上一年度因开展乡村旅游接待取得的收入。

5. 乡村旅游经营户：指依法取得相关证照开业经营半年以上的农家乐。

6. 星级乡村旅游经营户：指依据《农家乐（乡村酒店）旅游服务质量等级划分与评定》（DB51/T 976—2009）获得相应等级称号的乡村旅游经营户。

7. 当地农民年人均收入：指农村居民每年从各种来源得到的总收入相应地扣除各种生产费用后的收入总和，以当地统计部门公布数据为准。

8. 乡村旅游就业人数：指通过开展乡村旅游接待而在本单位从事乡村旅游服务的人数，不包括间接就业人数。

9. 本地因发展乡村旅游增加的纳税额：包括实际缴纳的税额和依据国家政策而减免的纳税额。

10. 乡村旅游示范乡（镇）：指依据《四川省乡村旅游示范乡（镇）评定标准（试行）》获得相应称号的乡（镇）。

11. 乡村旅游点：指在一定范围内能够自成一体、具有独特观赏性的参观点。

表1　评定项目

序　号	评定项目	大项分值栏	小项分值栏	分项分值栏	单位自评记分栏	推荐单位记分栏	评定单位记分栏
1	乡村旅游发展宏观指标	100					
1.1	乡村旅游收入相当于本地GDP比重		20				
1.1.1	1.5%以上			20			
1.1.2	0.5%～1.5%			15			
1.1.3	0.5%以下			5			
1.2	乡村旅游发展专项资金		20				
1.2.1	5 000万元以上			20			

序　号	评定项目	大项分值栏	小项分值栏	分项分值栏	单位自评记分栏	推荐单位记分栏	评定单位记分栏
1.2.2	3 000 万～5 000 万元			15			
1.2.3	3 000 万元以下			5			
1.3	年乡村旅游接待人数		20				
1.3.1	100 万人次以上			20			
1.3.2	80 万～100 万人次			15			
1.3.3	60 万～80 万人次			10			
1.3.4	60 万人次以下			5			
1.4	年乡村旅游收入		20				
1.4.1	5 000 万元以上			20			
1.4.2	4 000 万～5 000 万元			15			
1.4.3	3 000 万～4 000 万元			10			
1.4.4	3 000 万元以下			5			
1.5	年乡村旅游收入占旅游总收入比重		10				
1.5.1	10% 以上			10			

四 川 省 地 方 标 准

DB51/T 1435—2012

四川省乡村旅游示范乡(镇)评定标准(试行)

一、本标准共计 1 000 分,共 10 大项;另有附加分 50 分。达到 750 分才具备评定四川省乡村旅游示范乡(镇)的资格。

二、指标说明。

1. 乡村旅游发展资金投入:指上一年度政府因发展乡村旅游而投入的资金总和。

2. 年接待人数:指上一年度接待的所有参观人数总和。

3. 年旅游业收入:指上一年度因开展旅游接待取得的收入。包括食、住、行、游、购、娱等收入,不包括为商业目的购物,购买房、地、车、船等资本性或交易性的

投资、馈赠亲友的现金及给公共机构的捐赠。

4.年乡村旅游收入:指上一年度因开展乡村旅游接待取得的收入。

5.乡村旅游经营户:指依法取得相关证照开业经营半年以上的农家乐。

6.星级乡村旅游经营户:指依据《农家乐(乡村酒店)旅游服务质量等级划分与评定》(DB51/T 976—2009)获得相应等级称号的乡村旅游经营户。

7.当地农民年人均收入:指农村居民每年从各种来源得到的总收入相应地扣除各种生产费用后的收入总和,以当地统计部门公布数据为准。

8.乡村旅游就业人数:指通过开展乡村旅游接待而在本单位从事乡村旅游服务的人数,不包括间接就业人数。

9.本地因发展乡村旅游增加的纳税额:包括实际缴纳的税额和依据国家政策而减免的纳税额。

10.乡村旅游示范村:指依据《四川省乡村旅游示范乡(镇)评定标准(试行)》获得相应称号的村。

11.乡村旅游点:指在一定范围内能够自成一体、具有独特观赏性的参观点。

表2 评定项目

序　号	评定项目	大项分值栏	小项分值栏	分项分值栏	单位自评记分栏	推荐单位记分栏	评定单位记分栏
1	乡村旅游发展宏观指标	100					
1.1	乡村旅游收入相当于本地GDP比重		20				
1.1.1	2%以上			20			
1.1.2	1%～2%			15			
1.1.3	1%以下			5			
1.2	乡村旅游发展资金投入		20				
1.2.1	500万元以上			20			
1.2.2	300万～500万元			15			
1.2.3	300万元以下			5			
1.3	年接待人数		20				
1.3.1	40万人次以上			20			
1.3.2	30万～40万人次			15			

序　号	评定项目	大项分值栏	小项分值栏	分项分值栏	单位自评记分栏	推荐单位记分栏	评定单位记分栏
1.3.3	20 万～30 万人次			10			
1.3.4	20 万人次以下			5			
1.4	年乡村旅游收入		20				
1.4.1	2 000 万元以上			20			
1.4.2	1 000 万～2 000 万元			15			
1.4.3	500 万～1 000 万元			10			
1.4.4	500 万元以下			5			
1.5	年乡村旅游收入占旅游总收入比重		10				
1.5.1	50% 以上			10			
1.5.2	30%～50%			5			
1.5.3	30% 以下			3			
1.6	乡村旅游示范村个数占村总数比重		10				
1.6.1	10% 以上			10			
1.6.2	5%～10%			5			
1.6.3	5% 以下			3			
2	乡村旅游发展带动效应	100					
2.1	当地农民年人均收入高于当地平均水平		30				
2.1.1	50% 以上			30			
2.1.2	30%～50%			20			
2.1.3	10%～30%			15			
2.1.4	10% 以下			10			
2.2	农民因发展乡村旅游获得的收入占总收入比重		20				

续表

序 号	评定项目	大项分值栏	小项分值栏	分项分值栏	单位自评记分栏	推荐单位记分栏	评定单位记分栏
2.2.1	30% 以上			20			
2.2.2	20% ~30%			15			
2.2.3	10% ~20%			10			
2.2.4	10% 以下			5			
2.3	乡村旅游就业人数占农村劳动力比重		20				
2.3.1	3% 以上			20			
2.3.2	2% ~3%			15			
2.3.3	1% ~2%			10			
2.3.4	1% 以下			5			
2.4	带动本地区农副产品及纪念品销售等收入		15				
2.4.1	100 万元以上			15			
2.4.2	75 万 ~100 万元			12			
2.4.3	45 万 ~75 万元			8			
2.4.4	45 万元以下			5			
2.5	本地区因发展乡村旅游而增加的纳税额		15				
2.5.1	年增纳税额 100 万元以上			15			
2.5.2	年增纳税额 50 万 ~100 万元			12			
2.5.3	年增纳税额 25 万 ~50 万元			8			
2.5.4	年增纳税额 25 万元以下			5			
3	环境保护	100					
3.1	环境质量通过地市级以上环保部门评估		20				
3.2	近 3 年内无重大污染事故		20				

序　号	评定项目	大项分值栏	小项分值栏	分项分值栏	单位自评记分栏	推荐单位记分栏	评定单位记分栏
3.3	区域内无污染企业		10				
3.4	绿化率不低于45%		10				
3.5	主要乡村旅游发展区域建筑外观与景观协调,乡土特色突出		20				
3.6	饮用水质量符合国家有关标准		20				
4	乡村旅游交通	50					
4.1	可进入性		45				
4.1.1	有公路通达旅游点,公路状况良好			15			
4.1.2	有客运专线通达旅游点			15			
4.1.3	区域内有高等级公路出口,或距离乡村旅游点车程在半小时内			15			
4.2	区域内旅游道路交通标志设置科学、合理、美观,符合国家有关标准		5				
5	乡村旅游规划及产品	200					
5.1	乡村旅游发展规划		50				
5.1.1	制定有专门的旅游发展规划,其中有乡村旅游发展章节			25			
5.1.2	作过相关市场调查或资源评价分析			10			
5.1.3	做相关规划、调查时有当地农民参与协商			15			
5.2	区域内乡村旅游点的规模		50				
5.2.1	5处以上			50			

续表

序　号	评定项目	大项分值栏	小项分值栏	分项分值栏	单位自评记分栏	推荐单位记分栏	评定单位记分栏
5.2.2	3~5处			30			
5.2.3	3处以下			15			
5.3	乡村旅游经营户数占农户总数比重		50				
5.3.1	40%以上			50			
5.3.2	30%~40%			35			
5.3.3	20%~30%			25			
5.3.4	20%以下			15			
5.4	星级乡村旅游经营户数占乡村旅游经营户总数比重		50				
5.4.1	40%以上			50			
5.4.2	20%~40%			35			
5.4.3	20%以下			15			
6	乡村旅游服务	200					
6.1	公共卫生间参照《旅游厕所质量等级划分与评定》(GB/T 18973—2003)相关要求		50				
6.1.1	布局合理,与接待能力及服务功能相适应,与周边环境和建筑相协调,乡土特色突出			20			
6.1.2	男女卫生间分开设置			10			
6.1.3	水冲式厕所,无异味			10			
6.1.4	有残疾人使用的卫生设施			10			
6.2	游览标识		50				
6.2.1	区域内各主要交通路口有乡村旅游指示牌			20			
6.2.2	导览图、标识牌位置合理,内容清晰			15			

序　号	评定项目	大项分值栏	小项分值栏	分项分值栏	单位自评记分栏	推荐单位记分栏	评定单位记分栏
6.2.3	符合 GB/T 15566 及 GB/T 1000 1.1之规定,且乡土特色突出			15			
6.3	通信设施布局合理;通信方便,线路畅通,收费合理		50				
6.4	游客接待		50				
6.4.1	接待制度健全,各接待环节协调有序			20			
6.4.2	服务人员统一着装,态度热情,服务优良			15			
6.4.3	餐饮从业人员持有健康证,并知晓食品卫生知识			15			
7	乡村旅游管理	70					
7.1	建立相关管理法规体系		20				
7.2	有机构健全、职责分明、统一管理旅游业的管理机构		10				
7.3	有旅游市场管理队伍,市场规范有序		10				
7.4	设有面向公众的旅游咨询、投诉电话,接听及时,投诉能够得到及时圆满解决		10				
7.5	旅游从业人员培训率达到60%以上		10				
7.6	旅游服务从业人员依法取得从业资格证		10				
8	乡村旅游营销	50					
8.1	积极参加各级政府部门组织的对外宣传促销活动		15				

续表

序　号	评定项目	大项分值栏	小项分值栏	分项分值栏	单位自评记分栏	推荐单位记分栏	评定单位记分栏
8.2	在地市级以上新闻媒体上做过促销广告		10				
8.3	有专门网页或与门户网站有链接,能提供网上订餐、订房服务		10				
8.4	有体现特色的乡村旅游LO-GO、宣传口号和形象定位		15				
9	旅游安全	100					
9.1	有切实可行的旅游安全应急预案		10				
9.2	定期开展旅游安全教育活动		10				
9.3	危险地带有安全防护设施,安全警示明显		20				
9.4	有消防、防火、救护等设备		20				
9.5	有医务室,为游客提供医疗救助服务		20				
9.6	现场检查无安全隐患		20				
10	乡村旅游发展后劲评估	30					
10.1	后续可开发利用的乡村旅游资源和项目很多		10				
10.2	具有良好的市场基础和发展前景		5				
10.3	可持续发展态势良好		5				
10.4	已编制出具有指导性、前瞻性和可操作性的中长期旅游发展规划		10				
附则	加分项目	50					

序　号	评定项目	大项分值栏	小项分值栏	分项分值栏	单位自评记分栏	推荐单位记分栏	评定单位记分栏
J1	获得全国性旅游密切相关荣誉或称号		20				
J2	获得全省性旅游密切相关荣誉或称号		15				
J3	获得全市性旅游密切相关荣誉或称号		10				
J4	获得全县性旅游密切相关荣誉或称号		5				
总分							

四 川 省 地 方 标 准

DB51/T 1436—2012

四川省乡村旅游示范村评定标准(试行)

一、本标准共计 1 000 分,共 10 大项,另有附加分 50 分。达到 750 分才具备评定四川省乡村旅游示范乡(镇)的资格。

二、有关指标说明。

1. 乡村旅游发展资金投入:指上一年度政府因发展乡村旅游而投入的资金总和。

2. 年接待人数:指上一年度所接待的所有参观人数总和。

3. 年旅游业收入:指上一年度因开展旅游接待取得的收入。包括食、住、行、游、购、娱等收入,不包括为商业目的的购物,购买房、地、车、船等资本性或交易性的投资、馈赠亲友的现金及给公共机构的捐赠。

4. 年乡村旅游收入:指上一年度因开展乡村旅游接待取得的收入。

5. 乡村旅游经营户:指依法取得相关证照开业经营半年以上的农家乐。

6. 星级乡村旅游经营户:指依据《农家乐(乡村酒店)旅游服务质量等级划分与评定》(DB51/T 976—2009)获得相应等级称号的乡村旅游经营户。

7. 当地农民年人均收入:指农村居民每年从各种来源得到的总收入相应地扣除各种生产费用后的收入总和,以当地统计部门公布数据为准。

8.乡村旅游就业人数:指通过开展乡村旅游接待而在本单位从事乡村旅游服务的人数,不包括间接就业人数。

9.本地因发展乡村旅游增加的纳税额:包括实际缴纳的税额和依据国家政策而减免的纳税额。

10.乡村旅游点:指在一定范围内能够自成一体、具有独特观赏性的参观点。

表3　评定项目

序　号	评定项目	大项分值栏	小项分值栏	分项分值栏	单位自评记分栏	推荐单位记分栏	评定单位记分栏
1	乡村旅游发展宏观指标	100					
1.1	乡村旅游发展资金投入		20				
1.1.1	100万元以上			20			
1.1.2	50万~100万元			15			
1.1.3	50万元以下			5			
1.2	年接待人数		20				
1.2.1	10万人次以上			20			
1.2.2	8万~10万人次			15			
1.2.3	6万~8万人次			10			
1.2.4	6万人次以下			5			
1.3	年乡村旅游收入		20				
1.3.1	500万元以上			20			
1.3.2	400万~500万元			15			
1.3.3	300万~400万元			10			
1.3.4	300万元以下			5			
1.4	乡村旅游经营户数占农户总数比重		20				
1.4.1	30%以上			20			
1.4.2	20%~30%			15			
1.4.3	10%~20%			10			
1.4.4	10%以下			5			

序 号	评定项目	大项分值栏	小项分值栏	分项分值栏	单位自评记分栏	推荐单位记分栏	评定单位记分栏
1.5	星级乡村旅游经营户数占乡村旅游经营户总数比重		20				
1.5.1	50%以上			20			
1.5.2	30%~50%			15			
1.5.3	30%以下			5			
2	乡村旅游发展带动效应	100					
2.1	当地农民年人均收入		30				
2.1.1	5 000元以上			30			
2.1.2	4 000~5 000元			20			
2.1.3	3 000~4 000元			15			
2.1.4	3 000元以下			10			
2.2	农民因发展乡村旅游获得的收入占总收入百分数		20				
2.2.1	50%以上			20			
2.2.2	40%~50%			15			
2.2.3	30%~40%			10			
2.2.4	30%以下			5			
2.3	乡村旅游就业人数占农村劳动力比重		20				
2.3.1	15%以上			20			
2.3.2	10%~15%			15			
2.3.3	5%~10%			10			
2.3.4	5%以下			5			
2.4	带动本地区农副产品及纪念品销售等收入效益		15				

续表

序　号	评定项目	大项分值栏	小项分值栏	分项分值栏	单位自评记分栏	推荐单位记分栏	评定单位记分栏
2.4.1	25 万元以上			15			
2.4.2	20 万～25 万元			12			
2.4.3	15 万～20 万元			8			
2.4.4	15 万元以下			5			
2.5	本地区因发展乡村旅游而增加的纳税额		15				
2.5.1	年增纳税额 25 万元以上			15			
2.5.2	年增纳税额 20 万～25 万元			12			
2.5.3	年增纳税额 15 万～20 万元			8			
2.5.4	年增纳税额 15 万元以下			5			
3	乡村旅游资源环境保护	100					
3.1	环境质量通过县级以上环保部门评估		10				
3.2	专人负责		5				
3.3	周边无污染企业		5				
3.4	绿化率不低于 45%		10				
3.5	发展生态农业,使用高效化肥、低残留农药与生物农药		5				
3.6	污水排放和空气质量均达到国家标准		20				
3.7	区内建筑外观与景观协调,乡土特色突出		10				
3.8	资源节约度		20				
3.8.1	有清洁能源、环保技术的利用			10			

序 号	评定项目	大项分值栏	小项分值栏	分项分值栏	单位自评记分栏	推荐单位记分栏	评定单位记分栏
3.8.2	农田水利建设,实施改造中低产田			5			
3.8.3	推行节水灌溉,科学使用肥料、农药等			5			
3.9	基本农田保护		15				
3.9.1	乡村旅游项目建设不影响农业生产			5			
3.9.2	主要乡村旅游区内未闲置、荒芜的基本农田			5			
3.9.3	主要乡村旅游区内没有严重破坏环境或游览气氛的设施、设备、材料			5			
4	乡村旅游交通	50					
4.1	可进入性		20				
4.1.1	有公路通达旅游点,公路状况良好			10			
4.1.2	有客运专线通达旅游点			10			
4.2	道路交通标志设置科学、合理、美观,符合国家有关标准		10				
4.3	旅游点内道路整洁卫生		10				
4.4	停车场设置科学、合理		10				
5	乡村旅游规划及产品	200					
5.1	乡村旅游发展规划		45				
5.1.1	制定有专门的旅游发展规划或农村地区发展规划			15			
5.1.2	作过相关市场调查或资源评价分析			15			

续表

序　号	评定项目	大项分值栏	小项分值栏	分项分值栏	单位自评记分栏	推荐单位记分栏	评定单位记分栏
5.1.3	作相关规划、调查时有当地农民参与协商			15			
5.2	乡村旅游点数量		10				
5.2.1	6处以上			10			
5.2.2	4～6处			8			
5.2.3	2～4处			6			
5.2.4	两处以下			4			
5.3	农事体验类型		20				
5.3.1	种植业（果蔬、花卉、茶叶等）			5			
5.3.2	养殖业（畜禽、观赏动物等）			5			
5.3.3	渔业（水上养殖、捕鱼等）			5			
5.3.4	农事劳作（编织、抽水、推磨等）			5			
5.4	各参观点的吸引力评价		10				
5.4.1	全部具有较高吸引力			10			
5.4.2	大部分具有较高吸引力			8			
5.4.3	总体吸引力一般			4			
5.5	各参观点的内涵特色评价		10				
5.5.1	紧密结合地方特色，乡土文化内涵非常丰富			10			
5.5.2	结合当地地方特色，乡土文化内涵较丰富			8			
5.5.3	具有一定的乡土文化内涵			4			
5.6	对农业生产力的促进		40				

序 号	评定项目	大项分值栏	小项分值栏	分项分值栏	单位自评记分栏	推荐单位记分栏	评定单位记分栏
5.6.1	大量引进高科技技术,极大地推动农业生产力发展			40			
5.6.2	引进高科技技术,推动了农业生产力发展			20			
5.6.3	对农业生产力发展有一定促进作用			10			
5.7	旅游商品种类较多,具有本地区乡土特色		25				
5.8	旅游线路数量及旅游内容编排		20				
5.8.1	有3条以上旅游线路,编排合理,内容丰富			20			
5.8.2	有两条以上旅游线路,编排合理,内容丰富			15			
5.8.3	有1条以上旅游线路,编排合理,内容丰富			5			
5.9	游客一般逗留时间		20				
5.9.1	一天以上			20			
5.9.2	一天			15			
5.9.3	半天以内			5			
6	乡村旅游服务	200					
6.1	有游客接待中心,能通过集中讲解或播放录像等方式,向游客较系统地介绍本旅游区的参观内容及参观须知		15				

续表

序　号	评定项目	大项分值栏	小项分值栏	分项分值栏	单位自评记分栏	推荐单位记分栏	评定单位记分栏
6.2	客房数量上能够满足需求,家具配置较齐全,卫生设施齐备,能够 24 小时供应热水,备有消防安全紧急疏散图		15				
6.3	餐厅设施良好,整洁卫生		20				
6.4	餐饮具有乡村、地域特色		10				
6.5	厨房布局流程合理,功能分区适当,使用面积与接待能力相适应,符合国家油烟排放标准		10				
6.6	公共卫生间参照《旅游厕所质量等级划分与评定》（GB/T 18973—2003）相关要求		20				
6.6.1	设计合理,与接待能力及服务功能相适应,与周边环境和建筑相协调,乡土特色突出			5			
6.6.2	男女卫生间分开设置			5			
6.6.3	水冲式厕所,无异味			5			
6.6.4	有残疾人使用的卫生设施			5			
6.7	垃圾箱布局合理,分类设置,标识明显,数量充足,造型美观独特,与环境相协调		5				
6.8	会议室在规模上与接待能力相适应,配备必要的音响设备及投影设备		5				

序　号	评定项目	大项分值栏	小项分值栏	分项分值栏	单位自评记分栏	推荐单位记分栏	评定单位记分栏
6.9	娱乐设施能够满足歌舞、棋牌、体育运动等需求		5				
6.10	购物设施与周围景观相协调,干净整洁,以售卖当地土特产品为主,无假冒伪劣商品		5				
6.11	导览标识		30				
6.11.1	有导游全景图			10			
6.11.2	导览图、标识牌位置合理,介绍内容清晰,易懂			10			
6.11.3	按 GB/T 15566 要求设置公共信息图形符号,符合 GB/T 10001.1 的规定,且与周围景观相协调			10			
6.12	通信设施布局合理;通信方便,线路畅通,收费合理		5				
6.13	导游服务		15				
6.13.1	导游讲解人员数量能满足接待需求			5			
6.13.2	导游讲解用词科学、准确、生动			5			
6.13.3	能为特定人群(老年人、儿童、残疾人等)提供特殊服务			5			
6.14	游客接待		15				
6.14.1	接待制度健全,各接待环节协调有序			5			

续表

序　号	评定项目	大项分值栏	小项分值栏	分项分值栏	单位自评记分栏	推荐单位记分栏	评定单位记分栏
6.14.2	服务人员统一着装,态度热情,服务优良			5			
6.14.3	餐饮从业人员持有健康证,并知晓食品卫生知识			5			
6.15	提供邮政服务		5				
6.16	当地农村配套生活设施		20				
6.16.1	天然气或沼气入户率70%以上			5			
6.16.2	光纤电视入户率30%以上			5			
6.16.3	固定电话拥有率70%以上			5			
6.16.4	生活垃圾集中收集率85%以上			5			
7	乡村旅游管理	70					
7.1	建立相关管理法规体系		10				
7.2	有机构健全、职责分明、统一管理旅游业的管理机构		10				
7.3	有旅游市场管理队伍,市场规范有序		10				
7.4	设有面向公众的旅游咨询、投诉电话,接听及时,投诉能够得到及时圆满解决		5				
7.5	旅游从业人员培训率达到60%以上		5				
7.6	定期举办农业生产知识、服务技能、旅游经营等讲座		5				

序　号	评定项目	大项分值栏	小项分值栏	分项分值栏	单位自评记分栏	推荐单位记分栏	评定单位记分栏
7.7	失地农民社会养老保险普及率达到85%以上		5				
7.8	旅游服务从业人员依法取得从业资格证		5				
7.9	农民参与该地区建设项目的民主决策		5				
7.10	建立了行之有效的乡村旅游统计制度		10				
8	乡村旅游营销	50					
8.1	积极参加各级政府部门组织的对外宣传促销活动		15				
8.2	在县级以上新闻媒体上做过促销广告		10				
8.3	有专门网页或与门户网站有链接,能提供网上订餐、订房服务		10				
8.4	有体现特色的乡村旅游LOGO、宣传口号和形象定位		15				
9	乡村旅游安全	100					
9.1	有切实可行的旅游安全应急预案		10				
9.2	定期开展旅游安全教育活动		15				
9.3	危险地带有安全防护设施,安全警示明显		15				
9.4	有消防、防火、救护等设备		10				

续表

序　号	评定项目	大项分值栏	小项分值栏	分项分值栏	单位自评记分栏	推荐单位记分栏	评定单位记分栏
9.5	有医务室,为游客提供医疗及救护服务		15				
9.6	近3年来无重大旅游安全事故发生		20				
9.7	现场检查无安全隐患		15				
10	乡村旅游发展后劲评估	30					
10.1	后续可开发利用的乡村旅游资源和项目很多		10				
10.2	具有良好的市场基础和发展前景		5				
10.3	可持续发展态势良好		5				
10.4	已经编制出具有指导性、前瞻性和可操作性的中长期旅游业发展规划		10				
附则	加分项目	50					
J1	获得全国性旅游密切相关荣誉或称号		20				
J2	获得全省性旅游密切相关荣誉或称号		15				
J3	获得全市性旅游密切相关荣誉或称号		10				
J4	获得全县性旅游密切相关荣誉或称号		5				
总分							

附录5 四川省乡村旅游服务质量等级划分与评定

四川省农家乐/乡村酒店旅游服务质量等级评定管理暂行办法

第一章 总 则

第一条 为规范农家乐/乡村酒店旅游经营行为,提高农家乐/乡村酒店旅游服务质量,促进农家乐/乡村酒店持续健康发展,推进社会主义新农村建设,现依据《四川省旅游条例》和《农家乐/乡村酒店旅游服务质量等级划分与评定》(DB51/T 976—2009),结合我省实际,制定本办法。

第二条 本办法所指农家乐是指在四川省行政区域内利用乡村自然资源,生产活动和民风民俗等人文资源吸引旅游者,以提供餐饮服务为主的经营实体。

乡村酒店是指在四川省行政区域内利用乡村自然资源,生产活动和民风民俗等人文资源吸引旅游者,以提供餐饮、住宿为主,有10间以上客房的经营实体。

第三条 农家乐/乡村酒店旅游服务质量依据

依据《农家乐/乡村酒店旅游服务质量等级划分与评定》(DB51/T 976—2009)、《四川省农家乐/乡村酒店旅游服务质量等级评定细则》进行等级评定。

农家乐/乡村酒店旅游服务质量分为五个等级,用五角星"★"标识,颜色为黄色。即一颗星表示一星级,两颗星表示二星级,三颗星表示三星级,四颗星表示四星级,五颗星表示五星级。星级越高,表示农家乐/乡村酒店的旅游服务质量等级越高。

第四条 星级农家乐/乡村酒店的评定遵循"统一领导,属地管理,自愿申报,分级评定"的原则。

省委农工委、省旅游局统一负责全省星级农家乐/乡村酒店的评定管理工作,成立"四川省农家乐/乡村酒店旅游服务质量等级评定委员会"(以下简称省评委会),负责全省星级农家乐/乡村酒店的评定和管理工作,具体负责五星级农家乐/乡村酒店的评定。省评委会下设办公室,办公室设在省旅游局政策法规处,具体负责全省星级农家乐/乡村酒店评定管理的日常工作。

各市(州)农办、旅游局根据省评委会的委托,成立市(州)评委会,负责本地区星级农家乐/乡村酒店的评定和管理工作,具体负责三、四星级农家乐/乡村酒店的评定,并向省评委会推荐符合五星级条件的农家乐/乡村酒店。

县(市、区)农办、旅游局根据省评委会的委托,成立县(市、区)评委会,负责本地区星级农家乐/乡村酒店的评定和管理工作,具体负责一、二星级农家乐/乡村酒

店评定,并向市(州)评委会推荐符合三星级以上条件的农家乐/乡村酒店。

第五条　各级党委、政府,农办、旅游行政等相关部门应加大对星级农家乐/乡村酒店的政策扶持和资金支持。

第二章　申　报

第六条　申报条件:

(一)从事农家乐/乡村酒店经营活动应依法取得相关证照。法律、法规规定需经相关部门许可的,应取得相应的许可。

(二)近三年内未发生重大旅游安全事故,当地县(市、区)级以上安监部门应提供书面证明。

(三)试营业半年后方可申请星级评定;低星级申请高星级的,需获得低星级一年以上。

(四)申报单位经过自检,达到相应星级标准要求的。

第七条　申报材料《四川省农家乐/乡村酒店星级评定报告书》一份。申报单位和各级评委会应按要求逐项填写,并按评定权限存档。

第八条　申报单位自愿向所在地县(市、区)评委会提出申请,再按评定权限逐级推荐上报,进行评定。

第三章　评　定

第九条　各级评委会应成立评定小组。评定小组原则上 3～5 人,由各级农办、旅游局、旅游协会等相关单位人员和专家组成。

第十条　各级评委会应按评定权限在评定前派出评定小组对申报单位进行指导。对未达到相应星级标准要求的,应提出整改意见,限期整改。整改达到要求后,方能进入评定程序或推荐给上一级评委会进行评定。

第十一条　评定应按照以下程序进行:

(一)评定首次会。参加人员为评定小组成员,推荐申报的市(州)评委会和县(市、区)评委会负责人,申报单位负责人。首次会由评定小组负责人主持。首次会按照以下议程进行:

1.介绍参会人员。

2.听取申报单位创星工作汇报。

3.市(州)评委会和县(市、区)评委会负责人分别陈述推荐理由。

4.评定小组负责人明确检查安排,包括原则讲解、人员分组、检查项目等。

(二)实地检查。应严格对照相应星级标准对申报单位实际创星情况进行检查。

（三）材料检查。应严格对照相应星级标准对申报单位佐证材料进行检查。

（四）情况汇总会。实地检查和材料检查结束后，评定小组负责人召集汇总检查情况，形成评定结论。

（五）评定末次会。主持人及参加人员同首次会，按照以下议程进行：

1. 评定小组负责人通报评定结论。

2. 申报单位表态。

第十二条　各级评委会应按本办法第四条规定的权限进行评定。评定达标的，应向社会公告。公告无异议后，向申报单位颁发相应标牌，并逐级上报备案。

第十三条　全省星级农家乐/乡村酒店标牌，由省评委会统一设计、制作，各级评委会按评定权限发放。标牌只收取工本费，不收取其他任何费用。

第四章　管　理

第十四条　对星级农家乐/乡村酒店实行动态管理和定期复核管理。星级农家乐/乡村酒店，应按相应星级标准提供服务，并自觉接受各级评委会的管理。

（一）对复核达不到要求的，各级评委会可按评定权限要求其限期整改。逾期整改不合格的，可降低或取消其等级。

（二）被降低等级的，由各级评委会按照评定权限收回原等级标牌，重新换发降低后的等级标牌。

（三）被取消等级的，自取消等级之日起一年后方可申请重新评定，各级评委会按评定权限收回原等级标牌。

第十五条　星级农家乐/乡村酒店，在经营过程中有消费者投诉的，经查实后，各级评委会按评定权限要求其限期整改，情节严重的可降低或取消等级。

第十六条　星级农家乐/乡村酒店在经营过程中发生安全、消防、食品卫生、环保等重大责任事故的，由各级评委会按评定权限直接取消等级，收回等级标牌，违法违规的由相关部门依法进行惩处。

第十七条　星级农家乐/乡村酒店，可以在服务经营活动和促销活动中使用相关标志标识。未经等级评定的农家乐/乡村酒店，不得使用相关标志标识进行广告宣传。

第十八条　省评委会每年对各市（州）、县（市、区）评委会的评定工作进行检查，如有等级评定把关不严、评分不实、擅自降低标准等问题，省评委会将取消其已评定的等级，并责成其收回等级标牌。

第五章　附　则

第十九条　本办法由省委农工委、省旅游局负责解释。

第二十条　本办法自颁布之日起施行。

四 川 省 地 方 标 准

DB51/T 976—2009

农家乐(乡村酒店)旅游服务质量等级划分与评定

The Demarcation and Evaluation of Service Quality

Rank of Country Inns and Restaurants(Country Inn)

1　范围

本标准规定了四川省农家乐(乡村酒店)的等级划分、基本条件、等级要求和管理规则。

本标准适用于四川省行政区内的农家乐(乡村酒店)旅游服务质量等级划分与评定。

2　规范性引用文件

下列文件中的条款通过本标准的引用而成为本标准的条款。凡是注日期的引用文件,其随后所有的修改单(不包括勘误的内容)或修订版均不适用于本标准,然而,鼓励根据本标准达成协议的各方研究是否可使用这些文件的最新版本。凡是不注日期的引用文件,其最新版本适用于本标准。

GB 3095　环境空气质量标准

GB 5749　生活饮用水卫生标准

GB 8978　污水综合排放标准

GB 9663　旅店业卫生标准

GB/T 10001.1　《标志用公共信息图形符号》第1部分:通用符号

GB/T 10001.2　《标志用公共信息图形符号》第2部分:旅游设施与服务符号

GB 14934　食(饮)具消毒卫生标准

GB 15566　图形标志　使用原则与要求

GB 16153　饭馆(餐厅)卫生标准

GB 17217　城市公共厕所卫生标准

GB 18483　饮食业油烟排放标准

GB 22337　社会生活环境噪声排放标准

3　术语与定义

下列术语和定义适用于本标准。

3.1　农家乐　Country Inns and Restaurants

本标准规范内的农家乐是指利用乡村所特有的庭院、湖泊、塘堰、果园、花圃、林地等农、林、牧、渔业自然资源和乡村人文资源,吸引旅游者,为旅游者提供餐饮、娱乐、观光、休闲、度假、购物等服务的经营实体。

3.2 乡村酒店 Country Inn

本标准规范内的乡村酒店是指利用地处乡村,以住宿、餐饮服务为主,与乡村风情、民俗文化和自然环境融为一体,并能体验乡村生活的经营实体。

4 等级划分

4.1 等级标志

农家乐(乡村酒店)分为五个等级,用五角星"★"标识,颜色为黄色。即一颗星表示一星级,两颗星表示二星级,三颗星表示三星级,四颗星表示四星级,五颗星表示五星级。星级越高,表示其农家乐(乡村酒店)的旅游服务质量等级越高。

4.2 等级证书和标牌

证书和标牌应注明:名称、授牌单位、星级标志、发证日期、有效期。

等级标牌由"四川省农家乐(乡村酒店)旅游服务质量等级评定委员会"统一设计制作。

5 基本条件

5.1 依法经营

5.1.1 取得工商、税务、卫生、环保、公安等有效证件。

5.1.2 涉及住宿、娱乐等特种经营的,要具备特种行业许可证。

5.1.3 应具备其他有关法律法规规定的许可证件。

5.2 服务设施

5.2.1 服务设施能够满足基本接待要求。

5.2.2 安全设施齐全有效。

5.3 安全环保

5.3.1 各项活动的休闲设施和设备及器具完好、安全,定期保养维护。

5.3.2 配置消防设施、设置消防安全标志,消防设施和器材完好、有效。

5.3.3 安全防护设施齐备、有效,并制订应急预案,确保人身安全。

5.3.4 电力系统的安全保护装置完好、有效;电气设备安全、完好。

5.3.5 有符合环保要求的污染物处理措施,污染物达标排放。

5.3.6 垃圾桶放置合理,生活垃圾集中收集,统一处理。

5.3.7 经营服务人员应掌握火灾扑救基本知识,制订人员疏散逃生预案,了解自救互救知识。

5.4 食品卫生

5.4.1　环境卫生要求应符合当地部门的规定。

5.4.2　加工、饮用水应符合 GB 5749 的规定。

5.4.3　餐具应符合 GB 14934 的规定。

5.4.4　餐厅卫生应符合 GB 16153 的规定。

5.4.5　客房卫生应符合 GB 9663 的规定。

5.4.6　服务人员应具有卫生常识,进行健康检查,取得健康证。

5.4.7　提供食品应符合国家有关法律法规及行业和地方相关标准的规定。

5.4.8　公共厕所应符合 GB 17217 的规定。

5.5　服务规范

5.5.1　服务人员职业道德要求:遵纪守法、诚实守信、公开公平、礼貌待客。

5.5.2　建立健全各项岗位责任制和服务质量标准,并且上墙公布。

5.5.3　服务人员应经过上岗培训,具备相应的从业知识和技能。

5.5.4　经营项目和收费标准明码标价。

5.5.5　设有旅游服务质量投诉电话和意见簿,认真并及时地处理游客投诉。

5.6　店招及标志

5.6.1　农家乐(乡村酒店)店招名称采用规范的中文表示,标志明显、醒目。

5.6.2　按 GB 15566 设置行路、场所等公共信息图形符号,且符合 GB/T 10001.1 和 GB/T 10001.2 的有关规定。

6　等级要求

6.1　一星级

6.1.1　经营场地

6.1.1.1　生态环境

周边生态环境较好,绿化覆盖率不低于40%。

6.1.1.2　建筑结构

建筑结构良好,建筑物相对独立、安全、稳固。建筑布局基本合理。

6.1.1.3　建筑、接待面积

占地面积不少于 600 平方米,接待建筑面积不少于 100 平方米。

6.1.1.4　交通及停车

经营场地的交通条件基本满足游客的进入及出行需要。

6.1.2　接待设施

6.1.2.1　厨房

a.布局流程合理,加工区域整洁、卫生。

b.墙壁应有 2.0 米以上的瓷砖墙裙,易于清洗,配备照明、通风设施,饮食油烟净化装置及有效的防蝇、防尘、防鼠、污水收集、废弃物存放设施。

c.餐(饮)具洗涤池、清洗池、消毒池设置合理,蔬菜清洗池、肉类清洗池独立分设,有冷藏设施,能满足生、熟食品分开存放的要求。

6.1.2.2　餐厅

a.餐厅位置合理,采光通风良好,使用面积不少于 30 平方米,能同时容纳 20人就餐。

b.餐厅地面已作硬化处理,防滑、易于清洗。

c.食品、菜品具有农家风味特色,食品原料应保持新鲜、符合卫生标准。具有农家风味和地方特色的菜点。

6.1.2.3　厕所

公共卫生间应男、女分设水冲式厕所,管理良好,无堵塞、清洁、无异味。采光、通风、照明条件良好。

6.1.2.4　综合服务

a.设有服务台提供咨询。

b.设有可供游客使用的电话。

6.1.3　服务质量要求

a.制定厨师和接待人员等岗位服务质量操作规范,并按规范提供接待服务。

b.服务人员佩戴标志(胸牌、工号);

c.服务人员经过旅游接待服务基本知识的培训,文明礼貌,态度热情,服务周到。

6.2　二星级

6.2.1　经营场地

6.2.1.1　生态环境

周边生态环境良好,绿化覆盖率不低于 50%,具备乡村文化特色。

6.2.1.2　建筑结构

建筑结构良好,建筑物相对独立,安全、稳固。建筑布局合理。

6.2.1.3　建筑、接待面积

接待建筑面积不少于 200 平方米。

6.2.1.4　交通及停车

经营场地附近有停车场可停放车辆。基本满足游客的观光需要。

6.2.2　接待设施

6.2.2.1 厨房

a. 布局流程合理,加工区域保持干净、整洁、卫生。

b. 墙壁应有 2.0 米以上的瓷砖墙裙,易于清洗,配备照明、通风设施、饮食油烟净化装置和有效的防蝇、防尘、防鼠、污水收集沟、废弃物存放设施。

c. 地面采用硬化处理,防滑、易于冲洗。

d. 餐(饮)具洗涤池、清洗池、消毒池分别设置合理,蔬菜清洗池、肉类清洗池独立分设;有冷藏设施,能满足生、熟食品分开存放的要求。

6.2.2.2 餐厅

a. 餐厅位置合理,采光通风良好,整洁,使用面积不少于 50 平方米。能同时容纳 30 人以上就餐。

b. 餐厅地面已作硬化处理,防滑、易于清洗。

c. 提供的食品、菜品具有较浓郁的农家风味特色,食品原料应保持新鲜、符合卫生标准。具有农家风味和地方特色的菜点。

6.2.2.3 厕所

公共卫生间应男、女分设水冲式厕所,管理良好,无堵塞、清洁、无异味。采光、通风、照明条件良好。

6.2.2.4 综合服务

a. 设有服务台并提供咨询。

b. 设有可供游客使用的电话。

6.2.3 服务质量要求

a. 制定厨师和接待人员等岗位服务质量操作规范,并按规范提供接待服务。

b. 服务人员经过旅游接待服务基本知识的培训,文明礼貌,态度热情,服务周到。

c. 服务人员佩戴标志(胸牌、工号),着装整洁大方。

6.2.4 娱乐活动

有特定活动或娱乐场所。

6.3 三星级

6.3.1 经营场地

6.3.1.1 生态环境

周边生态环境良好,绿化覆盖率不低于 60%,具备浓郁的乡村文化特色。经营用房四周保持干净,与经营环境相协调。

6.3.1.2 建筑结构

建筑结构良好，建筑物相对独立、安全、稳固。建筑布局合理，主体建筑具有乡村风情。

6.3.1.3　建筑、接待面积

接待建筑面积不少于 600 平方米。

6.3.1.4　交通及停车

有供游客泊车的自备停车场,满足游客的观光需要。

6.3.2　接待设施

6.3.2.1　厨房

a.厨房与餐厅面积比大于1:3,布局、流程合理,通风良好。

b.墙壁应有 2.0 米以上的瓷砖墙裙,有吊顶,地面采用硬化处理,防滑、易于清洗;配备照明、通风设施,饮食油烟净化装置及有效的防蝇、防尘、防鼠、污水收集、废弃物存放设施。

c.餐(饮)具洗涤池、清洗池、消毒池分别设置合理,蔬菜清洗池、肉类清洗池独立分设;有冷藏设施,能满足生、熟食品分开存放的要求。

d.食品粗加工间和烹调间分设。

6.3.2.2　餐厅

a.餐厅位置合理,采光通风良好,整洁,使用面积不少于 100 平方米,能同时容纳60人就餐。

b.餐厅地面已作硬化处理,防滑、易于清洗。

c.提供的食品、菜品具有较浓郁的农家风味特色,食品原料应保持新鲜、符合卫生标准。有 5 道以上具有农家风味和地方特色的菜点。有专门印制的菜单和饮料单,明码标价,出菜率在 60% 以上。

d.有雅间,且不少于 3 间。

6.3.2.3　厕所

a.公共卫生间应男、女分设,厕位各不少于两个,冲洗设备齐全完好。管理良好,无堵塞、清洁、无异味。采光、通风、照明条件良好。

b.配有手纸框、洗手池、洗涤品、镜台等。

6.3.2.4　综合服务

a.设有服务台,位置醒目,有标志,提供咨询、价目表、小件物品寄存等服务项目。

b.设有可供游客使用的电话。

6.3.2.5　会议

有能接待小型会议的场所,并具有必要的会议音像设备。

6.3.3　服务质量要求

a. 分厨师和接待人员等岗位制定服务质量操作规范,并按规范提供接待服务。

b. 服务人员佩戴标志(胸牌、工号),着装整洁大方。

c. 服务人员经过旅游接待服务基本知识的培训,文明礼貌,态度热情,服务周到,能用普通话进行接待服务。

d. 服务人员接受旅游服务行业培训率达 60%。

6.3.4　娱乐活动

提供具有乡土特色的活动,同时提供至少 1 项有当地生态特色的农事参与、文化体验活动项目。

6.4　四星级

6.4.1　经营场地

6.4.1.1　生态环境

生态环境优美,绿化覆盖率不低于 70%,植物与环境配置得当,景观特色突出。经营用房四周保持干净,与经营环境相协调。

6.4.1.2　建筑结构

建筑结构良好,布局科学合理,主体建筑具有乡村风情和地方特色。

6.4.1.3　建筑、接待面积

接待建筑面积不少于 1 200 平方米。

6.4.1.4　交通及停车

经营场地的交通便利,符合自驾游需要。有自备停车场,车位与接待能力相适应,满足游客的观光需要。

6.4.2　接待设施

6.4.2.1　厨房

a. 厨房与餐厅面积比大于 1:3,布局、流程合理,通风良好。

b. 墙壁应有 2.0 米以上的瓷砖墙裙,有吊顶,地面采用硬化处理,防滑、易于清洗;配备足够有效的照明、通风设施、饮食油烟净化装置和有效的防蝇、防尘、防鼠、污水收集沟、废弃物存放设施。

c. 设粗加工间,设蔬菜清洗池和肉类清洗池,并有明显标识;设餐具洗消间,有充足有效的餐用具清洗、消毒、保洁设施;有配备空调的凉菜间,有足够有效的冷藏设施能满足生、熟食品分开存放的要求;有食品留样制度和留样设施。

d. 炊具用品以不锈钢为主。

e.外购大宗辅料、粮油、副食品等有索证资料(进货单、产品质量检验报告等)。

6.4.2.2　餐厅

a.餐厅体现乡村特色,位置合理,采光通风良好,整洁,使用面积不少于200平方米。能同时容纳100人就餐。

b.餐厅地面已作硬化处理,防滑、易于清洗。

c.提供的食品、菜品具有较浓郁的农家风味特色,食品原料应保持新鲜、符合卫生标准。有8个以上具有农家风味和地方特色的菜点。有专门印制的菜单和饮料单,明码标价,出菜率在80%以上。

d.餐厅雅间不少于5间。雅间有酒水台、备餐柜。

6.4.2.3　厕所

a.公共卫生间设计合理,与周边环境和建筑相协调;采用男、女卫生间分开设置,厕位各不少于4个以上,冲洗设备齐全完好。采光、通风、照明条件良好。

b.配有手纸、手纸框、洗手池、洗涤品、镜台等。

6.4.2.4　综合服务

a.设有总服务台,位置醒目、合理,提供咨询、宣传品、特色旅游商品销售、价目表、小件物品寄存、雨伞、紧急救助室等服务项目。

b.设有可供游客使用的电话。

6.4.2.5　会议

能接待50人的会议场所,并具有必要的会议音像设备和计算机及投影设备。

6.4.2.6　客房

乡村酒店四星级以下(含四星级)客房需符合以下规定:

a.有防盗装置,显著位置张贴应急疏散图及相关说明,配备应急照明设施。

b.有软垫床、桌椅等必要家具,提供彩电、空调、电话等设备。室内采用区域照明且目的物照明度良好。

c.客房实施绿色装修,且应符合消防安全要求。

d.卫生间,装有抽水马桶、梳妆台(配备面盆、梳妆镜和必要的盥洗用品)、浴缸或淋浴间。目的物照明良好,能定时提供热水。

e.客房、卫生间每天全面整理一次,每日或应客人要求更换床上用品。

f.有冷热饮用水。

6.4.3　服务质量要求

a.分厨师和接待人员等岗位制定服务质量操作规范,并按规范提供接待服务。

b. 服务人员身体健康,有健康证明,定期进行健康体检。

c. 服务人员着装统一,整洁大方,佩戴标志(胸牌、工号)。

d. 服务人员经过旅游接待服务基本知识的培训,文明礼貌,态度热情,服务周到,能用普通话进行接待服务。

服务人员接受旅游服务行业培训率达70%。

6.4.4 娱乐活动

a. 提供具有乡土特色的活动,同时提供至少两项有当地生态特色的农事参与、文化体验活动项目。

b. 具有地方特色的民族民俗文化表演活动,游客参与性强。

6.5 五星级

6.5.1 经营场地

6.5.1.1 生态环境

周边生态环境优美,绿化覆盖率不低于80%,植物与环境配置得当,景观特色突出,四季有色彩变化。空气达到 GB 3095 的相关要求。经营用房四周保持干净,与经营环境相协调。噪声排放达到 GB 22337 的有关规定。

建筑结构良好,布局科学合理,建筑风格及内部装饰独特,具有浓郁的地方特色和乡村风格,以及特定的文化内涵。

6.5.1.2 接待面积

接待建筑面积不少于 2 000 平方米。

6.5.1.3 交通及停车

经营场地的交通便利,完全符合自驾游需要,有自备停车场,车位与接待能力相适应,满足游客的观光需要。

6.5.2 接待设施

6.5.2.1 厨房

a. 厨房与餐厅面积比大于1:3,布局、流程合理,通风良好。

b. 墙壁瓷砖贴至吊顶,配置吊顶,地面应由防滑地砖、可洗刷的材料建造,具有一定坡度,易于清洗;配备足够的照明、通风设施、饮食油烟净化装置,油烟排放符合 GB 18483 的规定。有效的防蝇、防尘、防鼠、污水收集沟、废弃物存放设施。

c. 设粗加工间,设蔬菜清洗池和肉类清洗池,并有明显标识;设餐具洗消间,有充足有效的餐用具清洗、消毒、保洁设施;有配备空调的凉菜间,有足够有效的冷藏设施,能满足生、熟食品分开存放的要求;有食品留样制度和留样设施。

d. 食品和非食品存放场所分设。

e. 炊具用品以不锈钢为主。

f. 外购大宗辅料、粮油、副食品等有索证资料(进货单、产品质量检验报告等)。

6.5.2.2 餐厅

a. 餐厅位置合理,采光通风良好,整洁,使用面积不少于 300 平方米。能同时容纳 150 人以上就餐。

b. 餐厅地面已作硬化处理,防滑、易于清洗。

c. 提供的食品、菜品具有较浓郁的农家风味特色,食品原料应保持新鲜、符合卫生标准。有 10 个以上具有农家风味和地方特色的菜点。有专门印制的菜单和饮料单,明码标价,出菜率在 90% 以上。

d. 餐厅雅间不少于 8 间,有酒水台、备餐柜。

6.5.2.3 厕所

a. 公共卫生间设计合理,与接待能力及服务功能相适应,与周边环境和建筑相协调;采用男、女分开设置,厕位各不少于 4 个,冲洗设备齐全完好,符合 GB 17217 的规定。

b. 配有手纸、手纸框、挂衣钩、洗手池(配备洗涤品)、烘手器、镜台。

c. 具有生活污水处理措施,污水回用或排放达到 GB 8978 的规定。

d. 采光、通风、照明条件良好,除臭措施有效。

6.5.2.4 综合服务

a. 设有总服务台,位置醒目、合理、大气,有装饰、有标志,提供咨询、特色旅游商品销售、宣传品、价目表、小件物品寄存、雨伞、紧急救助室等服务项目。

b. 提供国内、国际的长途电话服务及互联网上网服务。

c. 具备商务服务功能。

d. 各项管理制度健全,使用计算机系统进行管理。

6.5.2.5 会议

a. 能接待 100 人以上的会议室,并具有小会议室一个以上,有自己的文化特色。

b. 配备必要的会议音像设备和计算机及投影设备。

6.5.2.6 客房

a. 至少可提供 100 人以上住宿的客房。

b. 有防盗装置,显著位置张贴应急疏散图及相关说明,配备应急照明设施。

c. 装饰良好、美观,有软垫床、桌椅等必要家具,提供彩电、空调、电话、网络等设备。室内采用区域照明且目的物照明度良好。

d. 客房实施绿色装修,且应符合消防安全要求。

e. 卫生间,装有抽水马桶、梳妆台(配备面盆、梳妆镜和必要的盥洗用品)、浴缸或淋浴间。浴缸配备有浴帘、淋浴喷头。采取有效的防滑措施。地面、墙面和天花板,色调柔和,目的物照明良好,能全天提供热水。

f. 客房、卫生间每天全面整理一次,每日或应客人要求更换床上用品。

g. 有冷热饮用水。

6.5.3　服务质量要求

a. 分厨师和接待人员等岗位制定服务质量操作规范,并按规范提供接待服务。

b. 服务人员着装统一,佩戴标志(胸牌、工号),整洁大方。

c. 服务人员经过旅游接待服务基本知识的培训,文明礼貌,态度热情,服务周到,能用普通话及英语进行接待服务。

d. 服务人员接受旅游服务行业培训率达 100%。

6.5.4　娱乐活动

a. 提供具有乡土特色的活动,同时提供至少 3 项以上有当地生态特色的农事参与、民族民俗文化体验活动项目。

b. 有具有地方特色的文化表演活动,游客参与性强。

7　管理规则

7.1　星级的申请

7.1.1　农家乐(乡村酒店)旅游服务质量等级评定采取业主自愿原则,由农家乐(乡村酒店)经营户向所在地县(市、区)农家乐(乡村酒店)评定机构提出申请,逐级申报。

7.1.2　申请星级的农家乐(乡村酒店),按等级评定权限,由各级农家乐(乡村酒店)旅游服务质量等级评定机构受理星级申请材料。

7.1.3　试营业半年后方可申请星级评定。低星级申请高星级需满一年以上。

7.2　评定

农家乐(乡村酒店)旅游服务质量等级评定按省、市(州)、县(市、区)三级管理。一、二星级由各县(市、区)农家乐(乡村酒店)旅游服务质量等级评定委员会组织评定。三、四星级由各市(州)农家乐(乡村酒店)旅游服务质量等级评定委员会组织评定。五星级农家乐由省农家乐(乡村酒店)旅游服务质量等级评定委员会组织评定。一星级、二星级、三星级、四星级农家乐(乡村酒店)旅游服务质量等级评定情况,上报四川省农家乐(乡村酒店)旅游服务质量等级评定委员会备案。

7.3 管理

农家乐(乡村酒店)星级评定性复核三年一次。有效期内抽查实行动态性监测。监测不合格的农家乐(乡村酒店)予以限期整改,降级或取消星级。被降级或取消星级的农家乐(乡村酒店),自取消之日起一年内不予恢复或重新评定星级。

应执行《国家旅游统计调查制度》,应向旅游行政管理部门提供经营管理数据。

四川省农家乐/乡村酒店旅游服务质量等级评定细则

一、各大项基础分。本评定细则共六项,满分1 000分。其中,经营场地满分200分,基础分必须达到100分以上;接待设施满分300分,基础分必须达到150分以上;环境保护满分50分,基础分必须达到25分以上;服务质量要求满分300分,基础分必须达到150分以上;安全管理及其他满分100分,基础分必须达到80分以上;加分项目满分50分。

二、各等级基础分。一星级不低于500分;二星级不低于600分;三星级不低于700;四星级不低于800分;五星级不低于900分。

表1 评定项目

序 号	评定项目	大项分值	小项分值	自评得分	县评委会得分	市评委会得分	省评委会得分
1	经营场地(200分)						
1.1	生态环境	30					
1.1.1	周边生态环境较好,空气清新		10				
1.1.2	经营用房四周保持整洁干净,与经营环境相协调		10				
1.1.3	有特色景观		10				
1.2	绿化	50					
	绿化覆盖率不低于40%		10				
	绿化覆盖率不低于50%,具备乡村文化特色		20				
	绿化覆盖率不低于60%,具备浓郁的乡村文化特色		30				

续表

序　号	评定项目	大项分值	小项分值	自评得分	县评委会得分	市评委会得分	省评委会得分
	绿化覆盖率不低于70%,植物与环境配置得当,生态环境优美,景观特色突出,具有浓郁的乡村风情或民族风情		40				
	绿化覆盖率不低于80%,植物与环境配置得当,生态环境优美,景观特色突出,四季有色彩变化,具有浓郁的乡村风情、民族风情或地方特色		50				
1.3	建筑结构	40					
	建筑结构良好,建筑物相对独立、安全、稳固,布局基本合理,照明、采光、通风好,有醒目的店招		10				
	建筑结构良好,建筑物相对独立、安全、稳固,布局合理,照明、采光、通风好,主体建筑具有一定的乡村风情和地方特色,有醒目的店招		20				
	建筑结构良好,建筑物相对独立、安全、稳固,布局科学合理,照明、采光、通风好,建筑风格独具特色,主体建筑具有相当的乡村风情和地方特色,有醒目的店招		30				
	建筑结构良好,建筑物相对独立、安全、稳固,布局科学合理,照明、采光、通风优良,建筑风格及内部装饰独具特色,具有浓郁的乡村风情和地方民俗特色,有特定的文化内涵,设置有公共信息图形符号,有醒目的店招		40				

序　号	评定项目	大项分值	小项分值	自评得分	县评委会得分	市评委会得分	省评委会得分
1.4	建筑、接待面积	50					
	接待建筑面积不少于100平方米,接待区域地面全部进行了硬化处理		10				
	接待建筑面积不少于200平方米,接待区域地面全部进行了硬化处理		20				
	接待建筑面积不少于600平方米,接待区域地面全部进行了硬化处理		30				
	接待建筑面积不少于1 200平方米,接待区域地面全部进行了硬化处理		40				
	接待建筑面积不少于2 000平方米,接待区域地面全部进行了硬化处理		50				
1.5	交通及停车	30					
	交通条件基本满足游客的进入及出行需要		10				
	有停车场,能满足游客的观光需要		20				
	交通便利,符合自驾游需要,有生态停车场,车位与接待能力相适应,满足游客的观光需要		30				
2	接待设施(300分)						
2.1	厨房	60					
2.1.1	流程布局合理,加工区域整洁、卫生,25米内无污染源		5				

续表

序　号	评定项目	大项分值	小项分值	自评得分	县评委会得分	市评委会得分	省评委会得分
2.1.2	厨房与餐厅面积比大于1:3，通风良好		5				
2.1.3	厨房地面采用硬化处理，防滑、易于冲洗，墙面瓷砖墙裙2米以上，且有吊顶		5				
2.1.4	有足够的冷藏、冷冻设施和餐具专用消毒设备，生熟食品分开存放，冷菜存放应有符合食品卫生标准的冷菜柜		5				
2.1.5	有配备空调的凉菜间，有预备间，有食品留样制度和留样设施		5				
2.1.6	食品粗加工间和烹调间分设		5				
2.1.7	餐具洗涤池、清洗池、消毒池分设，蔬菜清洗池、肉类清洗池独立分设，食品原料和餐具分开清洗，厨具卫生并及时消毒		5				
2.1.8	配备足够的照明，有合理良好的通风排烟、油烟净化设施，饮食油烟达标排放		5				
2.1.9	配备完善的防蝇、防尘、防鼠和污水达标排放设施		5				
2.1.10	有符合卫生要求的密闭废弃物存放容器并保持外部整洁		5				
2.1.11	工具用品以不锈钢为主		5				
2.1.12	外购大宗辅料、粮油、副食品有合同和索证资料(进货单、产品质量检验报告等)		5				
2.2	餐厅	75					

序　号	评定项目	大项分值	小项分值	自评得分	县评委会得分	市评委会得分	省评委会得分
2.2.1	餐厅接待能力		30				
	餐厅位置合理,采光通风良好,使用面积不少于 30 平方米,能同时容纳 20 人就餐			10			
	餐厅位置合理,采光通风良好,整洁,使用面积不少于 50 平方米,能同时容纳 30 人就餐			15			
	餐厅位置合理,采光通风良好,整洁,使用面积不少于 100 平方米,能同时容纳 60 人就餐			20			
	餐厅体现乡村特色,位置合理,采光通风良好,整洁,使用面积不少于 200 平方米,能同时容纳 100 人就餐			25			
	餐厅乡村特色浓郁,位置合理,采光通风良好,整洁,使用面积不少于 300 平方米,能同时容纳 150 人就餐			30			
2.2.2	餐厅地面已作硬化处理,防滑,易于清洗		5				
2.2.3	桌椅、餐具、酒具、茶具配套		5				
2.2.4	雅间		10				
	有雅间,且不少于 3 间			5			
	有酒水台、备餐柜,雅间不少于 5 间			8			
	有酒水台、备餐柜,雅间不少于 8 间			10			
2.2.5	食品卫生与特色		20				

续表

序　号	评定项目	大项分值	小项分值	自评得分	县评委会得分	市评委会得分	省评委会得分
	提供的食品、菜品符合食品卫生要求,具有较浓郁的农家风味和地方特色,饮用水安全达标			5			
	提供的食品、菜品符合食品卫生要求,有 5 种以上具有农家风味和地方特色的菜点,有专门印制的菜单和饮品单,明码标价,出菜率在 60% 以上,饮用水安全达标			10			
	提供的食品、菜品符合食品卫生要求,有 8 种以上具有农家风味和地方特色的菜点,有专门印制的菜单和饮品单,明码标价,出菜率在 80% 以上,饮用水安全达标			15			
	提供的食品、菜品符合食品卫生要求,有 10 种以上具有农家风味和地方特色的菜点,有专门印制的菜单和饮品单,明码标价,出菜率在 90% 以上,饮用水安全达标			20			
2.2.6	灯光设计具有专业性,能烘托就餐气氛		5				
2.3	卫生间	45					
2.3.1	数量		10				
	男女卫生间分设水冲式厕所,管理良好,整洁卫生,有明显指示标志			3			

序　号	评定项目	大项分值	小项分值	自评得分	县评委会得分	市评委会得分	省评委会得分
	男女卫生间分设水冲式厕所，厕位各不少于两个，管理良好，整洁卫生，有明显指示标志			5			
	男女卫生间分设水冲式厕所，厕位各不少于 4 个，管理良好，整洁卫生，整体设计与周边环境和建筑相协调，有明显指示标志			8			
	男女卫生间分设水冲式厕所，厕位各不少于 4 个，管理良好，整洁卫生，整体设计与周边环境和建筑相协调，有明显指示标志，符合 GB 17217 的规定			10			
2.3.2	辅助设施		10				
	有手纸框、洗手池、洗涤品、镜台			5			
	有手纸、手纸框、洗手池、洗涤品、镜台			8			
	有手纸、手纸框、挂衣钩、洗手池、洗涤品、烘手器、镜台			10			
2.3.3	粪便处理		10				
	具有有效粪便处理措施，污水达标排放			5			
	有直排污水管道或单独设置的化粪池，污水达标排放			8			
	有直排污水管道，单独设置化粪池，防渗、防腐、密封，能有效处理粪便，污水达标排放			10			

续表

序　号	评定项目	大项分值	小项分值	自评得分	县评委会得分	市评委会得分	省评委会得分
2.3.4	采光、通风、照明条件良好,除臭措施有效,无异味		5				
2.3.5	卫生间内设备完好、环境整洁,防蚊蝇		5				
2.3.6	有残疾人使用的卫生设施		5				
2.4	标识	10					
	有标识		3				
	按 GB/T 15566 要求设置公共信息图形符号,且符合 GB/T 10001.1 和 GB/T 10001.2 的规定		10				
2.5	综合服务设施	20					
2.5.1	设有总服务台,位置醒目、合理、有装饰、有标志,提供咨询、宣传品、价目表、小件物品寄存、雨伞、紧急救助等服务项目		5				
2.5.2	设有可供游客使用的电话		5				
2.5.3	提供国内、国际的长途电话服务及互联网上网服务,具备商务功能,各项管理制度健全,使用计算机系统进行管理		5				
2.5.4	设有小商场,提供旅行日常用品、旅游纪念品、土特产品等的销售服务		5				
2.6	会议设施	25					
	有接待小型会议的场所,配备必要的会议音像设备		10				
	有接待 50 人的会议场所,配备必要的会议音像设备和计算机及投影设备		15				

序　号	评定项目	大项分值	小项分值	自评得分	县评委会得分	市评委会得分	省评委会得分
	有接待 100 人以上的会议场所,并有小会议室 1 个以上,配备必要的会议音像设备和计算机及投影设备,具有文化特色		25				
2.7	客房	65					
2.7.1	接待入住能力		20				
	有 10 间以上客房			5			
	有 15 间以上客房			10			
	有 20 间以上客房			15			
	有 25 间以上客房			20			
2.7.2	客房装饰装修和家具用品使用性能良好,门锁有暗锁防盗设置,在显著位置张贴应急疏散图和相关说明,有防盗装置,配备应急照明设施,客房实施绿色装修,且应符合消防安全要求		5				
2.7.3	客房家具		10				
	有床、桌椅等必要家具,室内照明充足			5			
	有软垫床、写字台、座椅、衣橱及衣架、行李架、梳妆台、台灯,提供彩电、空调、电话等设备,室内采用区域照明且目的物照明度良好,床头有总电源开头,各电源开关布置合理,便于使用,有冷热饮用水			10			
2.7.4	客房卫生间		10				

续表

序　号	评定项目	大项分值	小项分值	自评得分	县评委会得分	市评委会得分	省评委会得分
	客房有卫生间,装有抽水马桶、梳妆台(配备面盆、梳妆镜和必要的盥洗用品)、浴缸或淋浴间,目的物照明良好,能定时提供热水		5				
	客房有卫生间,装有抽水马桶、梳妆台(配备面盆、梳妆镜和必要的盥洗用品)、浴缸或淋浴间,浴缸配备有浴帘、淋浴喷头,采取有效的防滑措施,地面、墙面和天花板色调柔和,目的物照明良好,能全天提供热水		10				
2.7.5	根据气候需要配备舒适型取暖或制冷设备		5				
2.7.6	床单等床上用品做到一客一换,或应客人要求更换床上用品,定期进行清洗消毒,客房、卫生间每天全面整理一次,做到随叫随到服务		5				
2.7.7	提供国内国际的长途电话服务并备有电话使用说明,提供上网功能		5				
2.7.8	客房廊道有位置合理、标识清楚的应急照明灯		5				
3	环境保护(50分)						
3.1	噪声质量达到 GB 22337 的相关规定	10					
3.2	饮用水达到 GB 5749 的相关规定	10					

序　号	评定项目	大项分值	小项分值	自评得分	县评委会得分	市评委会得分	省评委会得分
3.3	污水排放达到 GB 8978 的相关规定	10					
3.4	油烟排放达到 GB 18483 的相关规定	10					
3.5	实施节能减排,各项设施设备符合国家关于环境保护的要求,加强污染源管理,不造成环境污染和其他公害,不破坏自然资源	10					
4	服务质量要求(300 分)						
4.1	岗位责任制和服务质量标准	60					
4.1.1	有餐厅服务人员和厨师岗位责任制和服务质量标准		15				
4.1.2	有歌舞厅、娱乐厅服务人员岗位责任制和服务质量标准		15				
4.1.3	有前厅、客房服务人员岗位责任制和服务质量标准		15				
4.1.4	设立服务质量监督管理部门或专、兼职质监员		15				
4.2	规范化服务	45					
4.2.1	餐厅、厨房服务程序规范,操作标准		15				
4.2.2	歌舞厅、娱乐厅服务程序规范,操作标准		15				
4.2.3	前厅、客房服务程序规范,操作标准		15				
4.3	从业人员遵纪守法,诚实守信,敬岗爱业,尽职尽责,注重效率,礼貌待客,具有服务意识	45					

续表

序　号	评定项目	大项分值	小项分值	自评得分	县评委会得分	市评委会得分	省评委会得分
4.3.1	餐厅、厨房服务人员态度礼貌、效率高、服务周到、规范化		15				
4.3.2	歌舞厅、娱乐厅服务人员态度礼貌、效率高、服务周到、规范化		15				
4.3.3	前厅、客房服务人员态度礼貌、效率高、服务周到、规范化		15				
4.4	从业人员统一着装,佩戴标志(胸牌),服务态度热情周到	30					
4.4.1	餐厅、厨房服务人员端庄大方,整洁礼貌,着装统一,佩戴标志(胸牌),热情服务		10				
4.4.2	歌舞厅、娱乐厅服务人员端庄大方,整洁礼貌,着装统一,佩戴标志(胸牌),热情服务		10				
4.4.3	前厅、客房服务人员端庄大方,整洁礼貌,着装统一,佩戴标志(胸牌),热情服务		10				
4.5	服务语言	20					
	服务接待人员会用普通话进行服务		10				
	服务接待人员会用普通话和英语进行服务		20				
4.6	专业培训或行业组织培训	30					
	从业人员专业培训或行业组织培训率达60%		10				
	从业人员专业培训或行业组织培训率达80%		20				
	从业人员专业培训或行业组织培训率达100%		30				

序 号	评定项目	大项分值	小项分值	自评得分	县评委会得分	市评委会得分	省评委会得分
4.7	有经过专业培训的管理人员和技术人员	20					
4.8	服务项目	50					
4.8.1	娱乐室		5				
4.8.2	歌舞厅		5				
4.8.3	运动室		5				
4.8.4	室外运动场(钓鱼池)		5				
4.8.5	游泳池		5				
4.8.6	庭院花园		5				
4.8.7	有民间歌舞表演或参与性活动		10				
4.8.8	农事体验		10				
5	安全管理及其他(100分)						
5.1	经营用房安全牢固,无危房,无乱搭乱建设施	5					
5.2	热水供给设备、用电设施、烹饪设施、桌椅等安全可靠	5					
5.3	备有消防、防盗、救护、应急照明等设备,完好有效,并按规定进行定期检查	5					
5.4	无安全隐患,易发生危险的设施、地段等设有明显的警示标志,防护措施齐备有效	8					
5.5	建立住宿游客登记制度,游客凭有效身份证件登记住宿,严禁卖淫、嫖宿、赌博、吸毒等违法活动	8					
5.6	对艾滋病、自然疫源性疾病、地方病等传染病有防控应急措施	5					

续表

序　号	评定项目	大项分值	小项分值	自评得分	县评委会得分	市评委会得分	省评委会得分
5.7	备有游客常用、应急的非处方药品	5					
5.8	主要从业人员经过消防、卫生、特种设施设备等培训，掌握消防及其他安全设备使用的基本技能	8					
5.9	建立突发事件处理应急机制，主要从业人员具有在紧急情况下疏散游客、电话报警、快速救援的知识和技能	5					
5.10	建立旅客生命财产安全保障制度，制订游客安全事故及突发事故应急预案	5					
5.11	做好家禽、家畜的防疫工作，严防动物传染病的传播	5					
5.12	无建筑、装修、噪声污染，室内环境符合人体健康要求，客房内所有物品、用具及使用符合环保要求	5					
5.13	建立安全巡查制度，按制度进行安全巡查，有记录	8					
5.14	近三年无重大安全事故发生	8					
5.15	利用多种形式，加强宣传促销	7					
5.16	执行《国家旅游统计调查制度》，向旅游行政管理部门提供经营管理数据	8					
6	加分项目(50分)						
6.1	获得国家级乡村旅游有关表彰	20					
6.2	获得省级乡村旅游有关表彰	15					

序　号	评定项目	大项分值	小项分值	自评得分	县评委会得分	市评委会得分	省评委会得分
6.3	获得市（州）级乡村旅游有关表彰	10					
6.4	获得县（市、区）级乡村旅游有关表彰	5					
合计得分		1 000					

附录6　四川省乡村休闲度假旅游区建设与管理标准

四川省地方标准

DB51/T 1440—2012

乡村休闲度假旅游区建设与管理标准

Construction and Management Standard for the Countryside Leisure Resort Area

1　范围

本标准规定了乡村休闲度假旅游区建设管理的术语与定义、特点与类型、规划控制、开发模式、基本建设规范、评定、建设申报和授牌。

本标准适用于指导四川省乡村旅游示范县（区）、农业产业区、旅游特色村落、农家乐集中发展区域的转型升级的建设与管理。

2　规范性引用文件

下列文件对于本文件的应用是必不可少的。凡是注日期的引用文件，仅所注日期的版本适用于本文件。凡是不注日期的引用文件，其最新版本（包括所有的修改单）适用于本文件。

GB 2894—1996　安全标志

GB 3095　环境空气质量标准

GB 3838　地表水环境质量标准

GB 5749　生活饮用水卫生标准

GB 9663　旅店业卫生标准

GB 9664　文化娱乐场所卫生标准

GB 9667　游泳场所卫生标准

GB/T 10001.1　标志用公共信息图形符号第 1 部分:通用符号＜GB/T 10001.1—2000，ISO 7001:1990）

GB 12941　景观娱乐用水水质标准

GB 15618　土壤环境质量标准

GB 16153　饭店（餐厅）卫生标准

GB/T 16766　旅游服务基础术语

GB/T 17775 旅游区（点）质量等级的划分与评定

GB 18920　城市污水再生利用城市杂用水水质

GB 18921　城市污水再生利用景观环境用水水质

GB 18972　旅游资源分类、调查与评价

GB/T 18973—2003　旅游厕所质量等级的划分与评定

GB 50016—2006　建筑设计防火规范

GB 50298—1999　风景名胜区规划规范

DB51/D5059 四川省建筑防震鉴定与加固技术规程

DB510100/T 004—2004　农家乐开业基本条件

DB510100/T 005—2004　农家乐旅游服务质量等级划分及其评定

DB510100/T 006—2005　乡村酒店旅游服务质量等级划分及其评定

DB51/T 979—2009 旅游景区建设规范

DB51/T 983—2009 旅游城镇建设规范

DB51/T 982—2009 旅游道路建设与管理规范

DB510100/T 020—2008　乡村旅游度假区建设管理标准

所在区域的《城市（镇）总规》《土地利用总体规划》《旅游发展总体规划》等上层规划,以及《土地整理专项规划》和所在地区域的城镇或村镇规划等相关规划。

建设部住宅产业化促进中心 2004《居住区环境景观设计导则》

公安部\建设部 1989《停车场规划设计规则（试行）》

3　术语与定义

下列术语和定义适用于本规范。

3.1　乡村 Rural Area

乡村是指居民以农业生产为主要生活来源、人口比较分散的地理空间,以其自然生态、农事活动、民居建筑、民俗风情、生活方式等物质或非物质形态明显区别于城市。

3.2　乡村旅游 Rural Tourism

乡村旅游是指以乡村地区为活动场所,利用乡村独特的自然环境、田园风光、生产经营形态、民俗风情、农耕文化、乡村聚落等资源,为旅游者提供观光、休闲度假、体验、健身、娱乐和购物的一种新型的旅游经营活动。乡村旅游包括乡村农业观光旅游、乡村民俗风情旅游、乡村休闲度假旅游、乡村自然生态旅游和乡村度假旅游。

3.3　乡村休闲 Countryside Leisure

乡村休闲是指以乡村空间环境和乡村特有的生态资源和文化资源为依托,以观光、娱乐及体验乡土文化为主要内容的一种休闲形式,停留时间较短。

3.4　乡村度假 Countryside Resort

乡村度假是指以乡村旅游资源为依托,以舒适环境、趣味活动、特色服务、康体活动为吸引物的旅游方式,旅游者在乡村感受和体验乡村自然景观和文化景观的一种度假行为,停留时间较长,以调整身心、放松自我、娱乐生活为目的,以体验和享受为主要形式,是乡村旅游发展的高级阶段。

3.5　乡村休闲度假旅游区 Countryside Leisure Resort Area

乡村休闲度假旅游区是指乡村旅游资源相对集中,环境优美,具有一定的规模和基础设施条件,旅游功能完善,服务规范,能够提供参观游览、康乐健身、休闲度假等多种活动功能,具有明确的地域范围和统一建设管理的经济组织,能够提供休闲度假设施与服务的乡村旅游社区。

3.6　乡村旅游资源 Rural Tourism Resource

乡村旅游资源指乡村凡能对旅游者产生吸引力,可以为旅游业开发利用,并可产生经济效益、社会效益和环境效益的各种事物和因素,均称为乡村旅游资源。主要包括:乡村自然生态景观、乡村田园风光、规模化的农业产业景观、乡村民居建筑、乡村民俗文化、独特的气候条件等。

3.7　乡村旅游产品 Rural Tourism Product

乡村旅游产品是指通过开发、利用乡村旅游资源,提供给旅游者的乡村旅游吸引物与服务的组合。即旅游目的地向游客提供一次乡村旅游活动所需要的各种服务的总和。

3.8　乡村旅游市场 Rural Tourism Market

旅游者是旅游活动的主体之一,乡村旅游客源市场是指乡村休闲度假旅游区内某一特定乡村旅游产品的现实购买者与潜在购买者。

4　乡村休闲度假旅游区特点与类型

4.1　乡村休闲度假旅游区特点

良好的乡村自然生态环境、规模化的农业产业景观、浓郁的乡土文化景观、独特的度假气候条件;交通便捷;以农家旅馆、乡村酒店和乡村别墅为载体,设施完善,功能齐全;特色农家风味美食;完善的康体和娱乐设施;高水准的服务和规范的管理。

4.2　乡村休闲度假旅游区类型

四川四周为山地环绕,以山地丘陵为主,平原面积小,植被发育良好,生态环境优美,亚热带季风气候。除缺乏海洋沙滩和海岛外,乡村休闲度假旅游区的主题吸引物应有尽有。

4.3　山地丘陵型乡村休闲度假旅游区

以山地自然景观和乡村人文旅游资源为吸引物,以完善的山地旅游基础设施和家庭旅馆、乡村酒店和乡村别墅为载体,为旅游者提供山地运动休闲度假等服务。如龙门山国际山地生态休闲度假区。

4.4　温泉型乡村休闲度假旅游区

以温泉资源为核心吸引物,带动周边乡村休闲度假旅游的发展,形成温泉康体疗养与乡村休闲度假旅游综合体。温泉型乡村休闲度假旅游区成为四川省乡村休闲度假旅游重要的组成部分,如海螺沟、花水湾、周公山等。

4.5　森林型乡村休闲度假旅游区

利用良好的森林资源和森林生态环境,以森林资源为核心吸引物,形成的乡村休闲度假旅游区,为旅游者提供森林休闲疗养、避暑度假、康体休闲度假等相应旅游服务项目。

4.6　湖滨/滨河型乡村休闲度假旅游区

以湖泊或河流水体为核心吸引物,通过环境打造和旅游基础设施建设,为旅游者提供水上运动休闲与观光、垂钓、亲水、戏水等活动。如三岔湖、黑龙滩、升钟湖,以及嘉陵江流域相关旅游地,可发展成为湖滨/滨河型乡村休闲度假旅游区。

4.7　古镇型乡村休闲度假旅游区

依托古镇深厚的历史文化底蕴、优美的自然环境、生态宜居条件,通过旅游配套服务设施的建设,为旅游者提供休闲娱乐、度假等活动。如雅安上里古镇、平乐古镇、安仁古镇等,可发展成为古镇型乡村休闲度假旅游区。

4.8　阳光型乡村休闲度假旅游区

阳光型乡村休闲度假旅游区主要指攀枝花和西昌地区,依托本区域的气候资源在全省乃至全国同纬度地区"冬暖"别具一格的特点(日照充足、太阳辐射强、气候温暖),结合山川美景、民俗风情、温泉、"反季节"果蔬鲜花资源,配置相关旅游服务设施项目,打造阳光生态型乡村休闲度假旅游区,为旅游者提供阳光生态度假、疗养旅游、运动休闲、观光度假等服务。

4.9 平原林盘型乡村休闲度假旅游区

平原林盘型乡村休闲度假旅游区主要集中在成都平原,依托川西平原的自然环境、林盘景观和规模化的农业产业景观,通过完善旅游基础设施、康体设施,以乡村客栈和乡村主题酒店为载体,为旅游者提供乡村休闲、观光、度假等旅游服务。

5 规划控制

5.1 总体原则

坚持生态优先、要素集成、产业同步、文化嵌入、市场开拓、社区参与6项原则,处理好乡村休闲度假旅游区与当地社区的社会、经济、环境和文化之间的关系。

5.2 布局要求

乡村休闲度假旅游区布局应充分结合所在地的乡村旅游发展基础、自然景观、地形地貌、产业特征、村镇风貌以及提供的度假项目等因素。以适度集中和规模布局为基本要求,以方便布局休闲、游憩、运动、康体等度假活动项目及设施。

区内各类设施建设用地不得超过总用地的30%。

5.3 功能分区

乡村旅游度假区的功能分区设置应包括农业生产区、主题游乐区、度假住宿区、商业游憩区、体能活动区、综合服务区、原住民生活区等基本功能区。

农业景观区:规模化的农业产业景观是乡村休闲度假旅游区不可缺少的组成部分,为乡村休闲度假提供农业景观吸引物,也是乡村休闲度假重要的背景条件,旅游者可以观光游览,也可以亲身体验农业生产活动。

主题游乐区:以乡村文化为根基,开发具有乡村特色的主题游乐活动,满足旅游者的游乐需求。

度假住宅区:即度假兼居住的游憩区,旅游者的第二个家,具有季节性或多次造访的特点,可以农家旅馆、乡村酒店、乡村别墅等形式作为度假住宅区的物质载体。

商业游憩区:通过茶肆、酒吧、特色美食小吃、民间工艺小品等商业形态满足旅游者的休闲娱乐体验需求。

健身活动区:乡村休闲度假旅游区重要的功能区。在环境优美、气候宜人的乡村,通过体育活动达到恢复体力、旺盛精力、强身健体、延年益寿之目的,是现代旅

游者愈加重视的度假体验活动项目类型。主要活动包括登山、山地自行车、山地高尔夫、球类等。

配套服务区:旅游度假区中主体功能区外主要功能的附属空间和辅助设施,对土地使用、功能互补和度假管理具有辅助作用。包括入口接待区、综合服务中心、停车场、供水排污、供电能源、邮电消防及其他辅助空间和配套设施体系。

原住民生活区:既是社区居民的生活区域,也是旅游者参观、体验乡村生活方式的区域,是乡村休闲度假旅游区的开发建设不可或缺的一个环节。

5.4　景观控制

建筑景观(体量、形式、色彩等)总体要保持度假区所在地的乡村特色和传统文化风格;绿化景观要避免过度"城市化"和"园林化"。建筑和绿化应在最大程度保护度假区所在地原有的大地景观格局。

建筑高度不超过围合林盘(树木)的高度,单体建筑高度以檐口高度控制在10米以内,个别景观包括楼、阁、塔等的建(构)筑物高度可适当放宽,不得影响环境协调。

乡村休闲度假旅游区内应限制普通商品房项目开发,控制性建设乡村休闲度假旅游区。

6　开发模式

建立政府主导、企业主体、村民参与、市场运作的机制,根据区域乡村旅游发展基础、资源条件和客源条件,建立相应的开发模式。

在农家乐集中发展的区域,可建立由当地村民自主参与、政府宏观引导的开发模式,即由政府搭建平台,村民自主参与,由村民选举产生旅游协会或旅游合作社对度假区的经营行为进行统一管理和规范。

建立由农民参与的股份制开发模式,即把农民转变为股东,农民以自家的房屋或其他资产入股,由村民选举产生公司管理人员,公司统一经营、统一管理。在实际操作过程中,也可以聘请专业的管理公司进行托管。

建立公司＋农户的开发模式。引进企业集团投资进行整体开发,打造农业产业景观和乡村休闲度假设施,企业进行专业化的统一管理,农民成为公司的员工。

7　基本建设规范

7.1　一般程序

其实施程序一般为:可行性研究→前期策划→规划→审核过程→综合计划→融资→市场行销→开发建设→经营管理。

7.2　建设条件

7.2.1　选址依据

符合所在区域的《城市（镇）总规》《土地利用总体规划》《旅游发展总体规划》等上层规划,以及《土地整理专项规划》和所在地区域的城镇或村镇规划等相关规划。

7.2.2　选址条件

乡村休闲度假旅游区建设应选择乡村旅游示范县（区）、市级或以上农业旅游示范点、市级或以上旅游特色村、农家乐集中区、市级或以上农业产业园、市级或以上历史文化名镇（村）或重大旅游产业化项目等区域进行重点发展。

要求环境幽静、风光秀美、气候宜人、空气新鲜,有设置乡村旅游度假区的实质环境（如田园、果园、农庄、森林、湖泊、草场等）,且度假区的构筑环境相对独立,有明确的自然边界;选址确定后,应纳入各市（州）、县域总体规划以及下一层次的各级法定规划。

7.2.2.1　生态环境条件

乡村休闲度假旅游区所在地区地质条件稳定,应避开山地自然灾害多发区,无地方病的潜在威胁。

7.2.2.2　吸引物条件

要有明确的主题吸引物,乡村休闲度假旅游区地域范围内,应分布有符合开发条件的森林、滨河、湖泊、冰雪、温泉、乡村田园、大型农业产业化项目等乡村旅游吸引物体系,或独特的气候条件。

7.2.2.3　交通条件

乡村休闲度假旅游区具有便捷的交通条件:度假区与客源地的最佳车程在4小时以内,但最短距离至少在150千米以上（相当于2.5小时车程）,或者有支线航班,换乘系统通达方便。

7.2.2.4　土地利用条件

乡村休闲度假旅游区可利用开发土地条件良好,具有相对独立和易于封闭的构筑用地空间,有足够的土地来布局乡村休闲度假旅游区的功能。

7.2.2.5　基础设施条件

乡村休闲度假旅游区供水、供电、排水、排污、通信等基础设施,具有开发可行性。

8　乡村休闲度假旅游区评定

8.1　基本要求

8.1.1　建设规模

乡村休闲度假旅游区范围一般不小于 3 平方千米,空间边界明显。

具备鲜明的乡村主题吸引物(包括规模化、主题化的花卉种植基地、果林区、生态农业区、牧渔场、草原、森林、滨河、湖泊、冰雪、温泉等)。

家庭旅馆、乡村酒店、乡村别墅等各类住宿设施的总床位应达到 400 个以上的度假住宿设施。

具备年接待游客量 20 万人次以上的接待能力。

8.1.2　旅游经营和经济指标

具有统一有效的管理机构和运行机制。

具备两种以上季节性农事参与类活动(包括种菜、水果采摘、种花等)和 3 种以上常态性休闲运动类(包括球类、游泳、登山、骑行、走跑等)活动及服务设施,且设施日容量分别达度假区日游客接待量的 1/10 和 1/2 以上。

具备常年性或季节性度假,具有一种以上的全国性或两次以上的地方性特色节事活动。

过夜游客平均停留天数不低于 1 天。

年接待游客不少于 20 万人次。

度假区年经营收入在 6 000 万元以上。

8.1.3　度假环境评价

环境质量达到相应国家标准。其中空气质量达到 GB 3095 的二级标准,噪声达到 GB 3096 的Ⅰ类标准,地表水质量达到 GB 3838 的Ⅲ类标准,土壤质量达到 GB 15618 的Ⅱ类标准。

各种设施的卫生与安全符合相应的国家标准,包括 GB 9663、GB 9664、DB 510100/T004—2004、DB 510100/T005—2004、DB 510100/T006—2005 等。

房屋、桥梁等建筑抗震设防标准应符合 DB 51/D5059—2008 规定。

8.2　基础设施评价

8.2.1　住宿设施

新建或改造宾馆应达到三星级及以上的乡村酒店标准,单一经营主体的宾馆客房应达到 60 间以上。村民的农家旅馆每家应达到 6 间,配有独立的洗浴设施,且与居民自家的住宅相分离。

村民自建新房或原有住房改造后用于对外住宿和接待的房屋,应符合当地新农村自建房相关要求,且单间住所应配备独立卫生间。

8.2.2　餐饮设施

餐饮设施具有乡村特色,类型丰富,环境舒适性好,能满足不同消费水平的市场需求。

餐饮设施布局合理,总体规模与度假区能力相匹配。

餐厅风味应以地方特色和传统农家菜为主,乡土特色菜品占总菜品的 70% 以上;菜品选材和用料以乡土原料为主,按传统工艺制作。

区内能提供 24 小时就餐服务,满足游客合理的消费需求。

新建或改建餐厅设施标准达到四川省 5 星级乡村旅游景区标准。

8.2.3 交通设施

对外交通可进入性强,与主要客源城之间至少有一条以上的旅游快速通道或距离高速公路出口有 0.5～2 小时车程,或者所在市州有支线航空。具备紧急安全救援双循环交通公路。

内部交通通达性强,具备机动车系统和步行系统,有独立的生产(消防)通道、观光车专用道、自行车专用道、步行专用道等,可提供代步租赁服务。具体建设标准可参照《居住区环境景观设计导则》标准设置。

停车场容量应满足游客接待需要,按集中和分散两种方式进行停车场配置。主入口或游客接待中心附近区域应设置大型生态停车场(可供旅游大巴车停放),度假区内可根据需要设置小型生态停车场,各类停车场的选址合理,规模适中,与周边环境协调。泊车数量和标准可参照《停车场规划设计规则(试行)》的游览场所类设置。

8.2.4 卫生设施

各类场所卫生达到 GB 9664 规定的要求,餐饮场所达到 GB 16153 规定的要求,游泳场所达到 GB 9667 规定的要求。

公厕数量与接待能力相匹配,布局合理,设施设备应达到 GB/T 18973 规定的三星级及以上旅游厕所标准。

配备数量满足需要的垃圾箱,垃圾分类收集,日产日清,集中处理。

食品卫生符合国家规定,配备卫生消毒设施,不使用造成污染的一次性餐具。

8.2.5 给排水设施

一般应采用集中方式供水,选择洁净的取水水源地或与城镇自来水管网连接,建设蓄水池、供水管道。生活污水排放应集中处理,一般应建设污水处理站,也可通过化粪池处理后与就近城镇地下污水管道连接集中排放。

8.2.5.1 供水

区内供水充足,满足度假产品需求,生活饮用水达到 GB 5749 的规定,景观娱乐用水的水质达到 GB 12941 的规定。

8.2.5.2 排水

度假区内应实行雨污分流,排水及污水处理设施完备,具有与接待规模相适宜的处理能力,处理后水质应符合 GB/T 18920 和 GB/T 18921 的要求。鼓励建设中水回用系统,提高水资源的循环利用。

8.2.6 供电设施

区内电力充足,供电设施建设能满足当地村民和旅游发展对容量的需求,重要供电设施宜采用双回路供电,保证供电不间断。一般电线网应埋入地下,避免空中视角污染。

8.2.7 通信设施

通信设施与接待规模相匹配,能满足当地村民和旅游发展对通信容量的要求。有国内、国际直拨电话、传真及互联网络服务,移动信号全面覆盖;公共场所、家庭旅馆、乡村酒店、度假别墅均应配备公共电话及互联网络端口;公用通信设施服务标志醒目。

8.2.8 公共安全设施

建立紧急救援机制,设立医务室,配备专职医务人员,提供全天候医疗服务。制订突发应急处理预案,应急处理及时、妥当,档案记录准确、齐全。

执行公安、交通、劳动、质量监督、旅游等有关部门制定和颁布的安全法规,建立完善的安全保卫制度。配备必要的安全救助场所、应急疏散场所和设施,能提供全天候安全救助服务。消防、防盗等救护设备和防护设施齐全,交通、机电、娱乐等设备无安全隐患。

8.2.9 配套服务设施

游客中心位置合理,规模适度,具备提供信息、咨询、游程安排、讲解、教育、休息等旅游设施和服务功能。

公共服务导识系统完善,标识标牌布设合理,规范醒目。标识牌和景物介绍牌布置合理,能烘托整体环境。公共信息图形符号的设置应符合《成都市公共信息标志标准化管理办法》的要求。

设立旅游购物场所,布局合理,环境整洁,秩序良好。旅游商品种类丰富,地方特色突出。

建立电子商务系统平台,具备网上查询、预订、支付等服务功能。

设置邮政、银行服务设施,布局合理,外观易于识别,与环境协调性好。

8.3 管理评价

8.3.1 机构设置与制度建设

有统一的管理机构和专业的管理队伍。管理人员中具有大专及其以上学历的人员应达到 15% 以上。

建立健全生产、经营、质量、卫生、环保、统计等规章制度。

8.3.2　经营与服务质量

建立度假区鲜明的产品形象和企业形象,有明确的质量目标、方针口号,有企业注册标志。

服务质量应达到 GB/T 17775 的规定,鼓励企业产品质量通过 ISO 9001 质量管理体系认证。

建立市场营销机制,设立专项活动资金,巩固与发展客源市场,在最大环境承载力范围内,度假游客数量每年增幅达到 5% 以上。

持续开发新的旅游产品和推进农业产业化过程,度假旅游活动不影响农业生产,无闲置、荒芜农田。

度假区经营模式和利益分配方式得到 90% 以上村民认可。

当地村民因旅游获得的收入占总收入的 50% 以上。

就业人员中农村剩余劳动力占有率达到 30% 以上。

提高本地区农产品及纪念品销售等附加值 20% 以上。

8.3.3　社区管理

有统一的管理机构,建立健全生产、经营、质量、卫生、环保、统计等规章制度。

定期开展安全、卫生、环保、统计、法制和质量、营销、服务、管理等培训,吸引 80% 以上村民参加旅游从业技能、行为规范、经营管理知识的免费培训。

定期宣传解释度假区发展的规划设想,让村民了解度假区的发展蓝图,社区村民认可度达到 80% 以上,建立良好的社区发展环境。

建立与社区居民定期沟通的联系制度,让村民了解政府的政策,认可度假区的管理模式。

处理好原住民与外来业主的利益分配,原住民与外来业主之间未发生利害冲突。

定期开展旅游安全教育活动,安全责任制度健全,有安全应急机制和预案,每年至少组织 1 次安全演习。

8.3.4　资源普查与管理

全面调查评价度假区内部以及周边旅游资源的类别、级别,绘制旅游资源分布图,建立旅游资源数据库,具体方法可参考 GB/T 18972 的要求。

环境保护

度假区建设应通过环境影响评价,且具有环评影响报告书。

各种游乐、食宿设施设备符合环境保护要求,建筑物采用生态环保材料。

建立完善的环境保护制度,具有切实可行的监测机制和手段,设立环保和减灾防灾专项资金,保护景观、文物、古建筑、生态系统、珍稀名贵动植物,防治滑坡、泥石流、洪涝干旱、虫害等自然灾害。

旅游最大容量控制在环境承载力阈值范围内。

鼓励度假区进行 ISO 14001 环境管理体系认证。

9　乡村休闲度假旅游区申报、授牌与复核

9.1　申报条件

申报乡村休闲度假旅游区建设项目应提交可行性研究报告、规划建设方案等技术资料,提供国土、规划、建设、旅游等部门审查意见及有关补充说明文件,由四川省人民政府旅游产业发展领导小组组织审批。

9.2　项目管理

乡村休闲度假旅游区建设应严格按审定方案和基本建设程序组织实施,项目所在地的旅游行政管理部门负责项目协调、督促和监督实施。

9.3　授牌与复核

乡村休闲度假旅游区的标志、标牌、证书由四川省旅游局统一制作,由四川省人民政府颁发。

对通过评定的乡村休闲度假旅游区建立复核机制,每 3 年复核一次,对于低于标准的乡村休闲度假旅游区,首先责令整改,对于整改后仍然达不到标准的,予以取缔。

参考文献

[1] 李海平. 农家乐旅游与管理[M]. 杭州：浙江大学出版社，2006.

[2] 何景明. 国内乡村旅游研究：蓬勃发展而有待深入[J]. 旅游学刊，2004（1）：92-96.

[3] 何景明. 国外乡村旅游研究述评[J]. 旅游学刊，2003（1）：76-80.

[4] 杨炯露，段红相. 乡村旅游开发及规划实践[M]. 贵阳：贵州科技出版社，2007.

[5] 夏林根. 乡村旅游概论[M]. 上海：东方出版中心，2007.

[6] 何景明，李辉霞. 四川少数民族自治地方旅游开发与贫困缓解[J]. 山地学报，2003，21（4）：42-48.

[7] 何景明，李立华. 关于"乡村旅游"概念的探讨[J]. 西南师范大学学报：人文社会科学版，2002（9）：125-128.

[8] 舒伯阳. 中国观光农业旅游的现状分析与前景展望[J]. 旅游学刊，1997（5）：41-43.

[9] 何景明，马泽忠，李辉霞. 乡村旅游发展中存在问题的调查与思考[J]. 农村经济，2004（7）：36-38.

[10] 范春. 论乡村旅游的开发[J]. 渝州大学学报：社会科学版，2002（10）：20-23.

[11] 刘振卿. 浅析乡村旅游景观[J]. 北京第二外国语学院学报，1999（2）.

[12] 胡巍，楼凌雁. 乡村旅游开发中的旅游资源评价初评研究[J]. 技术经济与管理研究，2002（3）.

[13] 陈南江. 旅游项目可行性研究[J]. 中国投资与建设，1997（11）.

[14] 郑光磊. 风景旅游区环境质量评价[R]. 中国环境科学学会，1982.

[15] 梁修存，丁登山. 国外旅游资源评价研究进展[J]. 自然资源学报，2002，17（2）：253-260.

[16] 崔功豪，魏清泉，陈宗兴. 区域分析与规划[M]. 北京：高等教育出版社，1999.

[17] 李慧欣. 发展乡村旅游的经济学思考[J]. 华中农业大学学报：社会科学版，2003（2）：37-39.

[18] 李孝坤. 文化旅游资源开发与乡村旅游可持续发展[J]. 重庆师范大学学报：

为例[J].贵州师范大学学报:自然科学版,2005,23(4).

[60] 毛丹梅,等.成都市金牛区农家乐卫生现状调查[J].现代预防医学,2003(4).

[61] 蒙咨,刘嘉纬,等.乡村旅游发展与西部城镇化的互动关系研究[J].人文地理,2002,17(2):47-50.

[62] 况宝根,董鸿安.我国民族地区民俗风情旅游发展的障碍分析与对策研究[J].凉山大学学报,2003(4).

[63] 马勇,李玺.旅游规划与开发[M].北京:高等教育出版社,2002.

[64] 马勇,舒伯阳.区域旅游规划——理论·方法·案例[M].天津:南开大学出版社,1999.

[65] 马勇,王春雷.旅游市场营销管理[M].广州:广东旅游出版社,2003.

[66] 潘文焰.旅游文化与传播[M].北京:北京大学出版社,2011.

[67] 吕迅.乡村旅游服务与管理[M].北京:中国农业科学技术出版社,2011.

[68] 彭华.旅游规划研究必须注意的几个问题[J].旅游学刊,2001(2).

[69] 中华人民共和国国家旅游局.中国旅游业发展"十五"计划和2015年、2020年远景目标纲要[M].北京:中国旅游出版社,2001.

[70] 蒙春,周鸿,徐坚.乡村旅游生态环境保护的系统观分析[J].云南师范大学学报,2005,37(4).

[71] 杜江,向萍.关于乡村旅游可持续发展的思考[J].旅游学刊,1999(1):15-18.

[72] 胡志毅,张兆干.社区参与和旅游业可持续发展[J].人文地理,2002(2).

[73] 刘军萍.观光农业:让农业走向旅游产业[J].国土经济,2001(1):17-18.

[74] 刘黎明.乡村景观规划的发展历史及其在我国的发展前景[J].农村生态环境,2001,17(1).

[75] 刘娜,胡华.成都郫县友爱农家乐现状剖析与发展思路[J].国土经济,2001(1):43-44.

[76] 刘沛林,Abby Liu,Geoffrey Wall.生态博物馆理念及其在少数民族社区景观保护中的作用[J].长江流域资源与环境,2005(2).

[77] 刘沛林.古村落:和谐的人居空间[M].上海:三联书店,1997.

[78] 石玲.法国农会及其推行的旅游观光农场情况介绍[J].旅游调研,2003(12).

[79] 邹统钎.旅游度假区发展规划[M].北京:旅游教育出版社,1996.

[80] 邹统钎.旅游开发与规划[M].广州:广东旅游出版社,1999.

[81] 高军波.我国乡村旅游发展中农户利益分配问题与对策研究[J].桂林旅游高

等专科学校学报,2006(5).

[82] 韩林.浅论互联网对乡村旅游发展的促销作用[J].桂林旅游高等专科学校学报,2003(4):75-80.

[83] 楚义芳.旅游的空间经济分析[M].西安:陕西人民出版社,1992.

[84] 崔凤军,风景旅游区的保护与管理[M].北京:中国旅游出版社,2001.

[85] 崔海珍,郝永冰.浅谈观光农业的兴起发展和前景展望[J].青海农林科技,2003(2):32-33.

[86] 潘秋玲.现阶段我国乡村旅游产品的供需特征及开发[J].地域研究与开发,1999(6):60-62.

[87] 郭焕成,刘军萍,等.观光农业发展研究门[J].经济地理,2000(2):119-124.

[88] 郭焕成,郑健熊.海峡两岸观光休闲农业与乡村旅游发展[M].徐州:中国矿业大学出版社,2004.

[89] 卢松,陆林,徐茗.我国传统村镇旅游研究进展[J].人文地理,2005(5).

[90] 刘昌雪,汪德根.皖南古村落可持续旅游发展限制性因素分析[J].旅游学刊,2003(6):100-105.

[91] 曾辉,郭庆华.东莞市风岗镇景观人工改造活动的空间分析[J].生态学报,1999,19(3):298-303.

[92] 翟虎渠,等.中国农业科技园区十年回顾与展望[M].北京:中国农业科学技术出版社,2004.

[93] 钟国平,周涛.生态旅游若干问题探讨[J].地理学与国土研究,2002,18(4):64-67.

[94] 周国宫.生态安全与生态安全研究[J].贵州师范大学学报:自然科学版,2003,21(3):105-108.

[95] 宗跃光.区域生态系统可持续发展的生态评价——以宁夏灵武市为例[J].生态学报,2002,22(10):1546-1590.

[96] 左伟,周慧珍,王桥.区域生态安全评价指标体系选取的概念框架研究[J].土壤,2003(1):2-7.

[97] 杨庆援.西南丘陵山地区土地整理与区域生态安全研究[J].地理研究,2003,22(6):698-708.

[98] 王继权.发展观光农业旅游应注意的几个问题[J].生态经济,2001(1):43-45.

[99] 王仁强,胡继连.旅游观光农业的发展理论与实践[J].农村经济研究,1999

（4）:38-42.

[100] 王云才.从珠江三角洲的实践看我国田园公园的发展[J].旅游学刊,2001,
16(2):39-43.

[101] 王云才.国际乡村旅游发展的政策经验与借鉴[J].旅游学刊,2002(4):
45-50.

[102] 王云才,刘滨谊.论中国乡村景观及乡村景观规划[J].中国园林,2003,19
(1):55-58.

[103] 邓辉.从自然景观到文化景观[M].北京:商务印书馆,2005.

[104] 邬建国.景观生态学——概念与理论[J].生态学杂志,2000,19(1):42-52.

[105] 杨敏.乡村旅游在农村产业结构调整中的地位和作用[J].云南民族大学学
报,2006(2).

[106] 陈奕杰.北京市乡村家庭旅馆发展研究[D].北京:北京第二外国语学
院,2004.

[107] 阮仪三,肖建莉.寻求遗产保护和旅游发展的"双赢"之路[J].城市规划,
2003,27(6):86-90.

[108] 李蕾蕾.旅游地形象策划:理论与实务[M].广州:广东旅游出版社,1999.

[109] 许春晓.欠发达资源丰富农村旅游业成长模式探讨[J].人文地理,1995(4):
69-79.

[110] 庸代剑,池静.中国乡村旅游开发与管理[M].杭州:浙江大学出版社,2005.

[111] 孙文昌.现代旅游开发学[M].青岛:青岛出版社,2001.

[112] 贺小荣.我国乡村旅游的起源、现状及其发展趋势探讨[J].北京第二外国语
学院学报,2001(1):90-93.

[113] 郑群明,钟林生.参与式乡村旅游开发模式探讨[J].旅游学刊,2004(4):
33-37.

[114] 王兵.从中外乡村旅游的现状对比看我国乡村旅游的未来[J].旅游学刊,
1999(5):38-42.

[115] 马波.现代旅游文化学[M].青岛:青岛出版社,1998.

[116] 肖佑兴,明庆忠,李松志.论乡村旅游的概念和类型[J].旅游科学,2001(3):
8-10.

[117] 张利民,董永仲.乡村旅游开发与"体验经济"发展刍议[J].经济经纬,2003
(6):117-119.

[118] 杨建翠.成都近郊乡村旅游深层次开发研究[J].农村经济,2004(5):33-34.

[119] 姚素英.浅谈乡村旅游[J].北京第二外国语学院学报,1997(3):42-46.

[120] 李伟.乡村旅游开发规划研究[J].地域研究与开发,2003(12):72-75.

[121] 李永文,王培雷,孙本超.乡村旅游开发刍议[J].焦作大学学报,2004(1):19-22.

[122] 何薇.把握乡村旅游文化特性深挖民俗文化内涵——以成都三圣乡为例[J].乐山师范学院学报,2003(4):78-80.

[123] 谢彦君.以旅游城市作为客源市场的乡村旅游开发[J].财经问题研究,1999(10):79-81.

[124] 黄洁.从"乡土情结"角度谈乡村旅游开发[J].思想战线,2003(5):24-26.

[125] 尹振华.开发我国乡村旅游的新思路[J].旅游学刊,2004(5):40-44.

[126] 文军,唐代剑.乡村旅游开发研究[J].农村经济,2003(10):30-34.

[127] 金方梅.乡村民族文化旅游保护开发模式探讨——重视文化旅游者在文化保护中的作用[J].贵州师范大学学报,2003(4):13-16.

[128] 卢璐,刘幼平.关于湖南乡村旅游突出分片发展的思考[J].零陵学院学报,2002(12):45-47.

[129] 杨胜明.创新旅游业发展模式——贵州旅游业发展的战略选择[J].当代贵州,2003(5):14-15.

[130] 文军,魏美才.乡村旅游开发模式探讨[J].生态旅游,2002(6):125-127.

[131] 李左人.试论丰富乡村旅游的文化内涵[J].天府论坛,2000(6):50-53.

[132] 李伟.论乡村旅游的文化特性[J].思想战线,2002(6):36-39.

[133] 李砚祖.作为文化工业的当代民间艺术[J].美术学,2003(12):79-80.

[134] 罗永常.民族地区节日旅游活动对生态环境的负面及对策分析[J].黔东南民族师范高等专科学校学报,2003(6):68-74.

[135] 梅燕.论现代乡村景观旅游开发[J].农村经济,2003(10):53-54.

[136] 吴伟光,李兰英,程云形,等.生态旅游与乡村可持续发展实证研究[J].林业经济问题,2003(12):333-343.

[137] 赵晓惠,陈慧泉.昆明团结乡生态旅游开发及其可持续发展[J].西南林学院学报,2001(21):20-25.

[138] 周玲强,黄祖辉.我国乡村旅游可持续发展问题及对策研究[J].经济地理,2004,7(24):572-576.

[139] 李左人.发展四川乡村旅游的新思路[J].理论与改革,2001(1):3-34.

[140] 肖佑兴,明庆忠.关于开展云南乡村旅游的思考[J].桂林旅游高等专科学校

学报,2001(1):33-35.

[141] 杨雁.重庆乡村旅游发展的可行性研究[J].渝州大学学报:社会科学版,2002(5):26-28.

[142] 林伯明.关于发展桂林乡村旅游的思考[J].社会科学家,1999(4):74-77.

[143] 杨载田.湖南省乡村旅游发展及布局探索[J].衡阳师范学院学报,2003(6):80-83.

[144] 杨萍.对贵州乡村旅游发展的探讨[J].贵州商业高等专科学校学报,2004(6):44-46.

[145] 徐勤飞.青岛市乡村旅游开发研究[J].曲阜师范大学学报,2003(4):102-105.

[146] 任虹.昆明乡村发展的思考[J].昆明冶金高等专科学校学报,2004(6):93-96.

[147] 傅志军.乡村旅游研究[J].宝鸡文理学院学报:社会科学版,2002(6):83-86.

[148] 周晓雷.赣闽粤边客家乡村旅游开发之现状与对策探析[J].嘉应学院学报,2004(4):71-76.

[149] 赵平.武乡县乡村旅游开发略论[J].太原大学学报,2004(6):69-73.

[150] 张成君,陈忠萍.论拓展我国乡村旅游的经济空间[J].经济师,2001(7):60-61.

[151] 黄进.乡村旅游的市场需求初探[J].桂林旅游高等专科学校学报,2002(9):84-84.

[152] 熊元斌,邹蓉.乡村旅游市场开发与营销策略分析[J].商业经济与管理,2001(10):46-48.

[153] 李太平.南京乡村旅游发展的问题与对策研究[J].科技与经济,2003(3):62-64.

[154] 尹少华,邓德胜,文建林.乡村旅游及其发展对策的探讨[J].林业经济问题,2002(5):26-27.

[155] 刘伟,丁贤忠,成升魁.以色列乡村旅游发展迅速[J].世界农业,1998(7):12-13.

[156] 罗自力,张洋.西部乡村旅游可持续开发与可持续发展[J].农村经济,2004(5):30-32.